本书获得四川大学中国大学生财经素养课题组支持

中国大学生财经素养状况蓝皮书（2023）
——学校教育和社会教育的作用

徐玖平　牛永革　李小平◎著

THE BLUE BOOK OF FINANCIAL LITERACY OF
CHINESE UNDERGRADUATES
—THE ROLE OF SCHOOL EDUCATION AND SOCIAL EDUCATION

经济管理出版社
ECONOMY & MANAGEMENT PUBLISHING HOUSE

图书在版编目（CIP）数据

中国大学生财经素养状况蓝皮书 . 2023：学校教育和社会教育的作用/徐玖平，牛永革，李小平著 . —北京：经济管理出版社，2024.4
ISBN 978-7-5096-9512-8

Ⅰ. ①中…　Ⅱ. ①徐…　②牛…　③李…　Ⅲ. ①大学生—财政经济—素质中国教育—研究报告—中国—2023　Ⅳ. ①F812

中国国家版本馆 CIP 数据核字（2023）第 257545 号

组稿编辑：郭丽娟
责任编辑：范美琴
责任印制：许　艳
责任校对：蔡晓臻

出版发行：经济管理出版社
　　　　　（北京市海淀区北蜂窝 8 号中雅大厦 A 座 11 层　100038）
网　　址：www. E-mp. com. cn
电　　话：（010）51915602
印　　刷：北京晨旭印刷厂
经　　销：新华书店
开　　本：720mm×1000mm/16
印　　张：21. 5
字　　数：434 千字
版　　次：2024 年 5 月第 1 版　　2024 年 5 月第 1 次印刷
书　　号：ISBN 978-7-5096-9512-8
定　　价：99. 00 元

序

　　2023 年是四川大学中国财经素养教育课题组进行中国大学生财经素养状况调查的第三年，我们想通过持续的关注和调查，形成中国大学生财经素养状况的纵向展示，为中国大学生财经素养教育做一点进一步的改进。

　　教育是国之大计、党之大计。习近平总书记所作的党的二十大报告首次将"实施科教兴国战略，强化现代化建设人才支撑"作为单独的一个部分，强调"全面贯彻党的教育方针，落实立德树人根本任务，培养德智体美劳全面发展的社会主义建设者和接班人"。大学生不仅是我国社会主义建设的后备力量，也是未来政治、经济、医疗、技术等领域的主力军。大学作为学生进入劳动力市场前的重要阶段，既是培养社会主义建设者和接班人综合素质的关键时期，也是高校大学生接受财经素养教育的绝佳时机。培育大学生正确的财经理念、提升大学生的综合财经素养，对我国实施新时代人才强国战略、建设人才强国具有重要的意义。

　　大学生的财经素养对个人成长和社会发展具有重要影响。学术研究成果和实例显示：人们在储蓄、投资、借贷、消费等行为方面存在的差异，与个人财经素养密切相关。就个人而言，良好的财经素养可以帮助大学生更好地理解和应对经济与金融风险，提高社会风险管理能力，提高自我管理和自我约束能力，做出理性的财经决策，管理自己的财务，更好地实现自我价值。同时，财经素养还可以帮助大学生更好地适应社会的发展需求，提高就业和创业的能力，实现自我价值的更大化。就社会而言，大学生的财经素养可以促进经济发展，提高国家的经济安全性和稳定性，为国家的发展做出贡献。因此，提高大学生财经素养、增进大学生个人福祉、保障国家经济社会安全，是我们持续关注该问题的初衷。

　　自 2007 年起，我们团队多次在四川大学商学院开展大学生财经素养课题研究，团队核心成员包括牛永革、李小平、应千伟、卢毅、胡知能等老师。我们重点从事大学生的财经素养状况调研、教科书编写、课程体系建设、师资培训、教学活动实施、财经素养培养、问题对策谏言、大学生财经素养大赛举办等工作。蓝皮书的持续发布，也成为我们团队努力的重点之一。

　　与 2022 年的蓝皮书相比，2023 年的蓝皮书既有延伸，又有聚焦。2023 年我们将大学生财经素养维度扩展至客观财经知识、主观财经知识、财经态度、财经满意感、财经行为合理性、独立、信用、未来规划八个方面，以期更全面地刻画中国大学生财经素养现状。承接 2022 年以家庭影响为研究主题的工作，本次蓝皮书我们把主题聚焦在学校教育和社会教育两方面的作用上，着重讨论教育对大学生财经素养状况的影响。学校教育是大学生获取财经知识和技能的主要途径，而社会教育是大学生获取财经经验和实践的重要途径。

我们希望通过探索学校教育和社会教育两方面因素"如何"以及"为什么"影响大学生的财经素养，为提升大学生财经素养提供新视角，也为学校教育、社会教育机构的因人施教提供依据。

在撰写、编制本书的过程中，除上面提及的团队核心成员外，还得到廖成成老师、成雪莹硕士生和陈泽龙本科生以及经济管理出版社的倾力支持。在此一并致谢！

不为立言，不为立功。以期通过报告，表达作为高校教师为立德树人所怀的真切初心，并通过专业工作，在培养时代新人、建设人才强国的道路上尽自己的绵薄之力。

徐玖平

2023 年 10 月 6 日

目　录

第一章 引言

所谓财经素养，通常被认为是消费者做出合理的财经决策并最终实现个人财经福祉所需的意识、指示、技能、态度和行为的组合（Atkinson and Messy，2011）。这不仅包含消费者的财经知识，还包含其财经态度、财经行为和财经技能。而经济合作与发展组织（Organization for Economic Cooperation and Development，OECD）将财经素养定义为学生对财经概念和风险的相关知识的掌握程度和理解力，运用这些知识和理解力的技能、动机和信心，使个体能够更好地在广泛的财经情境中做出有效决策，提升个人和社会参与经济生活的能力。

2021年的《中国大学生财经素养状况蓝皮书》，主要关注大学生财经素养"是什么"。从大学生的财经素养意识、知识、技能、态度和行为五个方面构建变量，通过描述性统计方法报告大学生的财经素养现状，分析个体人文统计变量和家庭人文统计变量对大学生的财经素养的影响。从"是什么"的角度定量描述中国大学生财经素养的意识、知识、技能、态度和行为，以及这五个方面关联的变量在每个个体人文统计变量不同水平之间的异同性、在每个家庭人文统计变量不同水平之间的异同性，进而从总体上描述中国大学生财经素养的现状和关键特征，在此基础上形成重要结论。

2022年的《中国大学生财经素养状况蓝皮书》，主要关注家庭环境因素"如何"以及"为什么"影响大学生财经素养。2022年蓝皮书在对大学生财经素养进行衡量的基础上做出扩展，将其发展为大学生财经态度、财经满意感、财经行为合理性、独立、信用、未来规划六个方面。大学生经历的第一个环境是家庭，大学生的财经素养在家庭环境中受到父母观念和决策的长期影响。2022年蓝皮书聚焦于家庭环境的作用，着重探讨家庭人文统计因素、家庭财经交流和家庭成长环境对大学生财经素养状况的影响，并从大学生财经素养的六个方面构建变量，分析个体人文统计变量、家庭财经交流和家庭成长环境对大学生的财经素养状况（财经态度、财经满意感、财经行为合理性、独立、信用、未来规划）的影响，探索家庭环境因素"如何"以及"为什么"影响大学生的财经素养，从家庭的视角出发描述大学生财经素养的现状和关键特征，并寻找提升大学生财经素养的方法。

2023 年的《中国大学生财经素养状况蓝皮书》，主要关注学校教育和社会教育两方面因素"如何"以及"为什么"影响大学生的财经素养。2023 年蓝皮书将大学生财经素养的衡量维度拓展到客观财经知识、主观财经知识、财经态度、财经满意感、财经行为合理性、独立、信用、未来规划八个方面。具体而言：①客观财经知识，是指 23 道常识性的客观财经知识问题作答得分。②主观财经知识，是指对财经知识的掌握和理解程度的自我评判。③财经态度，是指个体即时满足抑或延迟满足的愿望以及能否正确处理储蓄和消费之间的关系。④财经满意感，是指个体对目前财务状况的满意程度。⑤财经行为合理性，是指个人的财经行为是否符合正常的规范。⑥独立，是指个体依靠自己的力量去做某事的心理变量。⑦信用，是指基于人们之间的互相信任，通过具有法律效力的契约或协议提供给自然人的信用。⑧未来规划，包括生涯适应能力和未来承诺两个方面，其中，生涯适应能力是指个人在认知和行动上指向未来时间的偏好以及对未来发展的探索和准备，未来承诺是指个体把未来规划付诸行动的决心。

本书将调查主题聚焦于学校教育和社会教育两方面的作用上，着重讨论学校教育和社会教育对大学生财经素养状况的影响。学校教育是大学生接受的正规教育，是他们获取学科知识和技能的主要途径；社会教育是大学生接受的非正式教育，是他们获取社会经验和实践的重要途径。具体而言，学校教育包括专业、是否学习过财经课程、课程类型、授课方式、教学方式、教学模式、课程门数、课程课时八个变量；社会教育包括主动获取财经讯息、财经讯息延展、自我警示、主动参与讲座、讲座收获、主动交流财经讯息、被动交流财经讯息、主动分享财经经历、被动分享财经经历、主动请教财经决策十个变量。为了更清楚地了解家庭环境对大学生财经素养的影响机制，本书还调查了大学生自我建构（独立型自我建构和依存型自我建构）心理特征变量。

由此可见，2021 年蓝皮书的主题是报告大学生财经素养"是什么"，2022 年蓝皮书的主题是报告家庭环境因素"如何"以及"为什么"影响大学生财经素养。2023 年蓝皮书则在上述基础上，将大学生财经素养的衡量维度拓展到客观财经知识、主观财经知识、财经态度、财经满意感、财经行为合理性、独立、信用、未来规划八个方面，并增加学校教育和社会教育两方面因素"如何"以及"为什么"影响大学生的财经素养的内容。这是对已有蓝皮书调查范围和调查深度的拓展。本书建立的结论，部分是可直接解释的，部分还需要进一步研究以做解释，更加复杂的作用边界（调节问题）因篇幅有限尚未涉及，以上可为发现新的科学命题和探索其中的解释机理、作用边界提供有价值的线索和方向。

本书的现实意义有三个方面：第一，蓝皮书呈现的数据可全景式地刻画中国大学生财经素养现状和关键特征，并与 2021 年、2022 年的数据结果形成对比，呈现中国大学生财经素养状况的纵向展示。第二，学校教育主体可根据本书描述的财经素养现状和关键特征，在教学中注重大学生财经素养的培养，开设相关的课程和活动，优化教学方式、教学模式、授课方式、课程计划、教学内容和教学方法等，以提高大学生的财经素养。第三，社会教育主体可根据本书中社会教育相关变量及其对大学生财经素养的影响结论，宣传财经知识活动，开展多种形式的财经素养培训，帮助大学生在社会生活中参与到财经讯息交流、财经经历分享、财经决策制度等环境中，促进大学生在实践中体验和掌握财经知识和技能。

第二章 文献研究和研究框架

综观国内外学者关于学生财经素养的研究，其研究对象涵盖从幼儿园的儿童到博士研究生所有层次的学生。国外学者在学生财经素养领域已经建立了比较丰富的系统性成果，而国内学者在此领域的研究却极为有限，基本上局限于对国际学生评估项目（Program for International Student Assessment，PISA）测试内容的应用。经济合作与发展组织三年一次的 PISA 考试从 2012 年起加入财经素养的测试。PISA 是一项由 OECD 统筹的学生能力国际评估计划，主要对接近完成基础教育的 15 岁学生进行评估，测试学生是否掌握了参与社会活动所需要的知识与技能。本书旨在通过对国内外学者发表的英文论文进行梳理，总结学生财经素养形成的影响因素和理论解释机理。然后，在此基础上，根据本书设定的研究目的，聚焦于大学生这个特定的群体，构建本书的研究框架。

第一节 财经素养包含的维度和关联的测量

所谓素养，是指学生在主要学科领域应用知识和技能的能力，以及在不同情境中提出问题、解释问题和解决问题时有效地分析、推理和交流的能力（OCED，2010）。起初，财经素养通常被认为是消费者的一种专业知识，与如何成功地管理自己的财经活动有关（Alba and Hutchinson，1987），或是与个人金融相关的特定形式的人力资本。后来，财经素养的定义逐渐丰富。20 国集团领导人在 2012 年采用了 Atkinson 和 Messy（2011）提出的定义，即"财经素养是做出合理的财经决策并最终实现个人财经福祉所需的意识、知识、技能、态度和行为的组合"。这样的定义表明，财经素养不仅是知识，还包括态度、行为和技能。而 OCED 将财经素养定义为学生对财经概念和风险的相关知识的掌握程度和理解力，运用这些知识和理解力的技能、动机和信心，使个体能够更好地在广泛的财经情境中作出有效决策，提升个人参与经济生活的能力，同时，提高个人和社会经济利益（OCED，2005）。相较于前者，OCED 的定义是一个比较综合的概念，包括了人们对"倾向与交易""规划与理财""风险与回报""金融视野"等与个人生活息息相关的概念的认知、理解、分析、推理、评估与运用的能力，涉及人们解决财经问题的整个过程。

关于财经素养的测量，不同时期人们采用了不同的方法。早期研究通过询问个体财经领域关联的问题，如利率、通货膨胀、风险分散、储蓄和借款、保险和投资等，由被试作答，在此基础上判断对错，由此衡量人们的财经素养状况（Hilgert et al.，2003；Lusardi and Mitchell，2014）。PISA（2012）关于财经素养的测评框架包括内容（Content）、过程（Process）和情境（Contexts）三个维度。内容维度包含了财经知识以及对财经知识的理解程度，主要包括货币与贸易、规划与理财、风险与回报、金融视野与金融世界四个方面的内容（Lusardi and Mitchell，2007；OCED，2013）。过程维度描述的是学生在处理材料或面对任务时所采用的心理策略或方法。PISA（2012）借鉴了布鲁姆的分类法，将过程维度分为识别财经信息、分析财经背景中的信息、评估财经问题、应用财经知识和理解力四个部分（OCED，2013）。情境维度指的是应用财经领域知识、技能和理解时的情境，涉及的范围从个人到全球。PISA（2012）在财经素养测评中设置了四种情境：教育与工作情境、居家与家庭情境、个人情境以及社会情境（OCED，2013）。而 OECD 在一项试点研究中制定了基于三个维度的财经素养衡量标准：知识、态度和行为（Atkinson and Messy，2011），12 个国家参加了经合组织/国际金融教育网络（INFE）试点研究。这项试点研究旨在衡量参与国的金融知识水平，因此其结果在国际上具有可比性。

第二节　学生财经素养的影响因素

一般而言，不同学生的财经素养，在依据一定社会经济和人口特征划分群体后，具有明显的群体差异，那么，哪些因素会影响学生形成不同的财经素养水平？长期以来，这个问题备受学者们的关注。关于财经素养差距的研究文献可以分为两类：一类研究主要聚焦于真实性因素对财经素养的影响；另一类则关注财经素养定义、测量方法感知性因素所导致的差异。前一类研究起步较早，且研究成果较为丰富。因此，我们先介绍有关人文统计因素的研究结果，然后再梳理财经素养定义与方法本身影响的研究文献。

一、学生财经素养的人文统计因素

综观相关文献，共有十种人文统计因素，它们分别是个体的性别、年龄、种族、国别、受教育程度、认知能力、家庭财经环境、数学素养、学校财经教育状况、学生的理财经验和习惯。

（一）性别

有关性别对学生财经素养影响的研究并未得出一致的结论。有些研究认为，男生的财经素养高于女生（Lusardi et al.，2010），但部分国家表现出相反的结果（Moreno-Herrero et al.，2018）。同时，性别对财经素养的影响会随着时间变化而发生变化。

性别对财经素养的影响可能来源于多方面，如家庭专业化角色的定义、社会与文化环境，甚至是历史（Bottazzi and Lusardi，2021）。同时，基于性别的财经素养差距在大学时代就已存在。这使得性别很可能为终身财经素养差别的重要早期影响因素（Al-Bahrani et al.，2020），这种差别很可能来源于自信而不是对金融事务的兴趣（Agnew and Harrison，2015）。

（二）年龄

随着年轻人的成熟，他们会越来越多地参与到金融和消费领域，从而形成更高的财经素养，所以年龄将对财经素养产生越来越大的影响。但因为使用不同的方法来测试学生的财经素养，因此，关于年龄对财经素养影响的研究得出了一些相悖的结论。在整合年龄对财经素养的影响研究后，我们得出以下结论：首先，在所有年龄段中，人在幼年时期的财经素养水平最低。其次，在中学阶段与大学阶段，Douissa（2020）发现，大学阶段年龄较大的学生并没有表现出明显高于年轻学生的财经素养水平。但同时也有学者得出二者在高中阶段呈现显著相关性，且这种效应是非线性的，随着年龄的增大而下降（Lusardi and Mitchell，2014）。

（三）种族

把种族作为学生财经素养影响因素的研究较少，且结论一致。Al-Bahrani 等（2020）研究发现，种族与财经素养之间有显著相关性，即白人的财经素养高于黑人，但白人与其他族裔之间并无明显差别。而少数族裔也被证明在财经素养方面存在显著缺陷。

（四）国别

受不同国家的文化、教育系统、课程设置，特别是数学和科学教育质量的影响，各国学生的财经素养呈现出明显的差别。Borodich 等（2010）比较了美国、白俄罗斯和日本学生的财经知识，发现日本学生的学习成绩高于其他国家的学生，而美国学生在应用水平上得分更高。Moreno-Herrero（2018）在 PISA（2015）的结果分析中，通过对平均分的观察，发现中国学生的财经知识得分最高（566 分），比经合组织平均水平高 77 分。比利时（佛兰芒社区）、加拿大、俄罗斯联邦、荷兰和澳大利亚五个国家/地区的学生得分也高于 OECD 的平均水平。与其他国家/地区的学生相比，美国和波兰15岁学生的总体表现接近平均水平，但该分数低于意大利、西班牙、立陶宛、斯洛伐克、智利、秘鲁和巴西的平均水平，这种差距主要可能来源于数学和科学教育的质量。Jang等（2014）通过比较美韩两国学生的财经素养水平发现，韩国学生的平均分数介于开设FFFL课程（个人理财和经济学课程）与未开设该课程的美国学生之间，但与那些有FF-FL课程的美国学生更接近，并且韩国学生在"收入"等内容上往往更强。

国别对财经素养的影响还体现在移民上。没有移民背景的学生往往表现出更高的财经素养（Amagir et al.，2020）。同时，财经素养也会随着融合度的提高而提高。此外，移民和非移民学生对金钱的态度存在文化差异。

（五）受教育程度

关于学生受教育程度对财经素养影响的相关研究，基本结论是，硕士生具有最高的财经素养。Chen和Volpe（1998）、Douissa（2020）的研究发现，硕士生的财经素养显著高于本科生与博士生，并进一步证实了本科生比博士生的财经素养要高。同时，Douissa（2020）证实每当学生受教育程度提高时，具有财经素养的学生的比例就会增加。当学生对接受高等教育有较高期望时，财经素养水平与这种期望呈正向相关关系（Moreno-Herrero，2018）。

（六）认知能力

认知能力是指处理信息以取得最终结果的能力。一方面，与认知水平较低的人相比，认知能力较高的人更有可能寻求和使用更多信息；另一方面，快速实现收益和长期保留损失资产的行为是认知能力导致的偏差之一，称为处置效应。Lusardi等（2010）在研究中将财经素养定义为一项人力资本投资，而获得额外的财经素养会花费时间和金钱。因此，认知能力与获取财经素养的成本相关联。学者在关于认知能力对学生财经素养影响的研究中，得出了截然不同的答案。一方面，部分学者基于调查结果发现，认知能力与财经素养之间无显著关系（Paraboni and da Costa，2021）；另一方面，其他学者在控制影响财经素养的其他因素后发现，认知能力对财经素养有积极影响。

（七）家庭财经环境

学生的财经素养水平尚未受到个人在做出重要财经决策或担任家庭专业化职位方面的经验的影响，因此，在很大程度上是家庭财经环境影响的产物。根据家庭社会化理论，家庭社会化是金融社会化的重要组成部分，而家庭财经环境涵盖了家庭收入、家庭内部财经知识传递与交流、父母特征、社会经济地位等多个方面内容。财经素养水平与家庭收入关系的研究并未得到一致结果，Chen和Volpe（1998）指出，可变收入不是财经素养的重要决定因素；但其他研究表明收入与财经素养呈正相关关系（Lusardi et al.，2010）。在父母特征方面，父母的财经行为、财经经验、较高的财经教育水平均被证实与学生较高的财经素养相关。在对比父母、工作和高中财经教育对年轻人当前的财经素养的作用时，父母所起的作用远大于工作经验和高中财经教育所起作用的总和（Shim et al.，2010）。但在父母的具体角色上未得出一致结论。Hizgilov 和 Silber（2020）认为，母亲的性别榜样更大程度上影响女性学生财经素养的形成。然而，其他学者却得出了不同结论：父亲的受教育水平，而不是母亲的受教育水平，与学生的财经素养呈正相关且与学生的性别无关（Razen et al.，2021）。同时，家庭财经环境在一定程度上反映了家庭的社会经济地位，而社会经济地位也被 Bottazzi 和 Lusaidi（2021）证实对学生财经素养具有正向的促进作用。

（八）数学素养

学生的数学素养与其财经素养关系密切。因为无论是简单的交易金额计算还是复杂的风险评估，绝大多数财经方面问题的解决必须用到数学知识和技能，甚至有学者将财经素养视为学生数学素养在财经领域的表现（Worthington，2006）。Al-Bahrani（2018）研究发现，实际和感知的数学能力都是学生财经素养的决定因素，数学能力高于平均水平的学生在财经素养评估中的得分更高。同时，数学教师比例更大的学校学生的财经素养也呈现出更高水平（Bottazzi and Lusaidi，2021）。而数学素养的差别也在一定程度上被证实是基于性别的财经素养差异的原因，因为数字应用以及参加以数学为中心的课程的信心都因性别而有所不同。现有的研究表明财经知识和数学能力之间存在联系（Lusardi et al.，2010），性别既影响个体的数学能力（Al-Bahrani，2018），也影响个体对数学的信心。同时，数学素养的差别也体现在不同学科学生之间的财经素养上，工程与计算机学科的学生往往表现出更高的财经素养（Artavanis and Karra，2020）。

（九）学校财经教育状况

如前文所述，尽管财经素养在很大程度上受到学生家庭财经环境和数学素养的影响，但要解决财经问题，仅有家庭财经环境数学素养是不够的，学生还需要具备对财经概念、关系和情境的理解。然而，系统性财经知识框架的搭建主要来源于学校财经教育，因此，有必要了解学校财经教育对学生财经素养的作用。对于哪些课程特点、教材或教学方法对财经能力的发展最有效，很难得出一般性结论（OCED，2013）。首先，学者关于学生接受专门的财经教育与财经素养的关系得出了显著相关（Walstad et al.，2010）与不相关（Ho and Lee，2010）的结论。其次，在财经教育与财经素养显著相关的前提下，学者进一步检验了财经教育对财经素养的持续性影响，即学生在完成财经教育若干年后，对财经素养仍然保持着显著的客观和主观的影响，并有适度的衰减（Artavanis and Karra，2020）。

进一步，学者讨论了财经教育标准性与正确性对财经素养的影响，但结论并不一致。标准的财经教育对财经素养具有正向作用，即接受标准的财经教育后学生将拥有更高的财经素养水平，但反证表明，接触设计不当的财经教育的学生比没有接受财经教育的学生具有更高的财经素养（Tennyson and Nguyen，2001）。而这种作用受到了学生专业的限制，Ho 和 Lee（2010）研究表明，标准化的财经课程对商科学生作用更强，其他学生难以从此类课程中获得知识。

同时，学生的财经素养水平还受学校开设财经教育的方式的影响。Kuntze 等（2019）通过实验发现，创新在线视频教学模块能显著提高商科学生的财经素养，但很难确定哪些知识模块、教材或教学方法对发展财经素养贡献最大，且比参加个人理财课程更有效。

在同一受教育程度群体中，学者进一步区分了学生特征、学校类型进行探讨。学生特征对财经素养的影响并未得出一致结论。在高中阶段，财经素养课程对高年级的学生更有效（Ho and Lee，2010）。在大学阶段，一是主修非科学领域与较低 GPA 的学生被证实财经素养更低（Douissa，2020）；二是财经素养水平在商科专业（管理分数偏低的情况除外）、GPA 或班级之间几乎没有差异。学生财经素养因学校类型而异：就读于技术、专业和职业学校的学生在财经素养方面的表现比就读高中的学生低（Bottazzi and Lusardi，2021）。学生在教育阶段，可能会因家庭经济状况或是难以达到要求学业水平而留级，而留级则对财经素养表现出负面影响（Moreno-Herrero et al.，2018）。

也有学者聚焦于接受教育的来源对财经素养的影响。除去传统的财经教育模式，小规模的培训干预也被证实对财经素养有显著影响。同时，Cordero 等（2022）证实接受私人机构和非政府组织专家教授课程的学生比其他接受教师金融教育培训的学生能取得更好的成绩。

（十）学生的理财经验和习惯

学生解决财经方面的问题，不仅需要认知方面的能力和基础的财经知识，而且他们解决财经问题的习惯，包括对财经问题的态度、解决问题的动机以及信心也会产生作用。具有财经知识的年轻人会从事更多的财经活动，如财经服务，会从他们的财经经验中学到东西，从而变得在财经方面更具素养。Christelis 等（2015）发现，自主解决个人财经问题的学生似乎具有更好的财经素养，如开设自己的银行账户、使用信用卡或借记卡。一方面，掌握财经知识和技能可以提高学生对财经产品的好奇心（Otto，2013；Sherraden et al.，2011）；另一方面，银行账户可让学生熟悉财经主题（Christelis et al.，2015），同时鼓励在成年后养成能让其长期受益的储蓄习惯（Friedline et al.，2011）。有学者研究认为，财经素养主要来源于个人经验，当个人理财的经验越多时，越难以从财务教育计划中提高财经素养。还有学者研究了学生获取财经知识的途径对其财经素养的影响，

Ergün（2018）研究发现，从社交媒体获得财经信息的学生比那些从大学教育获得财经信息的学生具有更低的财经素养。兼职工作对财经素养也呈现积极作用。从事兼职工作或者具备工作经验的学生可能会以不同的方式看待金钱，并且往往更了解财务知识（Amagir et al.，2020；Gilenko and Chernova，2021）。

二、财经素养定义与测量方法的影响

模糊的财经素养定义和聚焦于不同点的概念引发了对学生财经素养评估的差异。

在对现有七十项研究的回顾中，Huston（2010）发现了关于财经素养的现有定义的几个重要事实。首先，大多数研究没有包括定义，并交替使用财经知识和财经素养。因此只能通过财经素养的衡量方式来推测概念。其次，大多数先有定义的研究都依赖于能力或知识，但也有定义同时使用能力与知识。文献中最引人注目的一点是，财经素养被定义为：①一种特定形式的知识；②应用这种知识的能力或技能；③感知知识；④良好的财务行为；⑤财务经验。因此，不同研究所使用的概念的差别与强调点不同是造成研究结果出现冲突的重要原因之一。同时，他也指出了创建标准财经素养措施的三个障碍：一是缺乏共同的结构；二是缺乏一套全面的问题来衡量财经知识的所有组成部分；三是在解释所创建的衡量标准方面缺乏指导。

财经素养测量方法的差异必将引发对学生财经素养评估的差异。我们梳理了先前的财经素养研究文献发现，由财经素养测试方法引起的结论冲突归因于三个因素：第一个因素，学者合并了两种研究。第一种类型包括财经教育干预效果的实验和准实验研究。在这些研究中，受试者被暴露于一系列结构化的赌注中，他们在其中做出具有经济后果的真实选择。第二种类型包括相关性和计量经济学，即通过财经知识测试中正确答案的百分比来衡量财经素养并预测结果变量即金融行为的研究。Fernandes 等（2014）称这两种类型的研究为"操纵财经素养"和"测量财经素养"。两种方法各有千秋。从概率的角度考虑，多项选择题项迫使受试者将 100% 正确的概率分配给答案，将 0% 的概率分配给其余答案。鉴于被试很少能 100% 确定答案是正确的，因此多项选择题项可能会高估或低估受试者的知识。相比之下，结构化的下注使受试者可以从 0%～100% 分配一个答案，而在答案中分配的概率最高可达 100%，这使研究人员可以知道被试的知识有多精确。第二个因素，在调查中，仅向被试提出假设问题以供选择。实验提供了适当的动机，以使被试付出适当的努力来解决分配的任务。这些结构性赌注遵循文献中关于实验的标准，以诱发被试的信念。为了提供适当的激励，实验设计者使用评分规则，该规则是被试的报酬和损失的函数。第三个因素，Schmeiser 和 Seligman

（2013）发现，被试没有始终如一地回答财经素养的问题。鉴于财经素养测试的方法引发的结论冲突，Marcolin 和 Abraham（2006）强调需要找到衡量金融知识水平的标准。因此，研究人员需要对财经素养进行适当的定义和衡量。

进一步，在梳理财经素养的测量量表中，有以下三个特点：第一，所有研究都采用了绩效测试和自我报告方法来衡量财经素养。第二，不同维度测量：①单维度测量。大多数学者通过"三大问题"来评估学生的财经素养，这三个问题涵盖利息复利、通货膨胀和多元化领域的基础知识（Hastings et al.，2013）。三大问题在文献中的广泛使用，在一定程度上增加了不同研究间的可比性。②复合维度测量。部分学者通过估计财经知识和行为来测量财经素养。Lantara 和 Kartini（2015）通过对金融产品和服务的知识、行为和态度来衡量个人的财经素养水平。因此，财经知识、态度和行为是财经素养的三个方面（Santini et al.，2019）。其中，个人对金融产品的知识和行为是评估其财经素养水平的关键要素。个人的财经知识是通过询问与金融产品和服务相关的问题来评估的，如利息、贷款、储蓄、税收和通货膨胀，而个人的财经行为是通过预算、储蓄、投资和借贷等不同维度来衡量的（Remund，2010）。第三，使用工具变量。例如，van Rooij 等（2011）使用受访者最年长兄弟姐妹的财务状况以及受访者的经济教育作为金融知识的工具。在实践中，找到一个合适的工具变量较难，Bannier 和 Schwarz（2018）在研究财经素养与人们的财经福祉之间的联系时也指出了内生性问题。作者强调了寻找工具变量以正确处理问题和构建异方差生成工具的困难。

第三节　财经素养的作用

财经素养的影响是多方面的。事实上，人们在储蓄、投资、借贷、消费等行为方面存在的差异，与个人财经素养相关。良好的财经素养可以促进人们财富积累，提高个体生活质量和幸福感；反之则会导致个体陷入投资骗局，甚至血本无归。同时，个人作为金融市场与金融活动的重要部分，个体行为在一定程度上与整个金融体系的发展相关联。因此，在对过去的诸多研究进行梳理总结后，本书将从财经行为、日常行为、财务幸福感、金融体系的健全和效率以及企业持续发展五方面来阐述财经素养的作用。

一、财经行为

财经素养最基本的作用体现在对个人财经行为的影响。个人需要运用财经知识和财经信息来做出财经决策，从而形成财经行为，而较高的财经素养通常反映了个体拥有较为丰富的财经知识和财经信息。同时，较高的财经素养有利于塑造积极的财务价值观、动机和态度（Chen et al.，2010）。财经行为可划分为长期财经行为和短期财经行为。长期财经行为主要被界定为退休计划、退休储蓄和长期投资；短期财经行为被界定为个体拥有一个紧急基金，而不是一个透支账户。研究表明，具有较高财经素养的个人在财务和退休计划方面做得更好（Lusardi and Mitchell，2007）。此外，他们在使用信用卡和处理债务方面也表现良好（Disney and Gathergood，2013；Mottola，2013）。还有证据表明，财经素养与从事理想财务实践的可能性之间存在很强的关系：按时支付账单、跟踪费用、制定预算、每月全额支付信用卡账单、节省每笔薪水、维持应急基金、分散投资和设定财务目标（Hilgert et al.，2003；Lusardi et al.，2010）。另外，较低的财经素养会导致不良的财经决策。财经素养较低的个人参与股票市场的可能性较小（Kimball and Shumway，2006；Van Rooij et al.，2011；Yoong，2011），因此可能放弃可观的股本收益。财经知识水平较低的家庭在选择贷款或抵押时也可能做出次优决策，并面临债务累积、破产和丧失抵押品赎回权之类的问题（Gerardi et al.，2010；Lusardi and Tufano，2015）。

在长期财经行为中，人们不得不面临的一项重大财经决策就是退休计划。因为退休计划关系到个人一生的财务福祉，因此这方面的研究成果较为丰硕。学者对发达国家如荷兰、美国、德国和加拿大等的研究表明，财经素养是对退休计划产生积极影响的关键因素（Boisclar，2017；Xue，2021）。

但是，财经素养对财经行为带来的影响并不全是积极的。在某些状况下，人们在自身财经素养提高后，未充分理解与运用财经知识，并对自己的知识形成过度的信心，在未来可能对他们的财务状况产生负面影响（Willis，2011）。同时，财经素养高的人往往会冒太多风险，过度借贷，持有幼稚的理财态度。也就是说，财经素养可能会导致人们对某些金融产品的态度变得大胆和鲁莽（Chu et al.，2017；Kawamura，2021）。

二、日常行为

财经素养的影响不只限于财务计划决策，也与人们的日常行为息息相关。财经素养提高了人们对信息价值的理解能力，使人们拥有更多的认知能力和理性。因此，财经素养水平高的人往往有更好的认知能力，这可能会使他们更理性。在理性行为方面，Krische（2019）发现，财经素养会改变人们通过金融披露信息对投资项目的判断和解释。Krische（2020）证实了财经素养在发起谈判和取得谈判的有利结果方面的积极作用，即财经素养对职业发展和薪酬以及人际沟通的成功管理具有重要意义。Mudzingiri（2021）证实，由于大学生普遍厌恶风险且缺乏耐心，财经素养显著影响大学生的风险和时间偏好，即对其生活幸福感有正向影响。Ono 等（2021）、Yuktadatta（2021）均发现，财经素养与运动行为呈正相关。在非理性行为方面，改善财经素养甚至有助于降低人们的日常赌博行为、吸烟行为（Watanapongvanich，2021）。同时，财经素养通过信息渠道和资产配置提高人们发现欺诈的能力（Wei et al.，2021）。

三、财经幸福感

财经幸福感（Financial Well-Being），即能够维持当前和预期的生活水平和财务自由。根据美国 CFPB（2015），财经幸福感取决于个人的感觉程度：①对日常、每月财经行为的控制；②具有吸收金融冲击的能力；③正在按计划实现自己的财务目标；④有财务自由来做出让他享受生活的选择。现有研究一般通过量化财富积累、债务水平、主观财务满意度和退休计划来度量财经幸福感。个人早期错误的财务决策可能会阻碍一个人未来的财富积累能力，因此，财经素养已被证明为财经幸福感的重要影响因素。更高的财经素养水平可带来更高的财经幸福感，如促进知识获取、增强对知识和能力的信心以及鼓励采取行动。Ali 等（2015）的研究表明，财经素养是财经幸福感的一个重要决定因素，因为它有助于个人规划自己的消费和储蓄。以投资回报来衡量，财经素养较高的家庭拥有更高的财经幸福感。相对而言，较低的财经素养被证实与较低的工资薪酬相关，进而降低财经幸福感（Artavanis et al.，2018）。

四、金融体系的健全和效率

Widdowson 和 Hailwood（2007）研究发现，财经素养通过对个人产生影响进而对金融体系的健全和效率产生相当大的影响。首先，拥有更高财经素养的消费者可能会有更好的智慧做出投资和产品决策，这反过来可能会激励金融机构提供更多创新产品和服务。其次，懂金融的消费者也会对风险回报有更深刻的认识和合理的权衡，他们可能会大胆地提出问题，仔细检查金融产品及与他们做生意的机构，进而对金融体系的管理和运营提出自己的合理化建议。为响应消费者需求，彼此处于竞争状态的金融服务机构必然会提高服务标准，强化风险管理措施，由此，可以提升整个金融系统的服务质量和行业运行效率，减少整个国家的经济活动周期的剧烈波动性。

五、企业持续发展

作为企业的重要决策者，高管个人的财经素养也与企业的持续发展存在一定的联系。在创业阶段，财经素养在企业市场进入和运营阶段都有积极的影响。

Tian（2020）研究发现，高管财经素养可以通过缓解融资约束和改善风险管理来促进企业创新。进一步而言，财经素养对中小企业的可持续发展有直接、积极的影响。

第四节　财经素养教育

由于各国对财经素养教育的认识和实践存在差异，因此呈现出成熟度不同、各具特色的财经素养教育模式与政策。目前，美国作为经济发达国家，较早认识到大学生财经素养教育的重要性和必要性，于是将财经素养教育融入教学和管理活动当中，开展了一系列财经素养相关的实践项目，形成了较为成功的财经素养教育模式。

美国高等院校的财经素养教育经历了三个发展阶段的探索历程：第一阶段是四种模式教育体制，包括财经教育/咨询中心模式（Financial Education/Counseling Centers）、朋辈辅导模式（Peer to Peer Programs）、由财经专业人员开设的课程模式和网络学习模式（Distance Learning Programs）（Cude，2006）。第二阶段是改进的四种模式教育体制，包括学术课程模式（Academic Model）、成熟的资金管理中心模式（Fullfledged Money Management Center Model）、种子模式或启发模式（Seed Program or Aspirational Model）和树形分枝散布模式（Branch or Interspersed Model）（丹斯，2016）。第三阶段是七种模式教育体制，包括交互式网络课程模式（Interactive Online Programs）、课堂本位模式（Classroom-Based Programs）、项目本位模式（Event-Based Programs）、个体咨询模式（Individual Counseling）、游戏本位教育模式（Game-Based Education）、财经素养教育月专项活动、送财经报告卡（Financial Report Cards）。由于美国高等院校的产权性质、演进的历程和办学目标不尽相同，各个高校并不完全遵从上述发展规律升级财经素养教育模式。也就是说，目前美国高校的财经素养教育采取了三个阶段不同模式并行的教育体制。

第五节　学生财经素养形成的理论基础

有关学生财经素养人文统计因素的研究，主要从表象上描述了基于不同社会经济特征和人文统计特征，学生所具有的财经素养水平的差异，但难以解释这些现象背后的基本原理，因此，就有必要分析导致个体学生产生财经素养差异的原因。目前有六种理论解释了个体学生财经素养形成的内在机理。

一、家庭资源管理理论

一般而言，许多社会化活动以及财经社会化活动都发生在家庭的背景下。父母用自己的价值观、信仰和知识教育孩子，在潜移默化中培养了孩子的财经知识和财经行为（Bandura，1986；Clarke，2015）。Deacon 和 Firebaugh（1981）将家庭资源管理理论定义为利用资源实现目标的系统过程。根据家庭资源管理理论，财经行为由需求和可用资源（知识、态度和个人特征）决定。模型的四个阶段（输入、生产、输出和反馈）解释了人们如何做出财经决定并形成财经行为（见图 2-1）。Bryce（2010）通过检验输入和生产部分验证了父母对年轻人财经素养的积极影响。

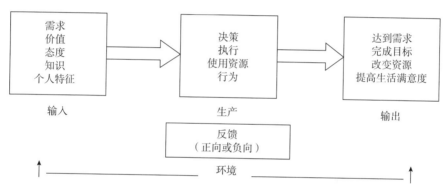

图 2-1　家庭资源管理模型

资料来源：Deacon 和 Firebaugh（1981）。

二、家庭社会化理论

大多数学者认为，金融社会化是一个广泛的概念，它超越了社会技能方面狭义定义的能力（Lunt，1996）。Alhabeeb（2002）提出，消费者社会化和金融社会化是经济社会化的组成部分。而家庭作为人们知识、行为准则的重要来源，相较于其他社会关系具有独特的作用。Moschis（1987）发现，金融社会化是通过积极的讲述、交流以及无意识的观察和模仿在家庭环境中发生的。现有研究主要聚焦于亲子关系。Grusec 和 Davidov（2015）认为，父母是社会化主要来源，这些联系进一步为社会关系理论奠定基础，该理论强调亲子互动的社会化和动态应该被理解为发生在亲密的个人关系中（Kuczynski and Parkin，2007）。在使用行为建模与大量经验证据后，家庭社会化得以被证实。在过去的研究中，学者也得出了诸多家庭社会化在财经素养形成中的作用的重要结论。例如，Mugenda（1990）研究了家庭特征如何影响关于财务的沟通模式，从而改善财经行为。

Beutler 和 Dickson（2008）对家庭成员如何影响中间结果提供了全面的看法，如金钱态度的发展（如唯物主义、财务谨慎）与财经行为和财经幸福感有关。Clinton（2011）的模型解释了家庭社会化理论与财经素养的形成机理，如图 2-2 所示。

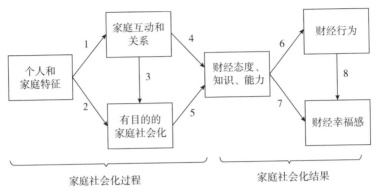

图 2-2　家庭社会化的作用机理

资料来源：Clinton 等（2011）。

三、社会学习理论

社会学习理论认为，作为社会中的一员，人们可以从观察他人的行为中学习到对自己有价值的知识（Bandura and Walters，1977）。一些研究运用社会学习理论解释个体的财经行为（Hira，1997；Martin and Bush，2000）。社会学习理论认为，儿童从父母、学校、大众传媒和同龄人那里学习到了在社会中有能力生活所需的与消费有关的知识技能（Moschis and Churchill，1978；Ward，1974）。实证研究表明，财经知识和行为与社会学习机会之间存在显著相关关系（Gutter et al.，2010）。社会学习理论强调，人们从社会中学习财经技能，与被试生活在一起的人的知识和人文统计特征变量显著影响被试的财经素养。Lachance（2004）发现，观察他人和在他人的错误中学习有助于学生获得金融知识。Koonce（2008）研究表明，社会、家庭、同龄人和媒体有助于提高人们的金融知识水平。Haliassos（2016）提供了通过社会互动转移金融知识的证据。他们发现，邻居的财经知识对一个家庭的财经行为有重要的中介作用。

四、行为经济学理论

基于心理学和传统经济学的行为经济学理论强调行为模式影响金融决策（Kahneman and Tversky，1979）。Gill 和 Prows（2015）发现，认知能力越强、越讨人喜欢、情绪越稳定的人表现得越好，学习得越快，这对于理解理性的人在现实世界环境中是如何有限地运作的很重要，而现实世界环境中包含了一些战略互动元素。有几项研究调查了心理学在财经知识获取方面的作用，并表明信心、信任、财务满意度、未来目标、对未来生活的焦虑等因素均显著影响财经知识的获取（Kadoya，2016，2018；Murphy，2013）。

五、调节定向理论

调节定向理论（Regulatory Focus Theory）的一个重要原则是，确认哪些事情对个人来讲是有价值的，以及个人如何把那些事情做好。也就是说，个体为实现特定的目标会努力改变或控制自己的思想和反应（Florack et al.，2013）。调节定向理论区分了两种不同的自我调节方式：促进定向（Promotion Focus）和预防调节（Prevention Focus）。两种自我调节方式既可以受到父母教养方式的影响，表现为一种长期的人格特质，也可以受到情境因素引发而呈现暂时性。促进定向将期望的目标状态表征为抱负和完成，在目标追求过程中更关注有没有积极结果，更多地体验到与喜悦—沮丧相关的情绪；而预防定向将期望的目标状态表征为责任和安全，在目标追求过程中更关注有没有消极结果，更多地体验到与放松—愤怒相关的情绪。例如，对于改善人际关系这一目标，促进定向的个体会将其表征为加强社交联系和避免失去社交机会，而预防定向的个体会将其表征为消除不利于社交联系的隐患和避免社会排斥。

以预防为重点的目标是通过以回避为导向的战略来追求目标的，而以促进为重点的目标是通过以促进为导向的战略来实现目标的（Pham and Higgins，2005）。回避导向意味着调节自己的行为，以避免负面和不期望的结果，而促进导向则调节自己的行为，以实现积极和期望的结果（Aaker and Lee，2001）。因此，预防的重点是对自强不息的自我调节，如履行责任和确保安全，而促进的重点则是对强大的理想，如进步、成长和成就的自我调节（Higgins，1997）。

调节定向会影响个体关注的信息以及他们考虑的选择（Florack et al.，2013）。在此基础上，调节定向理论将情境框架描述为个人面对获利/非获利或损失/无损的环境时，对自我调节策略的选择，而不同的框架会导致不同的调节定向策略。该理论认为，个体在面对会产生收益/非收益的环境时，会选择以促进为重点的自我调节。因为个人渴望抓住机会来最大化自己的成果，同时避免错过进一步发展的机会（Florack et al.，2013）。在预防导向下，履行责任和义务为最低目标。预防导向的个人重视避免消极结果，倾向于省略替代战略，这导致了重复的行为模式（Crowe and Higgins，1997）。因此，预防导向会导致个人更窄的注意范围（Baas et al.，2008），这会使个人减少对信息的收集，在财务决策上表现为财务问题的相关信息，因此会减少财经知识的积累与运用。促进导向则关注实现的可能和成就感（Higgins，1997），将可能性和成就感作为最大的目标，会促使个体确保信息收集率，并尽量减少遗漏的可能，以免错过机会（Crowe and Higgins，1997）。因此，促进导向会使个人拥有更广泛的注意范围（Förster and Higgins，2005），并驱使人们搜索财经信息，以此产生更多的财务备选方案，从而不会忽视任何选项，也不会失去任何财务机会（Pham and Higgins，2005）。

六、家庭成长环境理论

儿童经历的第一个社会环境是家庭。社会环境被描述为"特定群体的功能和互动"（Barnett and Casper，2001）。儿童在家庭社会环境中开展社交活动，在这些活动中，孩子们可以学习到如何调节自己的情绪，如何和他人合作，如何提出自己的主张，如何解决冲突，如何和他人进行有效的沟通（El Nokali et al.，2010；Fosco and Grych，2013；Jarrett et al.，2015）。同时，儿童也可以在家庭社会环境中建立和发展他们的健康行为。儿童观察家庭中其他家庭成员的健康行为，他们的健康行为通过基于一系列家庭期望的鼓励或劝阻得到加强（Bandura，1998；De V et al.，2011；Pedersen et al.，2015）。创造健康的家庭社会环境对于依赖成人看护者支持促进健康发展的儿童尤为重要（Britto et al.，2017；Viner et al.，2012）。

家庭成长环境由家庭构成和家庭互动组成。家庭构成是家庭成长环境的一个重要方面，因为它提供了有关家庭构成的信息（Dem et al.，2005）。许多研究人员评估了单亲家庭与双亲家庭的家庭构成，并报告双亲家庭是儿童健康行为的保护因素（Byrne et al.，2011；Pearson et al.，2009；Ryan et al.，2015）。然而，这种方法的一个局限性是，家庭中儿童或非父母成年人的数量，包括他们的年龄和性别，通常不被考虑在内。家庭中有更多的孩子可能会稀释父母可用的时间和资源（Cain and Combs‐Orme，2005；Chen and Escarce，2010；Downey，1995；Taylor et al.，2007）。家庭互动也是家庭成长环境的重要组成部分。家庭系统理论表明，家庭互动受到家庭组成的影响，因为家庭成员相互依赖（Whitchurch and Constantine，1993）。家庭互动可能会影响父母支持孩子健康发展的能力。感知到积极家庭互动的儿童不太可能参与不健康或违法行为（Ackard et al.，2006；Dufur et al.，2015；Li et al.，2018）。消极的家庭互动可能会增加父母的压力，这可能会破坏父母支持孩子健康行为的努力，比如饮食习惯（Rhee，2008）。

第六节 研究框架

根据上述关联的文献，本书从八个维度界定大学生财经素养的内涵：客观财经知识得分、主观财经知识评价、财经态度、财经满意感、财经行为合理性、独立、信用和未来规划（生涯适应能力和未来承诺）。学校教育，包括专业、是否学习财经课程、课程类型、授课方式、教学方式、教学模式、课程门数、课程课时共八种变量。社会教育，包括主动获取财经讯息、财经讯息延展、自我警示、主动参与讲座、讲座收获、主动交流财经讯息、被动交流财经讯息、主动分享财经经历、被动分享财经经历、主动请教财经决策共十种变量。自我建构的相关变量有依存型自我建构和独立型自我建构。

根据家庭资源管理理论、家庭社会化理论、社会学习理论、行为经济学理论、调节定向理论五种理论，我们可以推断，学校教育变量直接影响大学生的依存型自我建构、独立型自我建构两个心理变量和财经素养，两个心理变量又显著直接影响财经素养。进一步而言，学校教育变量通过两个心理变量对财经素养存在中介效应。

社会教育变量直接影响大学生的依存型自我建构、独立型自我建构两个心理变量和财经素养，两个心理变量又显著直接影响财经素养。进一步而言，社会教育变量通过两个心理变量对财经素养存在中介效应。

根据蓝皮书的性质和目的，本书将报告人文统计量、心理变量、财经素养、学校教育、社会教育的描述性统计结果，同时为了保持项目的连贯性，对2022年、2023年两年受试者客观财经知识的正确率差异性进行检验，分别检验依存型自我建构、独立型自我建构两个心理变量与财经素养以及学校教育、社会教育的关系及中介效应。本书重点使用One-way ANOVA分析工具分析变量之间的关系，使用PROCESS分析工具进行了多重中介效应分析。关于以上关联变量的理论关系，通过理论演进和推导建立假设，并通过数据检验这些假设是否成立，不是本书报告的范畴，它是未来的研究方向。围绕研究目的和关联的文献回顾，我们构建了本书的研究框架。具体的研究框架如图2-3和图2-4所示。

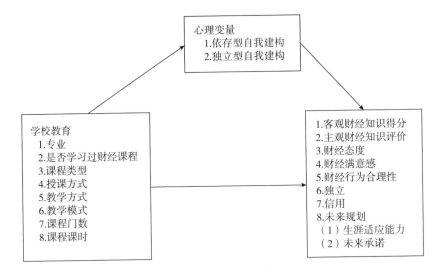

图2-3 学校教育变量与心理变量、财经知识和财经素养关系研究框架

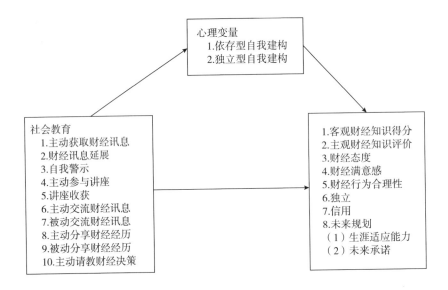

图2-4 社会教育变量与心理变量、财经知识和财经素养关系研究框架

第三章 研究方法

第一节 抽样方法

本书借助 2022 年四川省"中汇杯"大学生财经素养大赛的初赛通道获取受访对象。大赛的主办单位是四川省教育厅，承办单位是四川大学。初赛形式为线上答题。组委会根据各高校团队报名人数及各团队答题情况，选拔不超过各院校报名队伍的 20% 进入复赛。各校报名学生在完成一份财经素养初赛测试题目后，须加试本书设计的问卷调查。承办方告知报名学生问卷调查是初赛的考核内容之一，报名学生必须认真如实填写，方可具备进入复赛的选拔资格。报名者在参加初赛时，课题组对问卷的填写质量做出了详细的要求，具体规定如下：第一，必须在无干扰的环境下独立填写问卷，不得询问他人；第二，答项必须如实地反映本人对测量的真实理解，而不是虚假的理解；第三，整个问卷的填写时长不低于 180 秒。同时，课题组对受访者做出了如下承诺：第一，对受访者提供的个人信息，课题组保证个人隐私，绝不泄露给第三方；第二，获得的数据仅用于学术研究，不用于商业领域。另外，对受访者在填写过程中遇到的疑惑，课题组进行了及时和恰当的解释，确保受访者不会对某个测量或者答项产生疑问。

参赛对象为四川省各高校全日制专科生、本科生、研究生（不含在职）。2022 年 11 月 1~5 日，共有 5929 名学生参与填写了本书的问卷。本书共收回 5929 份问卷。删除填写时长少于 180 秒的问卷 81 份，删除问卷星评分在 100 分以下的问卷 5 份，删除硕士研究生和博士研究生填写的 4 份问卷，共计保留有效问卷 5839 份。也就是说，这 5839 份有效问卷的受访对象均为在校大学生，不包含硕士生和博士生。

第二节　样本概况

根据有效问卷对应的受访者的个人人文统计特征和受访者家庭的人文统计特征，汇总整理的样本概况如表 3-1 和表 3-2 所示。

表 3-1　样本概况：受访者个人人文统计特征

		人数	比例（%）			人数	比例（%）
性别	男	1338	22.9	民族	汉族	5577	95.5
	女	4501	77.1		少数民族	262	4.5
学校档次	"985" 院校	860	14.7	年级	大一	1062	18.2
	"211" 院校	23	0.4		大二	2612	44.7
	普通院校	4283	73.4		大三	2096	35.9
	三本院校	661	11.3		大四	69	1.2
	职业技术学院	12	0.2		大五	0	0
成长所在地	农村	3142	53.8	专业	哲学	19	0.3
	城市	2697	46.2		经济学	1461	25
籍贯	东北	98	1.7		法学	262	4.5
	华北	233	4		教育学	150	2.6
	西北	201	3.4		文学	490	8.4
	西南	4350	74.5		历史学	45	0.8
	华中	343	5.9		理学	754	12.9
	华东	251	4.3		工学	849	14.5
	华南	363	6.2		农学	17	0.3
恋爱状况	单身	4262	73		医学	91	1.6
	恋爱	1444	24.7		管理学	1558	26.7
	其他	133	2.3		艺术类	143	2.4
每月生活费用（包括可支配零用钱）	≤800 元	418	7.2	班级排名	前10%	2102	36
	800<x≤2000 元	2127	36.4		11%~20%	1493	25.6
	2000 元以上	1474	25.2		21%~50%	1665	28.5
	不清楚，没算过	1820	31.2		51%~100%	579	9.9
年龄	有效值：5839；最小值：16 岁；最大值：32 岁；均值：19.59；标准差：1.297						

表 3-2　样本概况：受访者家庭的人文统计特征

		人数	比例（%）		人数	比例（%）
父亲职业	政府机关、党群组织的负责人或中高级官员	185	3.2	政府机关、党群组织的负责人或中高级官员	98	1.7
	企业事业单位的管理人员	319	5.5	企业事业单位的管理人员	229	3.9
	专业技术人员或其他专业人士	178	3	专业技术人员或其他专业人士	108	1.8
	技术工人	696	11.9	技术工人	305	5.2
	政府或企业事业单位普通员工	585	10	政府或企业事业单位普通员工	688	11.8
	个体户	906	15.5	个体户	876	15
	自由职业者（泛指自由作家、动画师、程序员、配音师等自由工作的脑力劳动者）	138	2.4	自由职业者（泛指自由作家、动画师、程序员、配音师等自由工作的脑力劳动者）	132	2.3
	务农	1212	20.8	务农	1195	20.5
	其他职业	1424	24.4	其他职业	1369	23.4
	待业	196	3.4	待业	839	14.4
父亲受教育水平	初中及以下	3267	56	初中及以下	61.7	61.7
	高中/中专/技校	1551	26.6	高中/中专/技校	24.2	24.2
	大学本科/大专	940	16.1	大学本科/大专	13.1	13.1
	硕士及以上	81	1.4	硕士及以上	0.9	0.9
家庭成员健康状况	很差	62	1.1	≤5000 元	1994	34.1
	较差	552	9.5	5000<x≤10000 元	1595	27.3
	一般	2755	47.2	10000<x≤20000 元	1604	27.5
	良好	2470	42.3	20000 元以上	646	11.1
独生子女	是	2141	36.7			
	否	3698	63.3			

（母亲职业、母亲受教育水平、家庭月收入为右侧分类名称）

从表 3-1 中各个个人人文统计特征变量所表现的频率可以看出，总体的样本特征受到了大学生对本次财经素养大赛响应的积极性的影响。例如，女生的比例达到 77.1%，显著高于高校中正常的男女比例；关于年级，大二和大三学生参与调查的受访者居多；关于专业，哲学、农学专业关联的受访者的数量均小于大样本 30 个，历史学专业关联的受访者的数量不足受访者的 1%；关于籍贯，西南地区的生源占到了 74.5%，东北地区生源仅占 1.7%。但是，民族、出生所在地、恋爱状况、每月生活费用四个变量不同水平所表现的比例基本上反映了大学生群体的总体特征。另外，虽然性别和年级两个变量各个水平所占的比例和总体分布不一致，但是各个水平呈现的频数均大于大样本的数量，所以，本书通过竞赛获得样本对象可以实现本书所设定的研究目标。

本书在调查问卷中设计了籍贯、年龄和就读大学三个变量，主要的目的是了解受访对象的分布状况。但表 3-1 呈现的受访对象在籍贯和就读大学各个类别中的离散程度很高，无法进行严谨的组间比较，故而，在后续的数据分析中放弃这两个变量对财经素养水平影响的研究。同时，虽然可以看到大学生的年龄最小的是 16 岁，最大的为 32 岁，最大极值和最小极值之间的差距比较大，但是，总体上年龄基本上集中于 18~21 岁，也就是个体之间的年龄差距比较小，根据年龄对财经素养的影响在大学阶段与中学阶段呈现不相关的情形（Lusardi and Mitchell，2014），因此，本书也放弃年龄对财经素养的影响的研究。

从表 3-2 中七个家庭人文统计特征变量所表现的频数可以看出，相比 3-1 表中的个人人文统计特征变量所呈现的频数，更能反映和表现中国的家庭总体特征。因此，综合而言，本书获得的受访对象具有较高的代表性。

第三节　变量的定义和测量

本书主体调查涉及四个类别 26 个变量：八个学校教育变量（专业、是否学习财经课程、课程类型、授课方式、教学方式、教学模式、课程门数、课程课时）、十个社会教育变量（主动获取财经讯息、财经讯息延展、自我警示、主动参与讲座、讲座收获、主动交流财经讯息、被动交流财经讯息、主动分享财经经历、被动分享财经经历、主动请教财经决策）、两种财经知识（客观财经知识、自我评估的财经知识）、六种财经素养（财经态度、财经满意感、财经行为合理性、独立、信用、未来规划）。

一、学校教育

学校教育是由专业人员承担，在专门的机构，进行目的明确、组织严密、系统完善、计划性强的以影响学生身心发展为直接目标的社会实践活动。一般来说，学校教育包括学前教育、初等教育、中等教育和高等教育。本书的学校教育包括专业、是否学习财经课程、课程类型、授课方式、教学方式、教学模式、课程门数、课程课时共八个变量。

（一）专业

专业是指高等学校或中等专业学校所分的学业门类。专业通过设置"您的专业类别？"进行测试，采取"经管类、非经管类"的题项设置。

（二）是否学习过财经类课程

（三）课程类型

必修课程是指国家、地方或学校规定学生必须学习的公共课程，是为了保证所有学生的基础学习而开发的课程。其主导价值在于培养和发展学生的共性，体现对学生的基本要求。选修课程是指依据不同学生的特点与发展方向，允许个人选择的课程。其主导价值在于满足学生的兴趣爱好，培养和发展学生的良好个性。课程类型通过设置"您学习过的财经类课程的类型？"进行测试，采取"必修课、选修课"的题项设置。

（四）授课方式

授课方式通过设置"您学习过的财经类课程的类型？"进行测试，采取"网络授课、面授课、网络授课和面授课结合"的题项设置。

（五）教学方式

教学方式是指教学方法的活动细节。教学过程中具体的活动状态，表明教学活动实际呈现的形式。教学方式通过设置"您学习过的财经课程的教学方式？"进行测试，采取"讲授式教学、互动式教学、讲授式与互动式教学结合"的题项设置。

（六）教学模式

教学模式根据塞勒（G. Saylor, 1981）等的说法，是由许多不同的教学行为所构成的教学形式，以提供给教师许多如何达到课程目标的观念和方法。艾里斯（S. Ellis, 1979）则认为，教学模式是根据教育家、心理学家、哲学家和其他研究学习的学者所提出的理论或研究结果为基础的一套教学策略。每个教学模式都包含有此模式的理论基础、教师与学生应从事的一系列教学步骤、所需的支持系统以及评监学习结果的方法。教学模式通过设置"您学习过的财经课程的教学模式？"进行测试，采取"纯理论教学、案例教学、理论与案例教学结合"的题项设置。

（七）课程门数

课程门数是指开设不同课程的数量。课程门数通过设置"您学习过的财经课程的门数？"进行测试，采取"1~2门、3~4门、5~6门、7门及以上"的题项设置。门数越多，财经教育的强度越高。

（八）课程课时

课程课时是指连续教学的时间单位。课程课时通过设置"您学习过的财经课程的课时？"进行测试，采取"较少、刚好、较多、太多"的题项设置。课时越多，财经教育的强度越高。

二、社会教育

社会教育是指社会生活中对人的身心发展起到积极促进作用的各种教育性因素的总和，即指学校教育和家庭教育之外的一切社会机构、社会团体以及个人对社会成员所进行的有目的、有计划、有组织的教育，也包括人们在社会生活中通过耳濡目染、潜移默化的方式，在不经意间获得知识、技能和道德启示。本书的社会教育包括主动获取财经讯息、主动将财经讯息延伸至本身、通过负面财经新闻对自己形成警示、财经类讲座、与他人进行财经交流、与他人分享自己的财经行为或活动、在拟定财经决策中是否主动请教他人。

（一）主动获取财经讯息

讯息的基本词意是权威信息、信息、最新消息、消息。主动获取财经讯息通过设置"您是否主动获取财经讯息？"进行测试，采取"从来不、很少、偶尔、经常"的题项设置。通过强调主动获取财经讯息的重要性，进行信息获取的频率越高，社会教育影响越强。

（二）财经讯息延展

将财经讯息延伸至本身通过设置"您是否将财经讯息延伸至本身？"进行测试，采取"从来不、很少、偶尔、经常"的题项设置。获取信息后，通过延伸至本身进行反思和信息再利用，越高频率进行延伸，社会教育影响越强。

（三）自我警示

自我警示通过设置"您是否通过负面财经新闻对自己形成警示？"进行测试，采取"从来不、很少、偶尔、经常"的题项设置。获取负面财经新闻后，通过对自己形成警示进行反思和信息再利用，越高频率进行警示，社会教育影响越强。

（四）主动参与讲座

讲座，是一种教学形式，多利用报告会、广播等方式进行。由主讲人向学员传授某方面的知识、技巧，或改善某种能力、心态的一种公开半公开的学习形式。财经类讲座通过设置"您是否主动参与财经类科普讲座？"进行测试，采取"从来不、很少、偶尔、经常"的题项设置。参加财经类科普讲座越频繁，社会教育的效果越好。

（五）讲座收获

不同的人在同一场讲座中的收获不同，通过设置"您在讲座中的收获？"进行测试，采取"一点都没有、很少、一些、很多"的题项设置。

（六）主动交流财经讯息

与他人进行财经讯息交流是大学生在日常活动中获取财经讯息的重要途径。与他人进行财经讯息交流的主动影响通过设置"您是否主动与他人交流财经讯息?"进行测试,采取"从来不、很少、偶尔、经常"的题项设置。大学生进行交流的频率越高,主动影响越大。

（七）被动交流财经讯息

与他人进行财经讯息交流的潜移默化通过设置"他人是否主动与您进行财经讯息交流?"进行测试,采取"从来不、很少、偶尔、经常"的题项设置。他人与大学生进行财经讯息交流的频率越高,潜移默化的影响越大。

（八）主动分享财经经历

与他人分享自己的财经行为或活动,是通过将自身财经素养进行财经实践后形成的反思或肯定。主动影响通过设置"您是否主动与他人分享自己的财经行为或活动?"进行测试,采取"从来不、很少、偶尔、经常"的题项设置。大学生进行交流的频率越高,主动影响越大。

（九）被动分享财经经历

与他人进行财经讯息交流的潜移默化通过设置"他人是否主动与您进行财经行为或活动的分享?"进行测试,采取"从来不、很少、偶尔、经常"的题项设置。他人与大学生进行财经讯息交流的频率越高,潜移默化影响越大。

（十）主动请教财经决策

财经行为中,最重要的就是通过自身财经素养形成财经决策进而形成财经行为。通过设置"您在拟定财经决策中是否主动请教他人?"进行测试,采取"从来不、很少、偶尔、经常"的题项设置。

三、自我建构

自我构建概念最早由 Markus 和 Kitayama 于 1991 年提出,指的是个体在认识自我时,会将自我放在何种参照体系中进行认知的一种倾向。人们或是将自我看作与他人相分离的独立实体,或是将自我置于社会关系网络的一部分。个体在定义自我时的不同角度,形成了人与人在认知风格、社会交往、个人自主等方面的差异。西方个体主义文化强调每一个人作为独立个体的意义,东方文化相信人际关系的价值,要求人与人之间保持相互的联系与依赖。由此,Markus 等区分了分别在西方和东方文化中具有典型性的两种自我建构类型:独立型自我建构（Independent Selfconstrual）和依存型自我建构（Interdependent Selfconstrual）。前者注重自身独特性,追求个人的独立自主,与之相联系的自我表征多涉及个人特质、能力和偏好;后者注重自己与他人的联系,渴望获得良好人际关系,其自我表征多以人际交往为背景（Markus et al. , 1991）。

（一）依存型自我建构

依存型自我建构由十个题项构成，采取 Likert 五级量表（1＝完全同意；5＝完全不同意）的方式获取受访者的感知。也就是说，受访者选择的数字越大，越不同意测项的观点，财经态度则表现出正向积极的特性，具体如表 3-3 所示。整个变量测量的 Cronbach's Alpha 为 0.828，在测项数量只有两个的状态下大于阈值 0.6；各个题项的 Corrected Item-Total Correlation 对应的数值均大于阈值 0.4。由此看来，依存型自我建构的测量具有较高的可靠性。

表 3-3　依存型自我建构测量的题项以及与总体关联的可靠性

序号	题项	Corrected Item-Total Correlation	Cronbach's Alpha if Item Deleted
1	我尊重与我交往的权威人士	0.438	0.820
2	对我来说，与团队成员保持和谐很重要	0.458	0.819
3	我尊重谦逊的人	0.475	0.817
4	我会为了团体利益而牺牲自己的利益	0.627	0.802
5	我经常觉得与他人的关系比我自己的成就更重要	0.542	0.810
6	在制定教育/职业规划时，我会考虑父母的建议	0.577	0.807
7	尊重团队做出的决定对我来说很重要	0.661	0.800
8	如果团队需要我，我就会留在团队中，即使我和团队在一起不开心	0.548	0.810
9	如果我的兄弟姐妹失败了，我会觉得我有责任	0.489	0.817
10	即使我强烈反对团队成员的观点，我也会避免争论	0.424	0.824

（二）独立型自我建构

独立型自我建构由十个题项构成，采取 Likert 五级量表（1＝完全同意；5＝完全不同意）的方式获取受访者的感知。也就是说，受访者选择的数字越大，越不同意测项的观点，财经态度则表现出正向积极的特性，具体如表 3-4 所示。整个变量测量的 Cronbach's Alpha 为 0.814，在测项数量只有两个的状态下大于阈值 0.6；各个题项的 Corrected Item-Total Correlation 对应的数值均大于阈值 0.4。由此看来，独立型自我建构的测量具有较高的可靠性。

表 3-4　独立型自我建构测量的题项以及与总体关联的可靠性

序号	题项	Corrected Item-Total Correlation	Cronbach's Alpha if Item Deleted
1	我宁愿直接说"不"，也不愿冒被误解的风险	0.401	0.808
2	在课堂上发言对我来说不是问题	0.494	0.797
3	拥有丰富的想象力对我来说很重要	0.525	0.795

序号	题项	Corrected Item-Total Correlation	Cronbach's Alpha if Item Deleted
4	我乐于被挑选出来表扬或奖励	0.527	0.794
5	对我来说，能够照顾好自己是最重要的	0.527	0.794
6	不管和谁在一起，我都是一样的	0.454	0.803
7	与刚认识的人打交道时，我喜欢直截了当、直言不讳	0.450	0.803
8	我喜欢在许多方面与众不同	0.560	0.790
9	我独立于他人的个人身份对我来说非常重要	0.547	0.792
10	我把身体健康看得比什么都重要	0.489	0.798

四、财经素养

本书的财经素养由客观财经知识和主观财经知识、财经态度、财经满意感、财经行为合理性、独立、信用、生涯适应能力、未来承诺九个变量组成。

财经知识（Financial Knowledge）是财经素养的构成维度，它是指通过教育或者经验获得的个人基本财经概念和金融产品的知识储备（Huston，2010）。本书的财经知识包括客观财经知识和主观财经知识。

（一）客观财经知识

客观财经知识测量是由23个财经类知识问答组成，每个小知识的解答由多个选项组成，正确答案只有一个。本书根据每一位受访者的回答结果，确定其正确与否，最终形成错误和正确两个水平的二分变量。这些财经知识包括通货膨胀、单利计算、借钱中的利息计算、复利计算、投资的风险性、通货膨胀和生活成本关系、股票的风险性、抵押贷款的利息成本、分散化投资和风险关系、利率和债券价格的关系、美元的买入价识别、高回报金融产品的识别、收益波动资产的识别、债券和股票的风险比较、资产的时间价值、股票共同基金等的含义。

（二）主观财经知识

自我评估的财经知识（Self-Assessed Literacy），又称主观财经知识，是由受访者对财经知识的掌握和理解程度的自我评判，本书采取 Likert 五级量表进行测量（1=非常低；5=非常高）。

（三）财经态度

态度反映了个体对他人、思想、事件和客观物体的评价。它可以帮助人们理解和预测不同情境下的顾客行为。财经态度（Financial Attitudes）反映了个体即时满足抑或延迟满足的愿望，以及能否正确处理储蓄和消费之间的关系。如果一个人把当前通过消费获得快感赋予较高的权重，那么，他在未来的经济生活中应对不确定性的能力就会下降，甚至陷入窘迫状态；反之，权衡现在和未来的消费，把一部分收入储存下来，虽然有意识地抑制了当前的欲望，但是，个体增加了对未来的掌控能力。财经态度反映了个人在存钱各个方面的价值观。尽管对实现和维持自己的储蓄目标的积极或消极态度不一定构成实际行为，但如果人们对储蓄报有积极的看法，则他们更有可能参与良好的财经管理实践。这可能意味着，如果人们被教导要采取积极的财经态度并一贯奉行节俭的行为，那么他们将不太可能冲动地购买多余的物品。

财经态度由两个题项构成，采取 Likert 五级量表（1＝完全同意；5＝完全不同意）的方式获取受访者的感知。也就是说，受访者选择的数字越大，越不同意测项的观点，财经态度则表现出正向积极的特性，具体如表 3-5 所示。整个变量测量的 Cronbach's Alpha 为 0.722，在测项数量只有两个的状态下大于阈值 0.6；各个题项的 Corrected Item-Total Correlation 对应的数值均大于阈值 0.4。由此看来，财经态度的测量具有较高的可靠性。

表 3-5　财经态度测量的题项以及与总体关联的可靠性

序号	题项	Corrected Item-Total Correlation	Cronbach's Alpha if Item Deleted
1	我倾向于今朝有酒今朝醉而不去考虑明天	0.565	—
2	相比存钱而言，我更愿意把这些钱花掉	0.565	—

（四）财经满意感

财经满意感，即个体对目前财务状况的满意程度。本书采取测项"我对目前的财务状况感到满意"和答项 Likert 五级量表测试大学生的财经满意感（1＝完全不同意；5＝完全同意）。

（五）财经行为合理性

财经行为合理性是指个人的财经行为是否符合正常的规范。这种规范性保证了个体财经活动的正常进行，不会因为不合理而使得自己陷入财经困境之中。财经行为合理性由四个题项构成，采取 Likert 五级量表（1＝完全不同意；5＝完全同意）的方式获取受访者的感知，具体如表 3-6 所示。整个变量测量的 Cronbach's Alpha 为 0.771，在测项数量大于两个的状态下大于阈值 0.7；各个题项的 Corrected Item-Total Correlation 对应的数值均大于阈值 0.4。由此看来，财经行为合理性的测量具有较高的可靠性。

表 3-6　财经行为合理性测量的题项以及与总体关联的可靠性

序号	题项	Corrected Item-Total Correlation	Cronbach's Alpha if Item Deleted
1	在我买东西之前，我会仔细考虑一下我是否能负担得起	0.575	0.715
2	我会按时偿还借款	0.599	0.704

续表

序号	题项	Corrected Item-Total Correlation	Cronbach's Alpha if Item Deleted
3	我会密切关注自己的财务事宜	0.709	0.642
4	我制定了长期财务目标并努力实现这些目标	0.430	0.795

（六）独立

独立是指个体依靠自己的力量去做某事的心理变量。它通常包括人格独立、经济独立、思想独立、生活独立。《荀子·儒效》中定义的独立为"而师法者，所得乎情，非所受乎性；不足以独立而治"。独立包括以下内容：独立的自我意识、批判意识，创造性思维以及对价值的追求。其主要表现为：个体的自由、创造性；做到独立思考并有对权利的自主选择权；在追求自我独立、自我批判精神的同时，还具有对社会的奉献精神并对社会也保持着批判意识；对自我价值的追求、对真理的追求具有坚持不懈、不屈不挠的精神。独立由八个题项构成，采取五级量表（1＝完全不同意；5＝完全同意）的方式获取受访者的感知，具体如表3-7所示。整个变量测量的 Cronbach's Alpha 为 0.905，在测项数量大于两个的状态下大于阈值0.7；各个题项的 Corrected Item-Total Correlation 对应的数值均大于阈值0.4。由此看来，财经行为合理性的测量具有较高的可靠性。

表3-7　独立测量的题项以及与总体关联的可靠性

序号	题项	Corrected Item-Total Correlation	Cronbach's Alpha if Item Deleted
1	我通常能根据自身的情况和外部环境变化制定下一步的行动方案	0.664	0.896
2	我有勇气面对自己曾经犯过的错误	0.738	0.890
3	我会为自己的行为负责	0.718	0.892
4	我知道自己应该和什么人交朋友	0.685	0.894
5	我通常会把自己的事情做得井井有条	0.707	0.892
6	离开父母后，我能照顾自己的生活	0.731	0.890
7	我的内心非常强大	0.633	0.899
8	我的独立生活能力强	0.712	0.892

（七）信用

个人信用是指基于人们之间的互相信任，通过具有法律效力的契约或协议提供给自然人的信用。个人信用存在并作用于生活的各种领域，包括投资领域、金融领域、日常消费领域、人际交往领域等。信用能够调节社会中包含的生产关系和社会关系。信用由六个题项构成，采取 Likert 五级量表（1＝完全不同意；5＝

完全同意）的方式获取受访者的感知，具体如表 3-8 所示。整个变量测量的
Cronbach's Alpha 为 0.925，在测项数量大于两个的状态下大于阈值 0.7；各个题
项的 Corrected Item-Total Correlation 对应的数值均大于阈值 0.4。由此看来，财经
行为合理性的测量具有较高的可靠性。

表 3-8　信用测量的题项以及与总体关联的可靠性

序号	题项	Corrected Item-Total Correlation	Cronbach's Alpha if Item Deleted
1	我会对我说出的话负责	0.745	0.916
2	我借用了他人的东西，我都会如期归还	0.782	0.911
3	我会尽最大努力履行我对他人的承诺	0.816	0.906
4	我认识的人都很信任我	0.790	0.910
5	他人交办我的事，我都能按时保质完成	0.795	0.909
6	周围的人都认为我非常诚实	0.767	0.913

（八）生涯适应能力

生涯适应能力既是指个人在认知和行动上指向未来时间的偏好，即未来时间
取向，也是指个人对未来发展的探索和准备。生涯适应能力反映了个人在获取更
高学历、未来工作和未来家庭等方面所作的思考和长远规划。筹划更高的学历，
可以帮助其获得将来工作所需要的知识、技能和能力；筹划未来的工作，可以帮
助个体获得一定的经济收入、社会地位和社会影响力；筹划未来的家庭，可以帮
助其找到理想的伴侣，组建幸福的家庭生儿育女。在未来取向的过程观下，未来
规划不仅包括实施计划的行动过程，也包括评价目标的情感体验。本书设置 3 个
问题进行测试。这三个测项采取 Likert 五级量表（1＝非常不同意；5＝非常同意）
正向编码的方式获取受访者的感知，具体如表 3-9 所示。整个变量测量的 Cron-
bach's Alpha 为 0.778，大于阈值 0.7；各个题项的 Corrected Item-Total Correla-
tion 对应的数值均大于阈值 0.4。由此看来，生涯适应能力的测量具有较高的可
靠性。

表 3-9　生涯适应能力测量的题项以及与总体关联的可靠性

序号	题项	Corrected Item-Total Correlation	Cronbach's Alpha if Item Deleted
1	您多久筹划一次您未来更高学历的教育？	0.623	0.720
2	您多久筹划一次您未来的工作？	0.736	0.601
3	您多久筹划一次您未来的家庭？	0.546	0.815

（九）未来承诺

未来承诺是指个体把未来规划付诸行动的决心。这个变量测量采取 Likert 五

级量表（1=非常不同意；5=非常同意）正向编码的方式获取受访者的感知，具体如表 3-10 所示。整个变量测量的 Cronbach's Alpha 为 0.722，大于阈值 0.7；各个题项的 Corrected Item-Total Correlation 对应的数值均大于阈值 0.4。由此看来，未来承诺的测量具有较高的可靠性。

表 3-10   未来承诺测量的题项以及与总体关联的可靠性

序号	题项	Corrected Item-Total Correlation	Cronbach's Alpha if Item Deleted
1	您大学毕业后实现更高学历教育计划的决心有多大？	0.479	0.479
2	您大学毕业后实现未来工作计划的决心有多大？	0.631	0.631
3	您大学毕业后实现未来家庭计划的决心有多大？	0.533	0.533

本章小结

本书借助大学生财经素养大赛平台，把报名的参赛者作为样本框抽选样本单位，把问卷调查作为报名者的考核标准之一，在问项达到 116 个的条件下要求受访者认真如实独立填写问卷，一定程度上规避了交差应付和不负责任的心态，确保了问卷访问的质量。

通过综合评估受访者的个人人文统计特征变量和家庭人文统计特征变量各个水平所表现的频数和比例，本书认为样本特征与总体参数之间有一定的一致性，本书获得的样本可代表中国大学生总体，通过样本对应的数据分析可以推断总体。

本书设计的变量来自小组访谈关联的变量测量开发和既有的学术文献，除了单题项测量的变量外，多题项构成的变量测量均通过可靠性检验，说明本书设计的变量测量具有较高的可靠性，意味着研究框架中所有变量可用于后续的描述性分析、方差分析、相关分析和回归分析。

第四章　数据分析和结果

通过前述章节，本书完成了个人人文统计特征、家庭成长环境、学校教育、社会教育与个人财经素养之间关系的文献整理和综述，建立了本书的研究框架。根据家庭资源管理理论、家庭社会化理论、社会学习理论、行为经济学理论、调节定向理论、家庭成长环境六个理论，我们可以推断，学校教育、社会教育与心理变量、客观财经知识存在一定关系，同时与其他财经素养也存在一定联系。在研究方法部分，本书证实了我们获取的样本具有一定的代表性，研究框架关联的变量测量具有较高的可靠性和有效性。

第一节　描述性统计

本节运用描述性统计方法报告如下 29 个变量的均值和标准差，以及在不同水平的频数和比例：①专业；②是否学习过财经课程；③课程类型；④授课方式；⑤教学方式；⑥教学模式；⑦课程门数；⑧课程课时；⑨主动获取财经讯息；⑩财经讯息延展；⑪自我警示；⑫主动参与讲座；⑬讲座收获；⑭主动交流财经讯息；⑮被动交流财经讯息；⑯主动分享财经经历；⑰被动分享财经经历；⑱主动请教财经决策；⑲依存型自我建构；⑳独立型自我建构；㉑客观财经知识；㉒主观财经知识；㉓财经态度；㉔财经满意感；㉕财经行为合理性；㉖独立；㉗信用；㉘生涯适应能力；㉙未来承诺。

一、专业的描述性统计

专业的描述性统计结果如表4-1所示。从这张表格的数据可以看出，项目的大学生有 51.1% 为经管类专业。

表4-1　"您的专业类别？"描述性统计结果

水平	频数（人）	比例（%）
经管类	2982	51.1
非经管类	2857	48.9

水平	频数（人）	比例（%）
总计	5839	100.0

均值：1.49；标准差：0.500

二、是否学习过财经类课程的描述性统计

是否学习过财经类课程的关联题项的描述性统计结果如表4-2所示。大学生中有53.1%的学生学习过财经类课程，与专业类别结果高度一致。学习过财经课程的学生主要是经管类专业学生，非经管类专业大多数并未专门开设财经类课程。

表4-2　"您是否学习过财经类课程？"描述性统计结果

水平	频数（人）	比例（%）
是	3101	53.1
否	2738	46.9
总计	5839	100.0

均值：1.47；标准差：0.499

三、课程类型的描述性统计

课程类型的描述性统计结果如表4-3所示。在学习过财经类过程的人群中，87%的学生以必修课的形式学习财经类课程，13%的学生以选修课的形式学习财经类课程。财经类的课程主要以必修课的形式开设。

表4-3　"您学习过的财经类课程的类型？"描述性统计结果

水平	频数（人）	比例（%）
未学习过	2738	46.9
必修课	2698	46.2
选修课	403	6.9
总计	5839	100.0

均值：-0.81；标准差：2.076

四、授课方式的描述性统计

授课方式的描述性统计结果如表4-4所示。从这张表的数据可以看出，虽然受新冠疫情影响，在学习过财经类课程的学生中，95%的课程都涵盖了面授课，仅5%的学生只学习过网络授课，其中有63.9%的学生学习的财经课程的授课方

式是网络授课和面授课结合，占比最多。

表4-4 "您学习过的财经课程的授课方式？"描述性统计结果

水平	频数（人）	比例（%）
未学习过	2738	46.9
网络授课	163	2.8
面授课	959	16.4
网络授课和面授课结合	1979	33.9
总计	5839	100.0

均值：-0.03；标准差：2.821

五、教学方式的描述性统计

教学方式的描述性统计结果如表4-5所示。从这张表的数据可以看出，在学习过财经类课程的学生中，讲授式教学占比22.4%，互动式教学占比3.4%，讲授式与互动式教学占比74.2%。大学生的财经素养课程以讲授式与互动式教学结合为主，同时单一的讲授式教学的比例明显高于互动式教学。

表4-5 "您学习过的财经课程的教学方式？"描述性统计结果

水平	频数（人）	比例（%）
未学习过	2738	46.9
讲授式教学	694	11.9
互动式教学	104	1.8
讲授式与互动式教学结合	2303	39.4
总计	5839	100.0

均值：-0.07；标准差：2.821

六、教学模式的描述性统计

教学模式的描述性统计结果如表4-6所示。从这张表的数据可以看出，在学习过财经类课程的学生中，理论与案例教学结合的教学模式占比87.4%，案例教学占比2.8%，纯理论教学占比9.8%。大学生的财经素养课程以理论与案例教学结合为主，同时还存在将近一成的纯理论教学。

表4-6 "学习过的财经课程的教学模式？"描述性统计结果

水平	频数（人）	比例（%）
未学习过	2738	46.9
纯理论教学	302	5.2

水平	频数（人）	比例（%）
案例教学	88	1.5
理论与案例教学结合	2711	46.4
总计	5839	100.0

均值：0.07；标准差：2.917

七、课程门数的描述性统计

课程课时的描述性统计结果如表4-7所示。从这张表的数据可以看出，在学习过财经类课程的学生中，门数较多（5~6门、7门及以上）的占比41.3%，3~4门占比28.3%，1~2门的占比30.3%。

表4-7 "您学习过的财经课程门数?"描述性统计结果

水平	频数（人）	比例（%）
未学习过	2738	46.9
1~2门	940	16.1
3~4门	879	15.0
5~6门	517	8.9
7门及以上	765	13.1
总计	5839	100

均值：-0.15；标准差：2.802

八、课程课时的描述性统计

课程课时的描述性统计结果如表4-8所示。从这张表的数据可以看出，在学习过财经类课程的学生中，认为财经课程的课时多（包含较多和太多）的占比41.4%，认为课时刚好的占比28.3%，认为课时较少的占比30.3%。

表4-8 "您学习过的财经课程课时?"描述性统计结果

水平	频数（人）	比例（%）
未学习过	2738	46.9
较少	940	16.1
刚好	879	15.1
较多	517	8.9
太多	765	13.1
总计	5839	100.1

均值：-0.34；标准差：2.559

九、主动获取财经讯息的描述性统计

主动获取财经讯息的描述性统计结果如表4-9所示。从这张表的数据可以看出，"从来没有"的占比为46.9%，占比最高，偶尔和经常两个选项的合并比例为38%，不足40%。这说明半数以上的大学生并未形成主动获取财经讯息的习惯。

表4-9 "您是否主动获取财经讯息?"描述性统计结果

水平	频数（人）	比例（%）
从来没有	2738	46.9
极少	801	13.7
偶尔	1561	26.7
经常	657	11.3
总计	5839	100

均值：2.75；标准差：0.693

十、财经讯息延展的描述性统计

财经讯息延展的描述性统计结果如表4-10所示。从这张表的数据可以看出，有59.1%的大学生对财经讯息的自我延展呈积极态度（偶尔与经常），仅有3.7%的受试者从未有延展行为，极少的则占比37.3%。

表4-10 "您是否将财经讯息延展至自身?"描述性统计结果

水平	频数（人）	比例（%）
从来没有	214	3.7
极少	2176	37.3
偶尔	2795	47.9
经常	654	11.2
总计	5839	100.1

均值：2.67；标准差：0.721

十一、自我警示的描述性统计

自我警示的描述性统计结果如表4-11所示。从这张表的数据可以看出，均值为3.00。有习惯通过负面财经新闻对自己形成警示的大学生将近75%（偶尔与经常），仅有3.5%的受试者从未有过警示行为。

表 4-11 "您是否通过负面财经新闻对自己形成警示?"描述性统计结果

水平	频数（人）	比例（%）
从来没有	202	3.5
极少	1282	22.0
偶尔	2663	45.6
经常	1692	29.0
总计	5839	100.0

均值：3.00；标准差：0.805

十二、主动参与讲座的描述性统计

主动参与财经类科普讲座的描述性统计结果如表 4-12 所示。从这张表的数据可以看出，有习惯主动参与财经类科普讲座的大学生占比 48.7%（偶尔与经常），而 51.3% 的大学生几乎不主动参与财经类科普讲座。

表 4-12 "您是否主动参与财经类科普讲座?"描述性统计结果

水平	频数（人）	比例（%）
从来没有	604	10.3
极少	2392	41.0
偶尔	2464	42.2
经常	379	6.5
总计	5839	100.0

均值：2.45；标准差：0.764

十三、讲座收获的描述性统计

讲座中收获的描述性统计结果如表 4-13 所示。从这张表的数据可以看出，76.2% 的大学生都在讲座中有收获（一些与很多），认为收获很少或无的仅占 23.8%。

表 4-13 "您在讲座中的收获?"描述性统计结果

水平	频数（人）	比例（%）
一点都没有	282	4.8
很少	1108	19.0
一些	3447	59.0
很多	1002	17.2
总计	5839	100.0

均值：2.89；标准差：0.736

十四、主动交流财经讯息的描述性统计

主动交流财经讯息的描述性统计结果如表 4-14 所示。从这张表的数据可以看出，58.7% 的大学生习惯与他人交流财经讯息（偶尔与经常），但是占比 36.3% 的大学生极少与他人进行交流，尚有 4.9% 的大学生从未与他人交流财经讯息。

表 4-14 "您是否主动与他人交流财经讯息?"描述性统计结果

水平	频数（人）	比例（%）
从来没有	288	4.9
极少	2120	36.3
偶尔	2863	49.0
经常	568	9.7
总计	5839	100.0

均值: 2.64; 标准差: 0.725

十五、被动交流财经讯息的描述性统计

被动交流财经讯息的描述性统计结果如表 4-15 所示。他人主动与受访者进行财经讯息交流，可以形成受访者的被动交流。从这张表的数据可以看出，有过被动与他人交流财经讯息的大学生占比 56%（偶尔与经常），极少占比为 39.2%，还有将近 5% 的大学生从未有过被动交流的经历。

表 4-15 "他人是否主动与您进行财经讯息交流?"描述性统计结果

水平	频数（人）	比例（%）
从来没有	278	4.8
极少	2291	39.2
偶尔	2779	47.6
经常	491	8.4
总计	5839	100.0

均值: 2.60; 标准差: 0.710

十六、主动分享财经经历的描述性统计

主动分享财经经历的描述性统计结果如表 4-16 所示。从这张表的数据可以看出，有过主动与他人分享自己财经行为或活动的大学生占比 57.7%（经常与偶尔），超过半数，极少占比为 36.2%，还有 6.2% 的大学生从未有过主动分享的经历。

表 4-16 "您是否主动与他人分享自己的财经行为或活动?"描述性统计结果

水平	频数（人）	比例（%）
从来没有	362	6.2
极少	2113	36.2
偶尔	2812	48.2
经常	552	9.5
总计	5839	100.0

均值：2.61；标准差：0.743

十七、被动分享财经经历的描述性统计

被动分享财经经历的描述性统计结果如表 4-17 所示。他人主动与受访者进行财经行为或活动的分享，可以形成受访者的被动交流。从这张表的数据可以看出，有过被动与他人分享自己的财经行为或活动的大学生占比 56.5%（偶尔与经常），超过半数，极少占比为 38.3%，还有 5.2% 的大学生从未有过主动分享的经历。

表 4-17 "他人是否主动与您进行财经行为或活动的分享?"描述性统计结果

水平	频数（人）	比例（%）
从来没有	303	5.2
极少	2234	38.3
偶尔	2770	47.4
经常	532	9.1
总计	5839	100.0

均值：2.60；标准差：0.725

十八、主动请教财经决策的描述性统计

主动请教财经决策的描述性统计结果如表 4-18 所示。从这张表的数据可以看出，有过主动请教他人的大学生占比将近 70%（偶尔与经常），极少主动请教的占比为 26.5%，还有 3.7% 的大学生从未有过主动分享的经历。这说明大学生在做出财经决策前请教他人是普遍的行为。

表 4-18 "您在拟定财经决策中是否主动请教他人?"描述性统计结果

水平	频数（人）	比例（%）
从来没有	215	3.7
极少	1550	26.5

水平	频数（人）	比例（%）
偶尔	2817	48.2
经常	1257	21.5
总计	5839	100.0

均值：2.88；标准差：0.783

十九、依存型自我建构的描述性统计

关于依存型自我建构的十个关联题项的描述统计结果如表4-19至表4-28所示。受访者对于正向态度（比较同意和完全同意）合并的比例为32%~91%，其中六道题有的合并比例大于50%。十个题项的均值均大于3，也就是说，大学生的依存型自我构建比较强。十个题项的负向态度（完全不同意和比较不同意）合并的比例为2.5%~32.8%。

表4-19 "我尊重与我交往的权威人士"描述性统计结果

水平	频数（人）	比例（%）
完全不同意	74	1.3
比较不同意	169	2.9
中立	925	15.8
比较同意	1412	24.2
完全同意	3259	55.8
总计	5839	100.0

均值：4.30；标准差：0.924

表4-20 "对我来说，与团队成员保持和谐很重要"描述性统计结果

水平	频数（人）	比例（%）
完全不同意	66	1.1
比较不同意	103	1.8
中立	349	6.0
比较同意	833	14.3
完全同意	4488	76.9
总计	5839	100.0

均值：4.64；标准差：0.769

表 4-21 "我尊重谦逊的人"描述性统计结果

水平	频数（人）	比例（%）
完全不同意	65	1.1
比较不同意	82	1.4
中立	382	6.5
比较同意	926	15.9
完全同意	4384	75.1
总计	5839	100.0

均值：4.62；标准差：0.764

表 4-22 "我会为了团体利益而牺牲自己的利益"描述性统计结果

水平	频数（人）	比例（%）
完全不同意	84	1.4
比较不同意	309	5.3
中立	1948	33.4
比较同意	1871	32.0
完全同意	1627	27.9
总计	5839	100.0

均值：3.8；标准差：0.955

表 4-23 "我经常觉得与他人的关系比我自己的成就更重要"描述性统计结果

水平	频数（人）	比例（%）
完全不同意	497	8.5
比较不同意	1096	18.8
中立	2284	39.1
比较同意	990	17.0
完全同意	972	16.6
总计	5839	100.0

均值：3.14；标准差：1.159

表 4-24 "在制定教育/职业规划时，我会考虑父母的建议"描述性统计结果

水平	频数（人）	比例（%）
完全不同意	74	1.3
比较不同意	381	6.5
中立	2179	37.3
比较同意	1886	32.3
完全同意	1319	22.6

续表

水平	频数（人）	比例（%）
总计	5839	100.0

均值：3.68；标准差：0.935

表 4-25　"尊重团队做出的决定对我来说很重要"描述性统计结果

水平	频数（人）	比例（%）
完全不同意	44	0.8
比较不同意	153	2.6
中立	1448	24.8
比较同意	2097	35.9
完全同意	2097	35.9
总计	5839	100.0

均值：4.04；标准差：0.882

表 4-26　"如果团队需要我，我就会留在团队中，即使我和团队在一起不开心"描述性统计结果

水平	频数（人）	比例（%）
完全不同意	538	9.2
比较不同意	1136	19.5
中立	2229	38.2
比较同意	1073	18.4
完全同意	863	14.8
总计	5839	100.0

均值：3.10；标准差：1.152

表 4-27　"如果我的兄弟姐妹失败了，我会觉得我有责任"描述性统计结果

水平	频数（人）	比例（%）
完全不同意	732	12.5
比较不同意	1183	20.3
中立	2020	34.6
比较同意	1101	18.9
完全同意	803	13.8
总计	5839	100.0

均值：3.01；标准差：1.201

表 4-28 "即使我强烈反对团队成员的观点，我也会避免争论"描述性统计结果

水平	频数（人）	比例（%）
完全不同意	490	8.4
比较不同意	1007	17.2
中立	2030	34.8
比较同意	1249	21.4
完全同意	1063	18.2
总计	5839	100.0

均值：3.24；标准差：1.181

二十、独立型自我建构的描述性统计

关于独立型自我建构的八个关联题项的描述统计结果如表 4-29 至表 4-38 所示。受访者对于正向态度（比较同意和完全同意）的合并比例为 29.4% ~ 68.5%，有六道题的合并比例超过 50%。其中九个题项的均值大于 3。但是，十个题项的负向态度（完全不同意和比较不同意）合并的比例为 4.5% ~ 34.7%。综合来说，大学生的独立型自我构建较弱。

表 4-29 "我宁愿直接说'不'，也不愿冒被误解的风险"描述性统计结果

水平	频数（人）	比例（%）
完全不同意	221	3.8
比较不同意	563	9.6
中立	1928	33.0
比较同意	1537	26.3
完全同意	1590	27.2
总计	5839	100.0

均值：3.64；标准差：1.094

表 4-30 "在课堂上发言对我来说不是问题"描述性统计结果

水平	频数（人）	比例（%）
完全不同意	317	5.4
比较不同意	879	15.1
中立	2173	37.2
比较同意	1246	21.3
完全同意	1224	21.0
总计	5839	100.0

均值：3.37；标准差：1.132

表4-31 "拥有丰富的想象力对我来说很重要"描述性统计结果

水平	频数（人）	比例（%）
完全不同意	69	1.2
比较不同意	194	3.3
中立	1370	23.5
比较同意	1741	29.8
完全同意	2465	42.2
总计	5839	100.0

均值：4.09；标准差：0.943

表4-32 "我乐于被挑选出来表扬或奖励"描述性统计结果

水平	频数（人）	比例（%）
完全不同意	120	2.1
比较不同意	332	5.7
中立	1664	28.5
比较同意	1753	30.0
完全同意	1970	33.7
总计	5839	100.0

均值：3.88；标准差：1.010

表4-33 "对我来说，能够照顾好自己是最重要的"描述性统计结果

水平	频数（人）	比例（%）
完全不同意	73	1.3
比较不同意	226	3.9
中立	1537	26.3
比较同意	1817	31.1
完全同意	2186	37.4
总计	5839	100.0

均值：4.00；标准差：0.951

表4-34 "不管和谁在一起，我都是一样的"描述性统计结果

水平	频数（人）	比例（%）
完全不同意	731	12.5
比较不同意	1236	21.2
中立	2046	35.0
比较同意	964	16.5
完全同意	862	14.8
总计	5839	100.0

均值：3.00；标准差：1.212

表 4-35 "与刚认识的人打交道时，我喜欢直截了当、直言不讳"描述性统计结果

水平	频数（人）	比例（%）
完全不同意	692	11.9
比较不同意	1391	23.8
中立	2039	34.9
比较同意	876	15.0
完全同意	841	14.4
总计	5839	100.0

均值：2.96；标准差：1.199

表 4-36 "我喜欢在许多方面与众不同"描述性统计结果

水平	频数（人）	比例（%）
完全不同意	287	4.9
比较不同意	917	15.7
中立	2345	40.2
比较同意	1206	20.7
完全同意	1084	18.6
总计	5839	100.0

均值：3.32；标准差：1.095

表 4-37 "我独立于他人的个人身份对我来说非常重要"描述性统计结果

水平	频数（人）	比例（%）
完全不同意	136	2.3
比较不同意	441	7.6
中立	2113	36.2
比较同意	1582	27.1
完全同意	1567	26.8
总计	5839	100.0

均值：3.69；标准差：1.021

表 4-38 "我把身体健康看得比什么都重要"描述性统计结果

水平	频数（人）	比例（%）
完全不同意	75	1.3
比较不同意	273	4.7
中立	1648	28.2
比较同意	1944	33.3
完全同意	1899	32.5
总计	5839	100.0

均值：3.91；标准差：0.950

二十一、客观财经知识的描述性统计

受访者关于 23 道客观财经知识回答的正确率如表 4-39 所示。这 23 道题是常识性的财经知识，反映了大学生的基本财经素养水平。数据分析结果显示，单一问题做对的比例最高的为投资的风险性（高投资高风险的识别），正确率为 92.1%；做对的比例最低的为医疗保险，正确率仅为 15.6%。每道题平均的正确率为 58.1%。

表 4-39　客观财经知识回答的正确率

客观财经知识	正确数	单个题目回答的正确率（%）
通货膨胀	2334	26.1
单利计算	3619	81.9
借钱中的利息计算	1279	28.0
复利计算	2284	49.5
投资的风险性	4079	92.1
通膨胀和生活成本关系	3269	74.3
股票的风险性	1866	41.6
抵押贷款的利息成本	1140	53.1
分散化投资和风险关系	3487	76.1
利率和债券价格的关系	1765	46.9
美元的买入价识别	1981	46.4
高回报金融产品的识别	1225	24.1
收益波动资产的识别	3507	77.2
债券和股票的风险比较	3127	71.2
资产的时间价值	2780	62.1
股票共同基金的含义	2928	70.9
存款准备金率	2504	52.1
股票持有人的性质	1987	38.3
医疗保险	2818	15.6
个人信用评级	3488	79.8
不良信用记录的影响	2953	71.2
分期付款购买汽车	3310	77.1
申请个人信用报告	2695	80.7

答对客观财经知识题的数量如表 4-40 所示。通过表 4-40 的数据可以看出，23 道常识性的客观财经知识问题都回答正确的人数为 0。回答正确 22 道题的人数为 6 人，占比 0.1%；12 道题都回答正确，也就是 50% 的题都回答正确的人数累计占比为 73.5%。换言之，另外 50% 的题都无法回答正确的人数的占比为 26.5%。共答对 15 道的人最多，占比 12.0%。1 道题也回答不正确的人数为 48 人，占比 0.8%。

表 4-40　答对客观财经知识题的数量

回答正确的题的数量	回答正确的人数（人）	回答正确的人的比例（%）	累计的比例（%）
23	0	0.0	0.0
22	6	0.1	0.1
21	35	0.6	0.7
20	116	2.0	2.7
19	236	4.0	6.7
18	368	6.3	13.0
17	503	8.6	21.6
16	642	11.0	32.6
15	700	12.0	44.6
14	689	11.8	56.4
13	565	9.7	66.1
12	430	7.4	73.5
11	343	5.9	79.3
10	265	4.5	83.9
9	185	3.2	87.1
8	163	2.8	89.8
7	141	2.4	92.3
6	102	1.7	94.0
5	82	1.4	95.4
4	63	1.1	96.5
3	54	0.9	97.4
2	55	0.9	98.4
1	48	0.8	99.2
0	48	0.8	100.0
总计	5938	100.0	100.0

二十二、主观财经知识的描述性统计

自我评估的财经知识如表 4-41 所示。从表 4-41 中的数据可以看出，自我评估财经知识低于中等水平的大学生累计达到 54.3%；自我评估财经知识高于中等水平的大学生累计为 16.9%。

表 4-41　"您认为自己对财经知识的掌握程度"描述性统计结果

水平	频数（人）	比例（%）
非常低	517	8.9
低	847	14.5
有些低	1802	30.9

续表

水平	频数（人）	比例（%）
一般	1689	28.9
有些高	663	11.4
高	155	2.7
非常高	166	2.8
总计	5839	100.0

均值：3.39；标准差：1.337

二十三、财经态度的描述性统计

财经态度对应的两个题项的描述性统计结果如表 4-42 和表 4-43 所示。对表 4-42 的数据进一步处理可以看出，受访者赞同即时满足的比例仅为 14.4%；赞同延迟满足的比例为 58.1%；在即时满足和延迟满足两者中间，处于中立态度的受访者的比例达到 27.5%。从表 4-43 的数据可以看出，认为花钱比储蓄更重要的受访者的比例为 15.3%；认为储蓄比花钱更重要的受访者的比例为 53.8%；处于中立态度的为 30.9%。"我倾向于今朝有酒今朝醉而不去考虑明天发""我发现花钱比长期保存更令人满意"两个变量之间的 Pearson 相关系数为 0.564，在 $\alpha = 0.001$ 的水平上显著。但是，认为花钱比储蓄更重要的受访者的比例为 15.3%，赞同即时满足 14.4%；同理，认为储蓄比花钱更重要的受访者的比例为 53.8%，赞同延迟满足的比例为 58.1%。对应的比例比较接近，相互印证了两者的关系。

表 4-42　"我倾向于今朝有酒今朝醉而不去考虑明天"描述性统计结果（逆向）

水平	频数（人）	比例（%）
完全不同意	1828	31.3
比较不同意	1567	26.8
中立	1604	27.5
比较同意	532	9.1
完全同意	308	5.3
总计	5839	100.0

均值：2.30；标准差：1.156

表 4-43　"相比存钱而言，我更愿意把这些钱花掉"描述性统计结果（逆向）

水平	频数（人）	比例（%）
完全不同意	1558	26.7
比较不同意	1584	27.1

水平	频数（人）	比例（%）
中立	1803	30.9
比较同意	567	9.7
完全同意	327	5.6
总计	4630	100.0

均值：2.40；标准差：1.142

二十四、财经满意感的描述性统计

财经满意感的描述性统计结果如表4-44所示。从该表中的数据可以判断，15.1%的受访者处于不满意状态；23.2%的受访者对自己的财经状况处于满意状态。财经满意感的均值为2.78，小于中值3，说明大学生普遍对当下的财经状况处于不满意状态。

表4-44 "我对目前的财务状况感到满意"描述性统计结果

水平	频数（人）	比例（%）
完全不同意	883	15.1
比较不同意	1392	23.8
中立	2206	37.8
比较同意	848	14.5
完全同意	510	8.7
总计	5839	100.0

均值：2.78；标准差：1.135

二十五、财经行为合理性的描述性统计

财经行为合理性由四个题项构成，各个题项的描述性统计结果如表4-45至表4-48所示。从四个题项各个水平所占的比例以及每个题项的均值的表现可以看出，受访者量入为出、按时支付账单的均值都大于4，仅关注自身财务状况的信念的均值为3.53。完全不同意的比例为2.1%~3.4%，占比较低。相反，制定财务目标并努力实现它的均值小于3.5，完全不同意的比例为4.5%。总体来讲，受访者财经行为的合理性比较高，但是财经行为的目的性还不是很强。

表4-45 "在我买东西之前，我会仔细考虑一下我是否能负担得起"描述性统计结果

水平	频数（人）	比例（%）
完全不同意	122	2.1
比较不同意	268	4.6

水平	频数（人）	比例（%）
中立	1129	19.3
比较同意	1496	25.6
完全同意	2824	48.4
总计	5839	100.0

均值：4.14；标准差：1.015

表4-46 "我会按时偿还借款"描述性统计结果

水平	频数（人）	比例（%）
完全不同意	114	2.0
比较不同意	154	2.6
中立	805	13.8
比较同意	916	15.7
完全同意	3850	65.9
总计	5839	100.0

均值：4.41；标准差：0.953

表4-47 "我会密切关注自己的财务事宜"描述性统计结果

水平	频数（人）	比例（%）
完全不同意	105	1.8
比较不同意	253	4.3
中立	1329	22.8
比较同意	1467	25.1
完全同意	2685	46.0
总计	5839	100.0

均值：4.09；标准差：1.007

表4-48 "我制定了长期财务目标并努力实现这些目标"描述性统计结果

水平	频数（人）	比例（%）
完全不同意	198	3.4
比较不同意	684	11.7
中立	2257	38.7
比较同意	1236	21.2
完全同意	1464	25.1
总计	5839	100.0

均值：3.53；标准差：1.090

二十六、独立的描述性统计

关于独立的八个关联题项的描述统计结果如表4-49至表4-56所示。受访者对于正向态度（比较同意和完全同意）均大于50%，八个题项的均值均大于3，也就是说，四成大学生的独立性比较强。但是，八个题项的负向态度（完全不同意和比较不同意）合并的比例为3.4%~11.2%，说明还有接近一成的大学生独立性比较弱。

表4-49 "我通常能根据自身的情况和外部环境变化制定下一步的行动方案"描述性统计结果

水平	频数（人）	比例（%）
完全不同意	127	2.2
比较不同意	313	5.4
中立	1865	31.9
比较同意	1708	29.3
完全同意	1826	31.3
总计	5839	100.0

均值：3.82；标准差：1.005

表4-50 "我有勇气面对自己曾经犯过的错误"描述性统计结果

水平	频数（人）	比例（%）
完全不同意	78	1.3
比较不同意	262	4.5
中立	1598	27.4
比较同意	1838	31.5
完全同意	2063	35.3
总计	5839	100.0

均值：3.95；标准差：0.961

表4-51 "我会为自己的行为负责"描述性统计结果

水平	频数（人）	比例（%）
完全不同意	59	1.0
比较不同意	138	2.4
中立	1027	17.6
比较同意	1697	29.1
完全同意	2918	50.0
总计	5839	100.0

均值：4.25；标准差：0.895

表 4-52　"我知道自己应该和什么人交朋友"描述性统计结果

水平	频数（人）	比例（%）
完全不同意	117	2.0
比较不同意	231	4.0
中立	1354	23.2
比较同意	1785	30.6
完全同意	2352	40.3
总计	5839	100.0

均值：4.03；标准差：0.986

表 4-53　"我通常会把自己的事情做得井井有条"描述性统计结果

水平	频数（人）	比例（%）
完全不同意	85	1.5
比较不同意	314	5.4
中立	1950	33.4
比较同意	1824	31.2
完全同意	1666	28.5
总计	5839	100.0

均值：3.80；标准差：0.962

表 4-54　"离开父母后，我能照顾自己的生活"描述性统计结果

水平	频数（人）	比例（%）
完全不同意	75	1.3
比较不同意	202	3.5
中立	1440	24.7
比较同意	1847	31.6
完全同意	2275	39.0
总计	5839	100.0

均值：4.04；标准差：0.943

表 4-55　"我的内心非常强大"描述性统计结果

水平	频数（人）	比例（%）
完全不同意	141	2.4
比较不同意	516	8.8
中立	2162	37.0
比较同意	1672	28.6
完全同意	1348	23.1
总计	5839	100.0

均值：3.61；标准差：1.011

表4-56　"我的独立生活能力强"描述性统计结果

水平	频数（人）	比例（%）
完全不同意	76	1.3
比较不同意	282	4.8
中立	1752	30.0
比较同意	1883	32.2
完全同意	1846	31.6
总计	5839	100.0

均值：3.88；标准差：0.955

二十七、信用的描述性统计

信用的六个关联题项的描述性统计结果如表4-57至表4-62所示。六个题项正向态度（比较同意和完全同意）合并的比例均大于70%，六个题项负向态度（比较不同意和完全不同意）合并的比例为3%~7%，总体而言，绝大多数大学生遵循信用的规则，但仍有少量学生还未认识到信用的作用和意义。

表4-57　"我会对我说出的话负责"描述性统计结果

水平	频数（人）	比例（%）
完全不同意	70	1.2
比较不同意	152	2.6
中立	1237	21.2
比较同意	1990	34.1
完全同意	2390	40.9
总计	5839	100.0

均值：4.11；标准差：0.906

表4-58　"我借用了他人的东西，我都会如期归还"描述性统计结果

水平	频数（人）	比例（%）
完全不同意	70	1.2
比较不同意	104	1.8
中立	831	14.2
比较同意	1302	22.3
完全同意	3532	60.5
总计	5839	100.0

均值：4.39；标准差：0.880

表 4-59　"我会尽最大努力履行我对他人的承诺"描述性统计结果

水平	频数（人）	比例（%）
完全不同意	56	1.0
比较不同意	119	2.0
中立	866	14.8
比较同意	1464	25.1
完全同意	3334	57.1
总计	5839	100.0

均值：4.35；标准差：0.873

表 4-60　"我认识的人都很信任我"描述性统计结果

水平	频数（人）	比例（%）
完全不同意	54	0.9
比较不同意	144	2.5
中立	1282	22.0
比较同意	2135	36.6
完全同意	2224	38.1
总计	5839	100.0

均值：4.08；标准差：0.881

表 4-61　"他人交办我的事，我都能按时保质完成"描述性统计结果

水平	频数（人）	比例（%）
完全不同意	54	0.9
比较不同意	141	2.4
中立	1261	21.6
比较同意	2122	36.3
完全同意	2261	38.7
总计	5839	100.0

均值：4.10；标准差：0.880

表 4-62　"周围的人都认为我非常诚实"描述性统计结果

水平	频数（人）	比例（%）
完全不同意	49	0.8
比较不同意	149	2.6
中立	1255	21.5
比较同意	2094	35.9
完全同意	2292	39.3

水平	频数（人）	比例（%）
总计	5839	100.0

均值：4.10；标准差：0.880

二十八、生涯适应能力的描述性统计

生涯适应能力对应的三个题项的描述性统计结果如表4-63、表4-64和表4-65 所示。从表中的数据可以看出，三个题项的均值均大于中值3，偶尔和经常两个选项合并的比例均大于30%，其中，对学历教育和工作的筹划均大于50%。但是，尚有一成多的学生没有未来规划的意识。

表4-63　"您多久筹划一次您未来更高学历的教育？"描述性统计结果

水平	频数（人）	比例（%）
从不	91	1.6
极少	375	6.4
一般	2216	38.0
偶尔	1570	26.9
经常	1587	27.2
总计	5839	100.0

均值：3.72；标准差：0.984

表4-64　"您多久筹划一次您未来的工作？"描述性统计结果

水平	频数（人）	比例（%）
从不	104	1.8
极少	482	8.3
一般	2400	41.1
偶尔	1543	26.4
经常	1310	22.4
总计	5839	100.0

均值：3.59；标准差：0.981

表4-65　"您多久筹划一次您未来的家庭？"描述性统计结果

水平	频数（人）	比例（%）
从不	443	7.6
极少	971	16.6
一般	2323	39.8
偶尔	1100	18.8

水平	频数（人）	比例（%）
经常	1002	17.2
总计	5839	100.0

均值：3.21；标准差：1.140

二十九、未来承诺的描述性统计

未来承诺由三个题项组成，每个题项的描述性统计结果如表4-66、表4-67、表4-68所示。在三个题项中，有决心实现继续教育和未来工作计划（决心较大和决心很大）的比例超过50%，有决心实现未来家庭计划的比例达到44.6%，但仍有3%左右的大学生对实现未来规划，特别是家庭计划没有决心。

表4-66 "您大学毕业后实现更高学历教育计划的决心有多大？"描述性统计结果

水平	频数（人）	比例（%）
决心没有	110	1.9
决心极少	298	5.1
决心一般	1718	29.4
决心较大	1609	27.6
决心很大	2104	36.0
总计	5839	100.0

均值：3.91；标准差：1.010

表4-67 "您大学毕业后实现未来工作计划的决心有多大？"描述性统计结果

水平	频数（人）	比例（%）
决心没有	137	2.3
决心极少	371	6.4
决心一般	2059	35.3
决心较大	1684	28.8
决心很大	1588	27.2
总计	5839	100.0

均值：3.72；标准差：1.006

表4-68 "您大学毕业后实现未来家庭计划的决心有多大？"描述性统计结果

水平	频数（人）	比例（%）
决心没有	437	7.5
决心极少	697	11.9
决心一般	2102	36.0

水平	频数（人）	比例（%）
决心较大	1295	22.2
决心很大	1308	22.4
总计	5839	100.0

均值：3.40；标准差：1.173

　　通过对以上 29 个变量的描述性统计结果，我们可以形成如下结论：超过 50%的大学生都学习过财经类课程，财经类课程普及程度较高。其中，87%的课程类型为必修课。63.9%的学生学习的财经课程的授课方式是网络授课和面授课相结合。74.2%的教学方式为讲授式与互动式教学。87.4%的教学模式为理论与案例教学结合。课程课时分布较为平均。41.4%的大学生认为财经课程的课时多（包含较多和过多）。46.9%的大学生从没主动获取财经讯息。59.1%的大学生对财经讯息的自我延展呈积极态度（偶尔与经常）。有将近75%的大学生有习惯通过负面财经新闻对自己形成警示。48.7%的大学生有习惯主动参与财经类科普讲座。将近 80%的大学生都在讲座中有收获（一些与很多）。58.7%的大学生有习惯与他人交流财经讯息。56%的大学生有过被动与他人交流财经讯息。57.7%的大学生有过主动与他人分享自己的财经行为或活动。56.5%的大学生有过被动与他人分享自己的财经行为或活动。将近 70%的大学生有过主动请教他人决策。依存型自我建构十个题项的均值均大于 3，说明大学生的依存型自我构建比较强。大学生的独立型自我建构较弱，均值在 3 左右，且负向合并比例较大。对于客观财经知识，大学生 50%的测试题都答对的比例为 73.5%。自我评估财经知识低于中等水平的大学生累计达到 54.3%。大学生的财经态度低于中值 3，总体上处于消极状态。大学生的财经满意感低于中值 3，总体上处于不满意状态。大学生财经行为的合理性比较高，但是财经行为的目的性还不是很强。超过 50%的大学生具有独立意识和关联的能力，70%的大学生讲信用。27.2%的大学生经常规划自己的学历教育，22.4%的大学生经常规划未来的工作，17.2%的大学生经常规划自己未来的家庭，两成以上的学生都有决心实现自己未来的规划。

第二节　客观财经知识对比

　　客观财经知识是大学生财经素养的最基础的表现。本节通过对在 2022 年、2023 年客观财经知识测试中设置的相同题目进行对比分析，针对样本量不同的情况，本书选择 Z 值检验方法，检验两年的正确率是否存在显著性差异。具体公式如下：

$$z = \frac{p_1 - p_2}{\sqrt{p(1-p)\left(\dfrac{1}{n_1} + \dfrac{1}{n_2}\right)}}$$

式中，p_1 表示 2022 年客观财经知识的正确率；p_2 表示 2023 年客观财经知识的正确率；n_1 表示 2022 年的样本量；n_2 表示 2023 年的样本量；p 表示 2022 年、2023 年的平均正确率。

本书设计了 23 个题目对学生的客观财经知识进行测试，延用 2022 年的题目，涉及通货膨胀、单利计算、借钱中的利息计算、复利计算、投资的风险性、通货膨胀和生活成本的关系、股票的风险性、抵押贷款的利息成本、分散化投资和风险的关系、利率和债券价格的关系、美元的买入价识别、高回报金融产品的识别、收益波动资产的识别、债券和股票的风险比较、资产的时间价值、股票共同基金的含义、存款准备金率、股票持有人的性质、医疗保险、个人信用评级、不良信用记录的影响、分期付款、申请个人信用报告，涵盖衣食住行、日常生活、人生规划等多场景，全面准确地对大学生的客观财经知识情况进行测试。为了比较两年间大学生的客观财经知识的情况，通过计算答题的正确率，并进行 Z 值检验比较差异，如表 4-69 所示。

表 4-69 "2022 年、2023 年客观财经知识对比"描述性统计结果

项目	2022 年正确率	2023 年正确率	P 值
通货膨胀	49.9	26.1	0.000
单利计算	77.4	81.9	1.000
借钱中的利息计算	27.4	27.9	0.750
复利计算	48.8	49.4	0.710
投资的风险性	89.8	87.2	0.001
通货膨胀和生活成本的关系	69.9	74.2	1.000
股票的风险性	39.9	41.5	0.950
抵押贷款的利息成本	24.4	52.9	0.000
分散化投资和风险的关系	74.6	75.9	0.950
利率和债券价格的关系	37.7	46.8	1.000
美元的买入价识别	42.4	46.2	1.000
高回报金融产品的识别	26.2	23.9	0.000
收益波动资产的识别	75.0	76.9	0.990
债券和股票的风险比较	66.9	71.0	1.000
资产的时间价值	59.5	61.8	0.990
股票共同基金的含义	62.6	70.6	1.000
存款准备金率	53.5	51.8	0.040

项目	2022 年正确率	2023 年正确率	P 值
股票持有人的性质	42.5	38.0	0.000
医疗保险	60.3	15.3	0.000
个人信用评级	74.6	79.5	1.000
不良信用记录的影响	63.1	70.8	1.000
分期付款	70.8	76.8	1.000
申请个人信用报告	57.6	80.3	0.000
样本量	4676	5938	

在通货膨胀方面，正确率由 2022 年的 49.9% 下降为 2023 年的 26.1%，检验的 P 值为 0.000，通过 5% 水平下的显著性水平检验。2022 年与 2023 年学生在通货膨胀方面的知识有显著的差异，且呈现明显的下降趋势。

在单利计算方面，正确率由 2022 年的 77.4% 上升为 2023 年的 81.9%，并且 P 值为 1.000，并未通过 5% 水平下的显著性检验。2022 年、2023 年参与项目的大学生在单利计算的正确率上并无显著性差异，一直保持较高的正确率。

在借钱中的利息计算方面，2022 年的正确率为 27.4%，2023 年波动到 27.9%，P 值为 0.750，未通过显著性水平检验。与 2022 年的正确率相比，2023 年在借钱的利息计算方面，正确率不存在显著性差异，趋于稳定。

在复利计算方面，正确率由 2022 年的 48.8% 上升为 2023 年的 49.4%，P 值为 0.710，并未通过显著性水平检验。复利计算的正确率比例略微有上升，但两年间并未呈现出显著性差异。

在投资的风险性方面，2022 年的正确率为 89.8%，2023 年下降为 87.2%，并以 0.001 通过 5% 水平下的显著性水平检验。2023 年的受试大学生在投资的风险方面正确率显著低于 2022 年的受试者。

在通货膨胀与生活成本关系方面，正确率由 2022 年的 69.9% 上升为 2023 年的 74.2%，P 值为 1.000，并未通过显著性水平检验。2023 年项目参与者在通货膨胀与生活成本关系的正确率方面与 2022 年并无显著性差异。

在股票的风险性方面，2022 年的正确率为 39.9%，2023 年略有上升为 41.5%，并且 P 值为 0.950，并未通过显著性水平检验。2023 年受试者在股票的风险性方面的正确率相较于 2022 年没有显著差异。

在抵押贷款的利息成本方面，正确率由 2022 年的 24.4% 上升为 2023 年的 52.9%，P 值为 0.000，通过 5% 水平下的显著性水平检验。抵押贷款的利息成本的回答正确率，2023 年相较于 2023 年存在显著性差异，呈现较大幅度的上升。

在分散化投资和风险关系方面，2022 年的正确率为 74.6%，2023 年上升为 75.9%，并且 P 值为 0.950，并未通过显著性水平检验。与 2022 年受试者的正确率相比，2023 年在分散化投资和风险关系方面的正确率并未存在显著性差异。

在利率与债券价格的关系方面，正确率由 2022 年的 37.7%上升为 2023 年的 46.8%，P 值为 1.000，未在 5%的检验水平下显著。2023 年受试者在利率与债券价格的关系方面的正确率相较于 2022 年并无显著差异，但出现了上升趋势。

在美元的买入价格识别方面，2022 年的正确率为 42.4%，2023 年则上升为 46.2%，并且 P 值为 1.000，未在 5%的检验水平下显著。

在高回报金融产品的识别方面，正确率由 2022 年的 26.2%下降为 2023 年的 23.9%，P 值为 0.000，通过 5%水平下的显著性水平检验。2023 年项目参与者在高回报金融产品的识别的正确率方面相比 2022 年呈现了明显的下降趋势。

在收益波动资产的识别方面，2022 年的正确率为 75.0%，2023 年略有上升为 76.9%，P 值为 0.990，并未通过显著性水平检验。收益波动资产的识别方面的正确率比例虽然稍有上升，但两年间并未呈现出显著性差异。

在债券和股票的风险比较方面，2022 年的正确率为 66.9%，2023 年波动为 71.0%，并且 P 值为 1.000，未通过显著性水平检验。债券和股票的风险比较方面的回答正确率，2023 年相较于 2022 年不存在显著性差异。

在资产的时间价值方面，2022 年的正确率为 59.5%，2023 年上升为 61.8%，P 值为 0.990，未通过显著性水平检验。2023 年受试者在资产的时间价值方面的正确率相较于 2022 年未呈现显著差异。

在股票共同基金的含义方面，正确率由 2022 年的 62.6%上升为 2023 年的 70.6%，但并未通过显著性水平检验。两年比较并无显著差异。

在存款准备金率方面，2022 年的正确率为 53.5%，2023 年下降为 51.8%，P 值为 0.040，通过 5%水平下的显著性水平检验。相较于 2022 年，2023 年相比受试者在存款准备金率的正确率方面出现了明显的下降。

在股票持有人的性质方面，正确率由 2022 年的 42.5%下降为 2023 年的 38.0%，P 值为 0.000，通过了 5%水平下的显著性水平检验。2023 年与 2022 年，受试者在股票持有人方面的正确率呈现了明显的差异，且为下降趋势。

在医疗保险方面，正确率由 2022 年的 60.3%大幅下降为 2023 年的 15.3%，P 值为 0.000，通过了 5%水平下的显著性水平检验，两年比较呈现了显著差异，且正确率下降幅度较大。

在个人信用评级方面，2022 年的正确率为 74.6%，2023 年波动为 79.5%，P 值为 1.000，未在 5%的检验水平下显著。

在不良信用记录的影响方面，正确率由 2022 年的 63.1%上升为 2023 年的 70.8%，P 值为 1.000，并未通过显著性水平检验。2023 年、2022 年的受试者在不良信用方面正确率未呈现显著性的差异。

在分期付款方面，2022 年的正确率为 70.8%，2023 年的正确率上升为 76.8%，P 值为 1.000，并未通过显著性检验。两者比较未呈现显著性差异。

在申请个人信用报告方面，正确率由 2022 年的 57.6% 上升为 2023 年的 80.3%，P 值为 0.000，通过了 5% 水平下的显著性检验。相较于 2022 年，2023 年的受试者在申请个人信用报告方面正确率有了显著性的提高。

综上所述，2023 年参与项目的大学生在客观财经知识的正确率方面，相较于 2022 年的受试者，正确率趋于稳定，整体情况良好。2023 年受试者正确率不足 50% 的项目为通货膨胀、借钱中的利息计算、利率和债券价格的关系、美元的买入价识别、高回报金融产品的识别、股票持有人的性质、医疗保险，最低的为医疗保险，仅为 15.3%；正确率超过 80% 的项目为单利计算、投资的风险性、申请个人信用报告，最高的为投资的风险性 92.9%。其中，通货膨胀、高回报金融产品的识别、存款准备金率、股票持有人的性质、医疗保险呈明显下降趋势，且医疗保险的正确率下降幅度最大。而单利计算、借钱中的利息计算、复利计算、投资的风险性、通货膨胀和生活成本的关系、股票的风险性、抵押贷款的利息成本、分散化投资和风险的关系、利率和债券价格的关系、美元的买入价识别、收益波动资产的识别、债券和股票的风险比较、资产的时间价值、股票共同基金的含义、存款准备金率、个人信用评级、不良信用记录的影响、分期付款并不存在显著性差异。申请个人信用报告则出现显著且较高的正确率增长率。

第三节　学校教育对自我依存及财经素养的影响

为探析学校教育与依存型自我需求、独立型自我需求两个心理变量及财经素养的关系，本节首先运用 One-way ANOVA 分析工具，分析了学校教育对依存型自我建构、独立型自我建构两个心理变量及财经素养的影响，并在此基础上进行了多重组间比较分析。其次运用 PROCESS 分析工具，将依存型自我建构、独立型自我建构两个心理变量作为中介，进行多重中介效应分析，研究学校教育是否通过两个心理变量对大学生的财经素养产生影响。

一、学校教育对依存型自我建构的影响

本书将依存型自我建构涉及的十个题项加总求均值，记为因子分，用这个因子分代表依存型自我建构，这个值越高，则表示依存型自我建构越强。该变量的均值为 3.76，标准差为 0.63。

本书将学校教育作为自变量，包括专业、是否学习过财经课程、课程类型、授课方式、教学方式、教学模式、课程门数、课程课时共八个变量。将依存型自我建构作为因变量，运用 One-way ANOVA 分析工具进行方差分析。以下为学校教育对依存型自我建构的检验结果：

（1）专业。One-way ANOVA 分析发现，$F(1,5837)=2.779$，$p=0.096(p>0.05)$，可以发现专业对其依存型自我建构不存在显著影响（$\alpha=0.05$）。具体数据如表 4-70 所示。

表 4-70　专业与大学生依存型自我建构之间的关系

专业	频数（人）	均值	标准差
经管类	2982	3.7442	0.63
非经管类	2857	3.7717	0.63
总计	5839	3.7577	0.63

（2）是否学习过财经课程。One-way ANOVA 分析发现，$F(1,5837)=4.611$，$p=0.032(p<0.05)$，可以发现，是否学习过财经课程对其依存型自我建构存在显著影响。具体数据如表 4-71 所示。

表 4-71　是否学习过财经课程与大学生依存型自我建构之间的关系

是否学习过财经课程	频数（人）	均值	标准差
是	3101	3.7411	0.62
否	2738	3.7765	0.64
总计	5839	3.7577	0.63

（3）课程类型。One-way ANOVA 分析发现，$F(2,5836)=2.429$，$p=0.088(p>0.05)$。可以发现，课程类型对其依存型自我建构存在显著影响。具体数据如表 4-72 所示。

表 4-72　课程类型与大学生依存型自我建构之间的关系

课程类型	频数（人）	均值	标准差
未学习过	2738	3.7765	0.64
必修课	2698	3.7389	0.62
选修课	403	3.7556	0.66
总计	5839	3.7577	0.63

（4）授课方式。One-way ANOVA 分析发现，$F(3,5835)=2.768$，$p=0.040(p<0.05)$。由于基于均值计算的因变量的方差在自变量各组间不等，故而，使用 Tamehane 多重比较法，发现未学习过财经课程的大学生的依存型自我建构显著高于授课方式为面授课的大学生，与授课方式为网络授课、网络授课和面授课

结合的大学生之间无显著区别。授课方式为网络授课和面授课结合的大学生的依存型自我建构显著高于授课方式为面授课的大学生。其余组别间无显著差异（α＝0.05）。具体数据如表4-73和图4-1所示。

表4-73 授课方式与大学生依存型自我建构之间的关系

授课方式	频数（人）	均值	标准差
未学习过	2738	3.78	0.64
网络授课	163	3.70	0.77
面授课	959	3.71	0.59
网络授课和面授课结合	1979	3.76	0.63
总计	5839	3.76	0.63

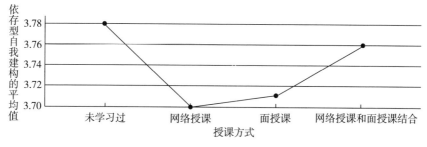

图4-1 授课方式与大学生依存型自我建构之间的关系

（5）教学方式。One-way ANOVA分析发现，F（3,5835）= 4.377，p = 0.004（p<0.05）。由于基于均值计算的因变量的方差在自变量各组间不等，故而，使用Tamehane多重比较法，发现未学习过财经课程的大学生的依存型自我建构显著高于教学方式为讲授式教学的大学生的依存型自我建构，与教学方式为互动式教学、讲授式与互动式教学结合的大学生之间无显著区别。其余组别间无显著差异（α＝0.05）。具体数据如表4-74和图4-2所示。

表4-74 教学方式与大学生依存型自我建构之间的关系

教学方式	频数（人）	均值	标准差
未学习过	2738	3.78	0.64
讲授式教学	694	3.69	0.64
互动式教学	104	3.66	0.81
讲授式与互动式教学结合	2303	3.76	0.61
总计	5839	3.76	0.63

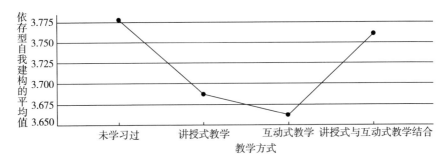

图 4-2　教学方式与大学生依存型自我建构之间的关系

（6）教学模式。One-way ANOVA 分析发现，$F_{(3,5835)} = 1.780$，$p = 0.149$（$p > 0.05$）。可以发现，教学模式对大学生依存型自我建构的影响不显著（$\alpha = 0.05$）。具体数据如表 4-75 所示。

表 4-75　教学模式与大学生依存型自我建构之间的关系

教学模式	频数（人）	均值	标准差
未学习过	2738	3.78	0.64
纯理论教学	302	3.72	0.74
案例教学	88	3.79	0.77
理论与案例教学结合	2711	3.74	0.60
总计	5839	3.76	0.63

（7）课程门数。One-way ANOVA 分析发现，$F_{(4,5834)} = 1.774$，$p = 0.131$（$p > 0.05$）。可以发现，课程门数对大学生依存型自我建构的影响不显著（$\alpha = 0.05$）。具体数据如表 4-76 所示。

表 4-76　课程门数与大学生依存型自我建构之间的关系

课程门数	频数（人）	均值	标准差
未学习过	2738	3.78	0.64
1~2 门	940	3.75	0.65
3~4 门	879	3.71	0.58
5~6 门	517	3.76	0.61
7 门及以上	765	3.74	0.64
总计	5839	3.76	0.63

（8）课程课时。One-way ANOVA 分析发现，$F_{(4,5834)} = 1.262$，$p = 0.283$（$p > 0.05$）。可以发现，课程课时对大学生依存型自我建构的影响不显著（$\alpha = 0.05$）。具体数据如表 4-77 所示。

表 4-77　课程课时与大学生依存型自我建构之间的关系

课程课时	频数（人）	均值	标准差
未学习过	2738	3.78	0.64
较少	801	3.74	0.63
刚好	1561	3.75	0.61
较多	657	3.73	0.64
太多	82	3.73	0.79
总计	5839	3.76	0.63

二、学校教育对独立型自我建构的影响

本书将独立型自我建构涉及的十个题项加总求均值，记为因子分，用这个因子分代表独立型自我建构，这个值越高，则表示独立型自我建构越强。该变量的均值为 3.58，标准差为 0.65。

本书将学校教育作为自变量，包括专业、是否学习过财经课程、课程类型、授课模式、教学方式、教学模式、课程门数、课程课时共八个变量。将独立型自我建构作为因变量，运用 One-way ANOVA 分析工具进行方差分析。以下为学校教育对独立型自我建构的检验结果：

（1）专业。One-way ANOVA 分析发现，$F(1, 5837) = 8.200$，$p = 0.004(p < 0.05)$，可以发现，专业对其独立型自我建构存在显著影响（$\alpha = 0.05$）。具体数据如表 4-78 所示。

表 4-78　专业与大学生独立型自我建构之间的关系

专业	频数（人）	均值	标准差
经管类	2982	3.56	0.65
非经管类	2857	3.61	0.65
总计	5839	3.58	0.65

（2）是否学习过财经课程。One-way ANOVA 分析发现，$F(1, 5837) = 7.499$，$p = 0.006(p < 0.05)$。可以发现，是否学习过财经课程对其独立型自我建构存在显著影响。具体数据如表 4-79 所示。

表 4-79　是否学习过财经课程与大学生独立型自我建构之间的关系

是否学习过财经课程	频数（人）	均值	标准差
是	3101	3.56	0.65
否	2738	3.61	0.65
总计	5839	3.58	0.65

（3）课程类型。One-way ANOVA 分析发现，$F_{(2,5836)} = 4.131$，$p = 0.016$（$p<0.05$）。由于基于均值计算的因变量的方差在自变量各组间不等，故而，使用 Tamehane 多重比较法，发现未学习过财经课程的大学生的独立型自我建构显著高于课程类型为必修课的大学生。其余组别间无显著差异（$\alpha = 0.05$）。具体数据如表 4-80 和图 4-3 所示。

表 4-80　课程类型与大学生独立型自我建构之间的关系

课程类型	频数（人）	均值	标准差
未学习过	2738	3.61	0.65
必修课	2698	3.56	0.64
选修课	403	3.59	0.69
总计	5839	3.58	0.65

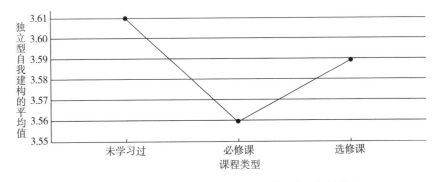

图 4-3　课程类型与大学生独立型自我建构之间的关系

（4）授课方式。One-way ANOVA 分析发现，$F_{(3,5835)} = 3.414$，$p = 0.017$（$p<0.05$）。由于基于均值计算的因变量的方差在自变量各组间不等，故而，使用 Tamehane 多重比较法，发现未学习过财经课程学生的独立型自我建构显著高于授课方式为面授课的大学生的独立型自我建构。其余组别间无显著差异（$\alpha = 0.05$）。具体数据如表 4-81 和图 4-4 所示。

表 4-81　授课方式与大学生独立型自我建构之间的关系

授课方式	频数（人）	均值	标准差
未学习过	2738	3.61	0.65
网络授课	163	3.57	0.80
面授课	959	3.53	0.64
网络授课和面授课结合	1979	3.58	0.64
总计	5839	3.58	0.65

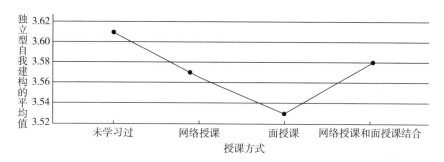

图4-4 授课方式与大学生独立型自我建构之间的关系

（5）教学方式。One-way ANOVA 分析发现，$F(3,5835)=6.441$，$p=0.000$（$p<0.05$）。由于基于均值计算的因变量的方差在自变量各组间不等，故而，使用 Tamehane 多重比较法，发现未学习过财经课程学生的独立型自我建构显著高于授课方式为讲授式教学的大学生的独立型自我建构。授课方式为讲授式与互动式教学结合的大学生的独立型自我建构显著高于讲授式教学的大学生的独立型自我建构。其余组别间无显著差异（$\alpha=0.05$）。具体数据如表4-82和图4-5所示。

表4-82 教学方式与大学生独立型自我建构之间的关系

教学方式	频数（人）	均值	标准差
未学习过	2738	3.61	0.65
讲授式教学	694	3.50	0.68
互动式教学	104	3.69	0.74
讲授式与互动式教学结合	2303	3.58	0.63
总计	5839	3.58	0.65

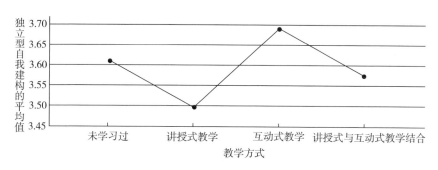

图4-5 教学方式与大学生独立型自我建构之间的关系

（6）教学模式。One-way ANOVA 分析发现，$F(3,5835)=3.417$，$p=0.017$（$p<0.05$）。由于基于均值计算的因变量的方差在自变量各组间不等，故而，使

用 Tamehane 多重比较法，发现未学习过财经课程学生的独立型自我建构显著高于教学模式为理论与案例教学结合的大学生的独立型自我建构。其余组别间无显著差异（α＝0.05）。具体数据如表 4-83 和图 4-6 所示。

表 4-83　教学模式与大学生独立型自我建构之间的关系

教学模式	频数（人）	均值	标准差
未学习过	2738	3.61	0.65
纯理论教学	302	3.55	0.74
案例教学	88	3.67	0.82
理论与案例教学结合	2711	3.56	0.63
总计	5839	3.58	0.65

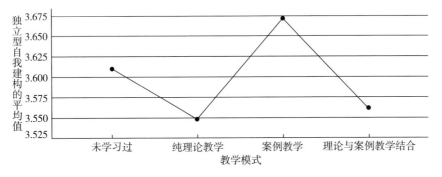

图 4-6　教学模式与大学生独立型自我建构之间的关系

（7）课程门数。One-way ANOVA 分析发现，$F_{(4,5834)}=3.361$，$p=0.009$（$p<0.05$）。由于基于均值计算的因变量的方差在自变量各组间不等，故而，使用 Tamehane 多重比较法，发现未学习过财经课程学生的独立型自我建构显著高于学习过 3~4 门课程的大学生的独立型自我建构。其余组别间无显著差异（α＝0.05）。具体数据如表 4-84 和图 4-7 所示。

表 4-84　课程门数与大学生独立型自我建构之间的关系

课程门数	频数（人）	均值	标准差
未学习过	2738	3.61	0.65
1~2 门	940	3.55	0.67
3~4 门	879	3.53	0.63
5~6 门	517	3.56	0.63
7 门及以上	765	3.61	0.66
总计	5839	3.58	0.65

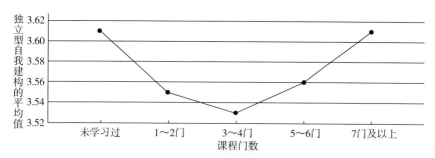

图4-7　课程门数与大学生独立型自我建构之间的关系

（8）课程课时。One-way ANOVA分析发现，$F(4, 5834) = 3.326$，$p = 0.010$（$p<0.05$）。由于基于均值计算的因变量的方差在自变量各组间不等，故而，使用Tamehane多重比较法，发现未学习过财经课程学生的独立型自我建构显著高于课程课时较少的大学生的独立型自我建构。其余组别间无显著差异（$\alpha = 0.05$）。具体数据如表4-85和图4-8所示。

表4-85　课程课时与大学生独立型自我建构之间的关系

课程课时	频数（人）	均值	标准差
未学习过	2738	3.61	0.65
较少	801	3.53	0.66
刚好	1561	3.57	0.63
较多	657	3.57	0.66
太多	82	3.70	0.75
总计	5839	3.58	0.65

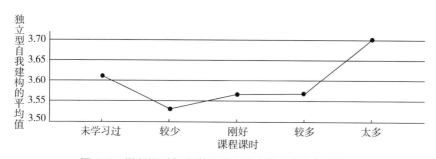

图4-8　课程课时与大学生独立型自我建构之间的关系

三、学校教育对客观财经知识得分的影响

本书将客观财经知识涉及的23个题项总计100分，每题分数相同，记为因子分，用这个因子分代表客观财经知识得分，这个值越高，则表示客观财经知识得分越高。该变量的均值为57.9，标准差为18.22。

本书将学校教育作为自变量，包括专业、是否学习过财经课程、课程类型、授课模式、教学方式、教学模式、课程门数、课程课时共八个变量。将客观财经知识得分作为因变量，运用 One-way ANOVA 分析工具进行方差分析。以下为学校教育对客观财经知识得分的检验结果：

（1）专业。One-way ANOVA 分析发现，$F(1,5837) = 198.569$，$p = 0.000$（$p<0.05$），可以发现大学生的专业对其客观财经知识得分存在显著影响（$\alpha = 0.05$）。具体数据如表 4-86 所示。

表 4-86　专业与大学生客观财经知识得分之间的关系

专业	频数（人）	均值	标准差
经管类	2982	61.17	17.32
非经管类	2857	54.57	18.49
总计	5839	57.94	18.20

（2）是否学习过财经课程。One-way ANOVA 分析发现，$F(1,5837) = 225.296$，$p = 0.000$（$p<0.05$）。可以发现，大学生是否学习过财经课程对其客观财经知识得分存在显著影响。具体数据如表 4-87 所示。

表 4-87　是否学习过财经课程与大学生客观财经知识得分之间的关系

是否学习过财经课程	频数（人）	均值	标准差
是	3101	61.24	17.18
否	2738	54.21	18.60
总计	5839	57.94	18.20

（3）课程类型。One-way ANOVA 分析发现，$F(2,5836) = 129.220$，$p = 0.010$（$p<0.05$）。由于基于均值计算的因变量的方差在自变量各组间不等，故而，使用 Tamehane 多重比较法，发现未学习过财经课程的大学生的客观财经知识得分显著低于课程类别为必修课、选修课的大学生的客观财经知识得分。课程类型为必修课的大学生的客观财经知识得分显著高于课程类别为选修课的大学生的客观财经知识得分（$\alpha=0.05$）。具体数据如表 4-88 和图 4-9 所示。

表 4-88　课程类型与大学生客观财经知识得分之间的关系

课程类型	频数（人）	均值	标准差
未学习过	2738	54.21	18.60
必修课	2698	61.94	16.92
选修课	403	56.56	18.17
总计	5839	57.94	18.20

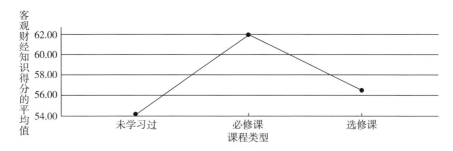

图 4-9　课程类型与大学生客观财经知识得分之间的关系

（4）授课方式。One-way ANOVA 分析发现，$F(3,5835)=85.148$，$p=0.000$（$p<0.05$）。由于基于均值计算的因变量的方差在自变量各组间不等，故而，使用 Tamehane 多重比较法，发现未学习过财经课程的大学生的客观财经知识得分显著低于授课方式为面授课、网络授课和面授课结合的大学生的客观财经知识得分。授课方式为网络授课的大学生的客观财经知识得分显著低于授课方式为面授课及网络授课和面授课结合的大学生得分。其余组间无显著差异（$\alpha=0.05$）。具体数据如表 4-89 和图 4-10 所示。

表 4-89　授课方式与大学生客观财经知识得分之间的关系

授课方式	频数（人）	均值	标准差
未学习过	2738	54.21	18.60
网络授课	163	53.98	17.70
面授课	959	61.29	16.84
网络授课和面授课结合	1979	61.81	17.17
总计	5839	57.94	18.20

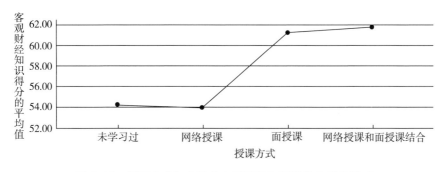

图 4-10　授课方式与大学生客观财经知识得分之间的关系

（5）教学方式。One-way ANOVA 分析发现，$F(3,5835)=97.145$，$p=0.000$（$p<0.05$）。由于基于均值计算的因变量的方差在自变量各组间不等，故而，使

用 Tamehane 多重比较法，发现教学方式为讲授式与互动式教学结合的大学生的客观财经知识得分显著高于未学习过及教学方式为讲授式教学、互动式教学的大学生的客观财经知识得分。教学方式为讲授式教学的大学生的客观财经知识得分显著高于未学习过、教学方式为互动式教学的大学生的客观财经知识得分（α = 0.05）。具体数据如表 4-90 和图 4-11 所示。

表 4-90　教学方式与大学生客观财经知识得分之间的关系

教学方式	频数（人）	均值	标准差
未学习过	2738	54.21	18.60
讲授式教学	694	58.98	17.58
互动式教学	104	49.92	19.60
讲授式与互动式教学结合	2303	62.43	16.69
总计	5839	57.94	18.20

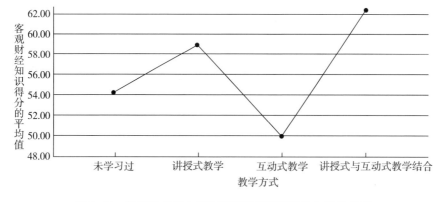

图 4-11　教学方式与大学生客观财经知识得分之间的关系

（6）教学模式。One-way ANOVA 分析发现，$F_{(3,5835)} = 98.875$，$p = 0.017$（$p < 0.05$）。由于基于均值计算的因变量的方差在自变量各组间不等，故而，使用 Tamehane 多重比较法，发现教学模式为理论与案例教学结合的大学生的客观财经知识得分显著高于未学习过及教学模式为纯理论教学、案例教学的大学生的客观财经知识得分。其余组别无显著差异（α = 0.05）。具体数据如表 4-91 和图 4-12 所示。

表 4-91　教学模式与大学生客观财经知识得分之间的关系

教学模式	频数（人）	均值	标准差
未学习过	2738	54.21	18.60
纯理论教学	302	55.62	19.58

教学模式	频数（人）	均值	标准差
案例教学	88	50.82	19.67
理论与案例教学结合	2711	62.20	16.57
总计	5839	57.94	18.20

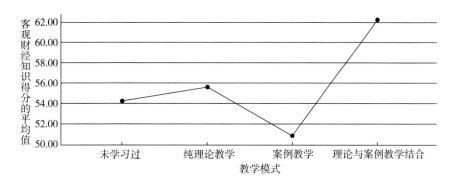

图 4-12　教学模式与大学生客观财经知识得分之间的关系

（7）课程门数。One-way ANOVA 分析发现，$F(4, 5834) = 77.356$，$p = 0.000$（$p<0.05$）。由于基于均值计算的因变量的方差在自变量各组间不等，故而，使用 Tamehane 多重比较法，发现学习过 7 门及以上课程的大学生的客观财经知识得分显著高于未学习过及学习过 1~2 门、3~4 门大学生的客观财经知识得分，与学习过 5~6 门的大学生的客观财经知识得分并无显著差异。学习过 5~6 门课程的大学生的客观财经知识得分显著高于未学习过及学习过 1~2 门、3~4 门大学生的客观财经知识得分。学习过 3~4 门课程的大学生的客观财经知识得分显著高于未学习过的大学生的客观财经知识得分，但与学习过 1~2 门的大学生并无显著差异。学习过 1~2 门课程的大学生的客观财经知识得分显著高于未学习过财经课程的大学生客观财经知识得分（$\alpha = 0.05$）。具体数据如表 4-92 和图 4-13 所示。

表 4-92　课程门数与大学生客观财经知识得分之间的关系

课程门数	频数（人）	均值	标准差
未学习过	2738	54.21	18.60
1~2 门	940	58.05	16.73
3~4 门	879	59.85	17.69
5~6 门	517	63.89	15.79
7 门及以上	765	64.97	17.09
总计	5839	57.94	18.20

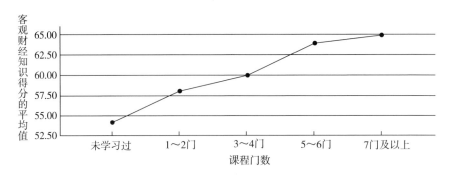

图 4-13 课程门数与大学生客观财经知识得分之间的关系

（8）课程课时。One-way ANOVA 分析发现，$F_{(4,5834)} = 65.343$，$p = 0.000$（$p<0.05$）。由于基于均值计算的因变量的方差在自变量各组间不等，故而，使用 Tamehane 多重比较法，发现课程课时太多的大学生的客观财经知识的得分显著高于未学习过的大学生得分。课程课时较多的大学生的客观财经知识的得分显著高于未学习过、课程课时较少的大学生得分。其余组别间无显著差别。课程课时刚好的大学生的客观财经知识的得分显著高于未学习过、课程课时较少的大学生得分。课程课时较少的大学生的客观财经知识的得分显著高于未学习过的大学生得分。其他组间无显著差异（$\alpha = 0.05$）。具体数据如表 4-93 和图 4-14 所示。

表 4-93 课程课时与大学生客观财经知识得分之间的关系

课程课时	频数（人）	均值	标准差
未学习过	2738	54.21	18.60
较少	801	58.37	18.01
刚好	1561	61.66	16.48
较多	657	63.76	16.94
太多	82	61.16	19.88
总计	5839	57.94	18.20

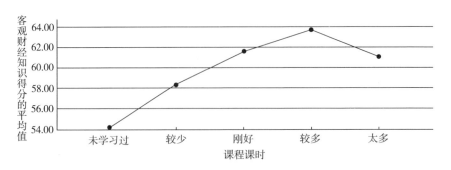

图 4-14 课程课时与大学生客观财经知识得分之间的关系

四、学校教育对主观财经知识得分的影响

主观财经知识得分的均值为 3.39，标准差为 1.38。主观财经知识得分越低，则表示被调查者对自身的财务素养越不满意；这个值越高，则表示对自己的财务素养越满意。

本书将学校教育作为自变量，包括专业、是否学习过财经课程、课程类型、授课方式、教学方式、教学模式、课程门数、课程课时共八个变量。将主观财经知识得分作为因变量，运用 One-way ANOVA 分析工具进行方差分析。以下为学校教育对主观财经知识得分的检验结果：

（1）专业。One-way ANOVA 分析发现，$F(1,5837)=125.462$，$p=0.000$（p<0.05），可以发现，大学生的专业对其主观财经知识得分存在显著影响（$\alpha=0.05$）。具体数据如表 4-94 所示。

表 4-94　专业与大学生主观财经知识得分之间的关系

专业	频数（人）	均值	标准差
经管类	2982	3.58	1.29
非经管类	2857	3.19	1.36
总计	5839	3.39	1.34

（2）是否学习过财经课程。One-way ANOVA 分析发现，$F(1,5837)=172.690$，$p=0.000$（p<0.05）。可以发现，大学生是否学习过财经课程对其主观财经知识得分存在显著影响。具体数据如表 4-95 所示。

表 4-95　是否学习过财经课程与大学生主观财经知识得分之间的关系

是否学习过财经课程	频数（人）	均值	标准差
是	3101	3.60	1.28
否	2738	3.15	1.36
总计	5839	3.39	1.34

（3）课程类型。One-way ANOVA 分析发现，$F(2,5836)=86.635$，$p=0.000$（p<0.05）。由于基于均值计算的因变量的方差在自变量各组间不等，故而，使用 Tamehane 多重比较法，发现课程类型为必修课的大学生的主观财经知识得分显著高于课程类别为选修课的大学生、未学习过财经课程的大学生的主观财经知识得分。课程类型为选修课的大学生主观财经知识得分显著高于未学习过财经课程的大学生的主观财经知识得分（$\alpha=0.05$）。具体数据如表 4-96 和图 4-15 所示。

表 4-96　课程类型与大学生主观财经知识得分之间的关系

课程类型	频数（人）	均值	标准差
未学习过	2738	3.15	1.36
必修课	2698	3.61	1.27
选修课	403	3.55	1.36
总计	5839	3.39	1.34

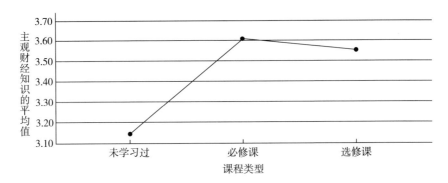

图 4-15　课程类型与大学生主观财经知识得分之间的关系

（4）授课方式。One-way ANOVA 分析发现，$F(3,5835) = 58.751$，$p = 0.000$（$p<0.05$）。由于基于均值计算的因变量的方差在自变量各组间不等，故而，使用 Tamehane 多重比较法，发现授课方式为网络授课和面授课结合的大学生的主观财经知识得分显著高于授课方式为面授课及未学习过财经课程的主观财经知识得分。授课方式为面授课的大学生的主观财经知识得分显著高于未学习过财经课程的大学生的主观财经知识得分。授课类型为网络授课的大学生的主观财经知识得分显著高于未学习过财经课程的大学生的主观财经知识得分（$\alpha = 0.05$）。具体数据如表 4-97 和图 4-16 所示。

表 4-97　授课方式与大学生主观财经知识得分之间的关系

授课方式	频数（人）	均值	标准差
未学习过	2738	3.15	1.36
网络授课	163	3.60	1.44
面授课	959	3.53	1.26
网络授课和面授课结合	1979	3.63	1.28
总计	5839	3.39	1.34

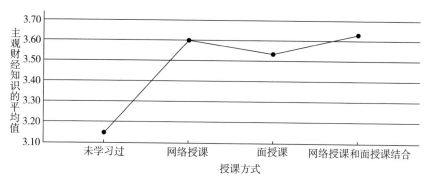

图 4-16 授课方式与大学生主观财经知识得分之间的关系

（5）教学方式。One-way ANOVA 分析发现，$F_{(3,5835)} = 67.695$，$p = 0.000$（$p < 0.05$）。由于基于均值计算的因变量的方差在自变量各组间不等，故而，使用 Tamehane 多重比较法，发现教学方式为讲授式与讲授式教学结合的大学生的主观财经知识得分显著高于未学习过财经课程、教学方式为讲授式教学的大学生的主观财经知识得分。教学方式为讲授式教学的大学生的主观财经知识得分显著高于未学习过财经课程的大学生的主观财经知识得分（$\alpha = 0.05$）。具体数据如表 4-98 和图 4-17 所示。

表 4-98 教学方式与大学生主观财经知识得分之间的关系

教学方式	频数（人）	均值	标准差
未学习过	2738	3.15	1.36
讲授式教学	694	3.36	1.29
互动式教学	104	3.70	1.56
讲授式与互动式教学结合	2303	3.67	1.26
总计	5839	3.39	1.34

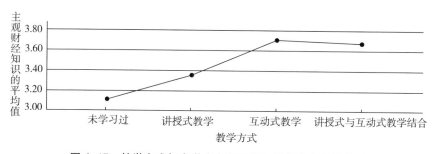

图 4-17 教学方式与大学生主观财经知识得分之间的关系

（6）教学模式。One-way ANOVA 分析发现，$F_{(3,5835)} = 63.200$，$p = 0.017$（$p < 0.05$）。由于基于均值计算的因变量的方差在自变量各组间不等，故而，使用 Tamehane 多重比较法，发现教学模式为理论与案例教学结合的大学生的主观

财经知识得分显著高于未学习过财经课程、教学模式为纯理论教学的大学生的主观财经知识得分。教学模式为案例教学的大学生的主观财经知识得分显著高于未学习过财经课程、教学模式为纯理论教学的大学生的主观财经知识得分。教学模式为纯理论教学的大学生的主观财经知识得分显著高于未学习过财经课程的大学生的主观财经知识得分（α=0.05）。具体数据如表4-99和图4-18所示。

表4-99　教学模式与大学生主观财经知识得分之间的关系

教学模式	频数（人）	均值	标准差
未学习过	2738	3.15	1.36
纯理论教学	302	3.31	1.39
案例教学	88	3.63	1.49
理论与案例教学结合	2711	3.63	1.26
总计	5839	3.39	1.34

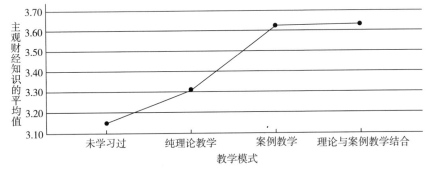

图4-18　教学模式与大学生主观财经知识得分之间的关系

（7）课程门数。One-way ANOVA分析发现，$F(4,5834)=90.405$，$p=0.000$（$p<0.05$）。学习过3~4门课程的大学生的主观财经知识得分显著高于未学习过财经课程的大学生的主观财经知识得分，学习过1~2门课程的大学生的主观财经知识得分显著高于未学习过财经课程的大学生的主观财经知识得分。其他组间无显著差异（α=0.05）。具体数据如表4-100和图4-19所示。

表4-100　课程门数与大学生主观财经知识得分之间的关系

课程门数	频数（人）	均值	标准差
未学习过	2738	3.15	1.36
1~2门	940	3.21	1.30
3~4门	879	3.54	1.23
5~6门	517	3.75	1.12
7门及以上	765	4.04	1.25
总计	5839	3.39	1.34

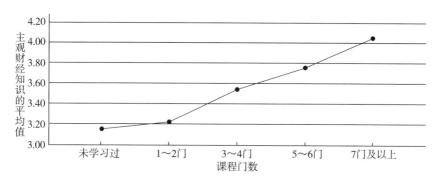

图 4-19　课程门数与大学生主观财经知识得分之间的关系

（8）课程课时。One-way ANOVA 分析发现，$F(4,5834) = 92.719$，$p = 0.000$（$p < 0.05$）。由于基于均值计算的因变量的方差在自变量各组间不等，故而，使用 Tamehane 多重比较法，发现课程课时太多的大学生的主观财经知识的得分显著高于其他组财经课程课时的大学生的主观财经知识得分（$\alpha = 0.05$）。具体数据如表 4-101 和图 4-20 所示。

表 4-101　课程课时与大学生主观财经知识得分之间的关系

课程课时	频数（人）	均值	标准差
未学习过	2738	3.15	1.36
较少	801	3.15	1.30
刚好	1561	3.63	1.20
较多	657	3.97	1.21
太多	82	4.55	1.59
总计	5839	3.39	1.34

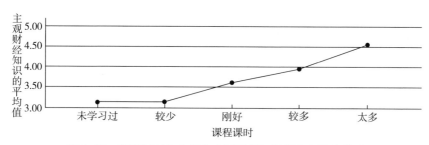

图 4-20　课程课时与大学生主观财经知识得分之间的关系

五、学校教育对财经态度的影响

本书将财经态度涉及的两个题项加总求均值，记为因子分，用这个因子分代表财经态度，这个值越低，则表示财经态度越消极；这个值越大，则表示财经态度越积极。该变量的均值为 2.35，标准差为 1.02。

本书将学校教育作为自变量，包括专业、是否学习过财经课程、课程类型、授课方式、教学方式、教学模式、课程门数、课程课时共八个变量。将财经态度作为因变量，运用 One-way ANOVA 分析工具进行方差分析。以下为学校教育对财经态度的检验结果：

（1）专业。One-way ANOVA 分析发现，$F_{(1,5837)}=0.518$，$p=0.472（p>0.05）$，可以发现大学生的专业对其财经态度不存在显著影响（$\alpha=0.05$）。具体数据如表 4-102 所示。

表 4-102　专业与大学生财经态度之间的关系

专业	频数（人）	均值	标准差
经管类	2982	2.36	1.00
非经管类	2857	2.34	1.03
总计	5839	2.35	1.02

（2）是否学习过财经课程。One-way ANOVA 分析发现，$F_{(1,5837)}=0.061$，$p=0.804（p>0.05）$。可以发现，大学生是否学习过财经课程对其财经态度不存在显著影响。具体数据如表 4-103 所示。

表 4-103　是否学习过财经课程与大学生财经态度之间的关系

是否学习过财经课程	频数（人）	均值	标准差
是	3101	2.35	1.00
否	2738	2.36	1.04
总计	5839	2.35	1.02

（3）财经课程类型。One-way ANOVA 分析发现，$F_{(2,5836)}=3.407$，$p=0.033（p<0.05）$。由于基于均值计算的因变量的方差在自变量各组间不等，故而，使用 Tamehane 多重比较法，发现财经课程为选修课的大学生的财经态度显著高于课程类别为必修课和未学习过财经课程大学生的财经态度，必修课和未学习过组间无显著差异（$\alpha=0.05$）。具体数据如表 4-104 和图 4-21 所示。

表 4-104　财经课程类型与大学生财经态度之间的关系

财经课程类型	频数（人）	均值	标准差
未学习过	2738	2.36	1.04
必修课	2698	2.33	1.00
选修课	403	2.47	0.98
总计	5839	2.35	1.02

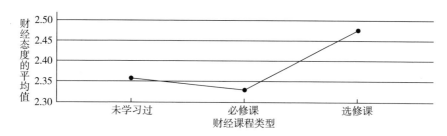

图 4-21　财经课程类型与大学生财经态度之间的关系

（4）授课方式。One-way ANOVA 分析发现，F(3,5835)=2.416，p=0.064（p>0.05），可以发现，授课方式对其财经态度不存在显著影响。具体数据如表 4-105 所示。

表 4-105　授课方式与大学生财经态度之间的关系

授课方式	频数（人）	均值	标准差
未学习过	2738	2.36	1.04
网络授课	163	2.52	1.08
面授课	959	2.30	1.00
网络授课和面授课结合	1979	2.36	0.99
总计	5839	2.35	1.02

（5）教学方式。One-way ANOVA 分析发现，F(3,5835)=6.425，p=0.000（p<0.05）。由于基于均值计算的因变量的方差在自变量各组间不等，故而，使用 Tamehane 多重比较法，发现教学方式为互动式教学的大学生财经态度显著高于未学习过、讲授式教学、讲授式与互动式教学结合的大学生得分。其余组间无显著差异（α=0.05）。具体数据如表 4-106 和图 4-22 所示。

表 4-106　教学方式与大学生财经态度之间的关系

教学方式	频数（人）	均值	标准差
未学习过	2738	2.36	1.04
讲授式教学	694	2.34	0.97
互动式教学	104	2.78	1.12
讲授式与互动式教学结合	2303	2.33	0.99
总计	5839	2.35	1.02

（6）教学模式。One-way ANOVA 分析发现，F(3,5835)=4.060，p=0.007（p<0.05）。由于基于均值计算的因变量的方差在自变量各组间不等，故而，使用 Tamehane 多重比较法，发现教学模式为案例教学的大学生的财经态度显著高

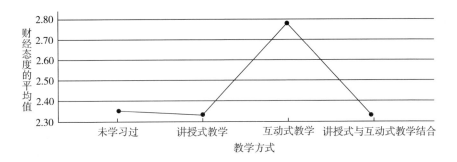

图4-22 教学方式与大学生财经态度之间的关系

于未学习过、理论与案例教学结合的大学生得分。其余组别无显著差异（α=0.05）。具体数据如表4-107和图4-23所示。

表4-107 教学模式与大学生财经态度之间的关系

教学模式	频数（人）	均值	标准差
未学习过	2738	2.36	1.04
纯理论教学	302	2.41	1.07
案例教学	88	2.69	1.11
理论与案例教学结合	2711	2.33	0.98
总计	5839	2.35	1.02

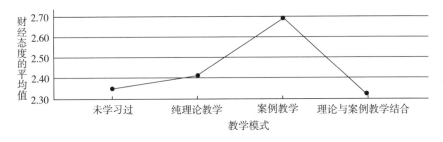

图4-23 教学模式与大学生财经态度之间的关系

（7）课程门数。One-way ANOVA分析发现，$F(4,5834)=0.300$，$p=0.878$（$p>0.05$），可以发现课程门数对其财经态度不存在显著影响。具体数据如表4-108所示。

表4-108 课程门数与大学生财经态度之间的关系

课程门数	频数（人）	均值	标准差
未学习过	2738	2.36	1.04
1~2门	940	2.33	0.99
3~4门	879	2.34	0.99

续表

课程门数	频数（人）	均值	标准差
5~6门	517	2.35	0.98
7门及以上	765	2.38	1.02
总计	5839	2.35	1.02

（8）课程课时。One-way ANOVA 分析发现，$F_{(4, 5834)} = 3.049$，$p = 0.016$（$p<0.05$）。由于基于均值计算的因变量的方差在自变量各组间不等，故而，使用 Tamehane 多重比较法，发现该变量各组间对大学生财经态度的影响不存在显著差异（$\alpha = 0.05$），具体数据如表4-109所示。

表4-109 课程课时与大学生财经态度之间的关系

课程课时	频数（人）	均值	标准差
未学习过	2738	2.36	1.04
较少	801	2.31	0.97
刚好	1561	2.34	0.99
较多	657	2.39	1.00
太多	82	2.70	1.26
总计	5839	2.35	1.02

六、学校教育对财经满意感的影响

财经满意感的均值为4.04，标准差为0.783。财经满意感值越低，则表示被调查者对目前的财务状况越不满意；这个值越高，则表示对自己的财务状况越满意。

本书将学校教育作为自变量，包括专业、是否学习过财经课程、课程类型、授课方式、教学方式、教学模式、课程门数、课程课时共八个变量。将财经满意感作为因变量，运用 One-way ANOVA 分析工具进行方差分析。以下为学校教育对财经满意感的检验结果：

（1）专业。One-way ANOVA 分析发现，$F_{(1, 5837)} = 0.518$，$p = 0.472$（$p>0.05$），可以发现大学生的专业对其财经满意感不存在显著影响（$\alpha = 0.05$）。具体数据如表4-110所示。

表4-110 专业与大学生财经满意感之间的关系

专业	频数（人）	均值	标准差
经管类	2982	2.75	1.12

续表

专业	频数（人）	均值	标准差
非经管类	2857	2.81	1.15
总计	5839	2.78	1.14

（2）是否学习过财经课程。One－way ANOVA 分析发现，$F(1,5837)=$ 9.293，$p=0.002(p<0.05)$，可以发现大学生是否学习过财经课程对其财经满意感存在显著影响。具体数据如表4-111所示。

表4-111　是否学习过财经课程与大学生财经满意感之间的关系

是否学习过财经课程	频数（人）	均值	标准差
是	3101	2.74	1.13
否	2738	2.83	1.14
总计	5839	2.78	1.14

（3）课程类型。One-way ANOVA 分析发现，$F(2,5836)=4.657$，$p=0.010$（$p<0.05$）。由于基于均值计算的因变量的方差在自变量各组间不等，故而，使用 Tamehane 多重比较法，发现未学习过财经课程的大学生的财经满意感显著高于课程类别为必修课、选修课的大学生的财经满意感。其余组间无显著差异（$\alpha=0.05$）。具体数据如表4-112和图4-24所示。

表4-112　课程类型与大学生财经满意感之间的关系

课程类型	频数（人）	均值	标准差
未学习过	2738	2.83	1.14
必修课	2698	2.74	1.12
选修课	403	2.74	1.18
总计	5839	2.78	1.14

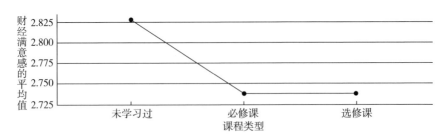

图4-24　课程类型与大学生财经满意感之间的关系

（4）授课方式。One-way ANOVA 分析发现，$F(3,5835)=3.234$，$p=0.021$（$p>0.05$）由于基于均值计算的因变量的方差在自变量各组间不等，故而，使用

Tamehane 多重比较法，发现未学习过财经课程的大学生的财经满意感显著高于网络授课、面授课、网络授课和面授课结合的大学生的财经满意感。其余组间无显著差异（α＝0.05）。具体数据如表 4-113 和图 4-25 所示。

表 4-113　授课方式与大学生财经满意感之间的关系

授课方式	频数（人）	均值	标准差
未学习过	2738	2.83	1.14
网络授课	163	2.68	1.17
面授课	959	2.74	1.14
网络授课和面授课结合	1979	2.74	1.12
总计	5839	2.78	1.14

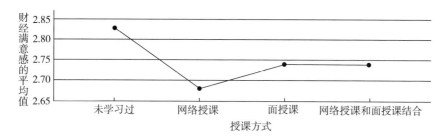

图 4-25　授课方式与大学生财经满意感之间的关系

（5）教学方式。One-way ANOVA 分析发现，F（3,5835）＝5.928，p＝0.000（p<0.05）。由于基于均值计算的因变量的方差在自变量各组间不等，故而，使用 Tamehane 多重比较法，发现未学习过的大学生财经满意感显著高于讲授式教学的大学生得分。其余组间无显著差异（α＝0.05）。具体数据如表 4-114 和图 4-26 所示。

表 4-114　教学方式与大学生财经满意感之间的关系

教学方式	频数（人）	均值	标准差
未学习过	2738	2.83	1.14
讲授式教学	694	2.67	1.08
互动式教学	104	3.00	1.22
讲授式与互动式教学结合	2303	2.75	1.14
总计	5839	2.78	1.14

（6）教学模式。One-way ANOVA 分析发现，F（3,5835）＝4.461，p＝0.007（p<0.05）。由于基于均值计算的因变量的方差在自变量各组间不等，故而，使用 Tamehane 多重比较法，发现未学习过的大学生的财经满意感显著高于理论与

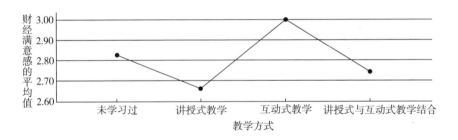

图 4-26　教学方式与大学生财经满意感之间的关系

案例教学结合的大学生的财经满意感。其余组别无显著差异（α=0.05）。具体数据如表 4-115 和图 4-27 所示。

表 4-115　教学模式与大学生财经满意感之间的关系

教学模式	频数（人）	均值	标准差
未学习过	2738	2.83	1.14
纯理论教学	302	2.74	1.20
案例教学	88	2.98	1.14
理论与案例教学结合	2711	2.73	1.12
总计	5839	2.78	1.14

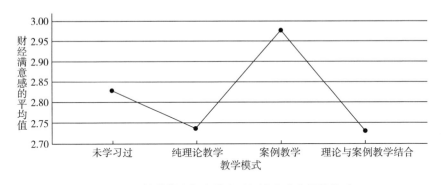

图 4-27　教学模式与大学生财经满意感之间的关系

（7）课程门数。One-way ANOVA 分析发现，$F(4,5834)=3.116$，$p=0.014$（$p<0.05$），由于基于均值计算的因变量的方差在自变量各组间不等，故而，使用 Tamehane 多重比较法，发现未学习过财经课程的大学生的财经满意感显著高于学习过 1~2 门、7 门及以上的大学生。其余组间无显著差异（α=0.05）。具体数据如表 4-116 和图 4-28 所示。

表4-116 课程门数与大学生财经满意感之间的关系

课程门数	频数（人）	均值	标准差
未学习过	2738	2.83	1.14
1～2门	940	2.70	1.14
3～4门	879	2.77	1.12
5～6门	517	2.79	1.13
7门及以上	765	2.71	1.13
总计	5839	2.78	1.14

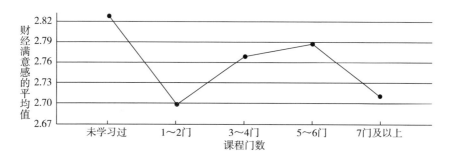

图4-28 课程门数与大学生财经满意感之间的关系

（8）课程课时。One-way ANOVA 分析发现，$F(4,5834)=6.011$，$p=0.000$（$p<0.05$）。由于基于均值计算的因变量的方差在自变量各组间不等，故而，使用 Tamehane 多重比较法，发现未学习过财经课程的大学生的财经满意感显著高于课时较少、刚好、较多的大学生的财经满意感。课程课时较少的大学生的财经满意感显著高于课时刚好、较多的大学生的财经满意感（$\alpha=0.05$）。具体数据如表4-117 和图4-29 所示。

表4-117 课程课时与大学生财经满意感之间的关系

课程课时	频数（人）	均值	标准差
未学习过	2738	2.83	1.14
较少	801	2.62	1.15
刚好	1561	2.76	1.11
较多	657	2.80	1.10
太多	82	2.96	1.42
总计	5839	2.78	1.14

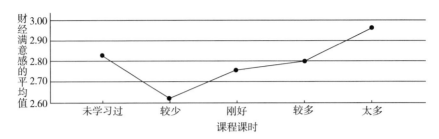

图 4-29　课程课时与大学生财经满意感之间的关系

七、学校教育对财经行为合理性的影响

本书将财经行为合理性涉及的四个题项加总求均值，记为因子分，用这个因子分代表财经行为合理性。这个值越高，则表示大学生的财经行为越合理。它的均值为 4.04，标准差为 0.784。

本书将学校教育作为自变量，包括专业、是否学习过财经课程、课程类型、授课方式、教学方式、教学模式、课程门数、课程课时共八个变量。将财经行为合理性作为因变量，运用 One-way ANOVA 分析工具进行方差分析。以下为学校教育对财经行为合理性的检验结果：

（1）专业。One-way ANOVA 分析发现，$F(1,5837) = 5.152$，$p = 0.023$（$p < 0.05$），可以发现大学生的专业对其财经行为合理性存在显著影响（$\alpha = 0.05$）。具体数据如表 4-118 所示。

表 4-118　专业与大学生财经行为合理性之间的关系

专业	频数（人）	均值	标准差
经管类	2982	4.06	0.77
非经管类	2857	4.02	0.79
总计	5839	4.04	0.78

（2）是否学习过财经课程。One-way ANOVA 分析发现，$F(1,5837) = 14.651$，$p = 0.000$（$p < 0.05$），可以发现，大学生是否学习过财经课程对其财经行为合理性存在显著影响。具体数据如表 4-119 所示。

表 4-119　是否学习过财经课程与大学生财经行为合理性之间的关系

是否学习过财经课程	频数（人）	均值	标准差
是	3101	4.08	0.76
否	2738	4.00	0.80
总计	5839	4.04	0.78

（3）课程类型。One-way ANOVA 分析发现，$F(2,5836)=10.318$，$p=0.000$（$p<0.05$）。由于基于均值计算的因变量的方差在自变量各组间不等，故而，使用 Tamehane 多重比较法，发现课程类别为必修课的大学生的财经行为合理性显著高于课程类别为选修课、未学习过财经课程的大学生的财经行为合理性。其余组间无显著差异（$\alpha=0.05$）。具体数据如表 4-120 和图 4-30 所示。

表 4-120　课程类型与大学生财经行为合理性之间的关系

课程类型	频数（人）	均值	标准差
未学习过	2738	4.00	0.80
必修课	2698	4.09	0.76
选修课	403	3.99	0.78
总计	5839	4.04	0.78

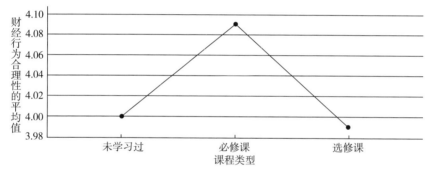

图 4-30　课程类型与大学生财经行为合理性之间的关系

（4）授课方式。One-way ANOVA 分析发现，$F(3,5835)=9.785$，$p=0.000$（$p<0.05$）由于基于均值计算的因变量的方差在自变量各组间不等，故而，使用 Tamehane 多重比较法，发现授课方式为网络授课和面授课结合的大学生的财经行为合理性显著高于未学习过财经课程、授课方式为面授课的大学生的财经行为合理性。授课方式为面授课的大学生的财经行为合理性显著高于未学习过财经课程、授课方式为网络授课的大学生的财经行为合理性。其余组间无显著差异（$\alpha=0.05$）。具体数据如表 4-121 和图 4-31 所示。

表 4-121　授课方式与大学生财经行为合理性之间的关系

授课方式	频数（人）	均值	标准差
未学习过	2738	4.00	0.80
网络授课	163	3.85	0.89
面授课	959	4.08	0.75
网络授课和面授课结合	1979	4.10	0.76
总计	5839	4.04	0.78

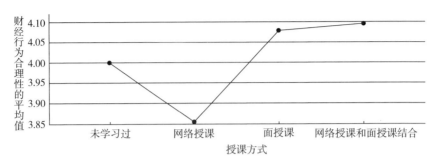

图4-31 授课方式与大学生财经行为合理性之间的关系

（5）教学方式。One-way ANOVA 分析发现，F(3,5835)= 15.516，p=0.000（p<0.05）。由于基于均值计算的因变量的方差在自变量各组间不等，故而，使用 Tamehane 多重比较法，发现教学方式为讲授式与互动式教学结合的大学生的财经合理性显著高于未学习过财经课程、教学方式为讲授式的大学生的财经合理性。其余组间无显著差异（α=0.05）。具体数据如表4-122 和图4-32 所示。

表4-122 教学方式与大学生财经行为合理性之间的关系

教学方式	频数（人）	均值	标准差
未学习过	2738	4.00	0.80
讲授式教学	694	3.96	0.81
互动式教学	104	3.85	0.96
讲授式与互动式教学结合	2303	4.12	0.73
总计	5839	4.04	0.78

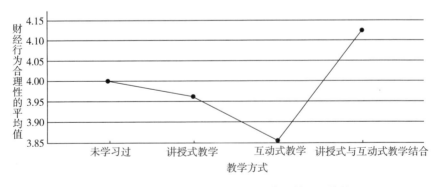

图4-32 教学方式与大学生财经行为合理性之间的关系

（6）教学模式。One-way ANOVA 分析发现，F(3,5835)= 15.663，p=0.000（p<0.05）。由于基于均值计算的因变量的方差在自变量各组间不等，故而，使用 Tamehane 多重比较法，发现教学模式为理论与案例教学结合的大学生的财经

行为合理性显著高于未学习过财经课程及教学模式为纯理论教学、案例教学的大学生的财经行为合理性。其余组别无显著差异（$\alpha=0.05$）。具体数据如表 4-123 和图 4-33 所示。

表 4-123　教学模式与大学生财经行为合理性之间的关系

教学模式	频数（人）	均值	标准差
未学习过	2738	4.00	0.80
纯理论教学	302	3.87	0.89
案例教学	88	3.85	0.82
理论与案例教学结合	2711	4.11	0.74
总计	5839	4.04	0.78

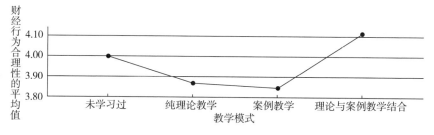

图 4-33　教学模式与大学生财经行为合理性之间的关系

（7）课程门数。One-way ANOVA 分析发现，$F(4,5834)=5.801$，$p=0.000$（$p<0.05$），由于基于均值计算的因变量的方差在自变量各组间不等，故而，使用 Tamehane 多重比较法，发现学习过 5~6 门课程的大学生的财经行为合理性显著高于未学习过财经课程的大学生的财经行为合理性。学习过 7 门及以上课程的大学生的财经行为合理性显著高于未学习过财经课程的大学生的财经行为合理性。其余组间无显著差异（$\alpha=0.05$）。具体数据如表 4-124 和图 4-34 所示。

表 4-124　课程门数与大学生财经行为合理性之间的关系

课程门数	频数（人）	均值	标准差
未学习过	2738	4.00	0.80
1~2 门	940	4.02	0.78
3~4 门	879	4.08	0.77
5~6 门	517	4.12	0.69
7 门及以上	765	4.12	0.78
总计	5839	4.04	0.78

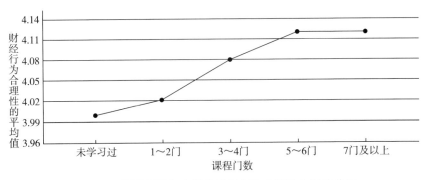

图 4-34　课程门数与大学生财经行为合理性之间的关系

（8）课程课时。One-way ANOVA 分析发现，F(4,5834)＝6.861，p＝0.000（p<0.05）。由于基于均值计算的因变量的方差在自变量各组间不等，故而，使用 Tamehane 多重比较法，发现课程课时为较多的大学生的财经行为合理性显著高于未学习过财经课程的大学生的财经行为合理性。课程课时刚好的大学生的财经行为合理性显著高于未学习过财经课程的大学生的财经行为合理性（α＝0.05）。具体数据如表 4-125 和图 4-35 所示。

表 4-125　课程课时与大学生财经行为合理性之间的关系

课程课时	频数（人）	均值	标准差
未学习过	2738	4.00	0.80
较少	801	4.00	0.78
刚好	1561	4.09	0.75
较多	657	4.11	0.76
太多	82	4.23	0.76
总计	5839	4.04	0.78

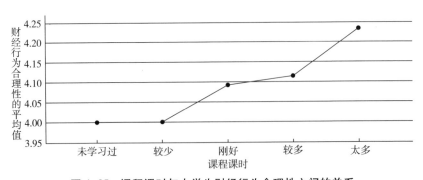

图 4-35　课程课时与大学生财经行为合理性之间的关系

八、学校教育对独立的影响

本书将独立的八个题项加总求均值，记为因子分，用这个因子分代表独立。

这个值越高，则表示大学生独立越高。它的均值为 3.92，标准差为 0.748。

本书将学校教育作为自变量，包括专业、是否学习过财经课程、课程类型、授课方式、教学方式、教学模式、课程门数、课程课时共八个变量。将独立作为因变量，运用 One-way ANOVA 分析工具进行方差分析。以下为学校教育对独立的检验结果：

（1）专业。One-way ANOVA 分析发现，$F(1,5837)=0.001$，$p=0.972$（$p>0.05$），可以发现大学生的专业对大学生独立不存在显著影响（$\alpha=0.05$）。具体数据如表 4-126 所示。

表 4-126　专业与大学生独立之间的关系

专业	频数（人）	均值	标准差
经管类	2982	3.92	0.74
非经管类	2857	3.92	0.75
总计	5839	3.92	0.75

（2）是否学习过财经课程。One-way ANOVA 分析发现，$F(1,5837)=2.983$，$p=0.084$（$p>0.05$），可以发现，大学生是否学习过财经课程对大学生独立不存在显著影响（$\alpha=0.05$）。具体数据如表 4-127 所示。

表 4-127　是否学习过财经课程与大学生独立之间的关系

是否学习过财经课程	频数（人）	均值	标准差
是	3101	3.94	0.74
否	2738	3.90	0.76
总计	5839	3.92	0.75

（3）课程类型。One-way ANOVA 分析发现，$F(2,5836)=1.588$，$p=0.204$（$p>0.05$），可以发现，课程类型对大学生独立不存在显著影响（$\alpha=0.05$）。具体数据如表 4-128 所示。

表 4-128　课程类型与大学生独立之间的关系

课程类型	频数（人）	均值	标准差
未学习过	2738	3.90	0.76
必修课	2698	3.94	0.74
选修课	403	3.95	0.75
总计	5839	3.92	0.75

（4）授课方式。One-way ANOVA 分析发现，$F(3,5835)=2.513$，$p=0.057$（$p>0.05$），可以发现，授课方式对大学生独立不存在显著影响（$\alpha=0.05$）。具

体数据如表 4-129 所示。

表 4-129　授课方式与大学生独立之间的关系

授课方式	频数（人）	均值	标准差
未学习过	2738	3.90	0.76
网络授课	163	3.82	0.88
面授课	959	3.93	0.74
网络授课和面授课结合	1979	3.95	0.73
总计	5839	3.92	0.75

（5）教学方式。One-way ANOVA 分析发现，$F_{(3,5835)} = 9.488$，$p = 0.000$（$p<0.05$）。由于基于均值计算的因变量的方差在自变量各组间不等，故而，使用 Tamehane 多重比较法，发现教学方式为讲授式与互动式教学结合的大学生独立显著高于未学习过财经课程、教学方式为讲授式教学的大学生独立。其余组间无显著差异（$\alpha=0.05$）。具体数据如表 4-130 和图 4-36 所示。

表 4-130　教学方式与大学生独立之间的关系

教学方式	频数（人）	均值	标准差
未学习过	2738	3.90	0.76
讲授式教学	694	3.82	0.77
互动式教学	104	3.84	0.84
讲授式与互动式教学结合	2303	3.98	0.72
总计	5839	3.92	0.75

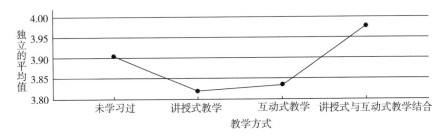

图 4-36　教学方式与大学生独立之间的关系

（6）教学模式。One-way ANOVA 分析发现，$F_{(3,5835)} = 4.778$，$p = 0.003$（$p<0.05$）。由于基于均值计算的因变量的方差在自变量各组间不等，故而，使用 Tamehane 多重比较法，发现教学模式为理论与案例教学结合的大学生的独立显著高于教学模式为纯理论教学的大学生的独立。其余组别无显著差异（$\alpha=0.05$）。具体数据如表 4-131 和图 4-37 所示。

表 4-131　教学模式与大学生独立之间的关系

教学模式	频数（人）	均值	标准差
未学习过	2738	3.90	0.76
纯理论教学	302	3.81	0.85
案例教学	88	3.86	0.81
理论与案例教学结合	2711	3.95	0.72
总计	5839	3.92	0.75

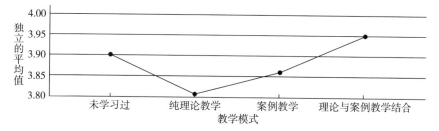

图 4-37　教学模式与大学生独立之间的关系

（7）课程门数。One-way ANOVA 分析发现，$F_{(4, 5834)} = 2.629$，$p = 0.033$（$p<0.05$），由于基于均值计算的因变量的方差在自变量各组间不等，故而，使用 Tamehane 多重比较法，发现该变量各组间对大学生独立的影响不存在显著差异。具体数据如表 4-132 所示。

表 4-132　课程门数与大学生独立之间的关系

课程门数	频数（人）	均值	标准差
未学习过	2738	3.90	0.76
1~2门	940	3.89	0.75
3~4门	879	3.93	0.74
5~6门	517	3.98	0.70
7门及以上	765	3.98	0.75
总计	5839	3.92	0.75

（8）课程课时。One-way ANOVA 分析发现，$F_{(4, 5834)} = 3.726$，$p = 0.005$（$p<0.05$）。由于基于均值计算的因变量的方差在自变量各组间不等，故而，使用 Tamehane 多重比较法，发现该变量各组间对大学生独立的影响不存在显著差异（$\alpha = 0.05$）。具体数据如表 4-133 和图 4-38 所示。

表 4-133　课程课时与大学生独立之间的关系

课程课时	频数（人）	均值	标准差
未学习过	2738	3.90	0.76

续表

课程课时	频数（人）	均值	标准差
较少	801	3.88	0.76
刚好	1561	3.95	0.73
较多	657	3.97	0.75
太多	82	4.12	0.77
总计	5839	3.92	0.75

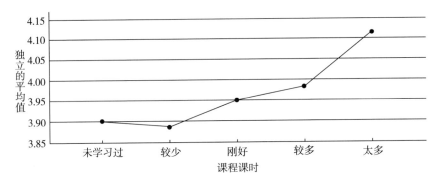

图 4-38　课程课时与大学生独立之间的关系

九、学校教育对信用的影响

本书将信用的六个题项加总求均值，记为因子分，用这个因子分代表信用。这个值越高，则表示大学生信用越高。它的均值为 4.19，标准差为 0.753。

本书将学校教育作为自变量，包括专业、是否学习过财经课程、课程类型、授课方式、教学方式、教学模式、课程门数、课程课时共八个变量。将信用作为因变量，运用 One-way ANOVA 分析工具进行方差分析。以下为学校教育对信用的检验结果：

（1）专业。One-way ANOVA 分析发现，$F(1,5837) = 0.006$，$p = 0.927（p > 0.05）$，可以发现大学生的专业对大学生信用不存在显著影响（$\alpha = 0.05$）。具体数据如表 4-134 所示。

表 4-134　专业与大学生信用之间的关系

专业	频数（人）	均值	标准差
经管类	2982	4.19	0.74
非经管类	2857	4.19	0.76
总计	5839	4.19	0.75

（2）是否学习过财经课程。One-way ANOVA 分析发现，F（1,5837）= 4.573，p=0.033（p<0.05），可以发现大学生是否学习过财经课程对大学生信用存在显著影响（α=0.05）。具体数据如表 4-135 所示。

表 4-135　是否学习过财经课程与大学生信用之间的关系

是否学习过财经课程	频数（人）	均值	标准差
是	3101	4.21	0.73
否	2738	4.17	0.77
总计	5839	4.19	0.75

（3）课程类型。One-way ANOVA 分析发现，F（2,5836）= 2.522，p=0.080（p>0.05）。可以发现，课程类型对大学生信用存在显著影响（α=0.05）。具体数据如表 4-136 所示。

表 4-136　课程类型与大学生信用之间的关系

课程类型	频数（人）	均值	标准差
未学习过	2738	4.17	0.77
必修课	2698	4.21	0.73
选修课	403	4.18	0.77
总计	5839	4.19	0.75

（4）授课方式。One-way ANOVA 分析发现，F（3,5835）= 5.574，p=0.001（p<0.05）由于基于均值计算的因变量的方差在自变量各组间不等，故而，使用 Tamehane 多重比较法，发现授课方式为网络授课和面授课结合的大学生信用显著高于未学习过财经课程、授课方式为网络授课的大学生的信用。授课方式为面授课的大学生信用显著高于未学习过财经课程的大学生的信用。其余组间无显著差异（α=0.05）。具体数据如表 4-137 和图 4-39 所示。

表 4-137　授课方式与大学生信用之间的关系

授课方式	频数（人）	均值	标准差
未学习过	2738	4.17	0.77
网络授课	163	4.01	0.95
面授课	959	4.22	0.72
网络授课和面授课结合	1979	4.22	0.72
总计	5839	4.19	0.75

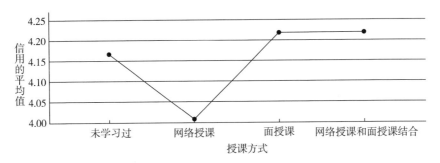

图 4-39　授课方式与大学生信用之间的关系

（5）教学方式。One-way ANOVA 分析发现，F(3,5835)= 14.714，p=0.000（p<0.05）。由于基于均值计算的因变量的方差在自变量各组间不等，故而，使用 Tamehane 多重比较法，发现教学方式为讲授式与互动式教学结合的大学生信用显著高于未学习过财经课程、教学方式为讲授式的大学生信用。教学方式为讲授式的大学生信用显著高于互动式的大学生信用。其余组间无显著差异（α = 0.05）。具体数据如表 4-138 和图 4-40 所示。

表 4-138　教学方式与大学生信用之间的关系

教学方式	频数（人）	均值	标准差
未学习过	2738	4.17	0.77
讲授式教学	694	4.09	0.79
互动式教学	104	3.96	0.95
讲授式与互动式教学结合	2303	4.26	0.70
总计	5839	4.19	0.75

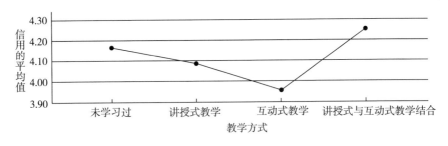

图 4-40　教学方式与大学生信用之间的关系

（6）教学模式。One-way ANOVA 分析发现，F(3,5835)= 10.192，p=0.000（p<0.05）。由于基于均值计算的因变量的方差在自变量各组间不等，故而，使用 Tamehane 多重比较法，发现教学模式为理论与案例教学结合的大学生的信用显著高于未学习过财经课程、教学模式为纯理论教学的大学生的信用。其余组别

无显著差异（$\alpha = 0.05$）。具体数据如表4-139和图4-41所示。

表4-139　教学模式与大学生信用之间的关系

教学模式	频数（人）	均值	标准差
未学习过	2738	4.17	0.77
纯理论教学	302	4.04	0.87
案例教学	88	4.00	0.83
理论与案例教学结合	2711	4.23	0.71
总计	5839	4.19	0.75

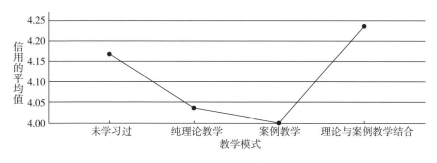

图4-41　教学模式与大学生信用之间的关系

（7）课程门数。One-way ANOVA分析发现，$F_{(4,5834)} = 5.801$，$p = 0.000$（$p<0.05$），由于基于均值计算的因变量的方差在自变量各组间不等，故而，使用Tamehane多重比较法，发现学习过5~6门课程的大学生的信用显著高于未学习过财经课程的大学生的信用。其余组间无显著差异（$\alpha = 0.05$）。具体数据如表4-140和图4-42所示。

表4-140　课程门数与大学生信用之间的关系

课程门数	频数（人）	均值	标准差
未学习过	2738	4.17	0.77
1~2门	940	4.18	0.76
3~4门	879	4.18	0.75
5~6门	517	4.26	0.66
7门及以上	765	4.24	0.74
总计	5839	4.19	0.75

（8）课程课时。One-way ANOVA分析发现，$F_{(4,5834)} = 2.620$，$p = 0.033$（$p<0.05$）。由于基于均值计算的因变量的方差在自变量各组间不等，故而，使用Tamehane多重比较法，发现该变量各组间对大学生信用的影响不存在显著差异（$\alpha = 0.05$）。具体数据如表4-141和图4-43所示。

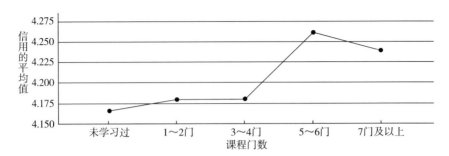

图 4-42　课程门数与大学生信用之间的关系

表 4-141　课程课时与大学生信用之间的关系

课程课时	频数（人）	均值	标准差
未学习过	2738	4.17	0.77
较少	801	4.16	0.75
刚好	1561	4.22	0.73
较多	657	4.22	0.73
太多	82	4.34	0.73
总计	5839	4.19	0.75

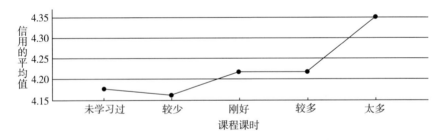

图 4-43　课程课时与大学生信用之间的关系

十、学校教育对生涯适应能力的影响

本书将生涯适应能力的三个题项加总求均值，记为因子分，用这个因子分代表生涯适应能力。这个值越高，则表示大学生生涯适应能力越高。它的均值为3.51，标准差为0.870。

本书将学校教育作为自变量，包括专业、是否学习过财经课程、课程类型、授课方式、教学方式、教学模式、课程门数、课程课时共八个变量。将生涯适应能力作为因变量，运用 One-way ANOVA 分析工具进行方差分析。以下为学校教育对生涯适应能力的检验结果：

（1）专业。One-way ANOVA 分析发现，$F_{(1,5837)} = 7.122$，$p = 0.008$（p>

0.05），可以发现大学生的专业对其生涯适应能力存在显著影响（α＝0.05）。具体数据如表4-142所示。

表4-142 专业与大学生生涯适应能力之间的关系

专业	频数（人）	均值	标准差
经管类	2982	3.48	0.86
非经管类	2857	3.54	0.88
总计	5839	3.51	0.87

（2）是否学习过财经课程。One-way ANOVA分析发现，$F_{(1,5837)}=0.108$，$p=0.743(p>0.05)$，可以发现大学生是否学习过财经课程对其生涯适应能力不存在显著影响（α＝0.05）。具体数据如表4-143所示。

表4-143 是否学习过财经课程与大学生生涯适应能力之间的关系

是否学习过财经课程	频数（人）	均值	标准差
是	3101	3.51	0.87
否	2738	3.50	0.87
总计	5839	3.51	0.87

（3）课程类型。One-way ANOVA分析发现，$F_{(2,5836)}=4.164$，$p=0.016$（p>0.05）。可以发现，课程类型为选修课的大学生的生涯适应能力显著高于未学习过财经课程、课程类型为必修课的大学生的生涯适应能力（α＝0.05）。具体数据如表4-144所示。

表4-144 课程类型与大学生生涯适应能力之间的关系

课程类型	频数（人）	均值	标准差
未学习过	2738	3.50	0.87
必修课	2698	3.49	0.86
选修课	403	3.63	0.87
总计	5839	3.51	0.87

（4）授课方式。One-way ANOVA分析发现，$F_{(3,5835)}=0.442$，$p=0.723$（p<0.05），发现授课方式对大学生生涯适应能力的影响不存在显著差异（α＝0.05）。具体数据如表4-145所示。

表4-145 授课方式与大学生生涯适应能力之间的关系

授课方式	频数（人）	均值	标准差
未学习过	2738	3.50	0.87

续表

授课方式	频数（人）	均值	标准差
网络授课	163	3.50	0.94
面授课	959	3.49	0.84
网络授课和面授课结合	1979	3.52	0.87
总计	5839	3.51	0.87

（5）教学方式。One-way ANOVA 分析发现，$F_{(3,5835)}=3.976$，$p=0.008$（$p<0.05$）。由于基于均值计算的因变量的方差在自变量各组间不等，故而，使用 Tamehane 多重比较法，发现教学方式为讲授式与互动式教学结合的大学生的生涯适应能力显著高于教学方式为讲授式的大学生的生涯适应能力。其余组间无显著差异（$\alpha=0.05$）。具体数据如表 4-146 和图 4-44 所示。

表 4-146　教学方式与大学生生涯适应能力之间的关系

教学方式	频数（人）	均值	标准差
未学习过	2738	3.50	0.87
讲授式教学	694	3.41	0.89
互动式教学	104	3.53	0.91
讲授式与互动式教学结合	2303	3.54	0.85
总计	5839	3.51	0.87

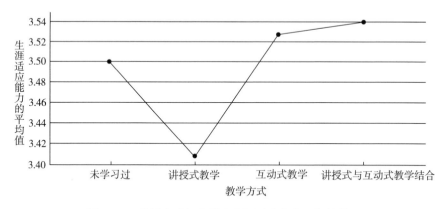

图 4-44　教学方式与大学生生涯适应能力之间的关系

（6）教学模式。One-way ANOVA 分析发现，$F_{(3,5835)}=3.916$，$p=0.008$（$p<0.05$）。由于基于均值计算的因变量的方差在自变量各组间不等，故而，使用 Tamehane 多重比较法，发现教学模式为理论与案例教学结合的大学生的生涯适应能力显著高于教学模式为案例教学的大学生的生涯适应能力。教学模式为案例教学的大学生的生涯适应能力显著高于纯理论教学的大学生的生涯适应能力。其余组

别无显著差异（α=0.05）。具体数据如表 4-147 和图 4-45 所示。

表 4-147　教学模式与大学生生涯适应能力之间的关系

教学模式	频数（人）	均值	标准差
未学习过	2738	3.50	0.87
纯理论教学	302	3.35	0.88
案例教学	88	3.53	0.92
理论与案例教学结合	2711	3.53	0.86
总计	5839	3.51	0.87

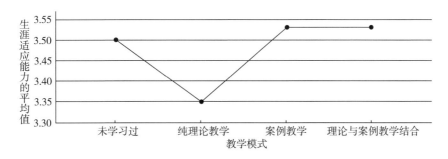

图 4-45　教学模式与大学生生涯适应能力之间的关系

（7）课程门数。One-way ANOVA 分析发现，$F_{(4,5834)} = 1.921$，$p = 0.104$（$p > 0.05$），可以发现，课程门数对其生涯适应能力无显著影响（α=0.05）。具体数据如表 4-148 所示。

表 4-148　课程门数与大学生生涯适应能力之间的关系

课程门数	频数（人）	均值	标准差
未学习过	2738	3.50	0.87
1~2 门	940	3.48	0.88
3~4 门	879	3.47	0.86
5~6 门	517	3.58	0.83
7 门及以上	765	3.55	0.88
总计	5839	3.51	0.87

（8）课程课时。One-way ANOVA 分析发现，$F_{(4,5834)} = 7.025$，$p = 0.000$（$p < 0.05$）。由于基于均值计算的因变量的方差在自变量各组间不等，故而，使用 Tamehane 多重比较法，发现课程课时为太多的大学生的生涯适应能力显著高于未学习过财经课程、课程课时为较少、刚好、较多的大学生的生涯适应能力。其余组间无显著差异（α=0.05）。具体数据如表 4-149 和图 4-46 所示。

表 4-149 课程课时与大学生生涯适应能力之间的关系

课程课时	频数（人）	均值	标准差
未学习过	2738	3.50	0.87
较少	801	3.45	0.86
刚好	1561	3.50	0.86
较多	657	3.55	0.88
太多	82	3.97	0.86
总计	5839	3.51	0.87

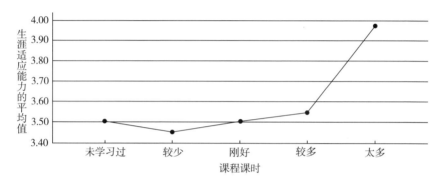

图 4-46 课程课时与大学生生涯适应能力之间的关系

十一、学校教育对未来承诺的影响

本书将未来承诺的三个题项加总求均值，记为因子分，用这个因子分代表未来承诺。它的均值为 3.68，标准差为 0.855。

本书将学校教育作为自变量，包括专业、是否学习过财经课程、课程类型、授课方式、教学方式、教学模式、课程门数、课程课时共八个变量。将未来承诺作为因变量，运用 One-way ANOVA 分析工具进行方差分析。以下为学校教育对未来承诺的检验结果：

（1）专业。One-way ANOVA 分析发现，$F(1,5837) = 5.465$，$p = 0.019$（$p < 0.05$），可以发现大学生的专业对其未来承诺存在显著影响（$\alpha = 0.05$）。具体数据如表 4-150 所示。

表 4-150 专业与大学生未来承诺之间的关系

专业	频数（人）	均值	标准差
经管类	2982	3.65	0.85
非经管类	2857	3.70	0.86
总计	5839	3.68	0.85

（2）是否学习过财经课程。One－way ANOVA 分析发现，$F(1,5837)=$ 0.334，$p=0.564(p>0.05)$，可以发现大学生是否学习过财经课程对其未来承诺不存在显著影响（$\alpha=0.05$）。具体数据如表 4-151 所示。

表 4-151　是否学习过财经课程与大学生未来承诺之间的关系

是否学习过财经课程	频数（人）	均值	标准差
是	3101	3.67	0.85
否	2738	3.68	0.86
总计	5839	3.68	0.85

（3）课程类型。One-way ANOVA 分析发现，$F(2,5836)=2.660$，$p=0.070$（$p>0.05$）。可以发现，课程类型对大学生未来承诺不存在显著影响（$\alpha=0.05$）。具体数据如表 4-152 所示。

表 4-152　课程类型与大学生未来承诺之间的关系

课程类型	频数（人）	均值	标准差
未学习过	2738	3.68	0.86
必修课	2698	3.66	0.85
选修课	403	3.76	0.85
总计	5839	3.68	0.85

（4）授课方式。One-way ANOVA 分析发现，$F(3,5835)=1.337$，$p=0.248$（$p<0.05$），发现授课方式对大学生未来承诺的影响不存在显著影响（$\alpha=0.05$）。具体数据如表 4-153 所示。

表 4-153　授课方式与大学生未来承诺之间的关系

授课方式	频数（人）	均值	标准差
未学习过	2738	3.68	0.86
网络授课	163	3.66	0.87
面授课	959	3.63	0.84
网络授课和面授课结合	1979	3.69	0.85
总计	5839	3.68	0.85

（5）教学方式。One-way ANOVA 分析发现，$F(3,5835)=6.548$，$p=0.000$（$p<0.05$）。由于基于均值计算的因变量的方差在自变量各组间不等，故而，使用 Tamehane 多重比较法，发现教学方式为讲授式与互动式教学结合的大学生的未来承诺显著高于教学方式为讲授式的大学生的未来承诺。教学方式为讲授式教学的大学生的未来承诺显著低于未学习过财经课程的大学生的未来承诺。其余组

间无显著差异（α＝0.05）。具体数据如表 4-154 和图 4-47 所示。

表 4-154　教学方式与大学生未来承诺之间的关系

教学方式	频数（人）	均值	标准差
未学习过	2738	3.68	0.86
讲授式教学	694	3.55	0.85
互动式教学	104	3.68	0.88
讲授式与互动式教学结合	2303	3.71	0.84
总计	5839	3.68	0.85

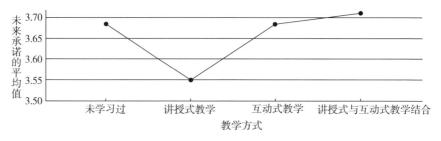

图 4-47　教学方式与大学生未来承诺之间的关系

（6）教学模式。One-way ANOVA 分析发现，$F_{(3,5835)} = 4.332$，$p = 0.005$（$p<0.05$）。由于基于均值计算的因变量的方差在自变量各组间不等，故而，使用 Tamehane 多重比较法，发现教学模式为理论与案例教学结合的大学生的未来承诺显著高于教学模式为纯理论教学的大学生的未来承诺。教学模式为纯理论教学的大学生的未来承诺显著低于未学习过财经课程的大学生的未来承诺。其余组别无显著差异（α＝0.05）。具体数据如表 4-155 和图 4-48 所示。

表 4-155　教学模式与大学生未来承诺之间的关系

教学模式	频数（人）	均值	标准差
未学习过	2738	3.68	0.86
纯理论教学	302	3.51	0.87
案例教学	88	3.72	0.87
理论与案例教学结合	2711	3.69	0.84
总计	5839	3.68	0.85

（7）课程门数。One-way ANOVA 分析发现，$F_{(4,5834)} = 1.662$，$p = 0.156$（$p>0.05$），可发现课程门数对大学生未来承诺无显著影响（α＝0.05）。具体数据如表 4-156 所示。

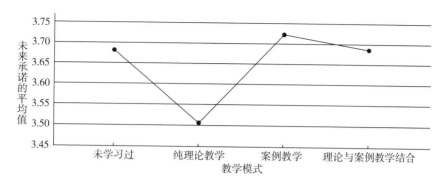

图 4-48　教学模式与大学生未来承诺之间的关系

表 4-156　课程门数与大学生未来承诺之间的关系

课程门数	频数（人）	均值	标准差
未学习过	2738	3.68	0.86
1~2 门	940	3.66	0.85
3~4 门	879	3.64	0.85
5~6 门	517	3.75	0.81
7 门及以上	765	3.67	0.87
总计	5839	3.68	0.85

（8）课程课时。One-way ANOVA 分析发现，$F(4, 5834) = 2.961$，$p = 0.019$（$p < 0.05$）。由于基于均值计算的因变量的方差在自变量各组间不等，故而，使用 Tamehane 多重比较法，发现课程课时为太多的大学生的未来承诺显著高于课程课时为较少的大学生的未来承诺。其余组间无显著差异（$\alpha = 0.05$）。具体数据如表 4-157 和图 4-49 所示。

表 4-157　课程课时与大学生未来承诺之间的关系

课程课时	频数（人）	均值	标准差
未学习过	2738	3.68	0.86
较少	801	3.63	0.85
刚好	1561	3.67	0.83
较多	657	3.69	0.87
太多	82	3.96	0.95
总计	5839	3.68	0.85

十二、自我建构在学校教育与客观财经知识得分之间的中介效应

本书把学校教育作为自变量，包括专业、是否学习过财经课程、课程类型、授课方式、教学方式、教学模式、课程门数、课程课时共八个变量。把依存型自

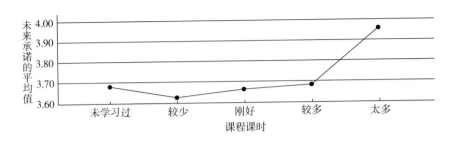

图 4-49　课程课时与大学生未来承诺之间的关系

我建构、独立型自我建构两个心理变量作为中介变量，客观财经知识得分作为因变量，运用 PROCESS 分析工具进行多重中介效应分析，将样本数量设置为5000，置信区间的置信度设置为95%。以下为自我建构在学校教育与客观财经知识得分之间的中介效应的检验结果：

（1）专业。将专业作为自变量，自我建构作为中介变量，客观财经知识得分作为因变量。专业影响客观财经知识得分的总效应置信区间［-7.5218，-5.6846］不包含0，说明总效应在 $\alpha = 0.05$ 的水平上显著，效应大小为-6.6032；直接效应置信区间［-7.5822，-5.7456］不包含0，说明直接效应显著，效应大小为-6.6639；总间接效应的置信区间［0.0055，0.1307］不包含0，说明自我建构间接效应显著，发挥的间接效应与直接效应的符号相反，故存在部分中介效应，效应大小为0.0607。其中，依存型自我建构和独立型自我建构的置信区间均包含0，说明两者中介效应不显著，具体的数据如表4-158所示。

表 4-158　自我建构在专业与客观财经知识得分之间的中介效应

效应		Effect	置信区间下限	置信区间上限
总效应		-6.6032	-7.5218	-5.6846
直接效应		-6.6639	-7.5822	-5.7456
间接效应	总间接效应	0.0607	0.0055	0.1307
	依存型自我建构	0.0199	-0.0096	0.0639
	独立型自我建构	0.0408	-0.0031	0.1046

（2）是否学习过财经课程。将是否学习过财经课程作为自变量，自我建构作为中介变量，客观财经知识得分作为因变量。是否学习过财经课程影响客观财经知识得分的总效应置信区间［-7.9482，-6.1119］不包含0，说明总效应在 $\alpha = 0.05$ 的水平上显著，效应大小为-7.0300；直接效应置信区间［-8.0133，-6.1778］不包含0，说明直接效应显著，效应大小为-7.0956；总间接效应的置信区间［0.0115，0.1333］不包含0，说明自我建构间接效应显著，发挥的间接效应与直接效应的符号相反，故存在部分中介效应，效应大小为0.0655。其中，

依存型自我建构和独立型自我建构的置信区间均包含0,说明两者中介效应不显著。具体的数据如表4-159所示。

表4-159 自我建构在是否学习过财经课程与客观财经知识得分之间的中介效应

效应		Effect	置信区间下限	置信区间上限
总效应		−7.0300	−7.9482	−6.1119
直接效应		−7.0956	−8.0133	−6.1778
间接效应	总间接效应	0.0655	0.0115	0.1333
	依存型自我建构	0.0278	−0.0057	0.0804
	独立型自我建构	0.0378	−0.0026	0.0980

(3)课程类型。将课程类型作为自变量,自我建构作为中介变量,客观财经知识得分作为因变量。课程类型影响客观财经知识得分的总效应置信区间[1.3973,1.8395]不包含0,说明直接效应显著,效应大小为1.6184;直接效应置信区间[1.3823,1.8247]不包含0,说明总效应在$\alpha = 0.05$的水平上显著,效应大小为1.6035;总间接效应的置信区间[0.0036,0.0003]不包含0,说明自我建构间接效应显著,发挥的间接效应与直接效应的符号相同,故存在部分中介效应,效应大小为0.0017,占总效应的0.1%。其中,依存型自我建构和独立型自我建构的置信区间不包含0,说明两者发挥了显著的中介效应,效应大小依次为0.0007和0.0010。具体的数据如表4-160所示。

表4-160 自我建构在课程类型与客观财经知识得分之间的中介效应

效应		Effect	置信区间下限	置信区间上限
总效应		1.6184	1.3973	1.8395
直接效应		1.6035	1.3823	1.8247
间接效应	总间接效应	0.0017	0.0036	0.0003
	依存型自我建构	0.0007	0.0021	0.0002
	独立型自我建构	0.0010	0.0027	0.0001

(4)授课方式。将授课方式作为自变量,自我建构作为中介变量,客观财经知识得分作为因变量。授课方式影响客观财经知识得分的总效应置信区间[1.1274,1.4517]不包含0,说明总效应在$\alpha = 0.05$的水平上显著,效应大小为1.2895;直接效应置信区间[1.1170,1.4416]不包含0,说明直接效应显著,效应大小为1.2793;总间接效应的置信区间[0.0225,0.0013]不包含0,说明自我建构间接效应显著,发挥的间接效应与直接效应的符号相同,故存在部分中介效应,效应大小为0.0102,占总效应的0.7%。其中,依存型自我建构和独立型自我建构的置信区间不包含0,说明两者发挥了显著的中介效应,效应大小依

次为 0.0041 和 0.0061。具体的数据如表 4-161 所示。

表 4-161　自我建构在授课方式与客观财经知识得分之间的中介效应

效应		Effect	置信区间下限	置信区间上限
总效应		1.2895	1.1274	1.4517
直接效应		1.2793	1.1170	1.4416
间接效应	总间接效应	0.0102	0.0225	0.0013
	依存型自我建构	0.0041	0.0129	0.0013
	独立型自我建构	0.0061	0.0169	0.0007

（5）教学方式。将教学方式作为自变量，自我建构作为中介变量，客观财经知识得分作为因变量。教学方式影响客观财经知识得分的总效应置信区间 [1.1452, 1.4694] 不包含 0，说明总效应在 $\alpha=0.05$ 的水平上显著，效应大小为 1.3073；直接效应置信区间 [1.1537, 1.4777] 不包含 0，说明直接效应显著，效应大小为 1.3157；总间接效应的置信区间 [-0.0199, 0.0000] 包含 0，说明自我建构间接效应不显著。因此，自我建构在教学方式与客观财经知识得分之间没有发挥显著的中介效应。具体的数据如表 4-162 所示。

表 4-162　自我建构在教学方式与客观财经知识得分之间的中介效应

效应		Effect	置信区间下限	置信区间上限
总效应		1.3073	1.1452	1.4694
直接效应		1.3157	1.1537	1.4777
间接效应	总间接效应	-0.0084	-0.0199	0.0000
	依存型自我建构	-0.0033	-0.0114	0.0016
	独立型自我建构	-0.0051	-0.0150	0.0009

（6）教学模式。将教学模式作为自变量，自我建构作为中介变量，客观财经知识得分作为因变量。教学模式影响客观财经知识得分的总效应置信区间 [1.1190, 1.4324] 不包含 0，说明总效应在 $\alpha=0.05$ 的水平上显著，效应大小为 1.2757；直接效应置信区间 [1.1301, 1.4434] 不包含 0，说明直接效应显著，效应大小为 1.2867；总间接效应置信区间 [-0.0227, -0.0018] 不包含 0，说明自我建构间接效应显著，故存在部分中介效应，发挥的间接效应与直接效应的符号相反，效应大小为 -0.0110。其中，依存型自我建构和独立型自我建构的置信区间均包含 0，说明其中介效应不显著。具体的数据如表 4-163 所示。

表 4-163　自我建构在教学模式与客观财经知识得分之间的中介效应

效应	Effect	置信区间下限	置信区间上限
总效应	1.2757	1.1190	1.4324
直接效应	1.2867	1.1301	1.4434

效应		Effect	置信区间下限	置信区间上限
间接效应	总间接效应	−0.0110	−0.0227	−0.0018
	依存型自我建构	−0.0046	−0.0132	0.0013
	独立型自我建构	−0.0064	−0.0170	0.0007

（7）课程门数。将课程门数作为自变量，自我建构作为中介变量，客观财经知识得分作为因变量。课程门数影响客观财经知识得分的总效应置信区间 [1.2514，1.5767] 不包含 0，说明总效应在 $\alpha = 0.05$ 的水平上显著，效应大小为 1.4141；直接效应置信区间 [1.2610，1.5861] 不包含 0，说明直接效应显著，效应大小为 1.4235；总间接效应置信区间 [−0.0211，−0.0007] 不包含 0，说明自我建构间接效应显著，故存在部分中介效应，发挥的间接效应与直接效应的符号相反，效应大小为−0.0095。其中，依存型自我建构和独立型自我建构的置信区间均包含 0，说明两者的中介效应不显著。具体的数据如表 4-164 所示。

表 4-164　自我建构在课程门数与客观财经知识得分之间的中介效应

效应		Effect	置信区间下限	置信区间上限
总效应		1.4141	1.2514	1.5767
直接效应		1.4235	1.2610	1.5861
间接效应	总间接效应	−0.0095	−0.0211	−0.0007
	依存型自我建构	−0.0048	−0.0139	0.0010
	独立型自我建构	−0.0047	−0.0140	0.0010

（8）课程课时。将课程课时作为自变量，自我建构作为中介变量，客观财经知识得分作为因变量。课程课时影响客观财经知识得分的总效应置信区间 [1.2630，1.6204] 不包含 0，说明总效应在 $\alpha = 0.05$ 的水平上显著，效应大小为 1.4417；直接效应置信区间 [1.2745，1.6317] 不包含 0，说明直接效应显著，效应大小为 1.4531；总间接效应置信区间 [−0.0246，−0.0015] 不包含 0，说明自我建构间接效应显著，故存在部分中介效应，发挥的间接效应与直接效应的符号相反，效应大小为−0.0114。其中，依存型自我建构和独立型自我建构的置信区间均包含 0，说明两者的中介效应不显著。具体的数据如表 4-165 所示。

表 4-165　自我建构在课程课时与客观财经知识得分之间的中介效应

效应	Effect	置信区间下限	置信区间上限
总效应	1.4417	1.2630	1.6204
直接效应	1.4531	1.2745	1.6317

续表

效应		Effect	置信区间下限	置信区间上限
间接效应	总间接效应	−0.0114	−0.0246	−0.0015
	依存型自我建构	−0.0057	−0.0167	0.0011
	独立型自我建构	−0.0057	−0.0165	0.0009

十三、自我建构在学校教育与主观财经知识得分之间的中介效应

本书把学校教育作为自变量，包括专业、是否学习过财经课程、课程类型、授课方式、教学方式、教学模式、课程门数、课程课时共八个变量。把依存型自我建构、独立型自我建构两个心理变量作为中介变量，主观财经知识得分作为因变量，运用 PROCESS 分析工具进行多重中介效应分析，将样本数量设置为5000，置信区间的置信度设置为95%。以下为自我建构在学校教育与主观财经知识得分之间的中介效应的检验结果：

（1）专业。将专业作为自变量，自我建构作为中介变量，主观财经知识得分作为因变量。专业影响主观财经知识得分的总效应置信区间 ［−0.4560，−0.3202］不包含 0，说明总效应在 $\alpha=0.05$ 的水平上显著，效应大小为−0.3881；直接效应置信区间 ［−0.4725，−0.3388］不包含 0，说明直接效应显著，效应大小为−0.4056；总间接效应的置信区间 ［0.0054，0.0308］不包含 0，说明自我建构间接效应显著，发挥的间接效应与直接效应的符号相反，故存在部分中介效应，效应大小为 0.0175。其中，依存型自我建构的置信区间包含 0，说明其中介效应不显著。独立型自我建构的置信区间不包含 0，说明其中介效应显著，效应大小为 0.0167。具体的数据如表 4−166 所示。

表 4−166 自我建构在专业与主观财经知识得分之间的中介效应

效应		Effect	置信区间下限	置信区间上限
总效应		−0.3881	−0.4560	−0.3202
直接效应		−0.4056	−0.4725	−0.3388
间接效应	总间接效应	0.0175	0.0054	0.0308
	依存型自我建构	0.0008	−0.0012	0.0039
	独立型自我建构	0.0167	0.0053	0.0295

（2）是否学习过财经课程。将是否学习过财经课程作为自变量，自我建构作为中介变量，主观财经知识得分作为因变量。是否学习过财经课程影响主观财经知识得分的总效应置信区间 ［−0.5217，−0.3863］不包含 0，说明总效应在 $\alpha=0.05$ 的水平上显著，效应大小为−0.4540；直接效应置信区间 ［−0.5378，

-0.4044］不包含0，说明直接效应显著，效应大小为-0.4711；总间接效应的置信区间［0.0049，0.0304］不包含0，说明自我建构间接效应显著，发挥的间接效应与直接效应的符号相反，故存在部分中介效应，效应大小为0.0171。其中，依存型自我建构的置信区间包含0，说明其中介效应不显著。独立型自我建构的置信区间不包含0，说明其中介效应显著，效应大小为0.0159。具体的数据如表4-167所示。

表4-167　自我建构在是否学习过财经课程与主观财经知识得分之间的中介效应

效应		Effect	置信区间下限	置信区间上限
总效应		-0.4540	-0.5217	-0.3863
直接效应		-0.4711	-0.5378	-0.4044
间接效应	总间接效应	0.0171	0.0049	0.0304
	依存型自我建构	0.0012	-0.0013	0.0047
	独立型自我建构	0.0159	0.0044	0.0280

（3）课程类型。将课程类型作为自变量，自我建构作为中介变量，主观财经知识得分作为因变量。课程类型影响主观财经知识得分的总效应置信区间［0.0955，0.1276］不包含0，说明总效应在 $\alpha = 0.05$ 的水平上显著，效应大小为0.1116；直接效应置信区间［0.0913，0.1239］不包含0，说明直接效应显著，效应大小为0.1076；总间接效应的置信区间［-0.0071，-0.0009］不包含0，说明自我建构间接效应显著，发挥的间接效应与直接效应的符号相反，故存在部分中介效应，效应大小为-0.0039。其中，依存型自我建构的置信区间包含0，说明其中介效应不显著。独立型自我建构的置信区间不包含0，说明其中介效应显著，效应大小为-0.0037。具体的数据如表4-168所示。

表4-168　自我建构在课程类型与主观财经知识得分之间的中介效应

效应		Effect	置信区间下限	置信区间上限
总效应		0.1116	0.0955	0.1276
直接效应		0.1076	0.0913	0.1239
间接效应	总间接效应	-0.0039	-0.0071	-0.0009
	依存型自我建构	-0.0003	-0.0011	0.0003
	独立型自我建构	-0.0037	-0.0067	-0.0009

（4）授课方式。将授课方式作为自变量，自我建构作为中介变量，主观财经知识得分作为因变量。授课方式影响主观财经知识得分的总效应置信区间［0.0717，0.0953］不包含0，说明总效应在 $\alpha = 0.05$ 的水平上显著，效应大小为0.0835；直接效应置信区间［0.0688，0.0927］不包含0，说明直接效应显著，

效应大小为 0.0807；总间接效应的置信区间 ［−0.0050，−0.0006］ 不包含 0，说明自我建构间接效应显著，发挥的间接效应与直接效应的符号相反，故存在部分中介效应，效应大小为−0.0028。其中，依存型自我建构的置信区间包含 0，说明其中介效应不显著。独立型自我建构的置信区间不包含 0，说明其中介效应显著，效应大小为−0.0026。具体的数据如表 4−169 所示。

表 4−169　自我建构在授课方式与主观财经知识得分之间的中介效应

效应		Effect	置信区间下限	置信区间上限
总效应		0.0835	0.0717	0.0953
直接效应		0.0807	0.0688	0.0927
间接效应	总间接效应	−0.0028	−0.0050	−0.0006
	依存型自我建构	−0.0002	−0.0008	0.0002
	独立型自我建构	−0.0026	−0.0047	−0.0006

（5）教学方式。将教学方式作为自变量，自我建构作为中介变量，主观财经知识得分作为因变量。教学方式影响主观财经知识得分的置信区间 ［0.0759，0.0994］ 不包含 0，说明总效应在 $\alpha = 0.05$ 的水平上显著，效应大小为 0.0877；直接效应总效应置信区间 ［0.0734，0.0973］ 不包含 0，说明直接效应显著，效应大小为 0.0853；总间接效应的置信区间 ［−0.0047，−0.0001］ 不包含 0，说明自我建构间接效应显著，发挥的间接效应与直接效应的符号相反，故存在部分中介效应，效应大小为−0.0023。其中，依存型自我建构的置信区间包含 0，说明其中介效应不显著。独立型自我建构的置信区间不包含 0，说明其中介效应显著，效应大小为−0.0022。具体的数据如表 4−170 所示。

表 4−170　自我建构在教学方式与主观财经知识得分之间的中介效应

效应		Effect	置信区间下限	置信区间上限
总效应		0.0877	0.0759	0.0994
直接效应		0.0853	0.0734	0.0973
间接效应	总间接效应	−0.0023	−0.0047	−0.0001
	依存型自我建构	−0.0001	−0.0007	0.0002
	独立型自我建构	−0.0022	−0.0044	−0.0001

（6）教学模式。将教学模式作为自变量，自我建构作为中介变量，主观财经知识得分作为因变量。教学模式影响主观财经知识得分的总效应置信区间 ［0.0718，0.0946］ 不包含 0，说明总效应在 $\alpha = 0.05$ 的水平上显著，效应大小为 0.0832；直接效应置信区间 ［0.0687，0.0919］ 不包含 0，说明直接效应显著，效应大小为 0.0803；总间接效应置信区间 ［−0.0052，−0.0008］ 不包含 0，说

明自我建构间接效应显著，故存在部分中介效应，发挥的间接效应与直接效应的符号相反，效应大小为 −0.0029。其中，依存型自我建构的置信区间包含 0，说明其中介效应不显著。独立型自我建构的置信区间不包含 0，说明其中介效应显著，效应大小为 −0.0027。具体的数据如表 4-170 所示。

表 4-171　自我建构在教学模式与主观财经知识得分之间的中介效应

效应		Effect	置信区间下限	置信区间上限
总效应		0.0832	0.0718	0.0946
直接效应		0.0803	0.0687	0.0919
间接效应	总间接效应	−0.0029	−0.0052	−0.0008
	依存型自我建构	−0.0002	−0.0008	0.0002
	独立型自我建构	−0.0027	−0.0049	−0.0007

（7）课程门数。将课程门数作为自变量，自我建构作为中介变量，主观财经知识得分作为因变量。课程门数影响主观财经知识得分的总效应置信区间 [0.0922，0.1157] 不包含 0，说明总效应在 $\alpha = 0.05$ 的水平上显著，效应大小为 0.1040；直接效应置信区间 [0.0897，0.1136] 不包含 0，说明直接效应显著，效应大小为 0.1017；总间接效应置信区间 [−0.0047，−0.0002] 不包含 0，说明自我建构间接效应显著，故存在部分中介效应，发挥的间接效应与直接效应的符号相反，效应大小为 −0.0023。其中，依存型自我建构的置信区间包含 0，说明其中介效应不显著。独立型自我建构的置信区间不包含 0，说明其中介效应显著，效应大小为 −0.0021。具体的数据如表 4-172 所示。

表 4-172　自我建构在课程门数与主观财经知识得分之间的中介效应

效应		Effect	置信区间下限	置信区间上限
总效应		0.1040	0.0922	0.1157
直接效应		0.1017	0.0897	0.1136
间接效应	总间接效应	−0.0023	−0.0047	−0.0002
	依存型自我建构	−0.0002	−0.0009	0.0002
	独立型自我建构	−0.0021	−0.0043	−0.0001

（8）课程课时。将课程课时作为自变量，自我建构作为中介变量，主观财经知识得分作为因变量。课程课时影响主观财经知识得分的总效应置信区间 [0.0897，0.1136] 不包含 0，说明总效应在 $\alpha = 0.05$ 的水平上显著，效应大小为 0.1017；直接效应置信区间 [0.0922，0.1157] 不包含 0，说明直接效应显著，效应大小为 0.1040；总间接效应置信区间 [−0.0047，−0.0002] 不包含 0，说明自我建构间接效应显著，故存在部分中介效应，发挥的间接效应与直接效应的

符号相反，效应大小为 -0.0023。其中，依存型自我建构的置信区间包含 0，说明其中介效应不显著。独立型自我建构的置信区间不包含 0，说明其中介效应显著，效应大小为 -0.0021。具体的数据如表 4-173 所示。

表 4-173　自我建构在课程课时与主观财经知识得分之间的中介效应

效应		Effect	置信区间下限	置信区间上限
总效应		0.1017	0.0897	0.1136
直接效应		0.1040	0.0922	0.1157
间接效应	总间接效应	-0.0023	-0.0047	-0.0002
	依存型自我建构	-0.0002	-0.0009	0.0002
	独立型自我建构	-0.0021	-0.0043	-0.0001

十四、自我建构在学校教育与财经态度之间的中介效应

本书把学校教育作为自变量，包括专业、是否学习过财经课程、课程类型、授课方式、教学方式、教学模式、课程门数、课程课时共八个变量。把依存型自我建构、独立型自我建构两个心理变量作为中介变量，财经态度作为因变量，运用 PROCESS 分析工具进行多重中介效应分析，将样本数量设置为 5000，置信区间的置信度设置为 95%。以下为自我建构在学校教育与财经态度之间的中介效应的检验结果：

（1）专业。将专业作为自变量，自我建构作为中介变量，财经态度作为因变量。专业影响财经态度的总效应置信区间 [-0.0713，0.0330] 包含 0，说明总效应在 $\alpha = 0.05$ 的水平上不显著；直接效应置信区间 [-0.0779，0.0261] 包含 0，说明直接效应不显著；总间接效应的置信区间 [0.0016，0.0126] 不包含 0，说明自我建构间接效应显著。因此，自我建构在专业与财经态度之间没有发挥显著的中介效应。具体的数据如表 4-174 所示。

表 4-174　自我建构在专业与财经态度之间的中介效应

效应		Effect	置信区间下限	置信区间上限
总效应		-0.0191	-0.0713	0.0330
直接效应		-0.0259	-0.0779	0.0261
间接效应	总间接效应	0.0068	0.0016	0.0126
	依存型自我建构	-0.0012	-0.0039	0.0004
	独立型自我建构	0.0080	0.0023	0.0147

（2）是否学习过财经课程。将是否学习过财经课程作为自变量，自我建构作为中介变量，财经态度作为因变量。是否学习过财经课程影响财经态度的总效

应置信区间 [−0.0457，0.0588] 包含0，说明总效应在 $\alpha = 0.05$ 的水平上不显著；直接效应置信区间 [−0.0515，0.0526] 包含0，说明直接效应不显著；总间接效应的置信区间 [0.0010，0.0121] 不包含0，说明自我建构间接效应显著。因此，自我建构在是否学习过财经课程与财经态度之间没有发挥显著的中介效应。具体的数据如表4-175所示。

表4-175　自我建构在是否学习过财经课程与财经态度之间的中介效应

效应		Effect	置信区间下限	置信区间上限
总效应		0.0066	−0.0457	0.0588
直接效应		0.0006	−0.0515	0.0526
间接效应	总间接效应	0.0060	0.0010	0.0121
	依存型自我建构	−0.0016	−0.0045	0.0003
	独立型自我建构	0.0076	0.0021	0.0142

（3）课程类型。将课程类型作为自变量，自我建构作为中介变量，财经态度作为因变量。课程类型影响财经态度的总效应置信区间 [−0.0122，0.0130] 包含0，说明总效应在 $\alpha = 0.05$ 的水平上不显著；直接效应置信区间 [−0.0107，0.0143] 包含0，说明直接效应不显著；总间接效应的置信区间 [−0.0028，−0.0001] 不包含0，说明自我建构间接效应显著。因此，自我建构在课程类型与财经态度之间没有发挥显著的中介效应。具体的数据如表4-176所示。

表4-176　自我建构在课程类型与财经态度之间的中介效应

效应		Effect	置信区间下限	置信区间上限
总效应		0.0004	−0.0122	0.0130
直接效应		0.0018	−0.0107	0.0143
间接效应	总间接效应	−0.0014	−0.0028	−0.0001
	依存型自我建构	0.0004	−0.0001	0.0011
	独立型自我建构	−0.0017	−0.0034	−0.0004

（4）授课方式。将授课方式作为自变量，自我建构作为中介变量，财经态度作为因变量。授课方式影响财经态度的总效应置信区间 [−0.0105，0.0080] 包含0，说明总效应在 $\alpha = 0.05$ 的水平上不显著；直接效应置信区间 [−0.0094，0.0090] 包含0，说明直接效应不显著；总间接效应的置信区间 [−0.0020，−0.0001] 不包含0，说明自我建构间接效应显著。因此，自我建构在授课方式与财经态度之间没有发挥显著的中介效应。具体的数据如表4-177所示。

表4-177　自我建构在授课方式与财经态度之间的中介效应

效应		Effect	置信区间下限	置信区间上限
总效应		−0.0012	−0.0105	0.0080
直接效应		−0.0002	−0.0094	0.0090
间接效应	总间接效应	−0.0010	−0.0020	−0.0001
	依存型自我建构	0.0002	−0.0001	0.0007
	独立型自我建构	−0.0012	−0.0024	−0.0002

（5）教学方式。将教学方式作为自变量，自我建构作为中介变量，财经态度作为因变量。教学方式影响财经态度的总效应置信区间［−0.0122，0.0130］包含0，说明总效应在 $\alpha = 0.05$ 的水平上不显著；直接效应置信区间［−0.0107，0.0143］包含0，说明直接效应不显著；总间接效应的置信区间［−0.0018，0.0000］包含0，说明自我建构间接效应不显著。因此，自我建构在教学方式与财经态度之间没有发挥显著的中介效应。具体的数据如表4-178所示。

表4-178　自我建构在教学方式与财经态度之间的中介效应

效应		Effect	置信区间下限	置信区间上限
总效应		0.0004	−0.0122	0.0130
直接效应		0.0018	−0.0107	0.0143
间接效应	总间接效应	−0.0009	−0.0018	0.0000
	依存型自我建构	0.0002	−0.0001	0.0006
	独立型自我建构	−0.001	−0.0022	−0.0001

（6）教学模式。将教学模式作为自变量，自我建构作为中介变量，财经态度作为因变量。教学模式影响财经态度的总效应置信区间［−0.0114，0.0064］包含0，说明总效应在 $\alpha = 0.05$ 的水平上不显著；直接效应置信区间［−0.0104，0.0074］包含0，说明直接效应不显著；总间接效应的置信区间［−0.0020，−0.0002］不包含0，说明自我建构间接效应显著。因此，自我建构在教学模式与财经态度之间没有发挥显著的中介效应。具体的数据如表4-179所示。

表4-179　自我建构在教学模式与财经态度之间的中介效应

效应		Effect	置信区间下限	置信区间上限
总效应		−0.0025	−0.0114	0.0064
直接效应		−0.0015	−0.0104	0.0074
间接效应	总间接效应	−0.001	−0.0020	−0.0002
	依存型自我建构	0.0003	−0.0001	0.0007
	独立型自我建构	0.0013	−0.0024	−0.0004

（7）课程门数。将课程门数作为自变量，自我建构作为中介变量，财经态度作为因变量。课程门数影响财经态度的总效应置信区间 [-0.0090, 0.0096] 包含0，说明总效应在 $\alpha = 0.05$ 的水平上不显著；直接效应置信区间 [-0.0082, 0.0103] 包含0，说明直接效应不显著；总间接效应的置信区间 [-0.0017, 0.0001] 包含0，说明自我建构间接效应不显著。因此，自我建构在课程门数与财经态度之间没有发挥显著的中介效应。具体的数据如表4-180所示。

表4-180　自我建构在课程门数与财经态度之间的中介效应

效应		Effect	置信区间下限	置信区间上限
总效应		0.0003	-0.0090	0.0096
直接效应		0.0011	-0.0082	0.0103
间接效应	总间接效应	-0.0007	-0.0017	0.0001
	依存型自我建构	0.0003	-0.0001	0.0008
	独立型自我建构	-0.001	-0.0021	0.0000

（8）课程课时。将课程课时作为自变量，自我建构作为中介变量，财经态度作为因变量。课程课时影响财经态度的总效应置信区间 [-0.0085, 0.0119] 包含0，说明总效应在 $\alpha = 0.05$ 的水平上不显著；直接效应置信区间 [-0.0075, 0.0128] 包含0，说明直接效应不显著；总间接效应的置信区间 [-0.0020, 0.0001] 包含0，说明自我建构的间接效应不显著。因此，自我建构在课程课时与财经态度之间没有发挥显著的中介效应。具体的数据如表4-181所示。

表4-181　自我建构在课程课时与财经态度之间的中介效应

效应		Effect	置信区间下限	置信区间上限
总效应		0.0017	-0.0085	0.0119
直接效应		0.0026	-0.0075	0.0128
间接效应	总间接效应	-0.0009	-0.0020	0.0001
	依存型自我建构	0.0003	-0.0001	0.0009
	独立型自我建构	-0.0012	-0.0024	-0.0001

十五、自我建构在学校教育与财经满意感之间的中介效应

本书把学校教育作为自变量，包括专业、是否学习过财经课程、课程类型、授课方式、教学方式、教学模式、课程门数、课程课时共八个变量。把依存型自我建构、独立型自我建构两个心理变量作为中介变量，财经满意感作为因变量，运用PROCESS分析工具进行多重中介效应分析，将样本数量设置为5000，置信区间的置信度设置为95%。以下为自我建构在学校教育与财经满意感之间的中介

效应的检验结果：

（1）专业。将专业作为自变量，自我建构作为中介变量，财经满意感作为因变量。专业影响财经满意感的总效应置信区间 [-0.0019, 0.1146] 包含 0，说明总效应在 $\alpha = 0.05$ 的水平上不显著；直接效应置信区间 [-0.0172, 0.0972] 包含 0，说明直接效应不显著；总间接效应的置信区间 [0.0048, 0.0289] 不包含 0，说明自我建构的间接效应显著。因此，自我建构在专业与财经满意感之间没有发挥显著的中介效应。具体的数据如表 4-182 所示。

表 4-182　自我建构在专业与财经满意感之间的中介效应

效应		Effect	置信区间下限	置信区间上限
总效应		0.0563	-0.0019	0.1146
直接效应		0.0400	-0.0172	0.0972
间接效应	总间接效应	0.0163	0.0048	0.0289
	依存型自我建构	0.0025	-0.0005	0.0065
	独立型自我建构	0.0139	0.0041	0.0247

（2）是否学习过财经课程。将是否学习过财经课程作为自变量，自我建构作为中介变量，财经满意感作为因变量。是否学习过财经课程影响财经满意感的总效应置信区间 [0.0324, 0.1490] 不包含 0，说明总效应在 $\alpha = 0.05$ 的水平上显著，效应大小为 0.0907；直接效应置信区间 [0.0170, 0.1316] 不包含 0，说明直接效应显著，效应大小为 0.0743；总间接效应的置信区间 [0.0055, 0.0286] 不包含 0，说明自我建构的间接效应显著，发挥的间接效应与直接效应的符号相同，故存在部分中介效应，效应大小为 0.0164，占总效应的 18.1%。其中，依存型自我建构和独立型自我建构的置信区间均不包含 0，说明两者中介效应显著，效应大小为 0.0032、0.0132。具体的数据如表 4-183 所示。

表 4-183　自我建构在是否学习过财经课程与财经满意感之间的中介效应

效应		Effect	置信区间下限	置信区间上限
总效应		0.0907	0.0324	0.1490
直接效应		0.0743	0.0170	0.1316
间接效应	总间接效应	0.0164	0.0055	0.0286
	依存型自我建构	0.0032	0.0002	0.0075
	独立型自我建构	0.0132	0.0041	0.0239

（3）课程类型。将课程类型作为自变量，自我建构作为中介变量，财经满意感作为因变量。课程类型影响财经满意感的总效应置信区间 [-0.0356, -0.0075] 不包含 0，说明直接效应显著，效应大小为 -0.0215；直接效应置信区

间［-0.0315，-0.0040］不包含 0，说明总效应在 α＝0.05 的水平上显著，效应大小为-0.0178；总间接效应的置信区间［-0.0066，-0.0010］不包含 0，说明自我建构间接效应显著，发挥的间接效应与直接效应的符号相同，故存在部分中介效应，效应大小为-0.0038，占总效应的 17.7%。其中，依存型自我建构的置信区间包含 0，说明其中介效应不显著。独立型自我建构的置信区间不包含 0，说明其中介效应显著，效应大小为-0.0030。具体的数据如表 4-184 所示。

表4-184　自我建构在课程类型与财经满意感之间的中介效应

效应		Effect	置信区间下限	置信区间上限
总效应		-0.0215	-0.0356	-0.0075
直接效应		-0.0178	-0.0315	-0.0040
间接效应	总间接效应	-0.0038	-0.0066	-0.0010
	依存型自我建构	-0.0007	-0.0017	0.0000
	独立型自我建构	-0.0030	-0.0055	-0.0007

（4）授课方式。将授课方式作为自变量，自我建构作为中介变量，财经满意感作为因变量。授课方式影响财经满意感的总效应置信区间［-0.0259，-0.0052］不包含 0，说明总效应在 α＝0.05 的水平上显著，效应大小为-0.0156；直接效应置信区间［-0.0230，-0.0028］不包含 0，说明直接效应显著，效应大小为-0.0129；总间接效应的置信区间［-0.0048，-0.0006］不包含 0，说明自我建构间接效应显著，发挥的间接效应与直接效应的符号相同，故存在部分中介效应，效应大小为-0.0026，占总效应的 16.7%。其中，依存型自我建构的置信区间包含 0，说明其中介效应不显著。独立型自我建构的置信区间不包含 0，说明其中介效应显著，效应大小为-0.0022。具体的数据如表 4-185 所示。

表4-185　自我建构在授课方式与财经满意感之间的中介效应

效应		Effect	置信区间下限	置信区间上限
总效应		-0.0156	-0.0259	-0.0052
直接效应		-0.0129	-0.0230	-0.0028
间接效应	总间接效应	-0.0026	-0.0048	-0.0006
	依存型自我建构	-0.0005	-0.0012	0.0000
	独立型自我建构	-0.0022	-0.004	-0.0005

（5）教学方式。将教学方式作为自变量，自我建构作为中介变量，财经满意感作为因变量。教学方式影响财经满意感的总效应置信区间［-0.0245，-0.0038］不包含 0，说明总效应在 α＝0.05 的水平上显著，效应大小为

-0.0141；直接效应置信区间 ［-0.0221，-0.0018］不包含0，说明直接效应显著，效应大小为-0.0119；总间接效应的置信区间 ［-0.0043，-0.0002］不包含0，说明自我建构间接效应显著，发挥的间接效应与直接效应的符号相同，故存在部分中介效应，效应大小为-0.0022，占总效应的15.6%。其中，依存型自我建构和的置信区间包含0，说明其中介效应不显著。独立型自我建构的置信区间不包含0，说明其中介效应显著，效应大小为-0.0018。具体的数据如表4-186所示。

表4-186　自我建构在教学方式与财经满意感之间的中介效应

效应		Effect	置信区间下限	置信区间上限
总效应		-0.0141	-0.0245	-0.0038
直接效应		-0.0119	-0.0221	-0.0018
间接效应	总间接效应	-0.0022	-0.0043	-0.0002
	依存型自我建构	-0.0004	-0.0011	0.0001
	独立型自我建构	-0.0018	-0.0036	-0.0001

（6）教学模式。将教学模式作为自变量，自我建构作为中介变量，财经满意感作为因变量。教学模式影响财经满意感的总效应置信区间 ［-0.0257，-0.0058］不包含0，说明总效应在 $\alpha=0.05$ 的水平上显著，效应大小为-0.0158；直接效应置信区间 ［-0.0228，-0.0032］不包含0，说明直接效应显著，效应大小为-0.0130；总间接效应置信区间 ［-0.0048，-0.0008］不包含0，说明自我建构间接效应显著，故存在部分中介效应，发挥的间接效应与直接效应的符号相同，效应大小为-0.0028，占总效应的17.7%。其中，依存型自我建构的置信区间包含0，说明其中介效应不显著。独立型自我建构的置信区间不包含0，说明其中介效应显著，效应大小为-0.0022。具体的数据如表4-187所示。

表4-187　自我建构在教学模式与财经满意感之间的中介效应

效应		Effect	置信区间下限	置信区间上限
总效应		-0.0158	-0.0257	-0.0058
直接效应		-0.0130	-0.0228	-0.0032
间接效应	总间接效应	-0.0028	-0.0048	-0.0008
	依存型自我建构	-0.0005	-0.0012	0.0000
	独立型自我建构	-0.0022	-0.0040	-0.0006

（7）课程门数。将课程门数作为自变量，自我建构作为中介变量，财经满意感作为因变量。课程门数影响财经满意感的总效应置信区间 ［-0.0253，-0.0045］不包含0，说明总效应在 $\alpha=0.05$ 的水平上显著，效应大小为-0.0149；

直接效应置信区间 [−0.0228，−0.0024] 不包含 0，说明直接效应显著，效应大小为−0.0126；总间接效应置信区间 [−0.0044，−0.0002] 不包含 0，说明自我建构的间接效应显著，故存在部分中介效应，发挥的间接效应与直接效应的符号相同，效应大小为−0.0023，占总效应的比例为 15.4%。其中，依存型自我建构和独立型自我建构的置信区间均包含 0，说明两者的中介效应不显著。具体的数据如表 4−188 所示。

表 4−188　自我建构在课程门数与财经满意感之间的中介效应

效应		Effect	置信区间下限	置信区间上限
总效应		−0.0149	−0.0253	−0.0045
直接效应		−0.0126	−0.0228	−0.0024
间接效应	总间接效应	−0.0023	−0.0044	−0.0002
	依存型自我建构	−0.0005	−0.0012	0.0000
	独立型自我建构	−0.0018	−0.0036	0.0000

（8）课程课时。将课程课时作为自变量，自我建构作为中介变量，财经满意感作为因变量。课程课时影响财经满意感的总效应置信区间 [−0.0241，−0.0013] 不包含 0，说明总效应在 $\alpha = 0.05$ 的水平上显著，效应大小为−0.0127；直接效应置信区间 [−0.0211，−0.0012] 不包含 0，说明直接效应显著，效应大小为−0.0100；总间接效应置信区间 [−0.0051，−0.0005] 不包含 0，说明自我建构间接效应显著，故存在部分中介效应，发挥的间接效应与直接效应的符号相同，效应大小为−0.0027，占总效应的比例为 21.2%。其中，依存型自我建构的置信区间包含 0，说明其中介效应不显著。独立型自我建构的置信区间不包含 0，说明其中介效应显著，效应大小为−0.0021。具体的数据如表 4−189 所示。

表 4−189　自我建构在课程课时与财经满意感之间的中介效应

效应		Effect	置信区间下限	置信区间上限
总效应		−0.0127	−0.0241	−0.0013
直接效应		−0.0100	−0.0211	−0.0012
间接效应	总间接效应	−0.0027	−0.0051	−0.0005
	依存型自我建构	−0.0006	−0.0015	0.0000
	独立型自我建构	−0.0021	−0.0042	−0.0002

十六、自我建构在学校教育与财经行为合理性之间的中介效应

本书把学校教育作为自变量，包括专业、是否学习过财经课程、课程类型、授课方式、教学方式、教学模式、课程门数、课程课时共八个变量。把依存型自

我建构、独立型自我建构两个心理变量作为中介变量，财经行为合理性作为因变量，运用 PROCESS 分析工具进行多重中介效应分析，将样本数量设置为 5000，置信区间的置信度设置为 95%。以下为自我建构在学校教育与财经行为合理性之间的中介效应的检验结果：

（1）专业。将专业作为自变量，自我建构作为中介变量，财经行为合理性作为因变量。专业影响财经行为合理性的总效应置信区间 $[-0.0867, -0.0063]$ 不包含 0，说明总效应在 $\alpha = 0.05$ 的水平上显著，效应大小为 -0.0465；直接效应置信区间 $[-0.1028, -0.0269]$ 不包含 0，说明直接效应显著，效应大小为 -0.0648；总间接效应的置信区间 $[0.0051, 0.0318]$ 不包含 0，说明自我建构间接效应显著，发挥的间接效应与直接效应的符号相反，故存在部分中介效应，效应大小为 0.0183。其中，依存型自我建构的置信区间包含 0，说明其中介效应不显著。独立型自我建构的置信区间不包含 0，说明其中介效应显著，效应大小为 0.0131。具体的数据如表 4-190 所示。

表 4-190　自我建构在专业与财经行为合理性之间的中介效应

效应		Effect	置信区间下限	置信区间上限
总效应		−0.0465	−0.0867	−0.0063
直接效应		−0.0648	−0.1028	−0.0269
间接效应	总间接效应	0.0183	0.0051	0.0318
	依存型自我建构	0.0052	−0.0007	0.0116
	独立型自我建构	0.0131	0.0041	0.0223

（2）是否学习过财经课程。将是否学习过财经课程作为自变量，自我建构作为中介变量，财经行为合理性作为因变量。是否学习过财经课程影响财经行为合理性的总效应置信区间 $[-0.1188, -0.0383]$ 不包含 0，说明总效应在 $\alpha = 0.05$ 的水平上显著，效应大小为 -0.0786；直接效应置信区间 $[-0.1358, -0.0599]$ 不包含 0，说明直接效应显著，效应大小为 -0.0979；总间接效应的置信区间 $[0.0060, 0.0330]$ 不包含 0，说明自我建构的间接效应显著，发挥的间接效应与直接效应的符号相反，故存在部分中介效应，效应大小为 0.0193。其中，依存型自我建构和独立型自我建构的置信区间均不包含 0，说明两者中介效应显著，效应大小依次为 0.0068 和 0.0125。具体的数据如表 4-191 所示。

表 4-191　自我建构在是否学习过财经课程与财经行为合理性之间的中介效应

效应	Effect	置信区间下限	置信区间上限
总效应	−0.0786	−0.1188	−0.0383
直接效应	−0.0979	−0.1358	−0.0599

效应		Effect	置信区间下限	置信区间上限
间接效应	总间接效应	0.0193	0.0060	0.0330
	依存型自我建构	0.0068	0.0005	0.0134
	独立型自我建构	0.0125	0.0036	0.0222

（3）课程类型。将课程类型作为自变量，自我建构作为中介变量，财经行为合理性作为因变量。课程类型影响财经行为合理性的总效应置信区间 $[0.0270, 0.0077]$ 不包含 0，说明直接效应显著，效应大小为 0.0077；直接效应置信区间 $[0.0309, 0.0127]$ 不包含 0，说明总效应在 $\alpha=0.05$ 的水平上显著，效应大小为 0.0127；总间接效应的置信区间 $[-0.0078, -0.0011]$ 不包含 0，说明自我建构间接效应显著，发挥的间接效应与直接效应的符号相反，故存在部分中介效应，效应大小为 -0.0044。其中，依存型自我建构和独立型自我建构的置信区间均不包含 0，说明其中介效应显著，效应大小依次为 -0.0016 和 -0.0029。具体的数据如表 4-192 所示。

表 4-192 自我建构在课程类型与财经行为合理性之间的中介效应

效应		Effect	置信区间下限	置信区间上限
总效应		0.0077	0.0270	0.0077
直接效应		0.0127	0.0309	0.0127
间接效应	总间接效应	-0.0044	-0.0078	-0.0011
	依存型自我建构	-0.0016	-0.0032	-0.0001
	独立型自我建构	-0.0029	-0.0052	-0.0007

（4）授课方式。将授课方式作为自变量，自我建构作为中介变量，财经行为合理性作为因变量。授课方式影响财经行为合理性的总效应置信区间 $[0.0082, 0.0224]$ 不包含 0，说明总效应在 $\alpha=0.05$ 的水平上显著，效应大小为 0.0153；直接效应置信区间 $[0.0117, 0.0251]$ 不包含 0，说明直接效应显著，效应大小为 0.0184；总间接效应的置信区间 $[-0.0055, -0.0006]$ 不包含 0，说明自我建构间接效应显著，发挥的间接效应与直接效应的符号相反，故存在部分中介效应，效应大小为 -0.0031。其中，依存型自我建构的置信区间包含 0，说明其中介效应不显著。独立型自我建构的置信区间不包含 0，说明其中介效应显著，效应大小为 -0.0020。具体的数据如表 4-193 所示。

表 4-193 自我建构在授课方式与财经行为合理性之间的中介效应

效应	Effect	置信区间下限	置信区间上限
总效应	0.0153	0.0082	0.0224
直接效应	0.0184	0.0117	0.0251

续表

效应		Effect	置信区间下限	置信区间上限
间接效应	总间接效应	−0.0031	−0.0055	−0.0006
	依存型自我建构	−0.0010	−0.0022	0.0001
	独立型自我建构	−0.0020	−0.0037	−0.0005

（5）教学方式。将教学方式作为自变量，自我建构作为中介变量，财经行为合理性作为因变量。教学方式影响财经行为合理性的总效应置信区间 [0.0104, 0.0247] 不包含 0，说明总效应在 $\alpha = 0.05$ 的水平上显著，效应大小为 0.0176；直接效应置信区间 [0.0134, 0.0268] 不包含 0，说明直接效应显著，效应大小为 0.0201；总间接效应的置信区间 [−0.0049, −0.0002] 不包含 0，说明自我建构间接效应显著，发挥的间接效应与直接效应的符号相反，故存在部分中介效应，效应大小为 −0.0026。其中，依存型自我建构的置信区间包含 0，说明其中介效应不显著。独立型自我建构的置信区间不包含 0，说明其中介效应显著，效应大小为 −0.0017。具体的数据如表 4-194 所示。

表 4-194　自我建构在教学方式与财经行为合理性之间的中介效应

效应		Effect	置信区间下限	置信区间上限
总效应		0.0176	0.0104	0.0247
直接效应		0.0201	0.0134	0.0268
间接效应	总间接效应	−0.0026	−0.0049	−0.0002
	依存型自我建构	−0.0008	−0.0019	0.0002
	独立型自我建构	−0.0017	−0.0033	−0.0001

（6）教学模式。将教学模式作为自变量，自我建构作为中介变量，财经行为合理性作为因变量。教学模式影响财经行为合理性的总效应置信区间 [0.0093, 0.0231] 不包含 0，说明总效应在 $\alpha = 0.05$ 的水平上显著，效应大小为 0.0162；直接效应置信区间 [0.0129, 0.0259] 不包含 0，说明直接效应显著，效应大小为 0.0194；总间接效应置信区间 [−0.0056, −0.0010] 不包含 0，说明自我建构间接效应显著，故存在部分中介效应，发挥的间接效应与直接效应的符号不相同，效应大小为 −0.0032。其中，依存型自我建构的置信区间包含 0，说明其中介效应不显著。独立型自我建构的置信区间不包含 0，说明其中介效应显著，效应大小为 −0.0021。具体的数据如表 4-195 所示。

表 4-195　自我建构在教学模式与财经行为合理性之间的中介效应

效应	Effect	置信区间下限	置信区间上限
总效应	0.0162	0.0093	0.0231

效应		Effect	置信区间下限	置信区间上限
直接效应		0.0194	0.0129	0.0259
间接效应	总间接效应	−0.0032	−0.0056	−0.0010
	依存型自我建构	−0.0011	−0.0022	0.0000
	独立型自我建构	−0.0021	−0.0038	−0.0006

（7）课程门数。将课程门数作为自变量，自我建构作为中介变量，财经行为合理性作为因变量。课程门数影响财经行为合理性的总效应置信区间 [0.0091，0.0234] 不包含0，说明总效应在 $\alpha=0.05$ 的水平上显著，效应大小为0.0163；直接效应置信区间 [0.0123，0.0258] 不包含0，说明直接效应显著，效应大小为0.0190；总间接效应置信区间 [−0.0051，−0.0004] 不包含0，说明自我建构间接效应显著，故存在部分中介效应，发挥的间接效应与直接效应的符号相反，效应大小为−0.0028。其中，依存型自我建构和独立型自我建构的置信区间均包含0，说明两者的中介效应不显著。具体的数据如表4-196所示。

表4-196 自我建构在课程门数与财经行为合理性之间的中介效应

效应		Effect	置信区间下限	置信区间上限
总效应		0.0163	0.0091	0.0234
直接效应		0.0190	0.0123	0.0258
间接效应	总间接效应	−0.0028	−0.0051	−0.0004
	依存型自我建构	−0.0011	−0.0023	0.0000
	独立型自我建构	−0.0016	−0.0032	0.0000

（8）课程课时。将课程课时作为自变量，自我建构作为中介变量，财经行为合理性作为因变量。课程课时影响财经行为合理性的总效应置信区间 [0.0100，0.0257] 不包含0，说明总效应在 $\alpha=0.05$ 的水平上显著，效应大小为0.0178；直接效应置信区间 [0.0138，0.0286] 不包含0，说明直接效应显著，效应大小为0.0212；总间接效应置信区间 [−0.0060，−0.0007] 不包含0，说明自我建构间接效应显著，故存在部分中介效应，发挥的间接效应与直接效应的符号相反，效应大小为−0.0033。其中，依存型自我建构和独立型自我建构的置信区间均不包含0，说明两者的中介效应显著，效应大小依次为−0.0013和−0.0020。具体的数据如表4-197所示。

表4-197 自我建构在课程课时与财经行为合理性之间的中介效应

效应	Effect	置信区间下限	置信区间上限
总效应	0.0178	0.0100	0.0257

续表

效应		Effect	置信区间下限	置信区间上限
直接效应		0.0212	0.0138	0.0286
间接效应	总间接效应	−0.0033	−0.0060	−0.0007
	依存型自我建构	−0.0013	−0.0026	−0.0002
	独立型自我建构	−0.0020	−0.0038	−0.0003

十七、自我建构在学校教育与独立之间的中介效应

本书把学校教育作为自变量，包括专业、是否学习过财经课程、课程类型、授课方式、教学方式、教学模式、课程门数、课程课时共八个变量。把依存型自我建构、独立型自我建构两个心理变量作为中介变量，独立作为因变量，运用PROCESS 分析工具进行多重中介效应分析，将样本数量设置为5000，置信区间的置信度设置为95%。以下为自我建构在学校教育与独立之间的中介效应的检验结果：

（1）专业。将专业作为自变量，自我建构作为中介变量，独立作为因变量。专业影响独立的总效应置信区间［−0.0391，0.0377］包含 0，说明总效应在 $\alpha =$ 0.05 的水平上不显著；直接效应置信区间［−0.0592，0.0101］包含 0，说明直接效应不显著；总间接效应的置信区间［0.0067，0.0408］不包含 0，说明自我建构间接效应显著。因此，自我建构在专业与独立之间的中介效应不显著。具体的数据如表 4-198 所示。

表 4-198　自我建构在专业与独立之间的中介效应

效应		Effect	置信区间下限	置信区间上限
总效应		−0.0007	−0.0391	0.0377
直接效应		−0.0245	−0.0592	0.0101
间接效应	总间接效应	0.0239	0.0067	0.0408
	依存型自我建构	0.0040	−0.0008	0.0091
	独立型自我建构	0.0198	0.0059	0.0339

（2）是否学习过财经课程。将是否学习过财经课程作为自变量，自我建构作为中介变量，独立作为因变量。是否学习过财经课程影响独立的总效应置信区间［−0.0724，0.0046］包含 0，说明总效应在 $\alpha = 0.05$ 的水平上不显著；直接效应置信区间［−0.0928，−0.0234］不包含 0，说明直接效应显著，效应大小为−0.0581；总间接效应的置信区间［0.0081，0.0414］不包含 0，说明自我建构间接效应显著，发挥的间接效应与直接效应的符号相反，故存在部分中介效应，效应大小为 0.0242。其中，依存型自我建构和独立型自我建构的置信区间均

不包含 0，说明两者中介效应显著，效应大小依次为 0.0052 和 0.0190。具体的数据如表 4-199 所示。

表 4-199　自我建构在是否学习过财经课程与独立之间的中介效应

效应		Effect	置信区间下限	置信区间上限
总效应		−0.0339	−0.0724	0.0046
直接效应		−0.0581	−0.0928	−0.0234
间接效应	总间接效应	0.0242	0.0081	0.0414
	依存型自我建构	0.0052	0.0004	0.0104
	独立型自我建构	0.0190	0.0059	0.0332

（3）课程类型。将课程类型作为自变量，自我建构作为中介变量，独立作为因变量。课程类型影响独立的总效应置信区间 [−0.0009, 0.0176] 包含 0，说明总效应在 $\alpha = 0.05$ 的水平上不显著；直接效应置信区间 [0.0056, 0.0222] 不包含 0，说明直接效应显著，效应大小为 0.0139；总间接效应的置信区间 [−0.0096, −0.0015] 不包含 0，说明自我建构间接效应显著，发挥的间接效应与直接效应的符号相反，故存在部分中介效应，效应大小为−0.0056。其中，依存型自我建构的置信区间包含 0，说明其中介效应不显著；独立型自我建构的置信区间不包含 0，说明其中介效应显著，效应大小为−0.0044。具体的数据如表 4-200 所示。

表 4-200　自我建构在课程类型与独立之间的中介效应

效应		Effect	置信区间下限	置信区间上限
总效应		0.0083	−0.0009	0.0176
直接效应		0.0139	0.0056	0.0222
间接效应	总间接效应	−0.0056	−0.0096	−0.0015
	依存型自我建构	−0.0012	−0.0024	0.0000
	独立型自我建构	−0.0044	−0.0077	−0.0011

（4）授课方式。将授课方式作为自变量，自我建构作为中介变量，独立作为因变量。授课方式影响独立的总效应置信区间 [0.0000, 0.0137] 包含 0，说明总效应在 $\alpha = 0.05$ 的水平上不显著；直接效应置信区间 [0.0046, 0.0169] 不包含 0，说明直接效应显著，效应大小为 0.0107；总间接效应的置信区间 [−0.0069, −0.0009] 不包含 0，说明自我建构间接效应显著，发挥的间接效应与直接效应的符号相反，故存在部分中介效应，效应大小为−0.0039。其中，依存型自我建构的置信区间包含 0，说明其中介效应不显著。独立型自我建构的置信区间不包含 0，说明其中介效应显著，效应大小为−0.0031。具体的数据如表

4-201 所示。

表 4-201　自我建构在授课方式与独立之间的中介效应

效应		Effect	置信区间下限	置信区间上限
总效应		0.0068	0.0000	0.0137
直接效应		0.0107	0.0046	0.0169
间接效应	总间接效应	−0.0039	−0.0069	−0.0009
	依存型自我建构	−0.0008	−0.0017	0.0000
	独立型自我建构	−0.0031	−0.0056	−0.0006

（5）教学方式。将教学方式作为自变量，自我建构作为中介变量，独立作为因变量。教学方式影响独立的总效应置信区间 [0.0028，0.0164] 不包含 0，说明总效应在 $\alpha = 0.05$ 的水平上显著，效应大小为 0.0096；直接效应置信区间 [0.0067，0.0190] 不包含 0，说明直接效应显著，效应大小为 0.0128；总间接效应的置信区间 [−0.0062，−0.0003] 不包含 0，说明自我建构的间接效应显著，发挥的间接效应与直接效应的符号相反，故存在部分中介效应，效应大小为−0.0033。其中，依存型自我建构的置信区间包含 0，说明其中介效应不显著。独立型自我建构的置信区间不包含 0，说明其中介效应显著，效应大小为−0.0026。具体的数据如表 4-202 所示。

表 4-202　自我建构在教学方式与独立之间的中介效应

效应		Effect	置信区间下限	置信区间上限
总效应		0.0096	0.0028	0.0164
直接效应		0.0128	0.0067	0.0190
间接效应	总间接效应	−0.0033	−0.0062	−0.0003
	依存型自我建构	−0.0006	−0.0015	0.0002
	独立型自我建构	−0.0026	−0.0051	−0.0002

（6）教学模式。将教学模式作为自变量，自我建构作为中介变量，独立作为因变量。教学模式影响独立的总效应置信区间 [0.0009，0.0140] 不包含 0，说明总效应在 $\alpha = 0.05$ 的水平上显著，效应大小为 0.0074；直接效应置信区间 [0.0056，0.0174] 不包含 0，说明直接效应显著，效应大小为 0.0115；总间接效应置信区间 [−0.0070，−0.0012] 不包含 0，说明自我建构间接效应显著，故存在部分中介效应，发挥的间接效应与直接效应的符号相反，效应大小为−0.0041。其中，依存型自我建构的置信区间包含 0，说明其中介效应不显著。独立型自我建构的置信区间不包含 0，说明其中介效应显著，效应大小为−0.0032。具体的数据如表 4-203 所示。

表4-203　自我建构在教学模式与独立之间的中介效应

效应		Effect	置信区间下限	置信区间上限
总效应		0.0074	0.0009	0.0140
直接效应		0.0115	0.0056	0.0174
间接效应	总间接效应	−0.0041	−0.0070	−0.0012
	依存型自我建构	−0.0009	−0.0017	0.0000
	独立型自我建构	−0.0032	−0.0056	−0.0009

（7）课程门数。将课程门数作为自变量，自我建构作为中介变量，独立作为因变量。课程门数影响独立的总效应置信区间［0.0017，0.0154］不包含0，说明总效应在 $\alpha = 0.05$ 的水平上显著，效应大小为0.0085；直接效应置信区间［0.0057，0.0180］不包含0，说明直接效应显著，效应大小为0.0119；总间接效应置信区间［−0.0065，−0.0004］不包含0，说明自我建构的间接效应显著，故存在部分中介效应，发挥的间接效应与直接效应的符号相反，效应大小为−0.0034。其中，依存型自我建构的置信区间包含0，说明其中介效应不显著。独立型自我建构的置信区间不包含0，说明其中介效应显著，效应大小为−0.0025。具体的数据如表4-204所示。

表4-204　自我建构在课程门数与独立之间的中介效应

效应		Effect	置信区间下限	置信区间上限
总效应		0.0085	0.0017	0.0154
直接效应		0.0119	0.0057	0.0180
间接效应	总间接效应	−0.0034	−0.0065	−0.0004
	依存型自我建构	−0.0009	−0.0018	0.0000
	独立型自我建构	−0.0025	−0.0051	−0.0001

（8）课程课时。将课程课时作为自变量，自我建构作为中介变量，独立作为因变量。课程课时影响独立的总效应置信区间［0.0016，0.0166］不包含0，说明总效应在 $\alpha = 0.05$ 的水平上显著，效应大小为0.0091；直接效应置信区间［0.0064，0.0200］不包含0，说明直接效应显著，效应大小为0.0132；总间接效应置信区间［−0.0074，−0.0007］不包含0，说明自我建构间接效应显著，故存在部分中介效应，发挥的间接效应与直接效应的符号相反，效应大小为−0.0041。其中，依存型自我建构和独立型自我建构的置信区间均不包含0，说明两者的中介效应显著，效应大小依次为−0.0010和−0.0030。具体的数据如表4-205所示。

表4-205　自我建构在课程课时与独立之间的中介效应

效应	Effect	置信区间下限	置信区间上限
总效应	0.0091	0.0016	0.0166

续表

效应		Effect	置信区间下限	置信区间上限
直接效应		0.0132	0.0064	0.0200
间接效应	总间接效应	−0.0041	−0.0074	−0.0007
	依存型自我建构	−0.0010	−0.0020	−0.0001
	独立型自我建构	−0.0030	−0.0058	−0.0003

十八、自我建构在学校教育与信用之间的中介效应

本书把学校教育作为自变量，包括专业、是否学习过财经课程、课程类型、授课方式、教学方式、教学模式、课程门数、课程课时共八个变量。把依存型自我建构、独立型自我建构两个心理变量作为中介变量，信用作为因变量，运用PROCESS分析工具进行多重中介效应分析，将样本数量设置为5000，置信区间的置信度设置为95%。以下为自我建构在学校教育与信用之间的中介效应的检验结果：

（1）专业。将专业作为自变量，自我建构作为中介变量，信用作为因变量。专业影响信用的总效应置信区间［−0.0368，0.0404］包含0，说明总效应在 $\alpha=$ 0.05 的水平上不显著；直接效应置信区间［−0.0544，0.0166］包含0，说明直接效应不显著；总间接效应的置信区间［0.0078，0.0058］不包含0，说明自我建构间接效应显著。因此，自我建构在专业与信用之间的中介效应不显著。具体的数据如表4-206所示。

表4-206　自我建构在专业与信用之间的中介效应

效应		Effect	置信区间下限	置信区间上限
总效应		0.0018	−0.0368	0.0404
直接效应		−0.0189	−0.0544	0.0166
间接效应	总间接效应	0.0207	0.0078	0.0058
	依存型自我建构	0.0037	−0.0009	0.0136
	独立型自我建构	0.0052	0.0046	0.0251

（2）是否学习过财经课程。将是否学习过财经课程作为自变量，自我建构作为中介变量，信用作为因变量。是否学习过财经课程影响信用的总效应置信区间［−0.0809，−0.0035］不包含0，说明总效应在 $\alpha=0.05$ 的水平上显著，效应大小为−0.0422；直接效应置信区间［−0.0997，−0.0286］不包含0，说明直接效应显著，效应大小为−0.0641；总间接效应的置信区间［0.0065，0.0375］不包含0，说明自我建构间接效应显著，发挥的间接效应与直接效应的符号相反，故存在部分中介效应，效应大小为0.0219。其中，依存型自我建构和独立型自我

建构的置信区间均不包含0，说明两者中介效应显著，效应大小依次为0.0079和0.0140。具体的数据如表4-207所示。

表4-207 自我建构在是否学习过财经课程与信用之间的中介效应

效应		Effect	置信区间下限	置信区间上限
总效应		−0.0422	−0.0809	−0.0035
直接效应		−0.0641	−0.0997	−0.0286
间接效应	总间接效应	0.0219	0.0065	0.0375
	依存型自我建构	0.0079	0.0005	0.0156
	独立型自我建构	0.0140	0.0039	0.0244

（3）课程类型。将课程类型作为自变量，自我建构作为中介变量，信用作为因变量。课程类型影响信用的总效应置信区间 [0.0004, 0.0190] 不包含0，说明总效应在 $\alpha = 0.05$ 的水平上显著，效应大小为0.0097；直接效应置信区间 [0.0062, 0.0233] 不包含0，说明直接效应显著，效应大小为0.0147；总间接效应的置信区间 [−0.0087, −0.0015] 不包含0，说明自我建构间接效应显著，发挥的间接效应与直接效应的符号相反，故存在部分中介效应，效应大小为−0.0051。其中，依存型自我建构、独立型自我建构的置信区间均不包含0，说明二者中介效应显著，效应大小依次为 −0.0018 和 −0.0032。具体的数据如表4-208所示。

表4-208 自我建构在课程类型与信用之间的中介效应

效应		Effect	置信区间下限	置信区间上限
总效应		0.0097	0.0004	0.0190
直接效应		0.0147	0.0062	0.0233
间接效应	总间接效应	−0.0051	−0.0087	−0.0015
	依存型自我建构	−0.0018	−0.0037	−0.0001
	独立型自我建构	−0.0032	−0.0057	−0.0008

（4）授课方式。将授课方式作为自变量，自我建构作为中介变量，信用作为因变量。授课方式影响信用的总效应置信区间 [0.0017, 0.0154] 不包含0，说明总效应在 $\alpha = 0.05$ 的水平上显著，效应大小为0.0086；直接效应置信区间 [0.0058, 0.0184] 不包含0，说明直接效应显著，效应大小为0.0121；总间接效应的置信区间 [−0.0061, −0.0008] 不包含0，说明自我建构间接效应显著，发挥的间接效应与直接效应的符号相反，故存在部分中介效应，效应大小为−0.0035。其中，依存型自我建构的置信区间包含0，说明其中介效应不显著。独立型自我建构的置信区间不包含0，说明其中介效应显著，效应大小为−0.0023。

具体的数据如表4-209所示。

表4-209 自我建构在授课方式与信用之间的中介效应

效应		Effect	置信区间下限	置信区间上限
总效应		0.0086	0.0017	0.0154
直接效应		0.0121	0.0058	0.0184
间接效应	总间接效应	−0.0035	−0.0061	−0.0008
	依存型自我建构	−0.0012	−0.0026	0.0001
	独立型自我建构	−0.0023	−0.0041	−0.0005

（5）教学方式。将教学方式作为自变量，自我建构作为中介变量，信用作为因变量。教学方式影响信用的总效应置信区间［0.0035，3.2662］不包含0，说明总效应在 $\alpha = 0.05$ 的水平上显著，效应大小为0.0114；直接效应置信区间［0.0032，4.4606］不包含0，说明直接效应显著，效应大小为0.0143；总间接效应的置信区间［−0.0055，−0.0003］不包含0，说明自我建构间接效应显著，发挥的间接效应与直接效应的符号相反，故存在部分中介效应，效应大小为−0.0029。其中，依存型自我建构的置信区间包含0，说明其中介效应不显著。独立型自我建构的置信区间不包含0，说明其中介效应显著，效应大小为−0.0019。具体的数据如表4-210所示。

表4-210 自我建构在教学方式与信用之间的中介效应

效应		Effect	置信区间下限	置信区间上限
总效应		0.0114	0.0035	3.2662
直接效应		0.0143	0.0032	4.4606
间接效应	总间接效应	−0.0029	−0.0055	−0.0003
	依存型自我建构	−0.0010	−0.0023	0.0003
	独立型自我建构	−0.0019	−0.0037	−0.0002

（6）教学模式。将教学模式作为自变量，自我建构作为中介变量，信用作为因变量。教学模式影响信用的总效应置信区间［0.0030，0.0162］不包含0，说明总效应在 $\alpha = 0.05$ 的水平上显著，效应大小为0.0096；直接效应置信区间［0.0072，0.0194］不包含0，说明直接效应显著，效应大小为0.0133；总间接效应置信区间［−0.0063，−0.0011］不包含0，说明自我建构的间接效应显著，故存在部分中介效应，发挥的间接效应与直接效应的符号相同，效应大小为−0.0037。其中，依存型自我建构和独立型自我建构的置信区间均不包含0，说明两者中介效应显著，效应大小依次为−0.0013和−0.0024。具体的数据如表4-211所示。

表 4-211　自我建构在教学模式与信用之间的中介效应

效应		Effect	置信区间下限	置信区间上限
总效应		0.0096	0.0030	0.0162
直接效应		0.0133	0.0072	0.0194
间接效应	总间接效应	−0.0037	−0.0063	−0.0011
	依存型自我建构	−0.0013	−0.0026	−0.0001
	独立型自我建构	−0.0024	−0.0041	−0.0006

（7）课程门数。将课程门数作为自变量，自我建构作为中介变量，信用作为因变量。课程门数影响信用的总效应置信区间 ［0.0025，0.0163］ 不包含 0，说明总效应在 $\alpha = 0.05$ 的水平上显著，效应大小为 0.0094；直接效应置信区间 ［0.0062，0.0189］ 不包含 0，说明直接效应显著，效应大小为 0.0125；总间接效应置信区间 ［−0.0059，−0.0005］ 不包含 0，说明自我建构的间接效应显著，故存在部分中介效应，发挥的间接效应与直接效应的符号相反，效应大小为 −0.0032。其中，独立型自我建构的置信区间包含 0，说明其中介效应不显著。依存型自我建构的置信区间不包含 0，说明其中介效应显著，效应大小为 −0.0013。具体的数据如表 4-212 所示。

表 4-212　自我建构在课程门数与信用之间的中介效应

效应		Effect	置信区间下限	置信区间上限
总效应		0.0094	0.0025	0.0163
直接效应		0.0125	0.0062	0.0189
间接效应	总间接效应	−0.0032	−0.0059	−0.0005
	依存型自我建构	−0.0013	−0.0027	−0.0001
	独立型自我建构	−0.0018	−0.0037	0.0000

（8）课程课时。将课程课时作为自变量，自我建构作为中介变量，信用作为因变量。课程课时影响信用的总效应置信区间 ［0.0022，0.0173］ 不包含 0，说明总效应在 $\alpha = 0.05$ 的水平上显著，效应大小为 0.0098；直接效应置信区间 ［0.0066，0.0205］ 不包含 0，说明直接效应显著，效应大小为 0.0136；总间接效应置信区间 ［−0.0068，−0.0008］ 不包含 0，说明自我建构的间接效应显著，故存在部分中介效应，发挥的间接效应与直接效应的符号相反，效应大小为 −0.0038。其中，依存型自我建构和独立型自我建构的置信区间均不包含 0，说明两者的中介效应显著，效应大小依次为 −0.0016 和 −0.0016。具体的数据如表 4-213 所示。

表 4-213　自我建构在课程课时与信用之间的中介效应

效应	Effect	置信区间下限	置信区间上限
总效应	0.0098	0.0022	0.0173

续表

效应		Effect	置信区间下限	置信区间上限
直接效应		0.0136	0.0066	0.0205
间接效应	总间接效应	−0.0038	−0.0068	−0.0008
	依存型自我建构	−0.0016	−0.003	−0.0001
	独立型自我建构	−0.0016	−0.0042	−0.0003

十九、自我建构在学校教育与生涯适应能力之间的中介效应

本书把学校教育作为自变量，包括专业、是否学习过财经课程、课程类型、授课方式、教学方式、教学模式、课程门数、课程课时共八个变量。把依存型自我建构、独立型自我建构两个心理变量作为中介变量，生涯适应能力作为因变量，运用 PROCESS 分析工具进行多重中介效应分析，将样本数量设置为 5000，置信区间的置信度设置为 95%。以下为自我建构在学校教育与生涯适应能力之间的中介效应的检验结果：

（1）专业。将专业作为自变量，自我建构作为中介变量，生涯适应能力作为因变量。专业影响生涯适应能力的总效应置信区间 [0.0161，0.1053] 不包含 0，说明总效应在 $\alpha = 0.05$ 的水平上显著，效应大小为 0.0607；直接效应置信区间 [−0.0037，0.0795] 包含 0，说明直接效应不显著；总间接效应的置信区间 [0.0065，0.0384] 不包含 0，说明自我建构的间接效应显著，发挥的间接效应与直接效应的符号相同，故存在部分中介效应，效应大小为 0.0228。其中，依存型自我建构的置信区间包含 0，说明其中介效应不显著。独立型自我建构的置信区间不包含 0，说明其中介效应显著，效应大小为 0.0179。具体的数据如表 4-214 所示。

表 4-214　自我建构在专业与生涯适应能力之间的中介效应

效应		Effect	置信区间下限	置信区间上限
总效应		0.0607	0.0161	0.1053
直接效应		0.0379	−0.0037	0.0795
间接效应	总间接效应	0.0228	0.0065	0.0384
	依存型自我建构	0.0049	−0.0008	0.0109
	独立型自我建构	0.0179	0.0058	0.0301

（2）是否学习过财经课程。将是否学习过财经课程作为自变量，自我建构作为中介变量，生涯适应能力作为因变量。是否学习过财经课程影响生涯适应能力的总效应置信区间 [−0.0071，0.0144] 包含 0，说明总效应在 $\alpha = 0.05$ 的水平上不显著；直接效应置信区间 [−0.0009，0.0191] 包含 0，说明直接效应不

显著；总间接效应的置信区间［−0.0095，−0.0014］不包含0，说明自我建构的间接效应显著。因此，自我建构在是否学习过财经课程与生涯适应能力之间的中介效应不显著。具体的数据如表4−215所示。

表4−215　自我建构在是否学习过财经课程与生涯适应能力之间的中介效应

效应		Effect	置信区间下限	置信区间上限
总效应		0.0036	−0.0071	0.0144
直接效应		0.0091	−0.0009	0.0191
间接效应	总间接效应	−0.0054	−0.0095	−0.0014
	依存型自我建构	−0.0015	−0.0030	−0.0001
	独立型自我建构	−0.0040	−0.0071	−0.0009

（3）课程类型。将课程类型作为自变量，自我建构作为中介变量，生涯适应能力作为因变量。课程类型影响生涯适应能力的总效应置信区间［−0.0071，0.0144］包含0，说明总效应在 $\alpha = 0.05$ 的水平上不显著；直接效应置信区间［−0.0009，0.0191］包含0，说明直接效应不显著；总间接效应的置信区间［−0.0095，−0.0014］不包含0，说明自我建构间接效应显著。因此，自我建构在课程类型与生涯适应能力之间的中介效应不显著。具体的数据如表4−216所示。

表4−216　自我建构在课程类型与生涯适应能力之间的中介效应

效应		Effect	置信区间下限	置信区间上限
总效应		0.0036	−0.0071	0.0144
直接效应		0.0091	−0.0009	0.0191
间接效应	总间接效应	−0.0054	−0.0095	−0.0014
	依存型自我建构	−0.0015	−0.0030	−0.0001
	独立型自我建构	−0.0040	−0.0071	−0.0009

（4）授课方式。将授课方式作为自变量，自我建构作为中介变量，生涯适应能力作为因变量。授课方式影响生涯适应能力的总效应置信区间［−0.0060，0.0098］包含0，说明总效应在 $\alpha = 0.05$ 的水平上不显著；直接效应置信区间［−0.0017，0.0130］包含0，说明直接效应不显著；总间接效应的置信区间［−0.0067，−0.0009］不包含0，说明自我建构的间接效应显著。因此，自我建构在授课方式与生涯适应能力之间的中介效应不显著。具体的数据如表4−217所示。

表4−217　自我建构在授课方式与生涯适应能力之间的中介效应

效应	Effect	置信区间下限	置信区间上限
总效应	0.0019	−0.0060	0.0098
直接效应	0.0057	−0.0017	0.0130

续表

效应		Effect	置信区间下限	置信区间上限
间接效应	总间接效应	-0.0038	-0.0067	-0.0009
	依存型自我建构	-0.001	-0.002	0.0001
	独立型自我建构	-0.0028	-0.0051	-0.0006

（5）教学方式。将教学方式作为自变量，自我建构作为中介变量，生涯适应能力作为因变量。教学方式影响生涯适应能力的总效应置信区间［-0.0037，0.0121］包含 0，说明总效应在 $\alpha = 0.05$ 的水平上不显著；直接效应置信区间［0.0000，0.0148］包含 0，说明直接效应不显著；总间接效应的置信区间［-0.0060，-0.0002］不包含 0，说明自我建构的间接效应显著。因此，自我建构在教学方式与生涯适应能力之间的中介效应不显著。具体的数据如表 4-218 所示。

表 4-218　自我建构在教学方式与生涯适应能力之间的中介效应

效应		Effect	置信区间下限	置信区间上限
总效应		0.0042	-0.0037	0.0121
直接效应		0.0074	0.0000	0.0148
间接效应	总间接效应	-0.0032	-0.0060	-0.0002
	依存型自我建构	-0.0008	-0.0018	0.0003
	独立型自我建构	-0.0024	-0.0046	-0.0001

（6）教学模式。将教学模式作为自变量，自我建构作为中介变量，生涯适应能力作为因变量。教学模式影响生涯适应能力的总效应置信区间［-0.0045，0.0108］包含 0，说明总效应在 $\alpha = 0.05$ 的水平上不显著；直接效应置信区间［0.0000，0.0143］包含 0，说明直接效应不显著；总间接效应的置信区间［-0.0068，-0.0012］不包含 0，说明自我建构的间接效应显著。因此，自我建构在教学模式与生涯适应能力之间的中介效应不显著。具体的数据如表 4-219 所示。

表 4-219　自我建构在教学模式与生涯适应能力之间的中介效应

效应		Effect	置信区间下限	置信区间上限
总效应		0.0032	-0.0045	0.0108
直接效应		0.0072	0.0000	0.0143
间接效应	总间接效应	-0.004	-0.0068	-0.0012
	依存型自我建构	-0.001	-0.0021	0.0000
	独立型自我建构	-0.0029	-0.005	-0.0008

（7）课程门数。将课程门数作为自变量，自我建构作为中介变量，生涯适应能力作为因变量。课程门数影响生涯适应能力的总效应置信区间［−0.0040，0.0119］包含0，说明总效应在 α = 0.05 的水平上不显著；直接效应置信区间［−0.0002，0.0147］包含0，说明直接效应不显著；总间接效应的置信区间［−0.0062，−0.0004］不包含0，说明自我建构的间接效应显著。因此，自我建构在课程门数与生涯适应能力之间的中介效应不显著。具体的数据如表4−220所示。

表4−220　自我建构在课程门数与生涯适应能力之间的中介效应

效应		Effect	置信区间下限	置信区间上限
总效应		0.0039	−0.0040	0.0119
直接效应		0.0073	−0.0002	0.0147
间接效应	总间接效应	−0.0033	−0.0062	−0.0004
	依存型自我建构	−0.001	−0.0021	0.0000
	独立型自我建构	−0.0023	−0.0045	−0.0001

（8）课程课时。将课程课时作为自变量，自我建构作为中介变量，生涯适应能力作为因变量。课程课时影响生涯适应能力的总效应置信区间［−0.0035，0.0140］包含0，说明总效应在 α = 0.05 的水平上不显著；直接效应置信区间［0.0011，0.0174］不包含0，说明直接效应显著，效应大小为0.0093；总间接效应的置信区间［−0.0072，−0.0008］不包含0，说明自我建构的间接效应显著，发挥的间接效应与直接效应的符号相反，故存在部分中介效应，效应大小为−0.0040。其中，依存型自我建构和独立型自我建构的置信区间均不包含0，说明两者中介效应显著，效应大小依次为−0.0013和−0.0028。具体的数据如表4−221所示。

表4−221　自我建构在课程课时与生涯适应能力之间的中介效应

效应		Effect	置信区间下限	置信区间上限
总效应		0.0052	−0.0035	0.0140
直接效应		0.0093	0.0011	0.0174
间接效应	总间接效应	−0.0040	−0.0072	−0.0008
	依存型自我建构	−0.0013	−0.0025	−0.0001
	独立型自我建构	−0.0028	−0.0052	−0.0003

二十、自我建构在学校教育与未来承诺之间的中介效应

本书把学校教育作为自变量，包括专业、是否学习过财经课程、课程类型、

授课方式、教学方式、教学模式、课程门数、课程课时共八个变量。把依存型自我建构、独立型自我建构两个心理变量作为中介变量，未来承诺作为因变量，运用 PROCESS 分析工具进行多重中介效应分析，将样本数量设置为 5000，置信区间的置信度设置为 95%。以下为自我建构在学校教育与未来承诺之间的中介效应的检验结果：

（1）专业。将专业作为自变量，自我建构作为中介变量，未来承诺作为因变量。专业影响未来承诺的总效应置信区间 [0.0084，0.0961] 不包含 0，说明总效应在 $\alpha = 0.05$ 的水平上显著，效应大小为 0.0523；直接效应置信区间 [-0.0123，0.0684] 包含 0，说明直接效应不显著；总间接效应的置信区间 [0.0068，0.0422] 不包含 0，说明自我建构间接效应显著，故存在部分中介效应，效应大小为 0.0243。其中，依存型自我建构的置信区间包含 0，说明其中介效应不显著。独立型自我建构的置信区间不包含 0，说明其中介效应显著，效应大小为 0.0188。具体的数据如表 4-222 所示。

表 4-222　自我建构在专业与未来承诺之间的中介效应

效应		Effect	置信区间下限	置信区间上限
总效应		0.0523	0.0084	0.0961
直接效应		0.0280	-0.0123	0.0684
间接效应	总间接效应	0.0243	0.0068	0.0422
	依存型自我建构	0.0055	-0.0011	0.0125
	独立型自我建构	0.0188	0.0059	0.0325

（2）是否学习过财经课程。将是否学习过财经课程作为自变量，自我建构作为中介变量，未来承诺作为因变量。是否学习过财经课程影响未来承诺的总效应置信区间 [-0.0310，0.0569] 包含 0，说明总效应在 $\alpha = 0.05$ 的水平上不显著；直接效应置信区间 [-0.0526，0.0283] 包含 0，说明直接效应不显著；总间接效应的置信区间 [0.0073，0.0430] 不包含 0，说明自我建构的间接效应显著。因此，自我建构在是否学习过财经课程与未来承诺之间的中介效应不显著。具体的数据如表 4-223 所示。

表 4-223　自我建构在是否学习过财经课程与未来承诺之间的中介效应

效应		Effect	置信区间下限	置信区间上限
总效应		0.0129	-0.0310	0.0569
直接效应		-0.0122	-0.0526	0.0283
间接效应	总间接效应	0.0251	0.0073	0.0430
	依存型自我建构	0.0071	0.0005	0.0140
	独立型自我建构	0.0180	0.0048	0.0316

（3）课程类型。将课程类型作为自变量，自我建构作为中介变量，未来承诺作为因变量。课程类型影响未来承诺的总效应置信区间 ［－0.0122，0.0089］ 包含 0，说明总效应在 α＝0.05 的水平上不显著；直接效应置信区间 ［－0.0056，0.0138］ 包含 0，说明直接效应不显著；总间接效应的置信区间 ［－0.0101，－0.0016］ 不包含 0，说明自我建构的间接效应显著。因此，自我建构在课程类型与未来承诺之间的中介效应不显著。具体的数据如表 4-224 所示。

表 4-224　自我建构在课程类型与未来承诺之间的中介效应

效应		Effect	置信区间下限	置信区间上限
总效应		−0.0017	−0.0122	0.0089
直接效应		0.0041	−0.0056	0.0138
间接效应	总间接效应	−0.0058	−0.0101	−0.0016
	依存型自我建构	−0.0016	−0.0033	−0.0001
	独立型自我建构	−0.0041	−0.0074	−0.0010

（4）授课方式。将授课方式作为自变量，自我建构作为中介变量，未来承诺作为因变量。授课方式影响未来承诺的总效应置信区间 ［－0.0091，0.0065］ 包含 0，说明总效应在 α＝0.05 的水平上不显著；直接效应置信区间 ［－0.0044，0.0099］ 包含 0，说明直接效应不显著；总间接效应的置信区间 ［－0.0071，－0.0010］ 不包含 0，说明自我建构的间接效应显著。因此，自我建构在授课方式与未来承诺之间的中介效应不显著。具体的数据如表 4-225 所示。

表 4-225　自我建构在授课方式与未来承诺之间的中介效应

效应		Effect	置信区间下限	置信区间上限
总效应		−0.0013	−0.0091	0.0065
直接效应		0.0027	−0.0044	0.0099
间接效应	总间接效应	−0.0040	−0.0071	−0.0010
	依存型自我建构	−0.0011	−0.0023	0.0000
	独立型自我建构	−0.0029	−0.0053	−0.0007

（5）教学方式。将教学方式作为自变量，自我建构作为中介变量，未来承诺作为因变量。教学方式影响未来承诺的总效应置信区间 ［－0.0063，0.0093］ 包含 0，说明总效应在 α＝0.05 的水平上不显著；直接效应置信区间 ［－0.0023，0.0120］ 包含 0，说明直接效应不显著；总间接效应的置信区间 ［－0.0063，－0.0004］ 不包含 0，说明自我建构的间接效应显著。因此，自我建构在教学方式与未来承诺之间的中介效应不显著。具体的数据如表 4-226 所示。

表4-226　自我建构在教学方式与未来承诺之间的中介效应

效应		Effect	置信区间下限	置信区间上限
总效应		0.0015	−0.0063	0.0093
直接效应		0.0048	−0.0023	0.0120
间接效应	总间接效应	−0.0034	−0.0063	−0.0004
	依存型自我建构	−0.0009	−0.0020	0.0002
	独立型自我建构	−0.0025	−0.0047	−0.0003

（6）教学模式。将教学模式作为自变量，自我建构作为中介变量，未来承诺作为因变量。教学模式影响未来承诺的总效应置信区间［−0.0078，0.0072］包含0，说明总效应在 $\alpha=0.05$ 的水平上不显著；直接效应置信区间［−0.0030，0.0108］包含0，说明直接效应不显著；总间接效应的置信区间［−0.0072，−0.0013］不包含0，说明自我建构的间接效应显著。因此，自我建构在教学模式与未来承诺之间的中介效应不显著。具体的数据如表4-227所示。

表4-227　自我建构在教学模式与未来承诺之间的中介效应

效应		Effect	置信区间下限	置信区间上限
总效应		−0.0003	−0.0078	0.0072
直接效应		0.0039	−0.0030	0.0108
间接效应	总间接效应	−0.0042	−0.0072	−0.0013
	依存型自我建构	−0.0012	−0.0023	−0.0001
	独立型自我建构	−0.0030	−0.0053	−0.0009

（7）课程门数。将课程门数作为自变量，自我建构作为中介变量，未来承诺作为因变量。课程门数影响未来承诺的总效应置信区间［−0.0090，0.0067］包含0，说明总效应在 $\alpha=0.05$ 的水平上不显著；直接效应置信区间［−0.0048，0.0096］包含0，说明直接效应不显著；总间接效应的置信区间［−0.0066，−0.0005］不包含0，说明自我建构的间接效应显著。因此，自我建构在课程门数与未来承诺之间的中介效应不显著。具体的数据如表4-228所示。

表4-228　自我建构在课程门数与未来承诺之间的中介效应

效应		Effect	置信区间下限	置信区间上限
总效应		−0.0011	−0.0090	0.0067
直接效应		0.0024	−0.0048	0.0096
间接效应	总间接效应	−0.0035	−0.0066	−0.0005
	依存型自我建构	−0.0012	−0.0024	0.0000
	独立型自我建构	−0.0024	−0.0047	−0.0001

（8）课程课时。将课程课时作为自变量，自我建构作为中介变量，未来承诺作为因变量。课程课时影响未来承诺的总效应置信区间 [−0.0086, 0.0085] 包含0，说明总效应在 $\alpha = 0.05$ 的水平上不显著；直接效应置信区间 [−0.0037, 0.0121] 包含0，说明直接效应不显著；总间接效应的置信区间 [−0.0076, −0.0009] 不包含0，说明自我建构的间接效应显著。因此，自我建构在课程课时与未来承诺之间的中介效应没有发挥显著的中介效应。具体的数据如表4−229所示。

表4−229 自我建构在课程课时与未来承诺之间的中介效应

效应		Effect	置信区间下限	置信区间上限
总效应		−0.0001	−0.0086	0.0085
直接效应		0.0042	−0.0037	0.0121
间接效应	总间接效应	−0.0043	−0.0076	−0.0009
	依存型自我建构	−0.0014	−0.0028	−0.0002
	独立型自我建构	−0.0029	−0.0054	−0.0004

第四节 社会教育对自我建构及财经素养的影响

为探析社会教育、自我建构、财经素养的关系，首先运用 One−way ANOVA 分析工具，分析了社会教育对大学生的自我建构及财经素养的影响，并在此基础上进行了多重组间比较分析。其次，运用 PROCESS 分析工具，将自我建构作为中介，进行多重中介效应分析，研究社会教育是否通过自我建构对大学生的财经素养产生影响。

本书中，社会教育的相关变量有：①主动获取财经讯息；②财经讯息延展；③自我警示；④主动参与讲座；⑤讲座收获；⑥主动交流财经讯息；⑦被动交流财经讯息；⑧主动分享财经经历；⑨被动分享财经经历；⑩主动请教财经决策，共十个变量。自我建构的相关变量有：①依存型自我建构；②独立型自我建构。财经素养相关变量有：①客观财经知识得分；②主观财经知识评价；③财经态度；④财经满意感；⑤财经行为合理性；⑥独立；⑦信用；⑧生涯适应能力；⑨未来承诺。

一、社会教育对依存型自我建构的影响

本书将社会教育作为自变量，依存型自我建构作为因变量，运用 One−way ANOVA 分析工具进行方差分析。其中，将依存型自我建构涉及的十个题项加总

求均值，记为因子分，用这个因子分代表依存型自我建构。该值越高，表示大学生依存型自我建构越高。该变量均值为 3.76，标准差为 0.630。以下为社会教育对依存型自我建构影响的检验结果：

（1）主动获取财经讯息。One-way ANOVA 分析发现，$F(3,5835) = 31.129$，$p = 0.000(p < 0.05)$。由于基于均值所计算的因变量的方差在自变量的各组间不等，故而，使用 Tamhane 多重比较法，发现经常主动获取财经讯息的大学生的依存型自我建构显著高于偶尔、很少、从来不主动获取财经讯息的大学生的依存型自我建构。偶尔主动获取财经讯息的大学生的依存型自我建构显著高于很少、从来不主动获取财经讯息的大学生的依存型自我建构。但很少主动获取财经讯息的大学生的依存型自我建构和从来不主动获取财经讯息的大学生的依存型自我建构之间无显著差异（$\alpha = 0.05$）。具体数据如表 4-230 和图 4-50 所示。

表 4-230　主动获取财经讯息与大学生依存型自我建构之间的关系

主动获取财经讯息	频数（人）	均值	标准差
从来不	156	3.53	0.992
很少	1850	3.69	0.602
偶尔	3135	3.77	0.598
经常	698	3.92	0.697
总计	5839	3.76	0.630

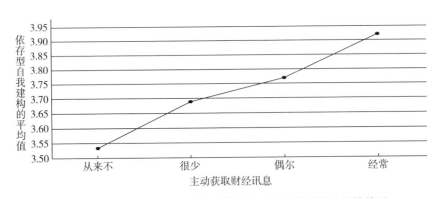

图 4-50　主动获取财经讯息与大学生依存型自我建构之间的关系

（2）财经讯息延展。One-way ANOVA 分析发现，$F(3,5835) = 47.171$，$p = 0.000(p < 0.05)$。由于基于均值所计算的因变量的方差在自变量的各组间不等，故而，使用 Tamhane 多重比较法，发现经常财经讯息延展的大学生的依存型自我建构显著高于偶尔、很少、从来不财经讯息延展的大学生的依存型自我建构。偶尔财经讯息延展的大学生的依存型自我建构显著高于很少、从来不主动财经讯息延展的大学生的依存型自我建构。很少财经讯息延展的大学生的依存型自我建构

显著高于从来不主动财经讯息延展的大学生的依存型自我建构（α=0.05）。具体
数据如表 4-231 和图 4-51 所示。

表 4-231 财经讯息延展与大学生依存型自我建构之间的关系

财经讯息延展	频数（人）	均值	标准差
从来不	214	3.50	0.849
很少	2176	3.68	0.595
偶尔	2795	3.79	0.606
经常	654	3.95	0.691
总计	5839	3.76	0.630

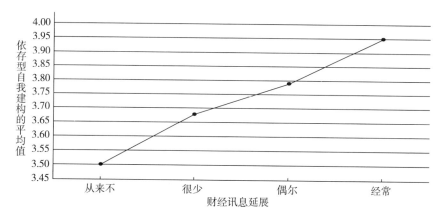

图 4-51 财经讯息延展与大学生依存型自我建构之间的关系

（3）自我警示。One-way ANOVA 分析发现，F(3,5835)=45.986，p=0.000
（p<0.05）。由于基于均值所计算的因变量的方差在自变量的各组间不等，故而，
使用 Tamhane 多重比较法，发现经常自我警示的大学生的依存型自我建构显著高
于偶尔、很少、从来不自我警示的大学生的依存型自我建构。偶尔自我警示的大
学生的依存型自我建构显著高于很少、从来不自我警示的大学生的依存型自我建
构。但很少自我警示的大学生的依存型自我建构和从来不自我警示的大学生的依
存型自我建构之间无显著差异（α=0.05）。具体数据如表 4-232 和图 4-52
所示。

表 4-232 自我警示与大学生依存型自我建构之间的关系

自我警示	频数（人）	均值	标准差
从来不	202	3.52	0.876
很少	1282	3.65	0.634
偶尔	2663	3.75	0.608

续表

自我警示	频数（人）	均值	标准差
经常	1692	3.88	0.601
总计	5839	3.76	0.630

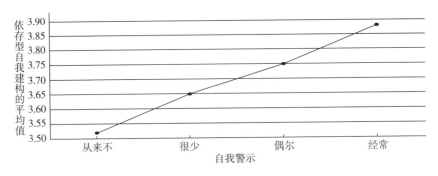

图4-52　自我警示与大学生依存型自我建构之间的关系

（4）主动参与讲座。One-way ANOVA分析发现，$F_{(3,5835)}=56.492$，$p=0.000$（$p<0.05$）。由于基于均值所计算的因变量的方差在自变量的各组间不等，故而，使用Tamhane多重比较法，发现经常主动参与讲座的大学生的依存型自我建构显著高于偶尔、很少、从来不主动参与讲座的大学生的依存型自我建构。偶尔主动参与讲座的大学生的依存型自我建构显著高于很少、从来不主动参与讲座的大学生的依存型自我建构。很少主动参与讲座的大学生的依存型自我建构显著高于从来不主动参与讲座的大学生的依存型自我建构（$\alpha=0.05$）。具体数据如表4-233和图4-53所示。

表4-233　主动参与讲座与大学生依存型自我建构之间的关系

主动参与讲座	频数（人）	均值	标准差
从来不	604	3.58	0.683
很少	2392	3.70	0.580
偶尔	2464	3.82	0.617
经常	379	4.04	0.780
总计	5839	3.76	0.630

（5）讲座收获。One-way ANOVA分析发现，$F_{(3,5835)}=77.999$，$p=0.000$（$p<0.05$）。由于基于均值所计算的因变量的方差在自变量的各组间不等，故而，使用Tamhane多重比较法，发现有很多讲座收获的大学生的依存型自我建构显著高于有一些、很少、一点都没有讲座收获的大学生的依存型自我建构。有一些讲座收获的大学生的依存型自我建构显著高于很少、一点都没有讲座收获的大学生

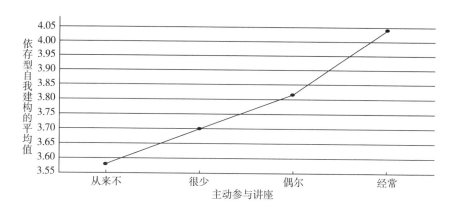

图 4-53 主动参与讲座与大学生依存型自我建构之间的关系

的依存型自我建构。但很少讲座收获的大学生的依存型自我建构和一点都没有讲座收获的大学生的依存型自我建构之间无显著差异（$\alpha = 0.05$）。具体数据如表 4-234 和图 4-54 所示。

表 4-234 讲座收获与大学生依存型自我建构之间的关系

讲座收获	频数（人）	均值	标准差
一点都没有	282	3.55	0.767
很少	1108	3.62	0.626
一些	3447	3.75	0.584
很多	1002	4.00	0.673
总计	5839	3.76	0.630

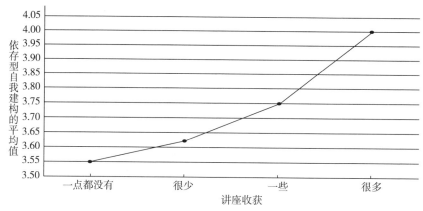

图 4-54 讲座收获与大学生依存型自我建构之间的关系

（6）主动交流财经讯息。One-way ANOVA 分析发现，$F(3,5835) = 62.670$，$p = 0.000(p<0.05)$。由于基于均值所计算的因变量的方差在自变量的各组间不

等，故而，使用 Tamhane 多重比较法，发现经常主动交流财经讯息的大学生的依存型自我建构显著高于偶尔、很少、从来不主动交流财经讯息的大学生的依存型自我建构。偶尔主动交流财经讯息的大学生的依存型自我建构显著高于很少、从来不主动交流财经讯息的大学生的依存型自我建构。很少主动交流财经讯息的大学生的依存型自我建构显著高于从来不主动交流财经讯息的大学生的依存型自我建构（α=0.05）。具体数据如表 4-235 和图 4-55 所示。

表 4-235　主动交流财经讯息与大学生依存型自我建构之间的关系

主动交流财经讯息	频数（人）	均值	标准差
从来不	288	3.54	0.778
很少	2120	3.68	0.575
偶尔	2863	3.78	0.613
经常	568	4.04	0.722
总计	5839	3.76	0.630

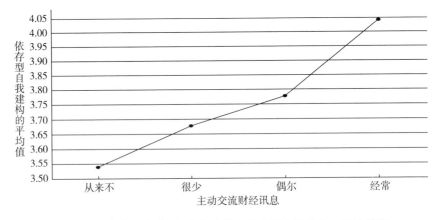

图 4-55　主动交流财经讯息与大学生依存型自我建构之间的关系

（7）被动交流财经讯息。One-way ANOVA 分析发现，$F(3,5835)=73.839$，$p=0.000(p<0.05)$。由于基于均值所计算的因变量的方差在自变量的各组间不等，故而，使用 Tamhane 多重比较法，发现经常被动交流财经讯息的大学生的依存型自我建构显著高于偶尔、很少、从来不被动交流财经讯息的大学生的依存型自我建构。偶尔被动交流财经讯息的大学生的依存型自我建构显著高于很少、从来不被动交流财经讯息的大学生的依存型自我建构。很少被动交流财经讯息的大学生的依存型自我建构显著高于从来不被动交流财经讯息的大学生的依存型自我建构（α=0.05）。具体数据如表 4-236 和图 4-56 所示。

表 4-236 被动交流财经讯息与大学生依存型自我建构之间的关系

被动交流财经讯息	频数（人）	均值	标准差
从来不	278	3.48	0.771
很少	2291	3.69	0.560
偶尔	2779	3.79	0.612
经常	491	4.08	0.725
总计	5839	3.76	0.630

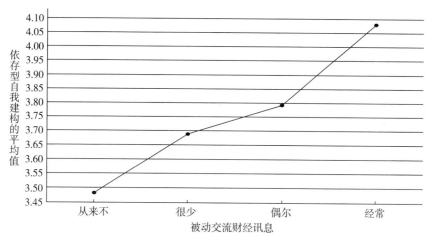

图 4-56 被动交流财经讯息与大学生依存型自我建构之间的关系

（8）主动分享财经经历。One-way ANOVA 分析发现，$F(3,5835)=68.205$，$p=0.000（p<0.05）$。由于基于均值所计算的因变量的方差在自变量的各组间不等，故而，使用 Tamhane 多重比较法，发现经常主动分享财经经历的大学生的依存型自我建构显著高于偶尔、很少、从来不主动分享财经经历的大学生的依存型自我建构。偶尔主动分享财经经历的大学生的依存型自我建构显著高于很少、从来不主动分享财经经历的大学生的依存型自我建构。很少主动分享财经经历的大学生的依存型自我建构显著高于从来不主动分享财经经历的大学生的依存型自我建构（$\alpha=0.05$）。具体数据如表 4-237 和图 4-57 所示。

表 4-237 主动分享财经经历与大学生依存型自我建构之间的关系

主动分享财经经历	频数（人）	均值	标准差
从来不	362	3.56	0.723
很少	2113	3.67	0.598
偶尔	2812	3.79	0.605
经常	552	4.04	0.696
总计	5839	3.76	0.630

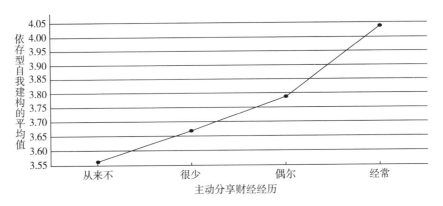

图 4-57　主动分享财经经历与大学生依存型自我建构之间的关系

（9）被动分享财经经历。One-way ANOVA 分析发现，$F(3,5835)=74.817$，$p=0.000(p<0.05)$。由于基于均值所计算的因变量的方差在自变量的各组间不等，故而，使用 Tamhane 多重比较法，发现经常被动分享财经经历的大学生的依存型自我建构显著高于偶尔、很少、从来不被动分享财经经历的大学生的依存型自我建构。偶尔被动分享财经经历的大学生的依存型自我建构显著高于很少、从来不被动分享财经经历的大学生的依存型自我建构。很少被动分享财经经历的大学生的依存型自我建构显著高于从来不被动分享财经经历的大学生的依存型自我建构（$\alpha=0.05$）。具体数据如表 4-238 和图 4-58 所示。

表 4-238　被动分享财经经历与大学生依存型自我建构之间的关系

被动分享财经经历	频数（人）	均值	标准差
从来不	303	3.51	0.781
很少	2234	3.68	0.586
偶尔	2770	3.79	0.604
经常	532	4.07	0.711
总计	5839	3.76	0.630

（10）主动请教财经决策。One-way ANOVA 分析发现，$F(3,5835)=63.587$，$p=0.000(p<0.05)$。由于基于均值所计算的因变量的方差在自变量的各组间不等，故而，使用 Tamhane 多重比较法，发现经常主动请教财经决策的大学生的依存型自我建构显著高于偶尔、很少、从来不主动请教财经决策的大学生的依存型自我建构。偶尔主动请教财经决策的大学生的依存型自我建构显著高于很少、从来不主动请教财经决策的大学生的依存型自我建构。但很少主动请教财经决策的大学生的依存型自我建构和从来不主动请教财经决策的大学生的依存型自我建构之间无显著差异（$\alpha=0.05$）。具体数据如表 4-239 和图 4-59 所示。

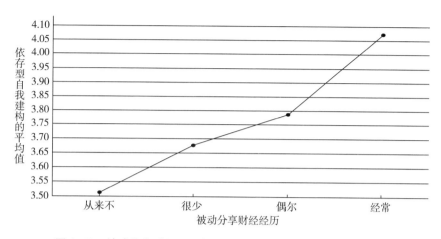

图 4-58 被动分享财经经历与大学生依存型自我建构之间的关系

表 4-239 主动请教财经决策与大学生依存型自我建构之间的关系

主动请教财经决策	频数（人）	均值	标准差
从来不	215	3.54	0.860
很少	1550	3.65	0.621
偶尔	2817	3.75	0.603
经常	1257	3.95	0.607
总计	5839	3.76	0.630

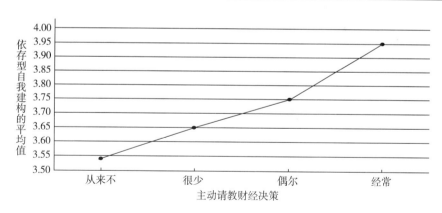

图 4-59 主动请教财经决策与大学生依存型自我建构之间的关系

二、社会教育对独立型自我建构的影响

本书将社会教育作为自变量，独立型自我建构作为因变量，运用 One-way ANOVA 分析工具进行方差分析。其中，将独立型自我建构涉及的十个题项加总求均值，记为因子分，用这个因子分代表独立型自我建构。该值越高，表示大学

生的独立型自我建构越高。该变量均值为3.58，标准差为0.651。以下为社会教育对独立型自我建构影响的检验结果：

（1）主动获取财经讯息。One-way ANOVA 分析发现，$F(3,5835)=53.904$，$p=0.000(p<0.05)$。由于基于均值所计算的因变量的方差在自变量的各组间不等，故而，使用 Tamhane 多重比较法，发现经常主动获取财经讯息的大学生的独立型自我建构显著高于偶尔、很少、从来不主动获取财经讯息的大学生的独立型自我建构。偶尔主动获取财经讯息的大学生的独立型自我建构显著高于很少、从来不主动获取财经讯息的大学生的独立型自我建构。但很少主动获取财经讯息的大学生的独立型自我建构和从来不主动获取财经讯息的大学生的独立型自我建构之间无显著差异（$\alpha=0.05$）。具体数据如表4-240和图4-60所示。

表4-240　主动获取财经讯息与大学生独立型自我建构之间的关系

主动获取财经讯息	频数（人）	均值	标准差
从来不	156	3.37	0.882
很少	1850	3.49	0.638
偶尔	3135	3.60	0.610
经常	698	3.83	0.725
总计	5839	3.58	0.651

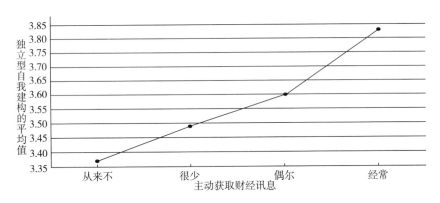

图4-60　主动获取财经讯息与大学生独立型自我建构之间的关系

（2）财经讯息延展。One-way ANOVA 分析发现，$F(3,5835)=80.764$，$p=0.000(p<0.05)$。由于基于均值所计算的因变量的方差在自变量的各组间不等，故而，使用 Tamhane 多重比较法，发现经常财经讯息延展的大学生的独立型自我建构显著高于偶尔、很少、从来不财经讯息延展的大学生的独立型自我建构。偶尔财经讯息延展的大学生的独立型自我建构显著高于很少、从来不财经讯息延展的大学生的独立型自我建构。但很少财经讯息延展的大学生的独立型自我建构和从来不主动财经讯息延展的大学生的独立型自我建构之间无显著差异（$\alpha=$

0.05）。具体数据如表4-241和图4-61所示。

表4-241 财经讯息延展与大学生独立型自我建构之间的关系

财经讯息延展	频数（人）	均值	标准差
从来不	214	3.33	0.835
很少	2176	3.48	0.622
偶尔	2795	3.61	0.622
经常	654	3.89	0.681
总计	5839	3.58	0.651

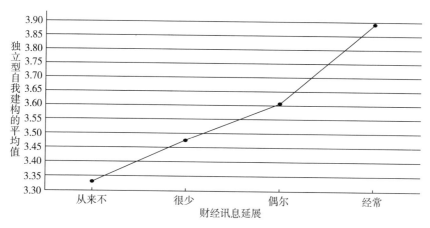

图4-61 财经讯息延展与大学生独立型自我建构之间的关系

（3）自我警示。One-way ANOVA 分析发现，F(3,5835)=58.397，p=0.000（p<0.05）。由于基于均值所计算的因变量的方差在自变量的各组间不等，故而，使用 Tamhane 多重比较法，发现经常自我警示的大学生的独立型自我建构显著高于偶尔、很少、从来不自我警示的大学生的独立型自我建构。偶尔自我警示的大学生的独立型自我建构显著高于很少、从来不自我警示的大学生的独立型自我建构。很少自我警示的大学生的独立型自我建构显著高于从来不自我警示的大学生的独立型自我建构（α=0.05）。具体数据如表4-242和图4-62所示。

表4-242 自我警示与大学生独立型自我建构之间的关系

自我警示	频数（人）	均值	标准差
从来不	202	3.28	0.797
很少	1282	3.48	0.667
偶尔	2663	3.56	0.625
经常	1692	3.73	0.627
总计	5839	3.58	0.651

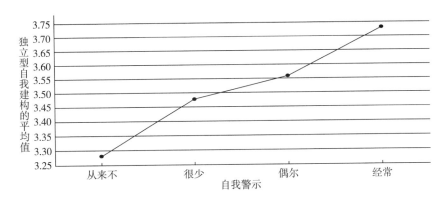

图 4-62　自我警示与大学生独立型自我建构之间的关系

（4）主动参与讲座。One-way ANOVA 分析发现，$F(3,5835)=60.487$，$p=0.000(p<0.05)$。由于基于均值所计算的因变量的方差在自变量的各组间不等，故而，使用 Tamhane 多重比较法，发现经常主动参与讲座的大学生的独立型自我建构显著高于偶尔、很少、从来不主动参与讲座的大学生的独立型自我建构。偶尔主动参与讲座的大学生的独立型自我建构显著高于很少、从来不主动参与讲座的大学生的独立型自我建构。但很少主动参与讲座的大学生的独立型自我建构和从来不主动参与讲座的大学生的独立型自我建构之间无显著差异（$\alpha=0.05$）。具体数据如表 4-243 和图 4-63 所示。

表 4-243　主动参与讲座与大学生独立型自我建构之间的关系

主动参与讲座	频数（人）	均值	标准差
从来不	604	3.46	0.672
很少	2392	3.50	0.609
偶尔	2464	3.65	0.639
经常	379	3.91	0.790
总计	5839	3.58	0.651

（5）讲座收获。One-way ANOVA 分析发现，$F(3,5835)=77.031$，$p=0.000(p<0.05)$。由于基于均值所计算的因变量的方差在自变量的各组间不等，故而，使用 Tamhane 多重比较法，发现有很多讲座收获的大学生的独立型自我建构显著高于有一些、很少、一点都没有讲座收获的大学生的独立型自我建构。有一些讲座收获的大学生的独立型自我建构显著高于很少讲座收获的大学生的独立型自我建构，但和一点都没有讲座收获的大学生的独立型自我建构之间无显著差异。很少讲座收获的大学生的独立型自我建构和一点都没有讲座收获的大学生的独立型自我建构之间无显著差异（$\alpha=0.05$）。具体数据如表 4-244 和图 4-64 所示。

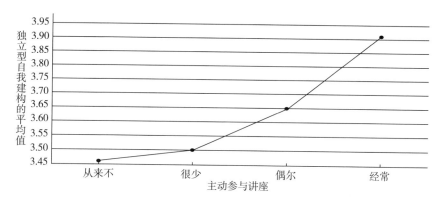

图 4-63　主动参与讲座与大学生独立型自我建构之间的关系

表 4-244　讲座收获与大学生独立型自我建构之间的关系

讲座收获	频数（人）	均值	标准差
一点都没有	282	3.47	0.735
很少	1108	3.43	0.658
一些	3447	3.57	0.606
很多	1002	3.84	0.695
总计	5839	3.58	0.651

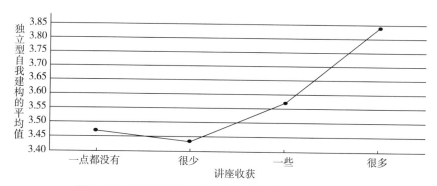

图 4-64　讲座收获与大学生独立型自我建构之间的关系

（6）主动交流财经讯息。One-way ANOVA 分析发现，$F(3, 5835) = 84.787$，$p = 0.000 (p < 0.05)$。由于基于均值所计算的因变量的方差在自变量的各组间不等，故而，使用 Tamhane 多重比较法，发现经常主动交流财经讯息的大学生的独立型自我建构显著高于偶尔、很少、从来不主动交流财经讯息的大学生的独立型自我建构。偶尔主动交流财经讯息的大学生的独立型自我建构显著高于很少、从来不主动交流财经讯息的大学生的独立型自我建构。但很少主动交流财经讯息的大学生的独立型自我建构和从来不主动交流财经讯息的大学生的独立型自我建构之间无显著差异（$\alpha = 0.05$）。具体数据如表 4-245 和图 4-65 所示。

表 4-245　主动交流财经讯息与大学生独立型自我建构之间的关系

主动交流财经讯息	频数（人）	均值	标准差
从来不	288	3.37	0.792
很少	2120	3.48	0.606
偶尔	2863	3.62	0.623
经常	568	3.91	0.729
总计	5839	3.58	0.651

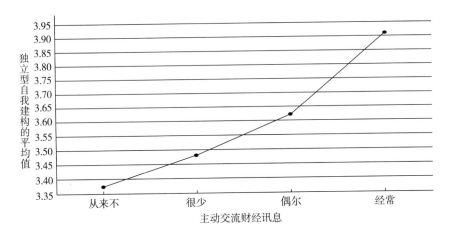

图 4-65　主动交流财经讯息与大学生独立型自我建构之间的关系

（7）被动交流财经讯息。One-way ANOVA 分析发现，$F_{(3,5835)}=78.546$，$p=0.000(p<0.05)$。由于基于均值所计算的因变量的方差在自变量的各组间不等，故而，使用 Tamhane 多重比较法，发现经常被动交流财经讯息的大学生的独立型自我建构显著高于偶尔、很少、从来不被动交流财经讯息的大学生的独立型自我建构。偶尔被动交流财经讯息的大学生的独立型自我建构显著高于很少、从来不被动交流财经讯息的大学生的独立型自我建构。但很少被动交流财经讯息的大学生的独立型自我建构和从来不被动交流财经讯息的大学生的独立型自我建构之间无显著差异（$\alpha=0.05$）。具体数据如表 4-246 和图 4-66 所示。

表 4-246　被动交流财经讯息与大学生独立型自我建构之间的关系

被动交流财经讯息	频数（人）	均值	标准差
从来不	278	3.39	0.759
很少	2291	3.48	0.614
偶尔	2779	3.63	0.628
经常	491	3.92	0.728
总计	5839	3.58	0.651

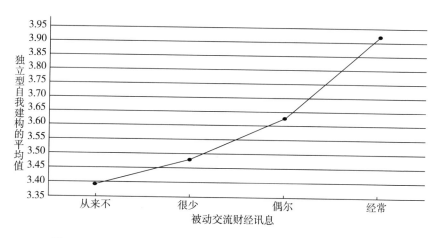

图 4-66　被动交流财经讯息与大学生独立型自我建构之间的关系

（8）主动分享财经经历。One-way ANOVA 分析发现，F（3,5835）= 80.387，p = 0.000（p<0.05）。由于基于均值所计算的因变量的方差在自变量的各组间不等，故而，使用 Tamhane 多重比较法，发现经常主动分享财经经历的大学生的独立型自我建构显著高于偶尔、很少、从来不主动分享财经经历的大学生的独立型自我建构。偶尔主动分享财经经历的大学生的独立型自我建构显著高于很少、从来不主动分享财经经历的大学生的独立型自我建构。但很少主动分享财经经历的大学生的独立型自我建构和从来不主动分享财经经历的大学生的独立型自我建构之间无显著差异（α = 0.05）。具体数据如表 4-247 和图 4-67 所示。

表 4-247　主动分享财经经历与大学生独立型自我建构之间的关系

主动分享财经经历	频数（人）	均值	标准差
从来不	362	3.44	0.712
很少	2113	3.47	0.618
偶尔	2812	3.63	0.629
经常	552	3.91	0.703
总计	5839	3.58	0.651

（9）被动分享财经经历。One-way ANOVA 分析发现，F（3,5835）= 81.440，p = 0.000（p<0.05）。由于基于均值所计算的因变量的方差在自变量的各组间不等，故而，使用 Tamhane 多重比较法，发现经常被动分享财经经历的大学生的独立型自我建构显著高于偶尔、很少、从来不被动分享财经经历的大学生的独立型自我建构。偶尔被动分享财经经历的大学生的独立型自我建构显著高于很少、从来不被动分享财经经历的大学生的独立型自我建构。但很少被动分享财经经历的大学生的独立型自我建构和从来不被动分享财经经历的大学生的独立型自我建构

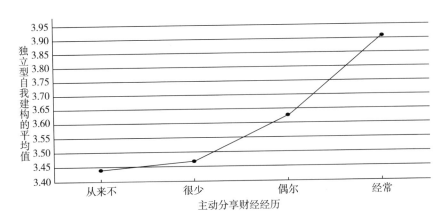

图 4-67 主动分享财经经历与大学生独立型自我建构之间的关系

之间无显著差异（α=0.05）。具体数据如表 4-248 和图 4-68 所示。

表 4-248 被动分享财经经历与大学生独立型自我建构之间的关系

被动分享财经经历	频数（人）	均值	标准差
从来不	303	3.41	0.767
很少	2234	3.48	0.616
偶尔	2770	3.63	0.623
经常	532	3.92	0.723
总计	5839	3.58	0.651

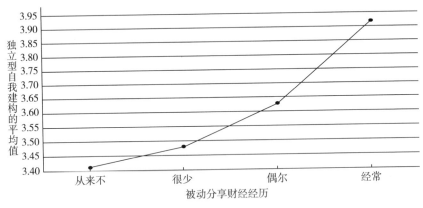

图 4-68 被动分享财经经历与大学生独立型自我建构之间的关系

（10）主动请教财经决策。One-way ANOVA 分析发现，$F_{(3,5835)}=45.674$，$p=0.000(p<0.05)$。由于基于均值所计算的因变量的方差在自变量的各组间不等，故而，使用 Tamhane 多重比较法，发现经常主动请教财经决策的大学生的独

立型自我建构显著高于偶尔、很少、从来不主动请教财经决策的大学生的独立型自我建构。一些偶尔主动请教财经决策的大学生的独立型自我建构显著高于很少主动请教财经决策的大学生的独立型自我建构，但和从来不主动请教财经决策的大学生的独立型自我建构之间无显著差异。很少主动请教财经决策的大学生的独立型自我建构和从来不主动请教财经决策的大学生的独立型自我建构之间无显著差异（α=0.05）。具体数据如表4-249和图4-69所示。

表4-249　主动请教财经决策与大学生独立型自我建构之间的关系

主动请教财经决策	频数（人）	均值	标准差
从来不	215	3.44	0.800
很少	1550	3.47	0.644
偶尔	2817	3.59	0.628
经常	1257	3.75	0.648
总计	5839	3.58	0.651

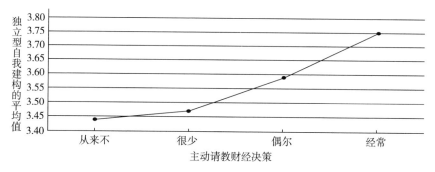

图4-69　主动请教财经决策与大学生独立型自我建构之间的关系

三、社会教育对客观财经知识得分的影响

本书将社会教育作为自变量，客观财经知识得分作为因变量，运用One-way ANOVA分析工具进行方差分析。其中，将客观财经知识得分涉及的13个题项加权相加，记为因子分，用这个因子分代表客观财经知识得分。该值越高，表示大学生客观财经知识得分越高。该变量均值为57.94，标准差为18.200。以下为社会教育对客观财经知识得分影响的检验结果：

（1）主动获取财经讯息。One-way ANOVA分析发现，$F(3,5835)=61.605$，$p=0.000(p<0.05)$。由于基于均值所计算的因变量的方差在自变量的各组间不等，故而，使用Tamhane多重比较法，发现经常主动获取财经讯息的大学生的客观财经知识得分显著高于很少、从来不主动获取财经讯息的大学生的客观财经知识得分，但和偶尔主动获取财经讯息的大学生的客观财经知识得分之间无显著差

异。偶尔主动获取财经讯息的大学生的客观财经知识得分显著高于很少、从来不主动获取财经讯息的大学生的客观财经知识得分。很少主动获取财经讯息的大学生的客观财经知识得分显著高于从来不主动获取财经讯息的大学生的客观财经知识得分（α＝0.05）。具体数据如表4-250和图4-70所示。

表4-250　主动获取财经讯息与大学生客观财经知识得分之间的关系

主动获取财经讯息	频数（人）	均值	标准差
从来不	156	44.58	23.483
很少	1850	55.04	19.063
偶尔	3135	59.60	16.778
经常	698	61.16	18.351
总计	5839	57.94	18.200

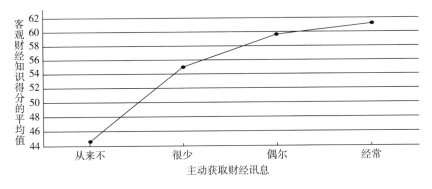

图4-70　主动获取财经讯息与大学生客观财经知识得分之间的关系

（2）财经讯息延展。One-way ANOVA分析发现，$F(3,5835)＝45.659$，$p＝0.000（p<0.05）$。由于基于均值所计算的因变量的方差在自变量的各组间不等，故而，使用Tamhane多重比较法，发现经常财经讯息延展的大学生的客观财经知识得分显著高于很少、从来不财经讯息延展的大学生的客观财经知识得分，但和偶尔财经讯息延展的大学生的客观财经知识得分之间无显著差异。偶尔财经讯息延展的大学生的客观财经知识得分显著高于很少、从来不财经讯息延展的大学生的客观财经知识得分。很少财经讯息延展的大学生的客观财经知识得分显著高于从来不财经讯息延展的大学生的客观财经知识得分（α＝0.05）。具体数据如表4-251和图4-71所示。

表4-251　财经讯息延展与大学生客观财经知识得分之间的关系

财经讯息延展	频数（人）	均值	标准差
从来不	214	47.43	22.446
很少	2176	56.00	18.705

续表

财经讯息延展	频数（人）	均值	标准差
偶尔	2795	59.65	16.935
经常	654	60.54	18.347
总计	5839	57.94	18.200

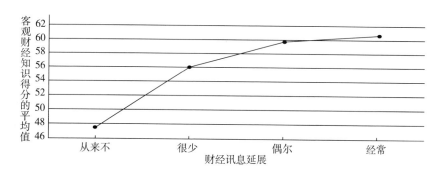

图 4-71　财经讯息延展与大学生客观财经知识得分之间的关系

（3）自我警示。One-way ANOVA 分析发现，$F(3,5835)=49.361$，$p=0.000$（$p<0.05$）。由于基于均值所计算的因变量的方差在自变量的各组间不等，故而，使用 Tamhane 多重比较法，发现经常自我警示的大学生的客观财经知识得分显著高于偶尔、很少、从来不自我警示的大学生的客观财经知识得分。偶尔自我警示的大学生的客观财经知识得分显著高于很少、从来不自我警示的大学生的客观财经知识得分。很少自我警示的大学生的客观财经知识得分显著高于从来不自我警示的大学生的客观财经知识得分（$\alpha=0.05$）。具体数据如表 4-252 和图 4-72所示。

表 4-252　自我警示与大学生客观财经知识得分之间的关系

自我警示	频数（人）	均值	标准差
从来不	202	48.38	23.165
很少	1282	54.39	19.840
偶尔	2663	58.72	17.513
经常	1692	60.56	16.444
总计	5839	57.94	18.200

（4）主动参与讲座。One-way ANOVA 分析发现，$F(3,5835)=9.918$，$p=0.000$（$p<0.05$）。由于基于均值所计算的因变量的方差在自变量的各组间不等，故而，使用 Tamhane 多重比较法，发现偶尔主动参与讲座的大学生的客观财经知识得分显著高于从来不主动参与讲座的大学生的客观财经知识得分，但和经常、

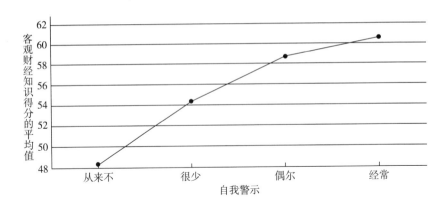

图 4-72 自我警示与大学生客观财经知识得分之间的关系

很少主动参与讲座的大学生的客观财经知识得分之间无显著差异。很少主动参与讲座的大学生的客观财经知识得分显著高于从来不主动参与讲座的大学生的客观财经知识得分，但和经常主动参与讲座的大学生的客观财经知识得分之间无显著差异。经常主动参与讲座的大学生的客观财经知识得分和从来不主动参与讲座的大学生的客观财经知识得分之间无显著差异（α = 0.05）。具体数据如表 4-253 和图 4-73 所示。

表 4-253 主动参与讲座与大学生客观财经知识得分之间的关系

主动参与讲座	频数（人）	均值	标准差
从来不	604	54.60	20.388
很少	2392	57.94	18.167
偶尔	2464	58.95	17.287
经常	379	56.74	19.789
总计	5839	57.94	18.200

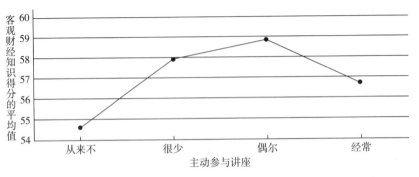

图 4-73 主动参与讲座与大学生客观财经知识得分之间的关系

（5）讲座收获。One-way ANOVA 分析发现，F(3,5835)=22.965，p=0.000（p<0.05）。由于基于均值所计算的因变量的方差在自变量的各组间不等，故而，使用 Tamhane 多重比较法，发现有很多讲座收获的大学生的客观财经知识得分显著高于很少讲座收获的大学生的客观财经知识得分，但和有一些、一点都没有讲座收获的大学生的客观财经知识得分之间无显著差异。一些讲座收获的大学生的客观财经知识得分显著高于很少讲座收获的大学生的客观财经知识得分，但和一点都没有讲座收获的大学生的客观财经知识得分之间无显著差异。很少讲座收获的大学生的客观财经知识得分和一点都没有讲座收获的大学生的客观财经知识得分之间无显著差异（α=0.05）。具体数据如表 4-254 和图 4-74 所示。

表 4-254　讲座收获与大学生客观财经知识得分之间的关系

讲座收获	频数（人）	均值	标准差
一点都没有	282	55.91	20.495
很少	1108	54.14	19.945
一些	3447	59.14	17.426
很多	1002	58.61	17.493
总计	5839	57.94	18.200

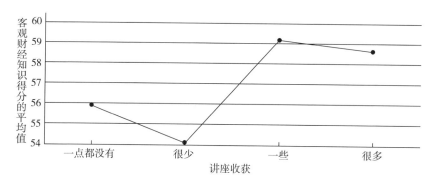

图 4-74　讲座收获与大学生客观财经知识得分之间的关系

（6）主动交流财经讯息。One-way ANOVA 分析发现，F(3,5835)=24.346 p=0.000(p<0.05)。由于基于均值所计算的因变量的方差在自变量的各组间不等，故而，使用 Tamhane 多重比较法，发现经常主动交流财经讯息的大学生的客观财经知识得分显著高于从来不主动交流财经讯息的大学生的客观财经知识得分，但和偶尔、很少主动交流财经讯息的大学生的客观财经知识得分之间无显著差异。偶尔主动交流财经讯息的大学生的客观财经知识得分显著高于很少、从来不主动交流财经讯息的大学生的客观财经知识得分。很少主动交流财经讯息的大学生的客观财经知识得分显著高于从来不主动交流财经讯息的大学生的客观财经

知识得分（α＝0.05）。具体数据如表 4-255 和图 4-75 所示。

表 4-255　主动交流财经讯息与大学生客观财经知识得分之间的关系

主动交流财经讯息	频数（人）	均值	标准差
从来不	288	51.33	21.079
很少	2120	56.56	18.286
偶尔	2863	59.51	17.476
经常	568	58.59	18.765
总计	5839	57.94	18.200

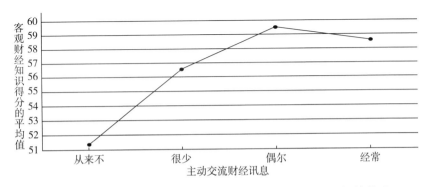

图 4-75　主动交流财经讯息与大学生客观财经知识得分之间的关系

（7）被动交流财经讯息。One-way ANOVA 分析发现，$F(3,5835)=14.644$，$p=0.000(p<0.05)$。由于基于均值所计算的因变量的方差在自变量的各组间不等，故而，使用 Tamhane 多重比较法，发现经常被动交流财经讯息的大学生的客观财经知识得分显著高于从来不被动交流财经讯息的大学生的客观财经知识得分，但和偶尔、很少被动交流财经讯息的大学生的客观财经知识得分之间无显著差异。偶尔被动交流财经讯息的大学生的客观财经知识得分显著高于很少、从来不被动交流财经讯息的大学生的客观财经知识得分。很少被动交流财经讯息的大学生的客观财经知识得分显著高于从来不被动交流财经讯息的大学生的客观财经知识得分（α＝0.05）。具体数据如表 4-256 和图 4-76 所示。

表 4-256　被动交流财经讯息与大学生客观财经知识得分之间的关系

被动交流财经讯息	频数（人）	均值	标准差
从来不	278	52.29	21.585
很少	2291	57.12	18.323
偶尔	2779	59.14	17.483
经常	491	58.17	18.750
总计	5839	57.94	18.200

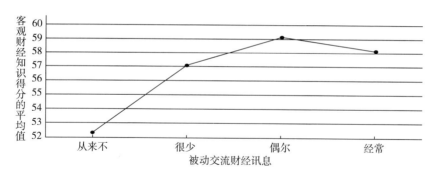

图 4-76 被动交流财经讯息与大学生客观财经知识得分之间的关系

（8）主动分享财经经历。One-way ANOVA 分析发现，$F(3,5835)=8.101$，$p=0.000(p<0.05)$。由于基于均值所计算的因变量的方差在自变量的各组间不等，故而，使用 Tamhane 多重比较法，发现经常主动分享财经经历的大学生的客观财经知识得分显著高于从来不主动分享财经经历的大学生的客观财经知识得分，但和偶尔、很少主动分享财经经历的大学生的客观财经知识得分之间无显著差异。偶尔主动分享财经经历的大学生的客观财经知识得分显著高于很少、从来不主动分享财经经历的大学生的客观财经知识得分。但很少主动分享财经经历的大学生的客观财经知识得分和从来不主动分享财经经历的大学生的客观财经知识得分之间无显著差异（$\alpha=0.05$）。具体数据如表 4-257 和图 4-77 所示。

表 4-257 主动分享财经经历与大学生客观财经知识得分之间的关系

主动分享财经经历	频数（人）	均值	标准差
从来不	362	54.61	20.174
很少	2113	57.16	18.639
偶尔	2812	58.66	17.460
经常	552	59.47	18.476
总计	5839	57.94	18.200

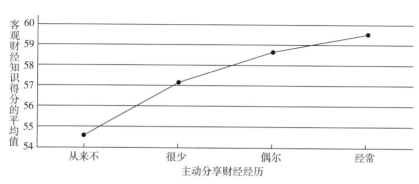

图 4-77 主动分享财经经历与大学生客观财经知识得分之间的关系

（9）被动分享财经经历。One-way ANOVA 分析发现，$F_{(3,5835)}=9.438$，$p=0.000(p<0.05)$。由于基于均值所计算的因变量的方差在自变量的各组间不等，故而，使用 Tamhane 多重比较法，发现经常被动分享财经经历的大学生的客观财经知识得分显著高于从来不被动分享财经经历的大学生的客观财经知识得分，但和偶尔、很少被动分享财经经历的大学生的客观财经知识得分之间无显著差异。偶尔被动分享财经经历的大学生的客观财经知识得分显著高于很少、从来不被动分享财经经历的大学生的客观财经知识得分。很少被动分享财经经历的大学生的客观财经知识得分显著高于从来不被动分享财经经历的大学生的客观财经知识得分（$\alpha=0.05$）。具体数据如表 4-258 和图 4-78 所示。

表 4-258　被动分享财经经历与大学生客观财经知识得分之间的关系

被动分享财经经历	频数（人）	均值	标准差
从来不	303	53.78	20.619
很少	2234	57.16	18.582
偶尔	2770	58.85	17.439
经常	532	58.86	18.556
总计	5839	57.94	18.200

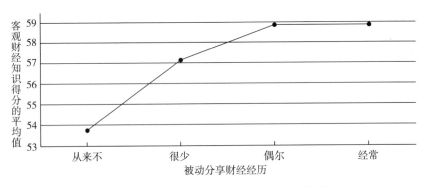

图 4-78　被动分享财经经历与大学生客观财经知识得分之间的关系

（10）主动请教财经决策。One-way ANOVA 分析发现，$F_{(3,5835)}=43.497$，$p=0.000(p<0.05)$。由于基于均值所计算的因变量的方差在自变量的各组间不等，故而，使用 Tamhane 多重比较法，发现经常主动请教财经决策的大学生的客观财经知识得分显著高于偶尔、很少、从来不主动请教财经决策的大学生的客观财经知识得分。偶尔主动请教财经决策的大学生的客观财经知识得分显著高于很少、从来不主动请教财经决策的大学生的客观财经知识得分。很少主动请教财经决策的大学生的客观财经知识得分显著高于从来不主动请教财经决策的大学生的客观财经知识得分（$\alpha=0.05$）。具体数据如表 4-259 和图 4-79 所示。

表 4-259　主动请教财经决策与大学生客观财经知识得分之间的关系

主动请教财经决策	频数（人）	均值	标准差
从来不	215	50.51	22.255
很少	1550	54.79	19.694
偶尔	2817	58.82	17.412
经常	1257	61.14	16.231
总计	5839	57.94	18.200

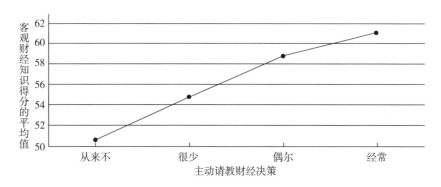

图 4-79　主动请教财经决策与大学生客观财经知识得分之间的关系

四、社会教育对主观财经知识评价的影响

本书将社会教育作为自变量，主观财经知识评价作为因变量，运用 One-way ANOVA 分析工具进行方差分析。主观财经知识评价的均值为 3.39，标准差为 1.337。该值越高，表示大学生主观财经知识评价越高。以下为社会教育对主观财经知识评价影响的检验结果：

（1）主动获取财经讯息。One-way ANOVA 分析发现，$F(3,5835)=179.404$，$p=0.000（p<0.05）$。由于基于均值所计算的因变量的方差在自变量的各组间不等，故而，使用 Tamhane 多重比较法，发现经常主动获取财经讯息的大学生的主观财经知识评价显著高于偶尔、很少、从来不主动获取财经讯息的大学生的主观财经知识评价。偶尔主动获取财经讯息的大学生的主观财经知识评价显著高于很少、从来不主动获取财经讯息的大学生的主观财经知识评价。但很少主动获取财经讯息的大学生的主观财经知识评价和从来不主动获取财经讯息的大学生的主观财经知识评价之间无显著差异（$\alpha=0.05$）。具体数据如表 4-260 和图 4-80 所示。

表 4-260 主动获取财经讯息与大学生主观财经知识评价之间的关系

主动获取财经讯息	频数（人）	均值	标准差
从来不	156	2.74	1.804
很少	1850	2.97	1.281
偶尔	3135	3.48	1.223
经常	698	4.20	1.376
总计	5839	3.39	1.337

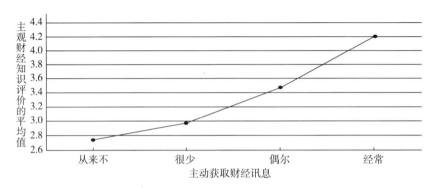

图 4-80 主动获取财经讯息与大学生主观财经知识评价之间的关系

（2）财经讯息延展。One-way ANOVA 分析发现，$F(3,5835)=144.452$，$p=0.000(p<0.05)$。由于基于均值所计算的因变量的方差在自变量的各组间不等，故而，使用 Tamhane 多重比较法，发现经常财经讯息延展的大学生的主观财经知识评价显著高于偶尔、很少、从来不财经讯息延展的大学生的主观财经知识评价。偶尔财经讯息延展的大学生的主观财经知识评价显著高于很少、从来不财经讯息延展的大学生的主观财经知识评价。很少财经讯息延展的大学生的主观财经知识评价显著高于从来不财经讯息延展的大学生的主观财经知识评价（$\alpha=0.05$）。具体数据如表 4-261 和图 4-81 所示。

表 4-261 财经讯息延展与大学生主观财经知识评价之间的关系

财经讯息延展	频数（人）	均值	标准差
从来不	214	2.50	1.534
很少	2176	3.08	1.261
偶尔	2795	3.55	1.251
经常	654	4.03	1.452
总计	5839	3.39	1.337

（3）自我警示。One-way ANOVA 分析发现，$F(3,5835)=62.067$，$p=0.000$（$p<0.05$）。由于基于均值所计算的因变量的方差在自变量的各组间不等，故而，

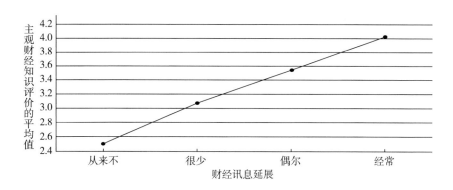

图 4-81　财经讯息延展与大学生主观财经知识评价之间的关系

使用 Tamhane 多重比较法，发现经常自我警示的大学生的主观财经知识评价显著高于偶尔、很少、从来不自我警示的大学生的主观财经知识评价。偶尔自我警示的大学生的主观财经知识评价显著高于很少、从来不自我警示的大学生的主观财经知识评价。很少自我警示的大学生的主观财经知识评价显著高于从来不自我警示的大学生的主观财经知识评价（α = 0.05）。具体数据如表 4-262 和图 4-82 所示。

表 4-262　自我警示与大学生主观财经知识评价之间的关系

自我警示	频数（人）	均值	标准差
从来不	202	2.75	1.608
很少	1282	3.09	1.263
偶尔	2663	3.41	1.300
经常	1692	3.66	1.343
总计	5839	3.39	1.337

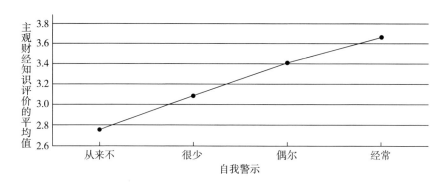

图 4-82　自我警示与大学生主观财经知识评价之间的关系

（4）主动参与讲座。One-way ANOVA 分析发现，$F_{(3, 5835)} = 147.150$，p = 0.000（p < 0.05）。由于基于均值所计算的因变量的方差在自变量的各组间不等，

故而，使用 Tamhane 多重比较法，发现经常主动参与讲座的大学生的主观财经知识评价显著高于偶尔、很少、从来不主动参与讲座的大学生的主观财经知识评价。偶尔主动参与讲座的大学生的主观财经知识评价显著高于很少、从来不主动参与讲座的大学生的主观财经知识评价。很少主动参与讲座的大学生的主观财经知识评价显著高于从来不主动参与讲座的大学生的主观财经知识评价（$\alpha = 0.05$）。具体数据如表 4-263 和图 4-83 所示。

表 4-263　主动参与讲座与大学生主观财经知识评价之间的关系

主动参与讲座	频数（人）	均值	标准差
从来不	604	2.77	1.428
很少	2392	3.18	1.242
偶尔	2464	3.61	1.263
经常	379	4.25	1.500
总计	5839	3.39	1.337

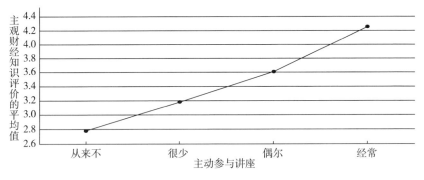

图 4-83　主动参与讲座与大学生主观财经知识评价之间的关系

（5）讲座收获。One-way ANOVA 分析发现，$F_{(3,5835)} = 82.543$，$p = 0.000$（$p < 0.05$）。由于基于均值所计算的因变量的方差在自变量的各组间不等，故而，使用 Tamhane 多重比较法，发现有很多讲座收获的大学生的主观财经知识评价显著高于有一些、很少、一点都没有讲座收获的大学生的主观财经知识评价。有一些讲座收获的大学生的主观财经知识评价显著高于很少、一点都没有讲座收获的大学生的主观财经知识评价。很少讲座收获的大学生的主观财经知识评价显著高于一点都没有讲座收获的大学生的主观财经知识评价（$\alpha = 0.05$）。具体数据如表 4-264 和图 4-84 所示。

表 4-264　讲座收获与大学生主观财经知识评价之间的关系

讲座收获	频数（人）	均值	标准差
一点都没有	282	2.74	1.490

续表

讲座收获	频数（人）	均值	标准差
很少	1108	3.10	1.323
一些	3447	3.40	1.229
很多	1002	3.85	1.495
总计	5839	3.39	1.337

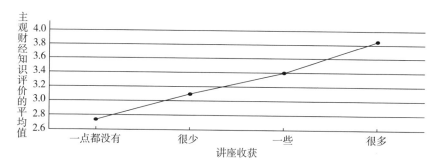

图 4-84　讲座收获与大学生主观财经知识评价之间的关系

（6）主动交流财经讯息。One-way ANOVA 分析发现，F(3,5835)=174.012，p=0.000(p<0.05)。由于基于均值所计算的因变量的方差在自变量的各组间不等，故而，使用 Tamhane 多重比较法，发现经常主动交流财经讯息的大学生的主观财经知识评价显著高于偶尔、很少、从来不主动交流财经讯息的大学生的主观财经知识评价。偶尔主动交流财经讯息的大学生的主观财经知识评价显著高于很少、从来不主动交流财经讯息的大学生的主观财经知识评价。很少主动交流财经讯息的大学生的主观财经知识评价显著高于从来不主动交流财经讯息的大学生的主观财经知识评价（α=0.05）。具体数据如表 4-265 和图 4-85 所示。

表 4-265　主动交流财经讯息与大学生主观财经知识评价之间的关系

主动交流财经讯息	频数（人）	均值	标准差
从来不	288	2.63	1.459
很少	2120	3.04	1.232
偶尔	2863	3.57	1.241
经常	568	4.16	1.535
总计	5839	3.39	1.337

（7）被动交流财经讯息。One-way ANOVA 分析发现，F(3,5835)=140.701，p=0.000(p<0.05)。由于基于均值所计算的因变量的方差在自变量的各组间不等，故而，使用 Tamhane 多重比较法，发现经常被动交流财经讯息的大学生的主

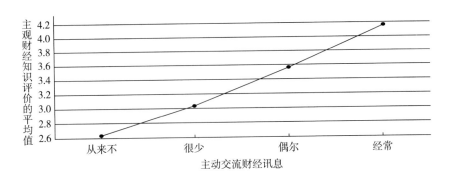

图 4-85　主动交流财经讯息与大学生主观财经知识评价之间的关系

观财经知识评价显著高于偶尔、很少、从来不被动交流财经讯息的大学生的主观财经知识评价。偶尔被动交流财经讯息的大学生的主观财经知识评价显著高于很少、从来不被动交流财经讯息的大学生的主观财经知识评价。很少被动交流财经讯息的大学生的主观财经知识评价显著高于从来不被动交流财经讯息的大学生的主观财经知识评价（α=0.05）。具体数据如表 4-266 和图 4-86 所示。

表 4-266　被动交流财经讯息与大学生主观财经知识评价之间的关系

被动交流财经讯息	频数（人）	均值	标准差
从来不	278	2.77	1.489
很少	2291	3.10	1.252
偶尔	2779	3.54	1.251
经常	491	4.22	1.552
总计	5839	3.39	1.337

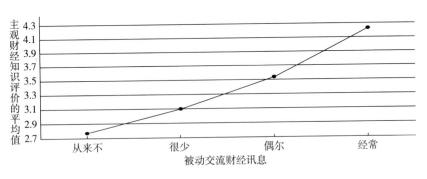

图 4-86　被动交流财经讯息与大学生主观财经知识评价之间的关系

（8）主动分享财经经历。One-way ANOVA 分析发现，$F(3,5835)=125.183$，$p=0.000(p<0.05)$。由于基于均值所计算的因变量的方差在自变量的各组间不等，故而，使用 Tamhane 多重比较法，发现经常主动分享财经经历的大学生的主

观财经知识评价显著高于偶尔、很少、从来不主动分享财经经历的大学生的主观财经知识评价。偶尔主动分享财经经历的大学生的主观财经知识评价显著高于很少、从来不主动分享财经经历的大学生的主观财经知识评价。很少主动分享财经经历的大学生的主观财经知识评价显著高于从来不主动分享财经经历的大学生的主观财经知识评价（α=0.05）。具体数据如表4-267和图4-87所示。

表4-267 主动分享财经经历与大学生主观财经知识评价之间的关系

主动分享财经经历	频数（人）	均值	标准差
从来不	362	2.69	1.445
很少	2113	3.13	1.239
偶尔	2812	3.54	1.257
经常	552	4.05	1.573
总计	5839	3.39	1.337

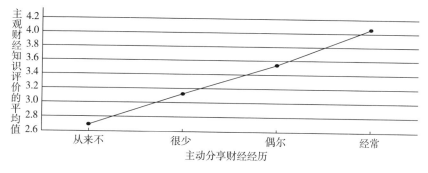

图4-87 主动分享财经经历与大学生主观财经知识评价之间的关系

（9）被动分享财经经历。One-way ANOVA 分析发现，$F_{(3,5835)}=128.411$，$p=0.000(p<0.05)$。由于基于均值所计算的因变量的方差在自变量的各组间不等，故而，使用 Tamhane 多重比较法，发现经常被动分享财经经历的大学生的主观财经知识评价显著高于偶尔、很少、从来不被动分享财经经历的大学生的主观财经知识评价。偶尔被动分享财经经历的大学生的主观财经知识评价显著高于很少、从来不被动分享财经经历的大学生的主观财经知识评价。很少被动分享财经经历的大学生的主观财经知识评价显著高于从来不被动分享财经经历的大学生的主观财经知识评价（α=0.05）。具体数据如表4-268和图4-88所示。

表4-268 被动分享财经经历与大学生主观财经知识评价之间的关系

被动分享财经经历	频数（人）	均值	标准差
从来不	303	2.78	1.496
很少	2234	3.10	1.247

续表

被动分享财经经历	频数（人）	均值	标准差
偶尔	2770	3.55	1.252
经常	532	4.10	1.563
总计	5839	3.39	1.337

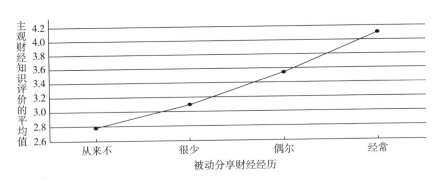

图4-88 被动分享财经经历与大学生主观财经知识评价之间的关系

（10）主动请教财经决策。One-way ANOVA 分析发现，$F(3,5835)=62.722$，$p=0.000(p<0.05)$。由于基于均值所计算的因变量的方差在自变量的各组间不等，故而，使用 Tamhane 多重比较法，发现经常主动请教财经决策的大学生的主观财经知识评价显著高于偶尔、很少、从来不主动请教财经决策的大学生的主观财经知识评价。偶尔主动请教财经决策的大学生的主观财经知识评价显著高于很少、从来不主动请教财经决策的大学生的主观财经知识评价。很少主动请教财经决策的大学生的主观财经知识评价显著高于从来不主动请教财经决策的大学生的主观财经知识评价（$\alpha=0.05$）。具体数据如表4-269和图4-89所示。

表4-269 主动请教财经决策与大学生主观财经知识评价之间的关系

主动请教财经决策	频数（人）	均值	标准差
从来不	215	2.72	1.576
很少	1550	3.11	1.284
偶尔	2817	3.47	1.264
经常	1257	3.65	1.415
总计	5839	3.39	1.337

五、社会教育对财经态度的影响

本书将社会教育作为自变量，财经态度作为因变量，运用 One-way ANOVA 分析工具进行方差分析。其中，将财经态度涉及的两个题项加总求均值，记为因

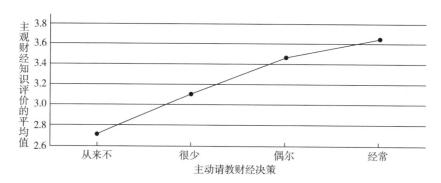

图4-89　主动请教财经决策与大学生主观财经知识评价之间的关系

子分，用这个因子分代表财经态度。该值越高，表示大学生财经态度越高。该变量均值为2.35，标准差为1.016。以下为社会教育对财经态度的检验结果：

（1）主动获取财经讯息。One-way ANOVA 分析发现，$F_{(3,5835)} = 3.956$，$p = 0.008(p<0.05)$。由于基于均值所计算的因变量的方差在自变量的各组间不等，故而，使用 Tamhane 多重比较法，发现经常主动获取财经讯息的大学生的财经态度显著高于偶尔主动获取财经讯息的大学生的财经态度，但和很少、从来不主动获取财经讯息的大学生的财经态度之间无显著差异。但偶尔主动获取财经讯息的大学生的财经态度和很少、从来不主动获取财经讯息的大学生的财经态度之间无显著差异。很少主动获取财经讯息的大学生的财经态度和从来不主动获取财经讯息的大学生的财经态度之间无显著差异（$\alpha = 0.05$）。具体数据如表4-270和图4-90所示。

表4-270　主动获取财经讯息与大学生财经态度之间的关系

主动获取财经讯息	频数（人）	均值	标准差
从来不	156	2.47	1.212
很少	1850	2.36	0.998
偶尔	3135	2.32	0.983
经常	698	2.45	1.151
总计	5839	2.35	1.016

（2）财经讯息延展。One-way ANOVA 分析发现，$F_{(3,5835)} = 1.618$，$p = 0.183(p>0.05)$。可以发现财经讯息延展对大学生财经态度无显著影响。具体数据如表4-271所示。

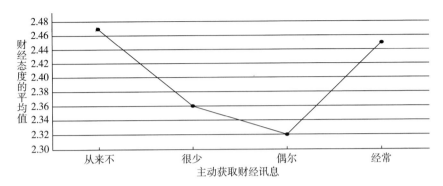

图 4-90　主动获取财经讯息与大学生财经态度之间的关系

表 4-271　财经讯息延展与大学生财经态度之间的关系

财经讯息延展	频数（人）	均值	标准差
从来不	214	2.31	1.139
很少	2176	2.37	0.979
偶尔	2795	2.33	0.997
经常	654	2.42	1.164
总计	5839	2.35	1.016

（3）自我警示。One-way ANOVA 分析发现，$F(3,5835)=10.906$，$p=0.000$（$p<0.05$）。由于基于均值所计算的因变量的方差在自变量的各组间不等，故而，使用 Tamhane 多重比较法，发现很少自我警示的大学生的财经态度显著高于偶尔、经常、从来不自我警示的大学生的财经态度。从来不自我警示的大学生的财经态度显著高于经常自我警示的大学生的财经态度。偶尔自我警示的大学生的财经态度显著高于从来不、经常自我警示的大学生的财经态度。具体数据如表 4-272 和图 4-91 所示。

表 4-272　自我警示与大学生财经态度之间的关系

自我警示	频数（人）	均值	标准差
从来不	202	2.32	1.122
很少	1282	2.43	1.004
偶尔	2663	2.39	0.988
经常	1692	2.24	1.047
总计	5839	2.35	1.016

（4）主动参与讲座。One-way ANOVA 分析发现，$F(3,5835)=9.226$，$p=0.000$（$p<0.05$）。由于基于均值所计算的因变量的方差在自变量的各组间不等，故而，使用 Tamhane 多重比较法，发现经常主动参与讲座的大学生的财经态度显

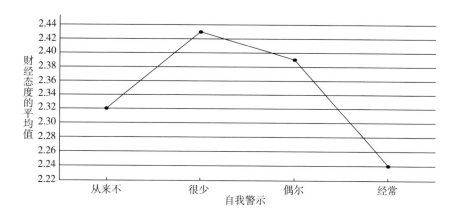

图 4-91 自我警示与大学生财经态度之间的关系

著高于偶尔、很少、从来不主动参与讲座的大学生的财经态度。但偶尔主动参与讲座的大学生的财经态度和很少、从来不主动参与讲座的大学生的财经态度之间无显著差异。很少主动参与讲座的大学生的财经态度和从来不主动参与讲座的大学生的财经态度之间无显著差异（$\alpha = 0.05$）。具体数据如表 4-273 和图 4-92 所示。

表 4-273 主动参与讲座与大学生财经态度之间的关系

主动参与讲座	频数（人）	均值	标准差
从来不	604	2.32	1.069
很少	2392	2.31	0.956
偶尔	2464	2.37	1.018
经常	379	2.60	1.236
总计	5839	2.35	1.016

（5）讲座收获。One-way ANOVA 分析发现，$F(3, 5835) = 2.429$，$p = 0.063$（$p > 0.05$），发现讲座收获对大学生的财经态度无显著影响（$\alpha = 0.05$）。具体数据如表 4-274 所示。

表 4-274 讲座收获与大学生财经态度之间的关系

讲座收获	频数（人）	均值	标准差
一点都没有	282	2.36	1.126
很少	1108	2.42	0.999
一些	3447	2.33	0.966
很多	1002	2.36	1.158
总计	5839	2.35	1.016

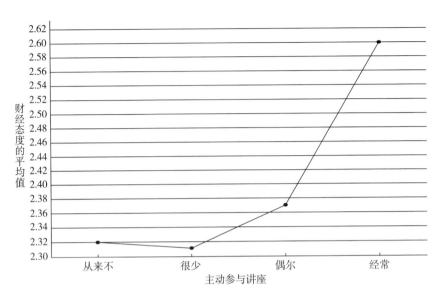

图 4-92　主动参与讲座与大学生财经态度之间的关系

（6）主动交流财经讯息。One-way ANOVA 分析发现，$F_{(3,5835)} = 4.068$，$p = 0.007 (p < 0.05)$。由于基于均值所计算的因变量的方差在自变量的各组间不等，故而，使用 Tamhane 多重比较法，发现经常主动交流财经讯息的大学生的财经态度显著高于偶尔、很少主动交流财经讯息的大学生的财经态度，但和从来不主动交流财经讯息的大学生的财经态度之间无显著差异。偶尔主动交流财经讯息的大学生的财经态度和很少、从来不主动交流财经讯息的大学生的财经态度之间无显著差异。很少主动交流财经讯息的大学生的财经态度和从来不主动交流财经讯息的大学生的财经态度之间无显著差异（$\alpha = 0.05$）。具体数据如表 4-275 和图 4-93 所示。

表 4-275　主动交流财经讯息与大学生财经态度之间的关系

主动交流财经讯息	频数（人）	均值	标准差
从来不	288	2.29	1.125
很少	2120	2.34	0.986
偶尔	2863	2.34	0.983
经常	568	2.49	1.211
总计	5839	2.35	1.016

（7）被动交流财经讯息。One-way ANOVA 分析发现，$F_{(3,5835)} = 10.291$，$p = 0.000 (p < 0.05)$。由于基于均值所计算的因变量的方差在自变量的各组间不等，故而，使用 Tamhane 多重比较法，发现经常被动交流财经讯息的大学生的财

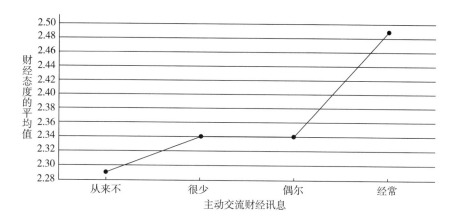

图 4-93　主动交流财经讯息与大学生财经态度之间的关系

经态度显著高于偶尔、很少、从来不被动交流财经讯息的大学生的财经态度。但偶尔被动交流财经讯息的大学生的财经态度和很少、从来不被动交流财经讯息的大学生的财经态度之间无显著差异。很少被动交流财经讯息的大学生的财经态度和从来不被动交流财经讯息的大学生的财经态度之间无显著差异（α＝0.05）。具体数据如表 4-276 和图 4-94 所示。

表 4-276　被动交流财经讯息与大学生财经态度之间的关系

被动交流财经讯息	频数（人）	均值	标准差
从来不	278	2.29	1.137
很少	2291	2.32	0.977
偶尔	2779	2.34	0.990
经常	491	2.59	1.222
总计	5839	2.35	1.016

（8）主动分享财经经历。One-way ANOVA 分析发现，$F(3,5835)=5.631$，$p=0.001(p<0.05)$。由于基于均值所计算的因变量的方差在自变量的各组间不等，故而，使用 Tamhane 多重比较法，发现经常主动分享财经经历的大学生的财经态度显著高于偶尔、很少、从来不主动分享财经经历的大学生的财经态度。但偶尔主动分享财经经历的大学生的财经态度和很少、从来不主动分享财经经历的大学生的财经态度之间无显著差异。很少主动分享财经经历的大学生的财经态度和从来不主动分享财经经历的大学生的财经态度之间无显著差异（α＝0.05）。具体数据如表 4-277 和图 4-95 所示。

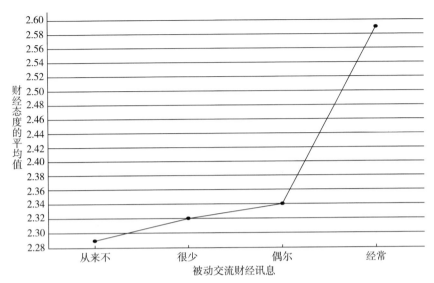

图 4-94　被动交流财经讯息与大学生财经态度之间的关系

表 4-277　主动分享财经经历与大学生财经态度之间的关系

主动分享财经经历	频数（人）	均值	标准差
从来不	362	2.23	1.125
很少	2113	2.33	0.968
偶尔	2812	2.36	0.994
经常	552	2.50	1.206
总计	5839	2.35	1.016

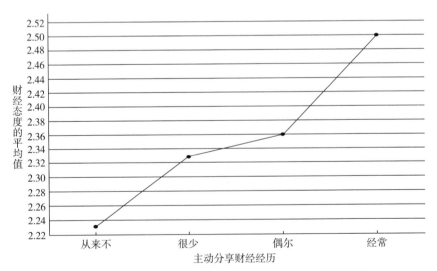

图 4-95　主动分享财经经历与大学生财经态度之间的关系

（9）被动分享财经经历。One-way ANOVA 分析发现，$F_{(3,5835)} = 8.760$，$p = 0.000(p < 0.05)$。由于基于均值所计算的因变量的方差在自变量的各组间不等，故而，使用 Tamhane 多重比较法，发现经常被动分享财经经历的大学生的财经态度显著高于偶尔、很少、从来不被动分享财经经历的大学生的财经态度。但偶尔被动分享财经经历的大学生的财经态度和很少、从来不被动分享财经经历的大学生的财经态度之间无显著差异。很少被动分享财经经历的大学生的财经态度和从来不被动分享财经经历的大学生的财经态度之间无显著差异（$\alpha = 0.05$）。具体数据如表 4-278 和图 4-96 所示。

表 4-278　被动分享财经经历与大学生财经态度之间的关系

被动分享财经经历	频数（人）	均值	标准差
从来不	303	2.23	1.123
很少	2234	2.31	0.978
偶尔	2770	2.36	0.987
经常	532	2.54	1.217
总计	5839	2.35	1.016

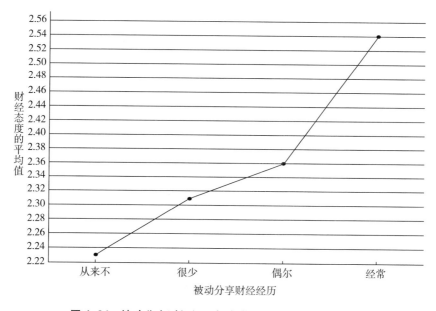

图 4-96　被动分享财经经历与大学生财经态度之间的关系

（10）主动请教财经决策。One-way ANOVA 分析发现，$F_{(3,5835)} = 2.867$，$p = 0.035(p < 0.05)$。由于基于均值所计算的因变量的方差在自变量的各组间不等，故而，使用 Tamhane 多重比较法，发现主动请教财经决策对大学生的财经态度无显著影响（$\alpha = 0.05$）。具体数据如表 4-279 所示。

表 4-279　主动请教财经决策与大学生财经态度之间的关系

主动请教财经决策	频数（人）	均值	标准差
从来不	215	2.29	1.169
很少	1550	2.39	0.995
偶尔	2817	2.36	0.983
经常	1257	2.29	1.084
总计	5839	2.35	1.016

六、社会教育对财经满意感的影响

本书将社会教育作为自变量，财经满意感作为因变量，运用 One-way ANO-VA 分析工具进行方差分析。财经满意感的均值为 2.78，标准差为 1.135。该值越高，表示大学生财经满意感越高。以下为社会教育对财经满意感影响的检验结果：

（1）主动获取财经讯息。One-way ANOVA 分析发现，$F(3,5835) = 16.689$，$p = 0.000(p < 0.05)$。由于基于均值所计算的因变量的方差在自变量的各组间不等，故而，使用 Tamhane 多重比较法，发现经常主动获取财经讯息的大学生的财经满意感显著高于偶尔、很少、从来不主动获取财经讯息的大学生的财经满意感。但偶尔主动获取财经讯息的大学生的财经满意感和很少、从来不主动获取财经讯息的大学生的财经满意感之间无显著差异。很少主动获取财经讯息的大学生的财经满意感和从来不主动获取财经讯息的大学生的财经满意感之间无显著差异（$\alpha = 0.05$）。具体数据如表 4-280 和图 4-97 所示。

表 4-280　主动获取财经讯息与大学生财经满意感之间的关系

主动获取财经讯息	频数（人）	均值	标准差
从来不	156	2.58	1.270
很少	1850	2.70	1.130
偶尔	3135	2.78	1.109
经常	698	3.04	1.197
总计	5839	2.78	1.135

（2）财经讯息延展。One-way ANOVA 分析发现，$F(3,5835) = 22.962$，$p = 0.000(p < 0.05)$。由于基于均值所计算的因变量的方差在自变量的各组间不等，故而，使用 Tamhane 多重比较法，发现经常财经讯息延展的大学生的财经满意感显著高于偶尔、很少、从来不财经讯息延展的大学生的财经满意感。偶尔财经讯息延展的大学生的财经满意感显著高于很少、从来不财经讯息延展的大学生的财经满意感。很少财经讯息延展的大学生的财经满意感显著高于从来不财经讯息延

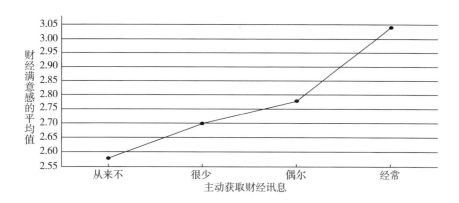

图 4-97 主动获取财经讯息与大学生财经满意感之间的关系

展的大学生的财经满意感（α=0.05）。具体数据如表 4-281 和图 4-98 所示。

表 4-281 财经讯息延展与大学生财经满意感之间的关系

财经讯息延展	频数（人）	均值	标准差
从来不	214	2.47	1.205
很少	2176	2.70	1.119
偶尔	2795	2.80	1.110
经常	654	3.06	1.214
总计	5839	2.78	1.135

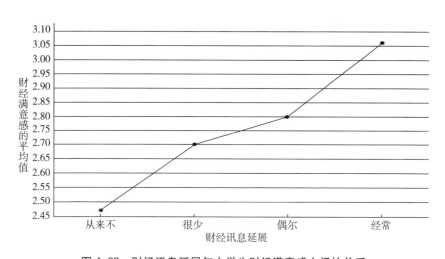

图 4-98 财经讯息延展与大学生财经满意感之间的关系

（3）自我警示。One-way ANOVA 分析发现，$F(3,5835) = 15.026$，$p = 0.000$（$p < 0.05$）。由于基于均值所计算的因变量的方差在自变量的各组间不等，故而，使用 Tamhane 多重比较法，发现经常自我警示的大学生的财经满意感显著高于偶

尔、很少、从来不自我警示的大学生的财经满意感。偶尔自我警示的大学生的财经满意感显著高于从来不自我警示的大学生的财经满意感，但和很少自我警示的大学生的财经满意感之间无显著差异。很少自我警示的大学生的财经满意感显著高于从来不自我警示的大学生的财经满意感（α=0.05）。具体数据如表4-282和图4-99所示。

表4-282 自我警示与大学生财经满意感之间的关系

自我警示	频数（人）	均值	标准差
从来不	202	2.42	1.240
很少	1282	2.70	1.091
偶尔	2663	2.77	1.098
经常	1692	2.90	1.197
总计	5839	2.78	1.135

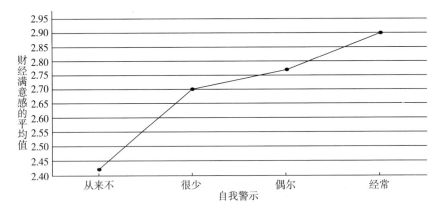

图4-99 自我警示与大学生财经满意感之间的关系

（4）主动参与讲座。One-way ANOVA 分析发现，$F(3,5835)=28.705$，$p=0.000(p<0.05)$。由于基于均值所计算的因变量的方差在自变量的各组间不等，故而，使用 Tamhane 多重比较法，发现经常主动参与讲座的大学生的财经满意感显著高于偶尔、很少、从来不主动参与讲座的大学生的财经满意感。偶尔主动参与讲座的大学生的财经满意感显著高于很少、从来不主动参与讲座的大学生的财经满意感。但很少主动参与讲座的大学生的财经满意感和从来不主动参与讲座的大学生的财经满意感之间无显著差异（α=0.05）。具体数据如表4-283和图4-100所示。

表4-283 主动参与讲座与大学生财经满意感之间的关系

主动参与讲座	频数（人）	均值	标准差
从来不	604	2.60	1.202

续表

主动参与讲座	频数（人）	均值	标准差
很少	2392	2.69	1.118
偶尔	2464	2.85	1.102
经常	379	3.17	1.224
总计	5839	2.78	1.135

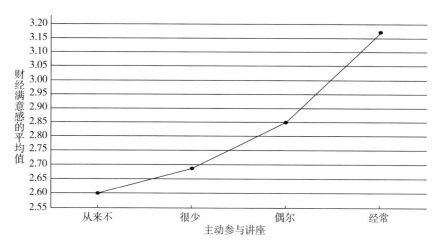

图 4-100　主动参与讲座与大学生财经满意感之间的关系

（5）讲座收获。One-way ANOVA 分析发现，$F(3,5835) = 19.240$，$p = 0.000$（$p < 0.05$）。由于基于均值所计算的因变量的方差在自变量的各组间不等，故而，使用 Tamhane 多重比较法，发现有很多讲座收获的大学生的财经满意感显著高于有一些、很少、一点都没有讲座收获的大学生的财经满意感。但有一些讲座收获的大学生的财经满意感和很少、一点都没有讲座收获的大学生的财经满意感之间无显著差异。很少讲座收获的大学生的财经满意感和一点都没有讲座收获的大学生的财经满意感之间无显著差异（$\alpha = 0.05$）。具体数据如表 4-284 和图 4-101 所示。

表 4-284　讲座收获与大学生财经满意感之间的关系

讲座收获	频数（人）	均值	标准差
一点都没有	282	2.56	1.273
很少	1108	2.71	1.090
一些	3447	2.75	1.109
很多	1002	3.01	1.200
总计	5839	2.78	1.135

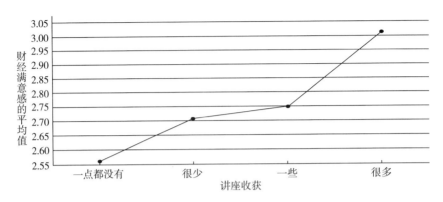

图 4-101　讲座收获与大学生财经满意感之间的关系

（6）主动交流财经讯息。One-way ANOVA 分析发现，$F_{(3,5835)}=33.639$，$p=0.000(p<0.05)$。由于基于均值所计算的因变量的方差在自变量的各组间不等，故而，使用 Tamhane 多重比较法，发现经常主动交流财经讯息的大学生的财经满意感显著高于偶尔、很少、从来不主动交流财经讯息的大学生的财经满意感。偶尔主动交流财经讯息的大学生的财经满意感显著高于很少、从来不主动交流财经讯息的大学生的财经满意感。但很少主动交流财经讯息的大学生的财经满意感和从来不主动交流财经讯息的大学生的财经满意感之间无显著差异（$\alpha=0.05$）。具体数据如表 4-285 和图 4-102 所示。

表 4-285　主动交流财经讯息与大学生财经满意感之间的关系

主动交流财经讯息	频数（人）	均值	标准差
从来不	288	2.51	1.221
很少	2120	2.67	1.125
偶尔	2863	2.82	1.092
经常	568	3.15	1.243
总计	5839	2.78	1.135

（7）被动交流财经讯息。One-way ANOVA 分析发现，$F_{(3,5835)}=36.886$，$p=0.000(p<0.05)$。由于基于均值所计算的因变量的方差在自变量的各组间不等，故而，使用 Tamhane 多重比较法，发现经常被动交流财经讯息的大学生的财经满意感显著高于偶尔、很少、从来不被动交流财经讯息的大学生的财经满意感。偶尔被动交流财经讯息的大学生的财经满意感显著高于很少、从来不被动交流财经讯息的大学生的财经满意感。但很少被动交流财经讯息的大学生的财经满意感和从来不被动交流财经讯息的大学生的财经满意感之间无显著差异（$\alpha=0.05$）。具体数据如表 4-286 和图 4-103 所示。

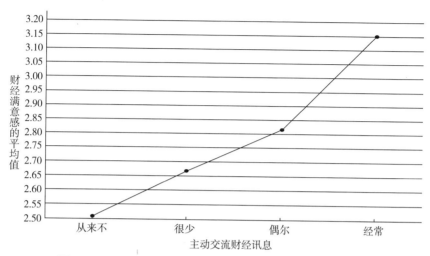

图 4-102　主动交流财经讯息与大学生财经满意感之间的关系

表 4-286　被动交流财经讯息与大学生财经满意感之间的关系

被动交流财经讯息	频数（人）	均值	标准差
从来不	278	2.57	1.234
很少	2291	2.67	1.120
偶尔	2779	2.81	1.097
经常	491	3.22	1.235
总计	5839	2.78	1.135

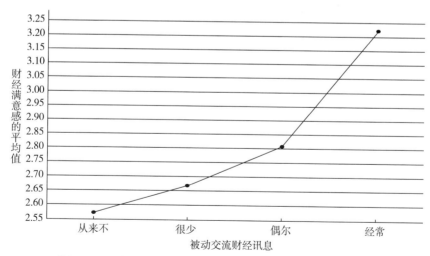

图 4-103　被动交流财经讯息与大学生财经满意感之间的关系

（8）主动分享财经经历。One-way ANOVA 分析发现，F（3,5835）= 25.487，p = 0.000（p<0.05）。由于基于均值所计算的因变量的方差在自变量的各组间不

等，故而，使用Tamhane多重比较法，发现经常主动分享财经经历的大学生的财经满意感显著高于偶尔、很少、从来不主动分享财经经历的大学生的财经满意感。偶尔主动分享财经经历的大学生的财经满意感显著高于很少、从来不主动分享财经经历的大学生的财经满意感。但很少主动分享财经经历的大学生的财经满意感和从来不主动分享财经经历的大学生的财经满意感之间无显著差异（α = 0.05）。具体数据如表4-287和图4-104所示。

表4-287　主动分享财经经历与大学生财经满意感之间的关系

主动分享财经经历	频数（人）	均值	标准差
从来不	362	2.55	1.274
很少	2113	2.68	1.109
偶尔	2812	2.82	1.091
经常	552	3.10	1.278
总计	5839	2.78	1.135

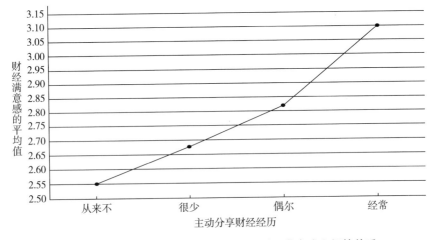

图4-104　主动分享财经经历与大学生财经满意感之间的关系

（9）被动分享财经经历。One-way ANOVA分析发现，$F(3,5835) = 29.652$，$p = 0.000(p<0.05)$。由于基于均值所计算的因变量的方差在自变量的各组间不等，故而，使用Tamhane多重比较法，发现经常被动分享财经经历的大学生的财经满意感显著高于偶尔、很少、从来不被动分享财经经历的大学生的财经满意感。偶尔被动分享财经经历的大学生的财经满意感显著高于很少、从来不被动分享财经经历的大学生的财经满意感。但很少被动分享财经经历的大学生的财经满意感和从来不被动分享财经经历的大学生的财经满意感之间无显著差异（α = 0.05）。具体数据如表4-288和图4-105所示。

表 4-288　被动分享财经经历与大学生财经满意感之间的关系

被动分享财经经历	频数（人）	均值	标准差
从来不	303	2.59	1.252
很少	2234	2.68	1.113
偶尔	2770	2.81	1.098
经常	532	3.16	1.255
总计	5839	2.78	1.135

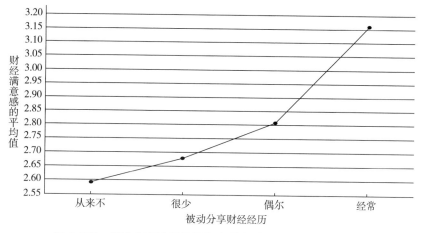

图 4-105　被动分享财经经历与大学生财经满意感之间的关系

（10）主动请教财经决策。One-way ANOVA 分析发现，$F(3,5835)=6.659$，$p=0.000(p<0.05)$。由于基于均值所计算的因变量的方差在自变量的各组间不等，故而，使用 Tamhane 多重比较法，发现经常主动请教财经决策的大学生的财经满意感显著高于很少主动请教财经决策的大学生的财经满意感，但和偶尔、从来不主动请教财经决策的大学生的财经满意感之间无显著差异。偶尔主动请教财经决策的大学生的财经满意感显著高于从来不主动请教财经决策的大学生的财经满意感，但和很少主动请教财经决策的大学生的财经满意感之间无显著差异。很少主动请教财经决策的大学生的财经满意感和从来不主动请教财经决策的大学生的财经满意感之间无显著差异（$\alpha=0.05$）。具体数据如表 4-289 和图 4-106 所示。

表 4-289　主动请教财经决策与大学生财经满意感之间的关系

主动请教财经决策	频数（人）	均值	标准差
从来不	215	2.68	1.280
很少	1550	2.69	1.123
偶尔	2817	2.80	1.084
经常	1257	2.86	1.226
总计	5839	2.78	1.135

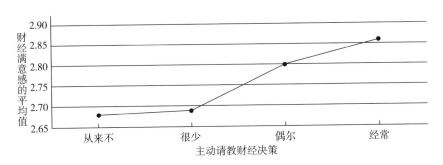

图 4-106　主动请教财经决策与大学生财经满意感之间的关系

七、社会教育对财经行为合理性的影响

本书将社会教育作为自变量，财经行为合理性作为因变量，运用 One-way ANOVA 分析工具进行方差分析。其中，将财经行为合理性涉及的四个题项加总求均值，记为因子分，用这个因子分代表财经行为合理性。该值越高，表示大学生财经行为合理性越高。该变量均值为 4.04，标准差为 0.784。以下为社会教育对财经行为合理性影响的检验结果：

（1）主动获取财经讯息。One-way ANOVA 分析发现，$F(3,5835)=47.867$，$p=0.000(p<0.05)$。由于基于均值所计算的因变量的方差在自变量的各组间不等，故而，使用 Tamhane 多重比较法，发现经常主动获取财经讯息的大学生的财经行为合理性显著高于偶尔、很少、从来不主动获取财经讯息的大学生的财经行为合理性。偶尔主动获取财经讯息的大学生的财经行为合理性显著高于很少、从来不主动获取财经讯息的大学生的财经行为合理性。很少主动获取财经讯息的大学生的财经行为合理性显著高于从来不主动获取财经讯息的大学生的财经行为合理性（$\alpha=0.05$）。具体数据如表 4-290 和图 4-107 所示。

表 4-290　主动获取财经讯息与大学生财经行为合理性之间的关系

主动获取财经讯息	频数（人）	均值	标准差
从来不	156	3.55	1.0007
很少	1850	3.94	0.791
偶尔	3135	4.09	0.744
经常	698	4.22	0.803
总计	5839	4.04	0.784

（2）财经讯息延展。One-way ANOVA 分析发现，$F(3,5835)=60.960$，$p=0.000(p<0.05)$。由于基于均值所计算的因变量的方差在自变量的各组间不等，故而，使用 Tamhane 多重比较法，发现经常财经讯息延展的大学生的财经行为合

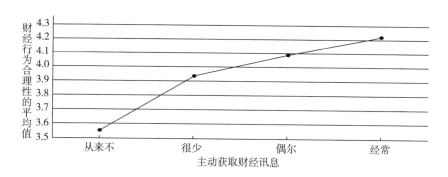

图 4-107　主动获取财经讯息与大学生财经行为合理性之间的关系

理性显著高于偶尔、很少、从来不财经讯息延展的大学生的财经行为合理性。偶尔财经讯息延展的大学生的财经行为合理性显著高于很少、从来不财经讯息延展的大学生的财经行为合理性。很少财经讯息延展的大学生的财经行为合理性显著高于从来不财经讯息延展的大学生的财经行为合理性（$\alpha = 0.05$）。具体数据如表 4-291 和图 4-108 所示。

表 4-291　财经讯息延展与大学生财经行为合理性之间的关系

财经讯息延展	频数（人）	均值	标准差
从来不	214	3.58	1.023
很少	2176	3.94	0.769
偶尔	2795	4.10	0.749
经常	654	4.26	0.781
总计	5839	4.04	0.784

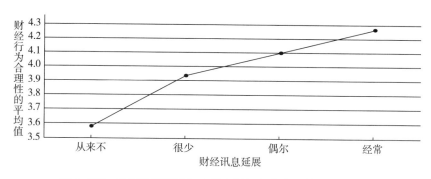

图 4-108　财经讯息延展与大学生财经行为合理性之间的关系

（3）自我警示。One-way ANOVA 分析发现，$F(3,5835) = 87.469$，$p = 0.000$（$p < 0.05$）。由于基于均值所计算的因变量的方差在自变量的各组间不等，故而，使用 Tamhane 多重比较法，发现经常自我警示的大学生的财经行为合理性显著高于偶尔、很少、从来不自我警示的大学生的财经行为合理性。偶尔自我警示的大学生

的财经行为合理性显著高于很少、从来不自我警示的大学生的财经行为合理性。但很少自我警示的大学生的财经行为合理性和从来不自我警示的大学生的财经行为合理性之间无显著差异（α=0.05）。具体数据如表4-292和图4-109所示。

表4-292 自我警示与大学生财经行为合理性之间的关系

自我警示	频数（人）	均值	标准差
从来不	202	3.65	0.992
很少	1282	3.85	0.820
偶尔	2663	4.03	0.748
经常	1692	4.25	0.722
总计	5839	4.04	0.784

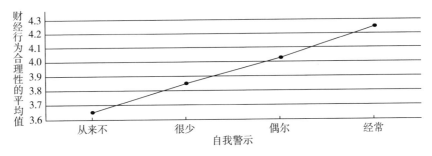

图4-109 自我警示与大学生财经行为合理性之间的关系

（4）主动参与讲座。One-way ANOVA分析发现，$F(3,5835)=21.507$，$p=0.000(p<0.05)$。由于基于均值所计算的因变量的方差在自变量的各组间不等，故而，使用Tamhane多重比较法，发现经常主动参与讲座的大学生的财经行为合理性显著高于很少、从来不主动参与讲座的大学生的财经行为合理性，但和偶尔主动参与讲座的大学生的财经行为合理性之间无显著差异。偶尔主动参与讲座的大学生的财经行为合理性显著高于很少、从来不主动参与讲座的大学生的财经行为合理性。很少主动参与讲座的大学生的财经行为合理性显著高于从来不主动参与讲座的大学生的财经行为合理性（α=0.05）。具体数据如表4-293和图4-110所示。

表4-293 主动参与讲座与大学生财经行为合理性之间的关系

主动参与讲座	频数（人）	均值	标准差
从来不	604	3.86	0.845
很少	2392	4.00	0.768
偶尔	2464	4.11	0.758
经常	379	4.13	0.875
总计	5839	4.04	0.784

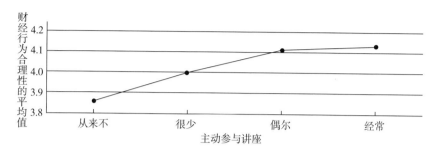

图 4-110　主动参与讲座与大学生财经行为合理性之间的关系

（5）讲座收获。One-way ANOVA 分析发现，$F(3,5835)=55.746$，$p=0.000$（$p<0.05$）。由于基于均值所计算的因变量的方差在自变量的各组间不等，故而，使用 Tamhane 多重比较法，发现有很多讲座收获的大学生的财经行为合理性显著高于有一些、很少、一点都没有讲座收获的大学生的财经行为合理性。有一些讲座收获的大学生的财经行为合理性显著高于很少、一点都没有讲座收获的大学生的财经行为合理性。但很少讲座收获的大学生的财经行为合理性和一点都没有讲座收获的大学生的财经行为合理性之间无显著差异（$\alpha=0.05$）。具体数据如表 4-294 和图 4-111 所示。

表 4-294　讲座收获与大学生财经行为合理性之间的关系

讲座收获	频数（人）	均值	标准差
一点都没有	282	3.88	0.846
很少	1108	3.85	0.843
一些	3447	4.05	0.745
很多	1002	4.27	0.764
总计	5839	4.04	0.784

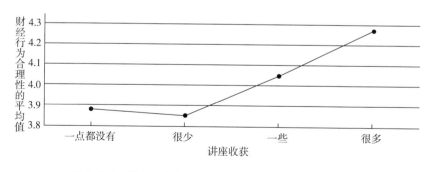

图 4-111　讲座收获与大学生财经行为合理性之间的关系

（6）主动交流财经讯息。One-way ANOVA 分析发现，$F(3,5835)=27.499$，$p=0.000$（$p<0.05$）。由于基于均值所计算的因变量的方差在自变量的各组间不

等，故而，使用 Tamhane 多重比较法，发现经常主动交流财经讯息的大学生的财经行为合理性显著高于偶尔、很少、从来不主动交流财经讯息的大学生的财经行为合理性。偶尔主动交流财经讯息的大学生的财经行为合理性显著高于很少、从来不主动交流财经讯息的大学生的财经行为合理性。很少主动交流财经讯息的大学生的财经行为合理性显著高于从来不主动交流财经讯息的大学生的财经行为合理性（α=0.05）。具体数据如表 4-295 和图 4-112 所示。

表 4-295　主动交流财经讯息与大学生财经行为合理性之间的关系

主动交流财经讯息	频数（人）	均值	标准差
从来不	288	3.80	0.917
很少	2120	3.97	0.768
偶尔	2863	4.08	0.758
经常	568	4.22	0.837
总计	5839	4.04	0.784

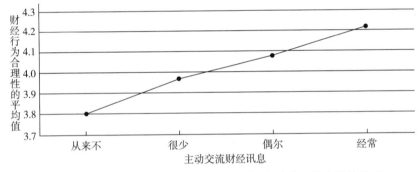

图 4-112　主动交流财经讯息与大学生财经行为合理性之间的关系

（7）被动交流财经讯息。One-way ANOVA 分析发现，$F_{(3,5835)}=23.475$，$p=0.000(p<0.05)$。由于基于均值所计算的因变量的方差在自变量的各组间不等，故而，使用 Tamhane 多重比较法，发现经常被动交流财经讯息的大学生的财经行为合理性显著高于偶尔、很少、从来不被动交流财经讯息的大学生的财经行为合理性。偶尔被动交流财经讯息的大学生的财经行为合理性显著高于很少、从来不被动交流财经讯息的大学生的财经行为合理性。很少被动交流财经讯息的大学生的财经行为合理性显著高于从来不被动交流财经讯息的大学生的财经行为合理性（α=0.05）。具体数据如表 4-296 和图 4-113 所示。

表 4-296　被动交流财经讯息与大学生财经行为合理性之间的关系

被动交流财经讯息	频数（人）	均值	标准差
从来不	278	3.77	0.917

被动交流财经讯息	频数（人）	均值	标准差
很少	2291	4.00	0.769
偶尔	2779	4.07	0.760
经常	491	4.22	0.846
总计	5839	4.04	0.784

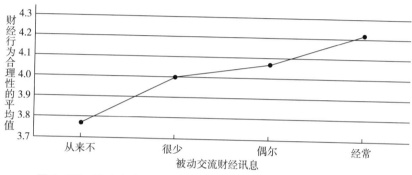

图4-113　被动交流财经讯息与大学生财经行为合理性之间的关系

（8）主动分享财经经历。One-way ANOVA 分析发现，$F_{(3,5835)} = 28.496$，$p = 0.000(p < 0.05)$。由于基于均值所计算的因变量的方差在自变量的各组间不等，故而，使用 Tamhane 多重比较法，发现经常主动分享财经经历的大学生的财经行为合理性显著高于偶尔、很少、从来不主动分享财经经历的大学生的财经行为合理性。偶尔主动分享财经经历的大学生的财经行为合理性显著高于很少、从来不主动分享财经经历的大学生的财经行为合理性。很少主动分享财经经历的大学生的财经行为合理性显著高于从来不主动分享财经经历的大学生的财经行为合理性（$\alpha = 0.05$）。具体数据如表4-297和图4-114所示。

表4-297　主动分享财经经历与大学生财经行为合理性之间的关系

主动分享财经经历	频数（人）	均值	标准差
从来不	362	3.84	0.889
很少	2113	3.97	0.771
偶尔	2812	4.08	0.765
经常	552	4.25	0.793
总计	5839	4.04	0.784

（9）被动分享财经经历。One-way ANOVA 分析发现，$F_{(3,5835)} = 21.281$，$p = 0.000(p < 0.05)$。由于基于均值所计算的因变量的方差在自变量的各组间不等，故而，使用 Tamhane 多重比较法，发现经常被动分享财经经历的大学生的财经行为合理性显著高于偶尔、很少、从来不被动分享财经经历的大学生的财经行

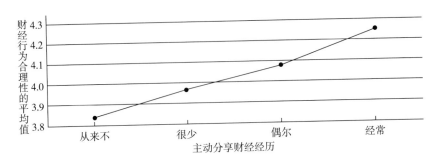

图 4-114　主动分享财经经历与大学生财经行为合理性之间的关系

为合理性。偶尔被动分享财经经历的大学生的财经行为合理性显著高于很少、从来不被动分享财经经历的大学生的财经行为合理性。很少被动分享财经经历的大学生的财经行为合理性显著高于从来不被动分享财经经历的大学生的财经行为合理性（α=0.05）。具体数据如表 4-298 和图 4-115 所示。

表 4-298　被动分享财经经历与大学生财经行为合理性之间的关系

被动分享财经经历	频数（人）	均值	标准差
从来不	303	3.83	0.897
很少	2234	3.99	0.771
偶尔	2770	4.07	0.761
经常	532	4.22	0.837
总计	5839	4.04	0.784

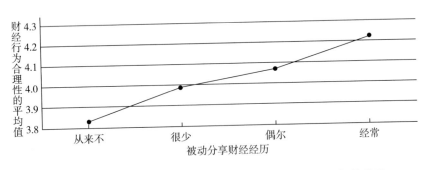

图 4-115　被动分享财经经历与大学生财经行为合理性之间的关系

（10）主动请教财经决策。One-way ANOVA 分析发现，$F_{(3,5835)}=56.818$，$p=0.000(p<0.05)$。由于基于均值所计算的因变量的方差在自变量的各组间不等，故而，使用 Tamhane 多重比较法，发现经常主动请教财经决策的大学生的财经行为合理性显著高于偶尔、很少、从来不主动请教财经决策的大学生的财经行为合理性。偶尔主动请教财经决策的大学生的财经行为合理性显著高于很少、从

来不主动请教财经决策的大学生的财经行为合理性。很少主动请教财经决策的大学生的财经行为合理性显著高于从来不主动请教财经决策的大学生的财经行为合理性（$\alpha = 0.05$）。具体数据如表 4-299 和图 4-116 所示。

表 4-299　主动请教财经决策与大学生财经行为合理性之间的关系

主动请教财经决策	频数（人）	均值	标准差
从来不	215	3.72	0.970
很少	1550	3.92	0.800
偶尔	2817	4.04	0.762
经常	1257	4.25	0.723
总计	5839	4.04	0.784

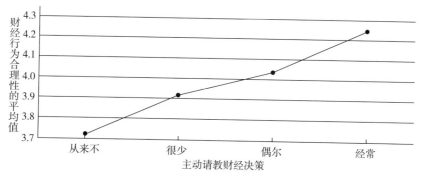

图 4-116　主动请教财经决策与大学生财经行为合理性之间的关系

八、社会教育对独立的影响

本书将社会教育作为自变量，独立作为因变量，运用 One-way ANOVA 分析工具进行方差分析。其中，将独立涉及的八个题项加总求均值，记为因子分，用这个因子分代表独立。该值越高，表示大学生独立性越高。该变量均值为 3.92，标准差为 0.748。以下为社会教育对独立性影响的检验结果：

（1）主动获取财经讯息。One-way ANOVA 分析发现，$F(3,5835) = 72.462$，$p = 0.000（p < 0.05）$。由于基于均值所计算的因变量的方差在自变量的各组间不等，故而，使用 Tamhane 多重比较法，发现经常主动获取财经讯息的大学生的独立性显著高于偶尔、很少、从来不主动获取财经讯息的大学生的独立性。偶尔主动获取财经讯息的大学生的独立性显著高于很少、从来不主动获取财经讯息的大学生的独立性。很少主动获取财经讯息的大学生的独立性显著高于从来不主动获取财经讯息的大学生的独立性（$\alpha = 0.05$）。具体数据如表 4-300 和图 4-117 所示。

表 4-300　主动获取财经讯息与大学生独立性之间的关系

主动获取财经讯息	频数（人）	均值	标准差
从来不	156	3.50	0.975
很少	1850	3.79	0.742
偶尔	3135	3.96	0.710
经常	698	4.20	0.764
总计	5839	3.92	0.748

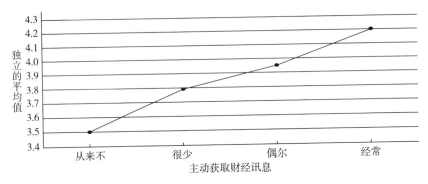

图 4-117　主动获取财经讯息与大学生独立性之间的关系

（2）财经讯息延展。One-way ANOVA 分析发现，$F_{(3,5835)}=94.995$，$p=0.000$（$p<0.05$）。由于基于均值所计算的因变量的方差在自变量的各组间不等，故而，使用 Tamhane 多重比较法，发现经常财经讯息延展的大学生的独立性显著高于偶尔、很少、从来不财经讯息延展的大学生的独立性。偶尔财经讯息延展的大学生的独立性显著高于很少、从来不主动获取财经讯息的大学生的独立性。很少财经讯息延展的大学生的独立性显著高于从来不主动获取财经讯息的大学生的独立性（$\alpha=0.05$）。具体数据如表 4-301 和图 4-118 所示。

表 4-301　财经讯息延展与大学生独立性之间的关系

财经讯息延展	频数（人）	均值	标准差
从来不	214	3.50	0.922
很少	2176	3.79	0.725
偶尔	2795	3.98	0.717
经常	654	4.25	0.738
总计	5839	3.92	0.748

（3）自我警示。One-way ANOVA 分析发现，$F_{(3,5835)}=104.397$，$p=0.000$（$p<0.05$）。由于基于均值所计算的因变量的方差在自变量的各组间不等，故而，使用 Tamhane 多重比较法，发现经常自我警示的大学生的独立性显著高于

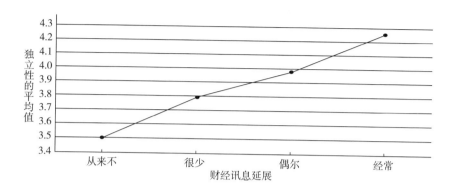

图4-118　财经讯息延展与大学生独立性之间的关系

偶尔、很少、从来不自我警示的大学生的独立性。偶尔自我警示的大学生的独立性显著高于很少、从来不自我警示的大学生的独立性。很少自我警示的大学生的独立性显著高于从来不自我警示的大学生的独立性（$\alpha = 0.05$）。具体数据如表4-302和图4-119所示。

表4-302　自我警示与大学生独立性之间的关系

自我警示	频数（人）	均值	标准差
从来不	202	3.52	0.939
很少	1282	3.74	0.759
偶尔	2663	3.90	0.717
经常	1692	4.15	0.697
总计	5839	3.92	0.748

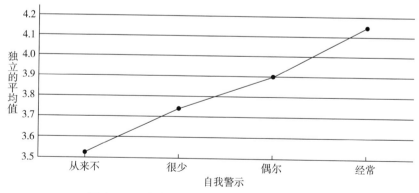

图4-119　自我警示与大学生独立性之间的关系

（4）主动参与讲座。One-way ANOVA 分析发现，$F_{(3,5835)} = 44.862$，$p = 0.000(p<0.05)$。由于基于均值所计算的因变量的方差在自变量的各组间不等，故而，使用 Tamhane 多重比较法，发现经常主动参与讲座的大学生的独立性显著

高于偶尔、很少、从来不主动参与讲座的大学生的独立性。偶尔主动参与讲座的大学生的独立性显著高于很少、从来不主动参与讲座的大学生的独立性。很少主动参与讲座的大学生的独立性显著高于从来不主动参与讲座的大学生的独立性（$\alpha = 0.05$）。具体数据如表 4-303 和图 4-120 所示。

表 4-303　主动参与讲座与大学生独立性之间的关系

主动参与讲座	频数（人）	均值	标准差
从来不	604	3.73	0.811
很少	2392	3.84	0.712
偶尔	2464	4.01	0.733
经常	379	4.14	0.834
总计	5839	3.92	0.748

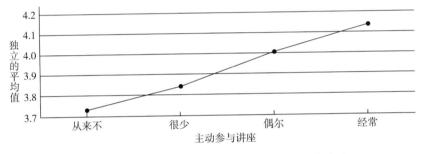

图 4-120　主动参与讲座与大学生独立性之间的关系

（5）讲座收获。One-way ANOVA 分析发现，$F(3,5835) = 78.121$，$p = 0.000$（$p<0.05$）。由于基于均值所计算的因变量的方差在自变量的各组间不等，故而，使用 Tamhane 多重比较法，发现有很多讲座收获的大学生的独立性显著高于有一些、很少、一点都没有讲座收获的大学生的独立性。有一些讲座收获的大学生的独立性显著高于很少、一点都没有讲座收获的大学生的独立性。但有很少讲座收获的大学生的独立性和一点都没有讲座收获的大学生的独立性之间无显著差异（$\alpha = 0.05$）。具体数据如表 4-304 和图 4-121 所示。

表 4-304　讲座收获与大学生独立性之间的关系

讲座收获	频数（人）	均值	标准差
一点都没有	282	3.69	0.828
很少	1108	3.74	0.771
一些	3447	3.92	0.711
很多	1002	4.20	0.741
总计	5839	3.92	0.748

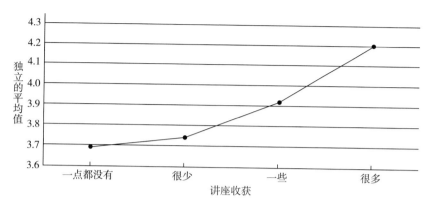

图 4-121　讲座收获与大学生独立性之间的关系

（6）主动交流财经讯息。One-way ANOVA 分析发现，$F_{(3,5835)} = 60.265$，$p = 0.000(p<0.05)$。由于基于均值所计算的因变量的方差在自变量的各组间不等，故而，使用 Tamhane 多重比较法，发现经常主动交流财经讯息的大学生的独立性显著高于偶尔、很少、从来不主动交流财经讯息的大学生的独立性。偶尔主动交流财经讯息的大学生的独立性显著高于很少、从来不主动交流财经讯息的大学生的独立性。很少主动交流财经讯息的大学生的独立性显著高于从来不主动交流财经讯息的大学生的独立性（$\alpha = 0.05$）。具体数据如表 4-305 和图 4-122 所示。

表 4-305　主动交流财经讯息与大学生独立性之间的关系

主动交流财经讯息	频数（人）	均值	标准差
从来不	288	3.63	0.869
很少	2120	3.82	0.717
偶尔	2863	3.97	0.728
经常	568	4.21	0.783
总计	5839	3.92	0.748

（7）被动交流财经讯息。One-way ANOVA 分析发现，$F_{(3,5835)} = 49.818$，$p = 0.000(p<0.05)$。由于基于均值所计算的因变量的方差在自变量的各组间不等，故而，使用 Tamhane 多重比较法，发现经常被动交流财经讯息的大学生的独立性显著高于偶尔、很少、从来不被动交流财经讯息的大学生的独立性。偶尔被动交流财经讯息的大学生的独立性显著高于很少、从来不被动交流财经讯息的大学生的独立性。很少被动交流财经讯息的大学生的独立性显著高于从来不被动交流财经讯息的大学生的独立性（$\alpha = 0.05$）。具体数据如表 4-306 和图 4-123 所示。

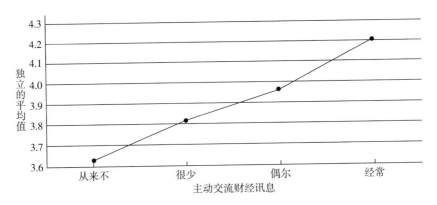

图 4-122　主动交流财经讯息与大学生独立性之间的关系

表 4-306　被动交流财经讯息与大学生独立性之间的关系

被动交流财经讯息	频数（人）	均值	标准差
从来不	278	3.65	0.875
很少	2291	3.84	0.727
偶尔	2779	3.97	0.723
经常	491	4.21	0.805
总计	5839	3.92	0.748

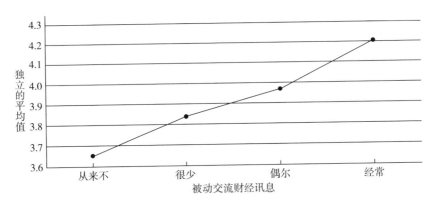

图 4-123　被动交流财经讯息与大学生独立性之间的关系

（8）主动分享财经经历。One-way ANOVA 分析发现，$F(3,5835)=52.035$，$p=0.000(p<0.05)$。由于基于均值所计算的因变量的方差在自变量的各组间相等，故而，使用 Tamhane 多重比较法，发现经常主动分享财经经历的大学生的独立性显著高于偶尔、很少、从来不主动分享财经经历的大学生的独立性。偶尔主动分享财经经历的大学生的独立性显著高于很少、从来不主动分享财经经历的大学生的独立性。但很少主动分享财经经历的大学生的独立性和从来不主动分享财

经经历的大学生的独立性之间无显著差异（α=0.05）。具体数据如表4-307和图4-124所示。

表4-307　主动分享财经经历与大学生独立性之间的关系

主动分享财经经历	频数（人）	均值	标准差
从来不	362	3.76	0.837
很少	2113	3.82	0.725
偶尔	2812	3.96	0.736
经常	552	4.22	0.739
总计	5839	3.92	0.748

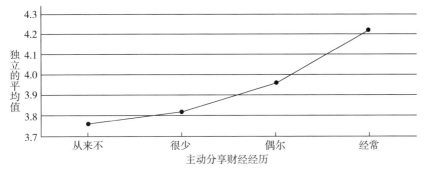

图4-124　主动分享财经经历与大学生独立性之间的关系

（9）被动分享财经经历。One-way ANOVA分析发现，$F(3,5835)=45.266$，$p=0.000(p<0.05)$。由于基于均值所计算的因变量的方差在自变量的各组间不等，故而，使用Tamhane多重比较法，发现经常被动分享财经经历的大学生的独立性显著高于偶尔、很少、从来不被动分享财经经历的大学生的独立性。偶尔被动分享财经经历的大学生的独立性显著高于很少、从来不被动分享财经经历的大学生的独立性。但很少被动分享财经经历的大学生的独立性和从来不被动分享财经经历的大学生的独立性之间无显著差异（α=0.05）。具体数据如表4-308和图4-125所示。

表4-308　被动分享财经经历与大学生独立性之间的关系

被动分享财经经历	频数（人）	均值	标准差
从来不	303	3.73	0.878
很少	2234	3.83	0.720
偶尔	2770	3.96	0.730
经常	532	4.20	0.788
总计	5839	3.92	0.748

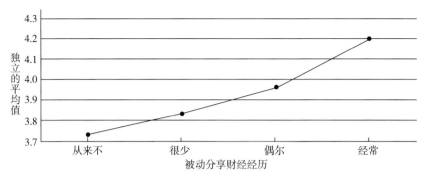

图4-125　被动分享财经经历与大学生独立性之间的关系

（10）主动请教财经决策。One-way ANOVA 分析发现，$F(3,5835)=64.435$，$p=0.000(p<0.05)$。由于基于均值所计算的因变量的方差在自变量的各组间不等，故而，使用 Tamhane 多重比较法，发现经常主动请教财经决策的大学生的独立性显著高于偶尔、很少、从来不主动请教财经决策的大学生的独立性。偶尔主动请教财经决策的大学生的独立性显著高于很少、从来不主动请教财经决策的大学生的独立性。但很少主动请教财经决策的大学生的独立性和从来不主动请教财经决策的大学生的独立性之间无显著差异（$\alpha=0.05$）。具体数据如表4-309和图4-126所示。

表4-309　主动请教财经决策与大学生独立性之间的关系

主动请教财经决策	频数（人）	均值	标准差
从来不	215	3.67	0.919
很少	1550	3.79	0.743
偶尔	2817	3.92	0.735
经常	1257	4.15	0.695
总计	5839	3.92	0.748

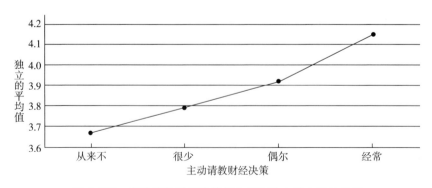

图4-126　主动请教财经决策与大学生独立性之间的关系

九、社会教育对信用的影响

本书将社会教育作为自变量，信用作为因变量，运用 One-way ANOVA 分析工具进行方差分析。其中，将信用涉及的六个题项加总求均值，记为因子分，用这个因子分代表信用。该值越高，表示大学生信用越高。该变量均值为 4.19，标准差为 0.753。以下为社会教育对信用影响的检验结果：

（1）主动获取财经讯息。One-way ANOVA 分析发现，$F_{(3,5835)} = 35.841$，$p = 0.000(p<0.05)$。由于基于均值所计算的因变量的方差在自变量的各组间不等，故而，使用 Tamhane 多重比较法，发现经常主动获取财经讯息的大学生的信用显著高于偶尔、很少、从来不主动获取财经讯息的大学生的信用。偶尔主动获取财经讯息的大学生的信用显著高于很少、从来不主动获取财经讯息的大学生的信用。很少主动获取财经讯息的大学生的信用显著高于从来不主动获取财经讯息的大学生的信用（$\alpha = 0.05$）。具体数据如表 4-310 和图 4-127 所示。

表 4-310　主动获取财经讯息与大学生信用之间的关系

主动获取财经讯息	频数（人）	均值	标准差
从来不	156	3.79	1.032
很少	1850	4.10	0.768
偶尔	3135	4.23	0.714
经常	698	4.35	0.753
总计	5839	4.19	0.753

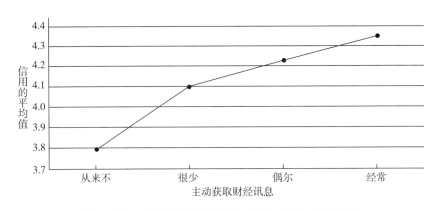

图 4-127　主动获取财经讯息与大学生信用之间的关系

（2）财经讯息延展。One-way ANOVA 分析发现，$F_{(3,5835)} = 41.258$，$p = 0.000(p<0.05)$。由于基于均值所计算的因变量的方差在自变量的各组间不等，故而，使用 Tamhane 多重比较法，发现经常财经讯息延展的大学生的信用显著高

于偶尔、很少、从来不财经讯息延展的大学生的信用。偶尔财经讯息延展的大学生的信用显著高于很少、从来不财经讯息延展的大学生的信用。很少财经讯息延展的大学生的信用显著高于从来不财经讯息延展的大学生的信用（α=0.05）。具体数据如表4-311和图4-128所示。

表4-311 财经讯息延展与大学生信用之间的关系

财经讯息延展	频数（人）	均值	标准差
从来不	214	3.85	1.005
很少	2176	4.11	0.744
偶尔	2795	4.23	0.729
经常	654	4.39	0.715
总计	5839	4.19	0.753

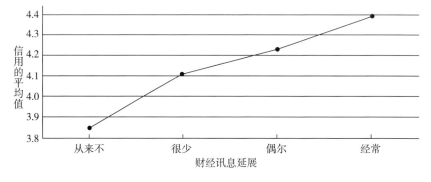

图4-128 财经讯息延展与大学生信用之间的关系

（3）自我警示。One-way ANOVA 分析发现，F(3,5835)=86.242，p=0.000（p<0.05）。由于基于均值所计算的因变量的方差在自变量的各组间不等，故而，使用 Tamhane 多重比较法，发现经常自我警示的大学生的信用显著高于偶尔、很少、从来不自我警示的大学生的信用。偶尔自我警示的大学生的信用显著高于很少、从来不自我警示的大学生的信用。但很少自我警示的大学生的信用和从来不自我警示的大学生的信用之间无显著差异（α=0.05）。具体数据如表4-312和图4-129所示。

表4-312 自我警示与大学生信用之间的关系

自我警示	频数（人）	均值	标准差
从来不	202	3.83	0.998
很少	1282	4.02	0.802
偶尔	2663	4.17	0.729
经常	1692	4.40	0.656
总计	5839	4.19	0.753

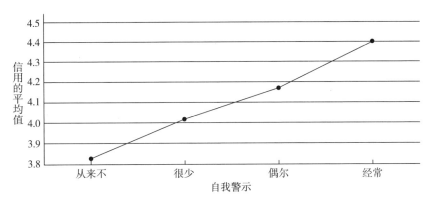

图4-129　自我警示与大学生信用之间的关系

（4）主动参与讲座。One-way ANOVA 分析发现，$F(3,5835)=13.181$，$p=0.000(p<0.05)$。由于基于均值所计算的因变量的方差在自变量的各组间不等，故而，使用 Tamhane 多重比较法，发现经常主动参与讲座的大学生的信用显著高于从来不主动参与讲座的大学生的信用，但和偶尔、很少主动参与讲座的大学生的信用之间无显著差异。偶尔主动参与讲座的大学生的信用显著高于很少、从来不主动参与讲座的大学生的信用。但很少主动参与讲座的大学生的信用和从来不主动参与讲座的大学生的信用之间无显著差异（$\alpha=0.05$）。具体数据如表4-313和图4-130所示。

表4-313　主动参与讲座与大学生信用之间的关系

主动参与讲座	频数（人）	均值	标准差
从来不	604	4.07	0.812
很少	2392	4.15	0.744
偶尔	2464	4.25	0.727
经常	379	4.26	0.836
总计	5839	4.19	0.753

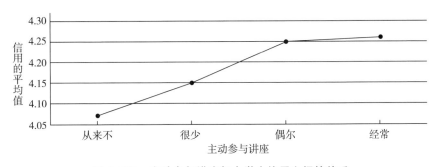

图4-130　主动参与讲座与大学生信用之间的关系

（5）讲座收获。One-way ANOVA 分析发现，$F(3,5835) = 54.177$，$p = 0.000$（$p<0.05$）。由于基于均值所计算的因变量的方差在自变量的各组间不等，故而，使用 Tamhane 多重比较法，发现很多讲座收获的大学生的信用显著高于有一些、很少、一点都没有讲座收获的大学生的信用。有一些讲座收获的大学生的信用显著高于很少讲座收获的大学生的信用，但和一点都没有讲座收获的大学生的信用之间无显著差异。很少讲座收获的大学生的信用和一点都没有讲座收获的大学生的信用之间无显著差异（$\alpha = 0.05$）。具体数据如表 4-314 和图 4-131 所示。

表 4-314 讲座收获与大学生信用之间的关系

讲座收获	频数（人）	均值	标准差
一点都没有	282	4.10	0.833
很少	1108	4.00	0.817
一些	3447	4.19	0.717
很多	1002	4.41	0.716
总计	5839	4.19	0.753

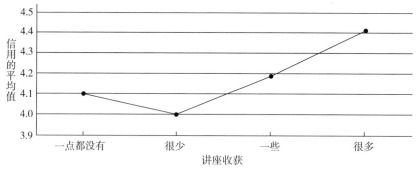

图 4-131 讲座收获与大学生信用之间的关系

（6）主动交流财经讯息。One-way ANOVA 分析发现，$F(3,5835) = 17.760$，$p = 0.000$（$p<0.05$）。由于基于均值所计算的因变量的方差在自变量的各组间不等，故而，使用 Tamhane 多重比较法，发现经常主动交流财经讯息的大学生的信用显著高于偶尔、很少、从来不主动交流财经讯息的大学生的信用。偶尔主动交流财经讯息的大学生的信用显著高于很少、从来不主动交流财经讯息的大学生的信用。但很少主动交流财经讯息的大学生的信用和从来不主动交流财经讯息的大学生的信用之间无显著差异（$\alpha = 0.05$）。具体数据如表 4-315 和图 4-132 所示。

表 4-315 主动交流财经讯息与大学生信用之间的关系

主动交流财经讯息	频数（人）	均值	标准差
从来不	288	4.05	0.862
很少	2120	4.13	0.751

续表

主动交流财经讯息	频数（人）	均值	标准差
偶尔	2863	4.22	0.728
经常	568	4.34	0.787
总计	5839	4.19	0.753

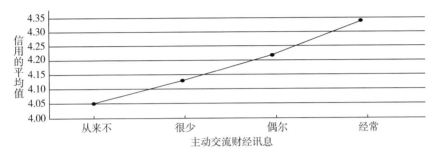

图 4-132　主动交流财经讯息与大学生信用之间的关系

（7）被动交流财经讯息。One-way ANOVA 分析发现，$F(3,5835)=17.509$，$p=0.000(p<0.05)$。由于基于均值所计算的因变量的方差在自变量的各组间相等，故而，使用 Tamhane 多重比较法，发现经常被动交流财经讯息的大学生的信用显著高于偶尔、很少、从来不被动交流财经讯息的大学生的信用。偶尔被动交流财经讯息的大学生的信用显著高于很少、从来不被动交流财经讯息的大学生的信用。很少被动交流财经讯息的大学生的信用显著高于从来不被动交流财经讯息的大学生的信用（$\alpha=0.05$）。具体数据如表 4-316 和图 4-133 所示。

表 4-316　被动交流财经讯息与大学生信用之间的关系

被动交流财经讯息	频数（人）	均值	标准差
从来不	278	4.02	0.862
很少	2291	4.14	0.749
偶尔	2779	4.22	0.734
经常	491	4.36	0.767
总计	5839	4.19	0.753

（8）主动分享财经经历。One-way ANOVA 分析发现，$F(3,5835)=22.915$，$p=0.000(p<0.05)$。由于基于均值所计算的因变量的方差在自变量的各组间相等，故而，使用 Tamhane 多重比较法，发现经常主动分享财经经历的大学生的信用显著高于偶尔、很少、从来不主动分享财经经历的大学生的信用。偶尔主动分享财经经历的大学生的信用显著高于很少主动分享财经经历的大学生的信用，但和从来不主动分享财经经历的大学生的信用之间无显著差异。很少主动分享财经

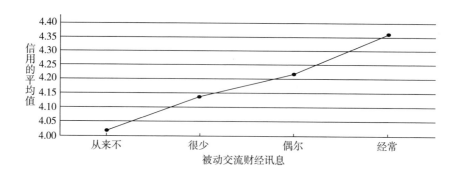

图 4-133　被动交流财经讯息与大学生信用之间的关系

经历的大学生的信用和从来不主动分享财经经历的大学生的信用之间无显著差异（α=0.05）。具体数据如表 4-317 和图 4-134 所示。

表 4-317　主动分享财经经历与大学生信用之间的关系

主动分享财经经历	频数（人）	均值	标准差
从来不	362	4.14	0.828
很少	2113	4.11	0.755
偶尔	2812	4.21	0.741
经常	552	4.40	0.703
总计	5839	4.19	0.753

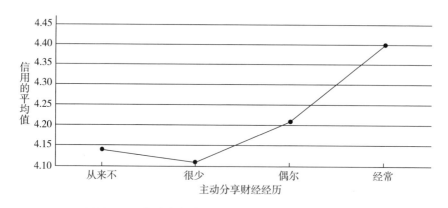

图 4-134　主动分享财经经历与大学生信用之间的关系

（9）被动分享财经经历。One-way ANOVA 分析发现，$F(3,5835)=20.646$，$p=0.000(p<0.05)$。由于基于均值所计算的因变量的方差在自变量的各组间相等，故而，使用 Tamhane 多重比较法，发现经常被动分享财经经历的大学生的信用显著高于偶尔、很少、从来不被动分享财经经历的大学生的信用。偶尔被动分享财经经历的大学生的信用显著高于很少、从来不被动分享财经经历的大学生的

信用。但很少被动分享财经经历的大学生的信用和从来不被动分享财经经历的大学生的信用之间无显著差异（α＝0.05）。具体数据如表 4-318 和图 4-135 所示。

表 4-318　被动分享财经经历与大学生信用之间的关系

被动分享财经经历	频数（人）	均值	标准差
从来不	303	4.07	0.858
很少	2234	4.13	0.749
偶尔	2770	4.21	0.739
经常	532	4.39	0.732
总计	5839	4.19	0.753

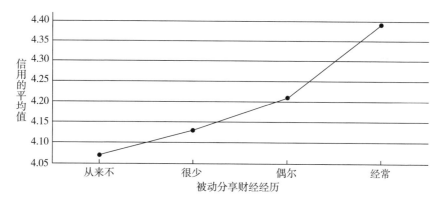

图 4-135　被动分享财经经历与大学生信用之间的关系

（10）主动请教财经决策。One-way ANOVA 分析发现，$F_{(3, 5835)} = 61.594$，$p = 0.000(p < 0.05)$。由于基于均值所计算的因变量的方差在自变量的各组间不等，故而，使用 Tamhane 多重比较法，发现经常主动请教财经决策的大学生的信用显著高于偶尔、很少、从来不主动请教财经决策的大学生的信用。偶尔主动请教财经决策的大学生的信用显著高于很少、从来不主动请教财经决策的大学生的信用。但很少主动请教财经决策的大学生的信用和从来不主动请教财经决策的大学生的信用之间无显著差异（α＝0.05）。具体数据如表 4-319 和图 4-136 所示。

表 4-319　主动请教财经决策与大学生信用之间的关系

主动请教财经决策	频数（人）	均值	标准差
从来不	215	3.99	0.939
很少	1550	4.06	0.782
偶尔	2817	4.18	0.740

续表

主动请教财经决策	频数（人）	均值	标准差
经常	1257	4.42	0.648
总计	5839	4.19	0.753

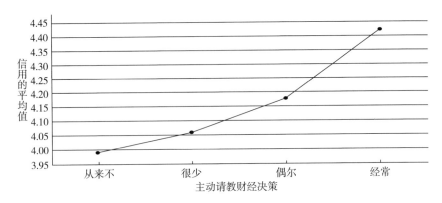

图4-136　主动请教财经决策与大学生信用之间的关系

十、社会教育对生涯适应能力的影响

本书将社会教育作为自变量，生涯适应能力作为因变量，运用 One-way ANOVA 分析工具进行方差分析。其中，将生涯适应能力涉及的三个题项加总求均值，记为因子分，用这个因子分代表生涯适应能力。该值越高，表示大学生生涯适应能力越高。该变量均值为 3.51，标准差为 0.870。以下为社会教育对生涯适应能力影响的检验结果：

（1）主动获取财经讯息。One-way ANOVA 分析发现，$F(3,5835) = 79.923$，$p = 0.000(p<0.05)$。由于基于均值所计算的因变量的方差在自变量的各组间不等，故而，使用 Tamhane 多重比较法，发现经常主动获取财经讯息的大学生的生涯适应能力显著高于偶尔、很少、从来不主动获取财经讯息的大学生的生涯适应能力。偶尔主动获取财经讯息的大学生的生涯适应能力显著高于很少、从来不主动获取财经讯息的大学生的生涯适应能力。但很少主动获取财经讯息的大学生的生涯适应能力和从来不主动获取财经讯息的大学生的生涯适应能力之间无显著差异（$\alpha = 0.05$）。具体数据如表 4-320 和图 4-137 所示。

表4-320　主动获取财经讯息与大学生生涯适应能力之间的关系

主动获取财经讯息	频数（人）	均值	标准差
从来不	156	3.12	1.052
很少	1850	3.35	0.866

续表

主动获取财经讯息	频数（人）	均值	标准差
偶尔	3135	3.54	0.822
经常	698	3.89	0.902
总计	5839	3.51	0.870

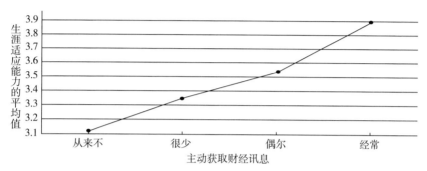

图 4-137　主动获取财经讯息与大学生生涯适应能力之间的关系

（2）财经讯息延展。One-way ANOVA 分析发现，$F(3,5835)=106.567$，$p=0.000(p<0.05)$。由于基于均值所计算的因变量的方差在自变量的各组间不等，故而，使用 Tamhane 多重比较法，发现经常财经讯息延展的大学生的生涯适应能力显著高于偶尔、很少、从来不财经讯息延展的大学生的生涯适应能力。偶尔财经讯息延展的大学生的生涯适应能力显著高于很少、从来不财经讯息延展的大学生的生涯适应能力。很少财经讯息延展的大学生的生涯适应能力显著高于从来不财经讯息延展的大学生的生涯适应能力（$\alpha=0.05$）。具体数据如表 4-321 和图 4-138 所示。

表 4-321　财经讯息延展与大学生生涯适应能力之间的关系

财经讯息延展	频数（人）	均值	标准差
从来不	214	3.07	1.000
很少	2176	3.34	0.842
偶尔	2795	3.57	0.827
经常	654	3.93	0.893
总计	5839	3.51	0.870

（3）自我警示。One-way ANOVA 分析发现，$F(3,5835)=81.443$，$p=0.000(p<0.05)$。由于基于均值所计算的因变量的方差在自变量的各组间不等，故而，使用 Tamhane 多重比较法，发现经常自我警示的大学生的生涯适应能力显著高于偶尔、很少、从来不自我警示的大学生的生涯适应能力。偶尔自我警示的大学生的生涯适应能力显著高于很少、从来不自我警示的大学生的生涯适应能力。但很

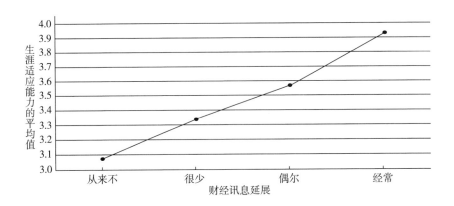

图 4-138　财经讯息延展与大学生生涯适应能力之间的关系

少自我警示的大学生的生涯适应能力和从来不自我警示的大学生的生涯适应能力之间无显著差异（α＝0.05）。具体数据如表 4-322 和图 4-139 所示。

表 4-322　自我警示与大学生生涯适应能力之间的关系

自我警示	频数（人）	均值	标准差
从来不	202	3.15	0.969
很少	1282	3.30	0.865
偶尔	2663	3.48	0.823
经常	1692	3.75	0.874
总计	5839	3.51	0.870

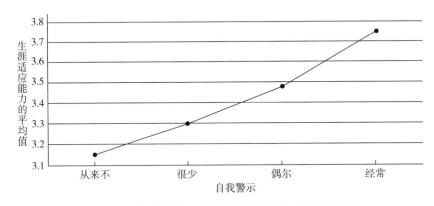

图 4-139　自我警示与大学生生涯适应能力之间的关系

（4）主动参与讲座。One-way ANOVA 分析发现，$F(3,5835)=91.803$，$p=0.000(p<0.05)$。由于基于均值所计算的因变量的方差在自变量的各组间不等，故而，使用 Tamhane 多重比较法，发现经常主动参与讲座的大学生的生涯适应能力显著高于偶尔、很少、从来不主动参与讲座的大学生的生涯适应能力。偶尔主

动参与讲座的大学生的生涯适应能力显著高于很少、从来不主动参与讲座的大学生的生涯适应能力。很少主动参与讲座的大学生的生涯适应能力显著高于从来不主动参与讲座的大学生的生涯适应能力（α=0.05）。具体数据如表4-323和图4-140所示。

表4-323　主动参与讲座与大学生生涯适应能力之间的关系

主动参与讲座	频数（人）	均值	标准差
从来不	604	3.19	0.920
很少	2392	3.39	0.830
偶尔	2464	3.64	0.834
经常	379	3.91	0.959
总计	5839	3.51	0.870

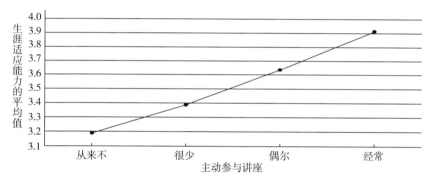

图4-140　主动参与讲座与大学生生涯适应能力之间的关系

（5）讲座收获。One-way ANOVA分析发现，F(3,5835)=81.035，p=0.000（p<0.05）。由于基于均值所计算的因变量的方差在自变量的各组间不等，故而，使用Tamhane多重比较法，发现有很多讲座收获的大学生的生涯适应能力显著高于有一些、很少、一点都没有讲座收获的大学生的生涯适应能力。有一些讲座收获的大学生的生涯适应能力显著高于很少、一点都没有讲座收获的大学生的生涯适应能力。很少讲座收获的大学生的生涯适应能力显著高于一点都没有讲座收获的大学生的生涯适应能力（α=0.05）。具体数据如表4-324和图4-141所示。

表4-324　讲座收获与大学生生涯适应能力之间的关系

讲座收获	频数（人）	均值	标准差
一点都没有	282	3.13	0.919
很少	1108	3.33	0.887
一些	3447	3.50	0.828

续表

讲座收获	频数（人）	均值	标准差
很多	1002	3.83	0.877
总计	5839	3.51	0.870

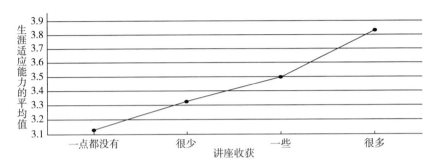

图 4-141　讲座收获与大学生生涯适应能力之间的关系

（6）主动交流财经讯息。One-way ANOVA 分析发现，$F(3,5835)=111.353$，$p=0.000(p<0.05)$。由于基于均值所计算的因变量的方差在自变量的各组间不等，故而，使用 Tamhane 多重比较法，发现经常主动交流财经讯息的大学生的生涯适应能力显著高于偶尔、很少、从来不主动交流财经讯息的大学生的生涯适应能力。偶尔主动交流财经讯息的大学生的生涯适应能力显著高于很少、从来不主动交流财经讯息的大学生的生涯适应能力。很少主动交流财经讯息的大学生的生涯适应能力显著高于从来不主动交流财经讯息的大学生的生涯适应能力（$\alpha=0.05$）。具体数据如表 4-325 和图 4-142 所示。

表 4-325　主动交流财经讯息与大学生生涯适应能力之间的关系

主动交流财经讯息	频数（人）	均值	标准差
从来不	288	3.09	0.957
很少	2120	3.34	0.847
偶尔	2863	3.59	0.824
经常	568	3.95	0.893
总计	5839	3.51	0.870

（7）被动交流财经讯息。One-way ANOVA 分析发现，$F(3,5835)=101.791$，$p=0.000(p<0.05)$。由于基于均值所计算的因变量的方差在自变量的各组间不等，故而，使用 Tamhane 多重比较法，发现经常被动交流财经讯息的大学生的生涯适应能力显著高于偶尔、很少、从来不被动交流财经讯息的大学生的生涯适应能力。偶尔被动交流财经讯息的大学生的生涯适应能力显著高于很少、从来不被

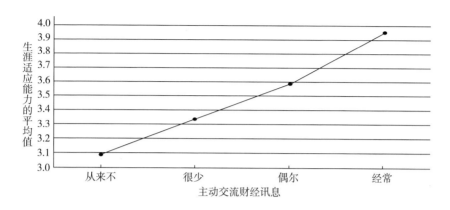

图 4-142　主动交流财经讯息与大学生生涯适应能力之间的关系

动交流财经讯息的大学生的生涯适应能力。很少被动交流财经讯息的大学生的生涯适应能力显著高于从来不被动交流财经讯息的大学生的生涯适应能力（α = 0.05）。具体数据如表 4-326 和图 4-143 所示。

表 4-326　被动交流财经讯息与大学生生涯适应能力之间的关系

被动交流财经讯息	频数（人）	均值	标准差
从来不	278	3.08	0.954
很少	2291	3.36	0.840
偶尔	2779	3.59	0.830
经常	491	3.96	0.920
总计	5839	3.51	0.870

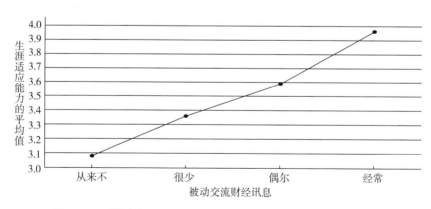

图 4-143　被动交流财经讯息与大学生生涯适应能力之间的关系

（8）主动分享财经经历。One-way ANOVA 分析发现，$F(3,5835) = 106.060$，$p = 0.000(p<0.05)$。由于基于均值所计算的因变量的方差在自变量的各组间不等，故而，使用 Tamhane 多重比较法，发现经常主动分享财经经历的大学生的生

涯适应能力显著高于偶尔、很少、从来不主动分享财经经历的大学生的生涯适应
能力。偶尔主动分享财经经历的大学生的生涯适应能力显著高于很少、从来不主
动分享财经经历的大学生的生涯适应能力。很少主动分享财经经历的大学生的生
涯适应能力显著高于从来不主动分享财经经历的大学生的生涯适应能力（α =
0.05）。具体数据如表 4-327 和图 4-144 所示。

表 4-327　主动分享财经经历与大学生生涯适应能力之间的关系

主动分享财经经历	频数（人）	均值	标准差
从来不	362	3.11	0.912
很少	2113	3.35	0.845
偶尔	2812	3.60	0.829
经常	552	3.92	0.902
总计	5839	3.51	0.870

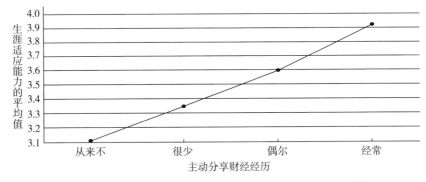

图 4-144　主动分享财经经历与大学生生涯适应能力之间的关系

（9）被动分享财经经历。One-way ANOVA 分析发现，$F(3,5835)= 108.828$，
$p=0.000(p<0.05)$。由于基于均值所计算的因变量的方差在自变量的各组间不
等，故而，使用 Tamhane 多重比较法，发现经常被动分享财经经历的大学生的生
涯适应能力显著高于偶尔、很少、从来不被动分享财经经历的大学生的生涯适应
能力。偶尔被动分享财经经历的大学生的生涯适应能力显著高于很少、从来不被
动分享财经经历的大学生的生涯适应能力。很少被动分享财经经历的大学生的生
涯适应能力显著高于从来不被动分享财经经历的大学生的生涯适应能力（α =
0.05）。具体数据如表 4-328 和图 4-145 所示。

表 4-328　被动分享财经经历与大学生生涯适应能力之间的关系

被动分享财经经历	频数（人）	均值	标准差
从来不	303	3.12	0.920
很少	2234	3.35	0.846

被动分享财经经历	频数（人）	均值	标准差
偶尔	2770	3.59	0.830
经常	532	3.96	0.889
总计	5839	3.51	0.870

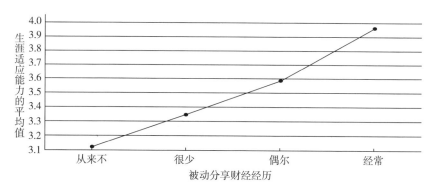

图 4-145　被动分享财经经历与大学生生涯适应能力之间的关系

（10）主动请教财经决策。One-way ANOVA 分析发现，F(3,5835)=64.640，p=0.000（p<0.05）。由于基于均值所计算的因变量的方差在自变量的各组间相等，故而，使用 Tamhane 多重比较法，发现经常主动请教财经决策的大学生的生涯适应能力显著高于偶尔、很少、从来不主动请教财经决策的大学生的生涯适应能力。偶尔主动请教财经决策的大学生的生涯适应能力显著高于很少、从来不主动请教财经决策的大学生的生涯适应能力。很少主动请教财经决策的大学生的生涯适应能力显著高于从来不主动请教财经决策的大学生的生涯适应能力（α=0.05）。具体数据如表 4-329 和图 4-146 所示。

表 4-329　主动请教财经决策与大学生生涯适应能力之间的关系

主动请教财经决策	频数（人）	均值	标准差
从来不	215	3.11	0.978
很少	1550	3.34	0.853
偶尔	2817	3.54	0.837
经常	1257	3.73	0.879
总计	5839	3.51	0.870

十一、社会教育对未来承诺的影响

本书将社会教育作为自变量，未来承诺作为因变量，运用 One-way ANOVA 分析工具进行方差分析。其中，将未来承诺涉及的三个题项加总求均值，记为因

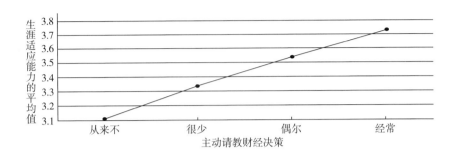

图 4-146　主动请教财经决策与大学生生涯适应能力之间的关系

子分，用这个因子分代表未来承诺。该值越高，表示大学生未来承诺越高。该变量均值为 3.68，标准差为 0.855。以下为社会教育对未来承诺影响的检验结果：

（1）主动获取财经讯息。One-way ANOVA 分析发现，$F(3, 5835) = 64.252$，$p = 0.000(p<0.05)$。由于基于均值所计算的因变量的方差在自变量的各组间不等，故而，使用 Tamhane 多重比较法，发现经常主动获取财经讯息的大学生的未来承诺显著高于偶尔、很少、从来不主动获取财经讯息的大学生的未来承诺。偶尔主动获取财经讯息的大学生的未来承诺显著高于很少、从来不主动获取财经讯息的大学生的未来承诺。但很少主动获取财经讯息的大学生的未来承诺和从来不主动获取财经讯息的大学生的未来承诺之间无显著差异（$\alpha = 0.05$）。具体数据如表 4-330 和图 4-147 所示。

表 4-330　主动获取财经讯息与大学生未来承诺之间的关系

主动获取财经讯息	频数（人）	均值	标准差
从来不	156	3.32	1.030
很少	1850	3.54	0.859
偶尔	3135	3.70	0.815
经常	698	4.01	0.861
总计	5839	3.68	0.855

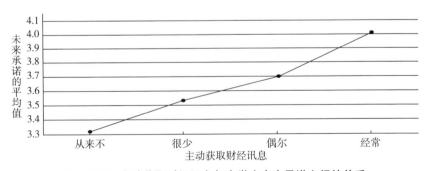

图 4-147　主动获取财经讯息与大学生未来承诺之间的关系

（2）财经讯息延展。One-way ANOVA 分析发现，$F(3,5835)=81.840$，$p=0.000(p<0.05)$。由于基于均值所计算的因变量的方差在自变量的各组间不等，故而，使用 Tamhane 多重比较法，发现经常财经讯息延展的大学生的未来承诺显著高于偶尔、很少、从来不财经讯息延展的大学生的未来承诺。偶尔财经讯息延展的大学生的未来承诺显著高于很少、从来不主动财经讯息延展的大学生的未来承诺。很少财经讯息延展的大学生的未来承诺显著高于从来不财经讯息延展的大学生的未来承诺（$\alpha=0.05$）。具体数据如表 4-331 和图 4-148 所示。

表 4-331 财经讯息延展与大学生未来承诺之间的关系

财经讯息延展	频数（人）	均值	标准差
从来不	214	3.31	0.993
很少	2176	3.53	0.843
偶尔	2795	3.73	0.813
经常	654	4.05	0.867
总计	5839	3.68	0.855

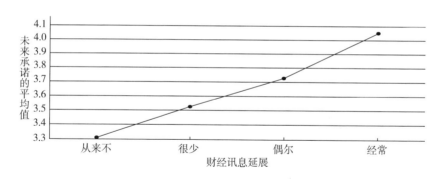

图 4-148 财经讯息延展与大学生未来承诺之间的关系

（3）自我警示。One-way ANOVA 分析发现，$F(3,5835)=60.416$，$p=0.000$（$p<0.05$）。由于基于均值所计算的因变量的方差在自变量的各组间不等，故而，使用 Tamhane 多重比较法，发现经常自我警示的大学生的未来承诺显著高于偶尔、很少、从来不自我警示的大学生的未来承诺。偶尔自我警示的大学生的未来承诺显著高于很少、从来不自我警示的大学生的未来承诺。但很少自我警示的大学生的未来承诺和从来不自我警示的大学生的未来承诺之间无显著差异（$\alpha=0.05$）。具体数据如表 4-332 和图 4-149 所示。

表 4-332 自我警示与大学生未来承诺之间的关系

自我警示	频数（人）	均值	标准差
从来不	202	3.33	1.029
很少	1282	3.51	0.864

续表

自我警示	频数（人）	均值	标准差
偶尔	2663	3.66	0.801
经常	1692	3.88	0.863
总计	5839	3.68	0.855

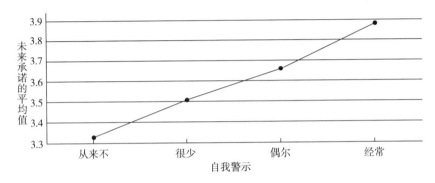

图4-149　自我警示与大学生未来承诺之间的关系

（4）主动参与讲座。One-way ANOVA 分析发现，$F(3,5835)=68.775$，$p=0.000(p<0.05)$。由于基于均值所计算的因变量的方差在自变量的各组间不等，故而，使用 Tamhane 多重比较法，发现经常主动参与讲座的大学生的未来承诺显著高于偶尔、很少、从来不主动参与讲座的大学生的未来承诺。偶尔主动参与讲座的大学生的未来承诺显著高于很少、从来不主动参与讲座的大学生的未来承诺。很少主动参与讲座的大学生的未来承诺显著高于从来不主动参与讲座的大学生的未来承诺（$\alpha=0.05$）。具体数据如表4-333和图4-150所示。

表4-333　主动参与讲座与大学生未来承诺之间的关系

主动参与讲座	频数（人）	均值	标准差
从来不	604	3.41	0.910
很少	2392	3.58	0.835
偶尔	2464	3.77	0.818
经常	379	4.07	0.896
总计	5839	3.68	0.855

（5）讲座收获。One-way ANOVA 分析发现，$F(3,5835)=86.267$，$p=0.000$（$p<0.05$）。由于基于均值所计算的因变量的方差在自变量的各组间不等，故而，使用 Tamhane 多重比较法，发现有很多讲座收获的大学生的未来承诺显著高于有一些、很少、一点都没有讲座收获的大学生的未来承诺。有一些讲座收获的大学生的未来承诺显著高于很少、一点都没有讲座收获的大学生的未来承诺。但很少

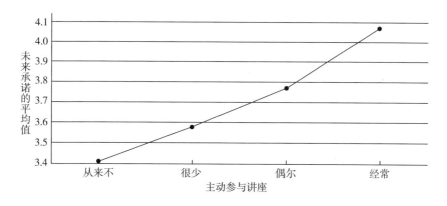

图 4-150 主动参与讲座与大学生未来承诺之间的关系

讲座收获的大学生的未来承诺和一点都没有讲座收获的大学生的未来承诺之间无显著差异（α=0.05）。具体数据如表 4-334 和图 4-151 所示。

表 4-334 讲座收获与大学生未来承诺之间的关系

讲座收获	频数（人）	均值	标准差
一点都没有	282	3.35	0.949
很少	1108	3.46	0.881
一些	3447	3.68	0.807
很多	1002	3.99	0.853
总计	5839	3.68	0.855

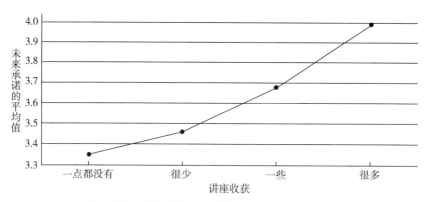

图 4-151 讲座收获与大学生未来承诺之间的关系

（6）主动交流财经讯息。One-way ANOVA 分析发现，$F(3,5835)=77.329$，$p=0.000（p<0.05）$。由于基于均值所计算的因变量的方差在自变量的各组间不等，故而，使用 Tamhane 多重比较法，发现经常主动交流财经讯息的大学生的未来承诺显著高于偶尔、很少、从来不主动交流财经讯息的大学生的未来承诺。偶

尔主动交流财经讯息的大学生的未来承诺显著高于很少、从来不主动交流财经讯息的大学生的未来承诺。很少主动交流财经讯息的大学生的未来承诺显著高于从来不主动交流财经讯息的大学生的未来承诺（α＝0.05）。具体数据如表 4-335 和图 4-152 所示。

表 4-335　主动交流财经讯息与大学生未来承诺之间的关系

主动交流财经讯息	频数（人）	均值	标准差
从来不	288	3.27	0.913
很少	2120	3.55	0.842
偶尔	2863	3.74	0.814
经常	568	4.02	0.902
总计	5839	3.68	0.855

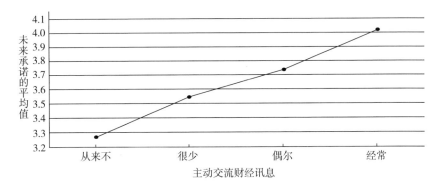

图 4-152　主动交流财经讯息与大学生未来承诺之间的关系

（7）被动交流财经讯息。One-way ANOVA 分析发现，$F(3,5835)=76.050$，$p=0.000(p<0.05)$。由于基于均值所计算的因变量的方差在自变量的各组间不等，故而，使用 Tamhane 多重比较法，发现经常被动交流财经讯息的大学生的未来承诺显著高于偶尔、很少、从来不被动交流财经讯息的大学生的未来承诺。偶尔被动交流财经讯息的大学生的未来承诺显著高于很少、从来不被动交流财经讯息的大学生的未来承诺。很少被动交流财经讯息的大学生的未来承诺显著高于从来不被动交流财经讯息的大学生的未来承诺（α＝0.05）。具体数据如表 4-336 和图 4-153 所示。

表 4-336　被动交流财经讯息与大学生未来承诺之间的关系

被动交流财经讯息	频数（人）	均值	标准差
从来不	278	3.31	0.963
很少	2291	3.56	0.841
偶尔	2779	3.74	0.815

被动交流财经讯息	频数（人）	均值	标准差
经常	491	4.08	0.882
总计	5839	3.68	0.855

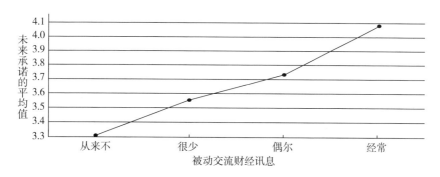

图 4-153　被动交流财经讯息与大学生未来承诺之间的关系

（8）主动分享财经经历。One-way ANOVA 分析发现，$F(3,5835)=73.998$，$p=0.000(p<0.05)$。由于基于均值所计算的因变量的方差在自变量的各组间不等，故而，使用 Tamhane 多重比较法，发现经常主动分享财经经历的大学生的未来承诺显著高于偶尔、很少、从来不主动分享财经经历的大学生的未来承诺。偶尔主动分享财经经历的大学生的未来承诺显著高于很少、从来不主动分享财经经历的大学生的未来承诺。很少主动分享财经经历的大学生的未来承诺显著高于从来不主动分享财经经历的大学生的未来承诺（$\alpha=0.05$）。具体数据如表 4-337和图 4-154 所示。

表 4-337　主动分享财经经历与大学生未来承诺之间的关系

主动分享财经经历	频数（人）	均值	标准差
从来不	362	3.38	0.910
很少	2113	3.55	0.839
偶尔	2812	3.74	0.821
经常	552	4.06	0.880
总计	5839	3.68	0.855

（9）被动分享财经经历。One-way ANOVA 分析发现，$F(3,5835)=75.525$，$p=0.000(p<0.05)$。由于基于均值所计算的因变量的方差在自变量的各组间相等，故而，使用 Tamhane 多重比较法，发现经常被动分享财经经历的大学生的未来承诺显著高于偶尔、很少、从来不被动分享财经经历的大学生的未来承诺。偶尔被动分享财经经历的大学生的未来承诺显著高于很少、从来不被动分享财经经

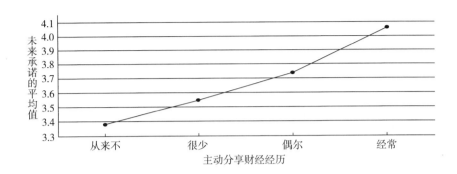

图 4-154　主动分享财经经历与大学生未来承诺之间的关系

历的大学生的未来承诺。很少被动分享财经经历的大学生的未来承诺显著高于从来不被动分享财经经历的大学生的未来承诺（$\alpha = 0.05$）。具体数据如表 4-338 和图 4-155 所示。

表 4-338　被动分享财经经历与大学生未来承诺之间的关系

被动分享财经经历	频数（人）	均值	标准差
从来不	303	3.38	0.929
很少	2234	3.56	0.842
偶尔	2770	3.72	0.820
经常	532	4.10	0.866
总计	5839	3.68	0.855

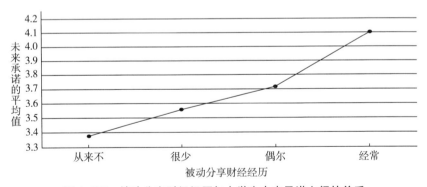

图 4-155　被动分享财经经历与大学生未来承诺之间的关系

（10）主动请教财经决策。One-way ANOVA 分析发现，$F(3,5835) = 63.739$，$p = 0.000(p < 0.05)$。由于基于均值所计算的因变量的方差在自变量的各组间不等，故而，使用 Tamhane 多重比较法，发现经常主动请教财经决策的大学生的未来承诺显著高于偶尔、很少、从来不主动请教财经决策的大学生的未来承诺。偶尔主动请教财经决策的大学生的未来承诺显著高于很少、从来不主动请教财经决

策的大学生的未来承诺。但很少主动请教财经决策的大学生的未来承诺和从来不主动请教财经决策的大学生的未来承诺之间无显著差异（$\alpha = 0.05$）。具体数据如表 4-339 和图 4-156 所示。

表 4-339 主动请教财经决策与大学生未来承诺之间的关系

主动请教财经决策	频数（人）	均值	标准差
从来不	215	3.34	0.976
很少	1550	3.52	0.850
偶尔	2817	3.68	0.820
经常	1257	3.92	0.854
总计	5839	3.68	0.855

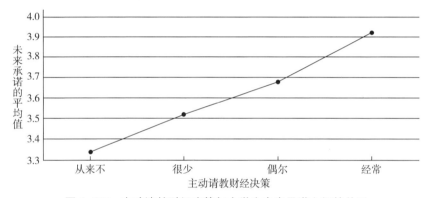

图 4-156 主动请教财经决策与大学生未来承诺之间的关系

十二、自我建构在社会教育与客观财经知识得分之间的中介效应

本书把社会教育作为自变量，包括主动获取财经讯息、财经讯息延展、自我警示、主动参与讲座、讲座收获、主动交流财经讯息、被动交流财经讯息、主动分享财经经历、被动分享财经经历、主动请教财经决策共十个变量，把依存型自我建构、独立型自我建构两个自我建构变量作为中介变量，客观财经知识得分作为因变量，运用 PROCESS 分析工具进行多重中介效应分析，将样本数量设置为5000，置信区间的置信度设置为 95%。以下为自我建构在社会教育和客观财经知识得分之间的中介效应的检验结果：

（1）主动获取财经讯息。将主动获取财经讯息作为自变量，自我建构作为中介变量，客观财经知识得分作为因变量。主动获取财经讯息影响客观财经知识得分的总效应置信区间［3.5385，4.8686］不包含 0，说明总效应在 $\alpha = 0.05$ 的水平上显著，效应大小为 4.2036；直接效应置信区间［3.4642，4.8126］不包含 0，说明直接效应显著，效应大小为 4.1384；总间接效应置信区间［-0.0023，

0.0074] 包含 0，说明自我建构在主动获取财经讯息与客观财经知识得分之间并没有发挥显著的中介效应。具体的数据如表 4-340 所示。

表 4-340　自我建构在主动获取财经讯息与客观财经知识得分之间的中介效应

效应		Effect	置信区间下限	置信区间上限
总效应		4.2036	3.5385	4.8686
直接效应		4.1384	3.4642	4.8126
间接效应	总间接效应	0.0652	−0.0023	0.0074
	依存型自我建构	0.0540	−0.0019	0.0061
	独立型自我建构	0.0112	−0.0048	0.0058

（2）财经讯息延展。将财经讯息延展作为自变量，自我建构作为中介变量，客观财经知识得分作为因变量。财经讯息延展影响客观财经知识得分的总效应置信区间［2.7905，4.0738］不包含 0，说明总效应在 $\alpha=0.05$ 的水平上显著，效应大小为 3.4321；直接效应置信区间［2.7037，4.0137］不包含 0，说明直接效应显著，效应大小为 3.3587；总间接效应置信区间［−0.0739，0.2300］包含 0，说明自我建构在财经讯息延展与客观财经知识得分之间并没有发挥显著的中介效应。具体的数据如表 4-341 所示。

表 4-341　自我建构在财经讯息延展与客观财经知识得分之间的中介效应

效应		Effect	置信区间下限	置信区间上限
总效应		3.4321	2.7905	4.0738
直接效应		3.3587	2.7037	4.0137
间接效应	总间接效应	0.0735	−0.0739	0.2300
	依存型自我建构	0.0613	−0.0617	0.1936
	独立型自我建构	0.0122	−0.1433	0.1651

（3）自我警示。将自我警示作为自变量，自我建构作为中介变量，客观财经知识得分作为因变量。自我警示影响客观财经知识得分的总效应置信区间［2.8236，3.9709］不包含 0，说明总效应在 $\alpha=0.05$ 的水平上显著，效应大小为 3.3972；直接效应置信区间［2.7513，3.9180］不包含 0，说明直接效应显著，效应大小为 3.3347；总间接效应置信区间［−0.0614，0.1891］包含 0，说明自我建构在自我警示与客观财经知识得分之间并没有发挥显著的中介效应。具体的数据如表 4-342 所示。

表 4-342　自我建构在自我警示与客观财经知识得分之间的中介效应

效应	Effect	置信区间下限	置信区间上限
总效应	3.3972	2.8236	3.9709

续表

效应		Effect	置信区间下限	置信区间上限
直接效应		3.3347	2.7513	3.9180
间接效应	总间接效应	0.0626	−0.0614	0.1891
	依存型自我建构	0.0420	−0.0659	0.1589
	独立型自我建构	0.0205	−0.1047	0.1431

（4）主动参与讲座。将主动参与讲座作为自变量，自我建构作为中介变量，客观财经知识得分作为因变量。主动参与讲座影响客观财经知识得分的总效应置信区间 [0.4428，1.6636] 不包含0，说明总效应在 $\alpha = 0.05$ 的水平上显著，效应大小为1.0532；直接效应置信区间 [0.2768，1.5185] 不包含0，说明直接效应显著，效应大小为0.8977；总间接效应置信区间 [−0.0194，0.2970] 包含0，说明自我建构在主动参与讲座与客观财经知识得分之间并没有发挥显著的中介效应。具体的数据如表4-343所示。

表4-343   自我建构在主动参与讲座与客观财经知识得分之间的中介效应

效应		Effect	置信区间下限	置信区间上限
总效应		1.0532	0.4428	1.6636
直接效应		0.8977	0.2768	1.5185
间接效应	总间接效应	0.1555	−0.0194	0.2970
	依存型自我建构	0.0809	−0.0474	0.2124
	独立型自我建构	0.0746	−0.0574	0.2031

（5）讲座收获。将讲座收获作为自变量，自我建构作为中介变量，客观财经知识得分作为因变量。讲座收获影响客观财经知识得分的总效应置信区间 [1.2750，2.5404] 不包含0，说明总效应在 $\alpha = 0.05$ 的水平上显著，效应大小为1.9077；直接效应置信区间 [1.1212，2.4141] 不包含0，说明直接效应显著，效应大小为1.7676；总间接效应置信区间 [−0.0077，0.3033] 包含0，说明自我建构在讲座收获与客观财经知识得分之间并没有发挥显著的中介效应。具体的数据如表4-344所示。

表4-344   自我建构在讲座收获与客观财经知识得分之间的中介效应

效应		Effect	置信区间下限	置信区间上限
总效应		1.9077	1.2750	2.5404
直接效应		1.7676	1.1212	2.4141
间接效应	总间接效应	0.1401	−0.0077	0.3033
	依存型自我建构	0.0714	−0.0833	0.2283
	独立型自我建构	0.0686	−0.0708	0.2160

（6）主动交流财经讯息。将主动交流财经讯息作为自变量，自我建构作为中介变量，客观财经知识得分作为因变量。主动交流财经讯息影响客观财经知识得分的总效应置信区间［1.6805，2.9641］不包含 0，说明总效应在 $\alpha = 0.05$ 的水平上显著，效应大小为 2.3223；直接效应置信区间［1.5432，2.8555］不包含 0，说明直接效应显著，效应大小为 2.1994；总间接效应置信区间［-0.0387，0.2931］包含 0，说明自我建构在主动交流财经讯息与客观财经知识得分之间并没有发挥显著的中介效应。具体的数据如表 4-345 所示。

表 4-345　自我建构在主动交流财经讯息与客观财经知识得分之间的中介效应

效应		Effect	置信区间下限	置信区间上限
总效应		2.3223	1.6805	2.9641
直接效应		2.1994	1.5432	2.8555
间接效应	总间接效应	0.1229	-0.0387	0.2931
	依存型自我建构	0.0729	-0.0595	0.2209
	独立型自我建构	0.0500	-0.1113	0.2120

（7）被动交流财经讯息。将被动交流财经讯息作为自变量，自我建构作为中介变量，客观财经知识得分作为因变量。被动交流财经讯息影响客观财经知识得分的总效应置信区间［1.0876，2.3999］不包含 0，说明总效应在 $\alpha = 0.05$ 的水平上显著，效应大小为 1.7437；直接效应置信区间［0.9160，2.2577］不包含 0，说明直接效应显著，效应大小为 1.5869；总间接效应置信区间［-0.0025，0.3223］包含 0，说明自我建构在被动交流财经讯息与客观财经知识得分之间并没有发挥显著的中介效应。具体的数据如表 4-346 所示。

表 4-346　自我建构在被动交流财经讯息与客观财经知识得分之间的中介效应

效应		Effect	置信区间下限	置信区间上限
总效应		1.7437	1.0876	2.3999
直接效应		1.5869	0.9160	2.2577
间接效应	总间接效应	0.1569	-0.0025	0.3223
	依存型自我建构	0.0830	-0.0655	0.2400
	独立型自我建构	0.0738	-0.0845	0.2286

（8）主动分享财经经历。将主动分享财经经历作为自变量，自我建构作为中介变量，客观财经知识得分作为因变量。主动分享财经经历影响客观财经知识得分的总效应置信区间［0.8948，2.1502］不包含 0，说明总效应在 $\alpha = 0.05$ 的水平上显著，效应大小为 1.5225；直接效应置信区间［0.7254，2.0083］不包含 0，说明直接效应显著，效应大小为 1.3669；总间接效应置信区间［0.0039，

0.3159] 不包含 0，说明自我建构的间接效应显著，故存在部分中介效应，效应大小为 0.1556，占总效应的 10.22%。其中，依存型自我建构和独立型自我建构的置信区间均包含 0，说明两者的中介效应都不显著。具体的数据如表 4-347所示。

表 4-347　自我建构在主动分享财经经历与客观财经知识得分之间的中介效应

效应		Effect	置信区间下限	置信区间上限
总效应		1.5225	0.8948	2.1502
直接效应		1.3669	0.7254	2.0083
间接效应	总间接效应	0.1556	0.0039	0.3159
	依存型自我建构	0.0818	-0.0611	0.2345
	独立型自我建构	0.0738	-0.0770	0.2242

（9）被动分享财经经历。将被动分享财经经历作为自变量，自我建构作为中介变量，客观财经知识得分作为因变量。被动分享财经经历影响客观财经知识得分的总效应置信区间 [0.9059, 2.1923] 不包含 0，说明总效应在 $\alpha=0.05$ 的水平上显著，效应大小为 1.5491；直接效应置信区间 [0.7284, 2.0445] 不包含 0，说明直接效应显著，效应大小为 1.3864；总间接效应置信区间 [0.0062, 0.3306] 不包含 0，说明自我建构的间接效应显著，故存在部分中介效应，效应大小为 0.1627，占总效应的 10.50%。其中，依存型自我建构和独立型自我建构的置信区间均包含 0，说明两者的中介效应都不显著。具体的数据如表 4-348所示。

表 4-348　自我建构在被动分享财经经历与客观财经知识得分之间的中介效应

效应		Effect	置信区间下限	置信区间上限
总效应		1.5491	0.9059	2.1923
直接效应		1.3864	0.7284	2.0445
间接效应	总间接效应	0.1627	0.0062	0.3306
	依存型自我建构	0.0855	-0.0666	0.2437
	独立型自我建构	0.0772	-0.0746	0.2385

（10）主动请教财经决策。将主动请教财经决策作为自变量，自我建构作为中介变量，客观财经知识得分作为因变量。主动请教财经决策影响客观财经知识得分的总效应置信区间 [2.7933, 3.9737] 不包含 0，说明总效应在 $\alpha=0.05$ 的水平上显著，效应大小为 3.3835；直接效应置信区间 [2.7161, 3.9171] 不包含 0，说明直接效应显著，效应大小为 3.3166；总间接效应置信区间 [-0.0597, 0.1976] 包含 0，说明自我建构在主动请教财经决策与客观财经知识得分之间并

没有发挥显著的中介效应。具体的数据如表4-349所示。

表4-349　自我建构在主动请教财经决策与客观财经知识得分之间的中介效应

效应		Effect	置信区间下限	置信区间上限
总效应		3.3835	2.7933	3.9737
直接效应		3.3166	2.7161	3.9171
间接效应	总间接效应	0.0639	−0.0597	0.1976
	依存型自我建构	0.0237	−0.1055	0.1587
	独立型自我建构	0.0433	−0.0649	0.1537

十三、自我建构在社会教育与主观财经知识评价之间的中介效应

本书把社会教育作为自变量，包括主动获取财经讯息、财经讯息延展、自我警示、主动参与讲座、讲座收获、主动交流财经讯息、被动交流财经讯息、主动分享财经经历、被动分享财经经历、主动请教财经决策共十个变量，把依存型自我建构、独立型自我建构两个自我建构变量作为中介变量，主观财经知识评价作为因变量，运用 PROCESS 分析工具进行多重中介效应分析，将样本数量设置为5000，置信区间的置信度设置为95%。以下为自我建构在社会教育和主观财经知识评价之间的中介效应的检验结果：

（1）主动获取财经讯息。将主动获取财经讯息作为自变量，自我建构作为中介变量，主观财经知识评价作为因变量。主动获取财经讯息影响主观财经知识评价的总效应置信区间 [0.5028, 0.5977] 不包含0，说明总效应在 $\alpha = 0.05$ 的水平上显著，效应大小为0.5502；直接效应置信区间 [0.4639, 0.5592] 不包含0，说明直接效应显著，效应大小为0.5115；总间接效应置信区间 [0.0274, 0.0512] 不包含0，说明自我建构的间接效应显著，故存在部分中介效应，效应大小为0.0387，占总效应的7.03%。其中，依存型自我建构和独立型自我建构的置信区间均包含0，说明两者的中介效应都不显著。具体的数据如表4-350所示。

表4-350　自我建构在主动获取财经讯息与主观财经知识评价之间的中介效应

效应		Effect	置信区间下限	置信区间上限
总效应		0.5502	0.5028	0.5977
直接效应		0.5115	0.4639	0.5592
间接效应	总间接效应	0.0387	0.0274	0.0512
	依存型自我建构	0.0000	−0.0079	0.0079
	独立型自我建构	0.0387	−0.270	0.0514

（2）财经讯息延展。将财经讯息延展作为自变量，自我建构作为中介变量，

主观财经知识评价作为因变量。财经讯息延展影响主观财经知识评价的总效应置信区间［0.4410，0.5328］不包含0，说明总效应在α=0.05的水平上显著，效应大小为0.4869；直接效应置信区间［0.3969，0.4899］不包含0，说明直接效应显著，效应大小为0.4434；总间接效应置信区间［0.0300，0.0575］不包含0，说明自我建构的间接效应显著，故存在部分中介效应，效应大小为0.0436，占总效应的15.12%。其中，独立型自我建构的置信区间不包含0，说明其发挥了显著的中介效应，效应大小为0.0442；而依存型自我建构的置信区间包含0，说明其中介效应不显著。具体的数据如表4-351所示。

表4-351　自我建构在财经讯息延展与主观财经知识评价之间的中介效应

效应		Effect	置信区间下限	置信区间上限
总效应		0.4869	0.4410	0.5328
直接效应		0.4434	0.3969	0.4899
间接效应	总间接效应	0.0436	0.0300	0.0575
	依存型自我建构	−0.0006	−0.0101	0.0086
	独立型自我建构	0.0442	0.0313	0.0583

（3）自我警示。将自我警示作为自变量，自我建构作为中介变量，主观财经知识评价作为因变量。自我警示影响主观财经知识评价的总效应置信区间［0.2488，0.3327］不包含0，说明总效应在α=0.05的水平上显著，效应大小为0.2908；直接效应置信区间［0.2086，0.2931］不包含0，说明直接效应显著，效应大小为0.2508；总间接效应置信区间［0.0286，0.0521］包含0，说明自我建构的间接效应显著，故存在部分中介效应，效应大小为0.0399，占总效应的13.72%。其中，独立型自我建构的置信区间不包含0，说明其发挥了显著的中介效应，效应大小为0.0397；而依存型自我建构的置信区间包含0，说明其中介效应不显著。具体的数据如表4-352所示。

表4-352　自我建构在自我警示与主观财经知识评价之间的中介效应

效应		Effect	置信区间下限	置信区间上限
总效应		0.2908	0.2488	0.3327
直接效应		0.2508	0.2086	0.2931
间接效应	总间接效应	0.0399	0.0286	0.0521
	依存型自我建构	0.0002	−0.0080	0.0087
	独立型自我建构	0.0397	0.0289	0.0515

（4）主动参与讲座。将主动参与讲座作为自变量，自我建构作为中介变量，主观财经知识评价作为因变量。主动参与讲座影响主观财经知识评价的总效应置

信区间 [0.4166, 0.5032] 不包含 0，说明总效应在 α = 0.05 的水平上显著，效应大小为 0.4599；直接效应置信区间 [0.3812, 0.4686] 不包含 0，说明直接效应显著，效应大小为 0.4249；总间接效应置信区间 [0.0238, 0.0479] 不包含 0，说明自我建构的间接效应显著，故存在部分中介效应，效应大小为 0.0350，占总效应的 7.61%。其中，独立型自我建构的置信区间不包含 0，说明其发挥了显著的中介效应，效应大小为 0.0385；而依存型自我建构的置信区间包含 0，说明其中介效应不显著。具体的数据如表 4-353 所示。

表 4-353　自我建构在主动参与讲座与主观财经知识评价之间的中介效应

效应		Effect	置信区间下限	置信区间上限
总效应		0.4599	0.4166	0.5032
直接效应		0.4249	0.3812	0.4686
间接效应	总间接效应	0.0350	0.0238	0.0479
	依存型自我建构	−0.0035	−0.0125	0.0060
	独立型自我建构	0.0385	0.0276	0.0507

（5）讲座收获。将讲座收获作为自变量，自我建构作为中介变量，主观财经知识评价作为因变量。讲座收获影响主观财经知识评价的总效应置信区间 [0.3717, 0.4084] 不包含 0，说明总效应在 α = 0.05 的水平上显著，效应大小为 0.3627；直接效应置信区间 [0.2744, 0.3668] 不包含 0，说明直接效应显著，效应大小为 0.3206；总间接效应置信区间 [0.0287, 0.0561] 不包含 0，说明自我建构的间接效应显著，故存在部分中介效应，效应大小为 0.0422，占总效应的 11.63%。其中，独立型自我建构的置信区间不包含 0，说明其发挥了显著的中介效应，效应大小为 0.0453；而依存型自我建构的置信区间包含 0，说明其中介效应不显著。具体的数据如表 4-354 所示。

表 4-354　自我建构在讲座收获与主观财经知识评价之间的中介效应

效应		Effect	置信区间下限	置信区间上限
总效应		0.3627	0.3717	0.4084
直接效应		0.3206	0.2744	0.3668
间接效应	总间接效应	0.0422	0.0287	0.0561
	依存型自我建构	−0.0032	−0.0142	0.0080
	独立型自我建构	0.0453	0.0329	0.0586

（6）主动交流财经讯息。将主动交流财经讯息作为自变量，自我建构作为中介变量，主观财经知识评价作为因变量。主动交流财经讯息影响主观财经知识评价的总效应置信区间 [0.4816, 0.5723] 不包含 0，说明总效应在 α = 0.05 的

水平上显著，效应大小为 0.5269；直接效应置信区间 ［0.4394，0.5316］不包含 0，说明直接效应显著，效应大小为 0.4855；总间接效应置信区间 ［0.0280，0.0558］不包含 0，说明自我建构的间接效应显著，故存在部分中介效应，效应大小为 0.0414，占总效应的 7.86%。其中，独立型自我建构的置信区间不包含 0，说明其发挥了显著的中介效应，效应大小为 0.0441；而依存型自我建构的置信区间包含 0，说明其中介效应不显著。具体的数据如表 4-355 所示。

表 4-355　自我建构在主动交流财经讯息与主观财经知识评价之间的中介效应

效应		Effect	置信区间下限	置信区间上限
总效应		0.5269	0.4816	0.5723
直接效应		0.4855	0.4394	0.5316
间接效应	总间接效应	0.0414	0.0280	0.0558
	依存型自我建构	−0.0027	−0.0124	0.0072
	独立型自我建构	0.0441	0.0310	0.0584

　　（7）被动交流财经讯息。将被动交流财经讯息作为自变量，自我建构作为中介变量，主观财经知识评价作为因变量。被动交流财经讯息影响主观财经知识评价的总效应置信区间 ［0.4344，0.5278］不包含 0，说明总效应在 $\alpha = 0.05$ 的水平上显著，效应大小为 0.4811；直接效应置信区间 ［0.3912，0.4860］不包含 0，说明直接效应显著，效应大小为 0.4383；总间接效应置信区间 ［0.0280，0.0564］不包含 0，说明自我建构的间接效应显著，故存在部分中介效应，效应大小为 0.0425，占总效应的 8.83%。其中，独立型自我建构的置信区间不包含 0，说明其发挥了显著的中介效应，效应大小为 0.0465；而依存型自我建构的置信区间包含 0，说明其中介效应不显著。具体的数据如表 4-356 所示。

表 4-356　自我建构在被动交流财经讯息与主观财经知识评价之间的中介效应

效应		Effect	置信区间下限	置信区间上限
总效应		0.4811	0.4344	0.5278
直接效应		0.4383	0.3912	0.4860
间接效应	总间接效应	0.0425	0.0280	0.0564
	依存型自我建构	−0.0040	−0.0154	0.0069
	独立型自我建构	0.0465	0.0335	0.0603

　　（8）主动分享财经经历。将主动分享财经经历作为自变量，自我建构作为中介变量，主观财经知识评价作为因变量。主动分享财经经历影响主观财经知识评价的总效应置信区间 ［0.3972，0.4867］不包含 0，说明总效应在 $\alpha = 0.05$ 的水平上显著，效应大小为 0.4420；直接效应置信区间 ［0.3554，0.4462］不包

含 0，说明直接效应显著，效应大小为 0.4008；总间接效应置信区间 [0.0282，0.0549] 不包含 0，说明自我建构的间接效应显著，故存在部分中介效应，效应大小为 0.0412，占总效应的 9.32%。其中，独立型自我建构的置信区间不包含 0，说明其发挥了显著的中介效应，效应大小为 0.0445；而依存型自我建构的置信区间包含 0，说明其中介效应不显著。具体的数据如表 4-357 所示。

表 4-357　自我建构在主动分享财经经历与主观财经知识评价之间的中介效应

效应		Effect	置信区间下限	置信区间上限
总效应		0.4420	0.3972	0.4867
直接效应		0.4008	0.3554	0.4462
间接效应	总间接效应	0.0412	0.0282	0.0549
	依存型自我建构	-0.0034	-0.0140	0.0072
	独立型自我建构	0.0445	0.0323	0.0582

（9）被动分享财经经历。将被动分享财经经历作为自变量，自我建构作为中介变量，主观财经知识评价作为因变量。被动分享财经经历影响主观财经知识评价的总效应置信区间 [0.4100，0.5017] 不包含 0，说明总效应在 $\alpha=0.05$ 的水平上显著，效应大小为 0.4558；直接效应置信区间 [0.3667，0.4598] 不包含 0，说明直接效应显著，效应大小为 0.4133；总间接效应置信区间 [0.0291，0.0572] 不包含 0，说明自我建构的间接效应显著，故存在部分中介效应，效应大小为 0.0426，占总效应的 9.35%。其中，独立型自我建构的置信区间不包含 0，说明其发挥了显著的中介效应，效应大小为 0.0465；而依存型自我建构的置信区间包含 0，说明其中介效应不显著。具体的数据如表 4-358 所示。

表 4-358　自我建构在被动分享财经经历与主观财经知识评价之间的中介效应

效应		Effect	置信区间下限	置信区间上限
总效应		0.4558	0.4100	0.5017
直接效应		0.4133	0.3667	0.4598
间接效应	总间接效应	0.0426	0.0291	0.0572
	依存型自我建构	-0.0039	-0.0152	0.0070
	独立型自我建构	0.0465	0.0334	0.0607

（10）主动请教财经决策。将主动请教财经决策作为自变量，自我建构作为中介变量，主观财经知识评价作为因变量。主动请教财经决策影响主观财经知识评价的总效应置信区间 [0.2515，0.3378] 不包含 0，说明总效应在 $\alpha=0.05$ 的水平上显著，效应大小为 0.2947；直接效应置信区间 [0.2154，0.3023] 不包含 0，说明直接效应显著，效应大小为 0.2588；总间接效应置信区间 [0.0238，

0.0491〕不包含0，说明自我建构的间接效应显著，故存在部分中介效应，效应大小为0.0359，占总效应的12.18%。其中，独立型自我建构的置信区间不包含0，说明其发挥了显著的中介效应，效应大小为0.0377；而依存型自我建构的置信区间包含0，说明其中介效应不显著。具体的数据如表4-359所示。

表4-359　自我建构在主动请教财经决策与主观财经知识评价之间的中介效应

效应		Effect	置信区间下限	置信区间上限
总效应		0.2947	0.2515	0.3378
直接效应		0.2588	0.2154	0.3023
间接效应	总间接效应	0.0359	0.0238	0.0491
	依存型自我建构	−0.0019	−0.0119	0.0080
	独立型自我建构	0.0377	0.0272	0.0493

十四、自我建构在社会教育与财经态度之间的中介效应

本书把社会教育作为自变量，包括主动获取财经讯息、财经讯息延展、自我警示、主动参与讲座、讲座收获、主动交流财经讯息、被动交流财经讯息、主动分享财经经历、被动分享财经经历、主动请教财经决策共十个变量，把依存型自我建构、独立型自我建构两个自我建构变量作为中介变量，财经态度作为因变量，运用PROCESS分析工具进行多重中介效应分析，将样本数量设置为5000，置信区间的置信度设置为95%。以下为自我建构在社会教育和财经态度之间的中介效应的检验结果：

（1）主动获取财经讯息。将主动获取财经讯息作为自变量，自我建构作为中介变量，财经态度作为因变量。主动获取财经讯息影响财经态度的总效应置信区间〔−0.0301，0.0451〕包含0，说明总效应在$\alpha = 0.05$的水平上不显著；直接效应置信区间〔−0.0501，0.0259〕包含0，说明直接效应不显著；总间接效应置信区间〔0.0115，0.0286〕不包含0，说明自我建构的间接效应显著，故存在完全中介效应，效应大小为0.0196。其中，独立型自我建构的置信区间不包含0，说明其发挥了显著的中介效应，效应大小为0.0245；而依存型自我建构的置信区间包含0，说明其中介效应不显著。具体的数据如表4-360所示。

表4-360　自我建构在主动获取财经讯息与财经态度之间的中介效应

效应		Effect	置信区间下限	置信区间上限
总效应		0.0075	−0.0301	0.0451
直接效应		−0.0121	−0.0501	0.0259
间接效应	总间接效应	0.0196	0.0115	0.0286
	依存型自我建构	−0.0049	−0.0111	0.0010
	独立型自我建构	0.0245	0.0160	0.0337

（2）财经讯息延展。将财经讯息延展作为自变量，自我建构作为中介变量，财经态度作为因变量。财经讯息延展影响财经态度的总效应置信区间 [−0.0216，0.0463] 包含 0，说明总效应在 $\alpha = 0.05$ 的水平上不显著；直接效应置信区间 [−0.0496，0.0240] 包含 0，说明直接效应不显著；总间接效应置信区间 [0.0131，0.0327] 不包含 0，说明自我建构的间接效应显著，故存在完全中介效应，效应大小为 0.0229。其中，独立型自我建构的置信区间不包含 0，说明其发挥了显著的中介效应，效应大小为 0.0286；而依存型自我建构的置信区间包含 0，说明其中介效应不显著。具体的数据如表 4-361 所示。

表4-361　自我建构在财经讯息延展与财经态度之间的中介效应

效应		Effect	置信区间下限	置信区间上限
总效应		0.0101	−0.0216	0.0463
直接效应		−0.0128	−0.0496	0.0240
间接效应	总间接效应	0.0229	0.0131	0.0327
	依存型自我建构	−0.0057	−0.0132	0.0010
	独立型自我建构	0.0286	0.0187	0.0393

（3）自我警示。将自我警示作为自变量，自我建构作为中介变量，财经态度作为因变量。自我警示影响财经态度的总效应置信区间 [−0.1067，−0.0420] 不包含 0，说明总效应在 $\alpha = 0.05$ 的水平上显著，效应大小为 −0.0743；直接效应置信区间 [−0.1270，−0.0615] 不包含 0，说明直接效应显著，效应大小为 −0.0942；总间接效应置信区间 [0.0118，0.0282] 不包含 0，说明自我建构的间接效应显著，发挥的间接效应与直接效应的符号相反，故存在中介效应，效应大小为 0.0199。其中，独立型自我建构的置信区间不包含 0，说明其发挥了显著的中介效应，效应大小为 0.0239；而依存型自我建构的置信区间包含 0，说明其中介效应不显著。具体的数据如表 4-362 所示。

表4-362　自我建构在自我警示与财经态度之间的中介效应

效应		Effect	置信区间下限	置信区间上限
总效应		−0.0743	−0.1067	−0.0420
直接效应		−0.0942	−0.1270	−0.0615
间接效应	总间接效应	0.0199	0.0118	0.0282
	依存型自我建构	−0.0040	−0.0104	0.0022
	独立型自我建构	0.0239	0.0157	0.0323

（4）主动参与讲座。将主动参与讲座作为自变量，自我建构作为中介变量，财经态度作为因变量。主动参与讲座影响财经态度的总效应置信区间 [0.0351，

0.1033］不包含 0，说明总效应在 $\alpha = 0.05$ 的水平上显著，效应大小为 0.0692；直接效应置信区间［0.0201，0.0892］不包含 0，说明直接效应显著，效应大小为 0.0546；总间接效应置信区间［0.0063，0.0231］不包含 0，说明自我建构的间接效应显著，故存在部分中介效应，效应大小为 0.0146，占总效应的 21.01%。其中，独立型自我建构的置信区间不包含 0，说明其发挥了显著的中介效应，效应大小为 0.0215；而依存型自我建构的置信区间包含 0，说明其中介效应不显著。具体的数据如表 4-363 所示。

表 4-363　自我建构在主动参与讲座与财经态度之间的中介效应

效应		Effect	置信区间下限	置信区间上限
总效应		0.0692	0.0351	0.1033
直接效应		0.0546	0.0201	0.0892
间接效应	总间接效应	0.0146	0.0063	0.0231
	依存型自我建构	−0.0069	−0.0146	0.0002
	独立型自我建构	0.0215	0.0137	0.0301

（5）讲座收获。将讲座收获作为自变量，自我建构作为中介变量，财经态度作为因变量。讲座收获影响财经态度的总效应置信区间［−0.0604，0.0105］包含 0，说明总效应在 $\alpha = 0.05$ 的水平上不显著；直接效应置信区间［−0.0809，−0.0088］不包含 0，说明直接效应显著，效应大小为−0.0449；总间接效应置信区间［0.0101，0.0301］不包含 0，说明自我建构的间接效应显著，发挥的间接效应与直接效应的符号相反，故存在中介效应，效应大小为 0.0199。其中，独立型自我建构的置信区间不包含 0，说明其发挥了显著的中介效应，效应大小为 0.0259；而依存型自我建构的置信区间包含 0，说明其中介效应不显著。具体的数据如表 4-364 所示。

表 4-364　自我建构在讲座收获与财经态度之间的中介效应

效应		Effect	置信区间下限	置信区间上限
总效应		−0.0250	−0.0604	0.0105
直接效应		−0.0449	−0.0809	−0.0088
间接效应	总间接效应	0.0199	0.0101	0.0301
	依存型自我建构	−0.0060	−0.0148	0.0024
	独立型自我建构	0.0259	0.0168	0.0359

（6）主动交流财经讯息。将主动交流财经讯息作为自变量，自我建构作为中介变量，财经态度作为因变量。主动交流财经讯息影响财经态度的总效应置信区间［0.0117，0.0836］不包含 0，说明总效应在 $\alpha = 0.05$ 的水平上显著，效应

大小为 0.0476；直接效应置信区间 [−0.0101，0.0632] 包含 0，说明直接效应不显著；总间接效应置信区间 [0.0112，0.0313] 不包含 0，说明自我建构的间接效应显著，故存在完全中介效应，效应大小为 0.0211。其中，独立型自我建构的置信区间不包含 0，说明其发挥了显著的中介效应，效应大小为 0.0279；而依存型自我建构的置信区间包含 0，说明其中介效应不显著。具体的数据如表 4-365 所示。

表 4-365 自我建构在主动交流财经讯息与财经态度之间的中介效应

效应		Effect	置信区间下限	置信区间上限
总效应		0.0476	0.0117	0.0836
直接效应		0.0265	−0.0101	0.0632
间接效应	总间接效应	0.0211	0.0112	0.0313
	依存型自我建构	−0.0068	−0.0150	0.0008
	独立型自我建构	0.0279	0.0179	0.0384

（7）被动交流财经讯息。将被动交流财经讯息作为自变量，自我建构作为中介变量，财经态度作为因变量。被动交流财经讯息影响财经态度的总效应置信区间 [0.0406，0.1140] 不包含 0，说明总效应在 $\alpha = 0.05$ 的水平上显著，效应大小为 0.0773；直接效应置信区间 [0.0215，0.0962] 不包含 0，说明直接效应显著，效应大小为 0.0589；总间接效应置信区间 [0.0082，0.0289] 不包含 0，说明自我建构的间接效应显著，故存在部分中介效应，效应大小为 0.0184，占总效应的 23.80%。其中，独立型自我建构的置信区间不包含 0，说明其发挥了显著的中介效应，效应大小为 0.0266；而依存型自我建构的置信区间包含 0，说明其中介效应不显著。具体的数据如表 4-366 所示。

表 4-366 自我建构在被动交流财经讯息与财经态度之间的中介效应

效应		Effect	置信区间下限	置信区间上限
总效应		0.0773	0.0406	0.1140
直接效应		0.0589	0.0215	0.0962
间接效应	总间接效应	0.0184	0.0082	0.0289
	依存型自我建构	−0.0082	−0.0168	0.0000
	独立型自我建构	0.0266	0.0170	0.0370

（8）主动分享财经经历。将主动分享财经经历作为自变量，自我建构作为中介变量，财经态度作为因变量。主动分享财经经历影响财经态度的总效应置信区间 [0.0309，0.1011] 不包含 0，说明总效应在 $\alpha = 0.05$ 的水平上显著，效应大小为 0.0660；直接效应置信区间 [0.0125，0.0839] 不包含 0，说明直接效应

显著，效应大小为 0.0482；总间接效应置信区间 [0.0082，0.0275] 不包含 0，说明自我建构的间接效应显著，故存在部分中介效应，效应大小为 0.0178，占总效应的 26.97%。其中，独立型自我建构的置信区间不包含 0，说明其发挥了显著的中介效应，效应大小为 0.0254；而依存型自我建构的置信区间包含 0，说明其中介效应不显著。具体的数据如表 4-367 所示。

表 4-367 自我建构在主动分享财经经历与财经态度之间的中介效应

效应		Effect	置信区间下限	置信区间上限
总效应		0.0660	0.0309	0.1011
直接效应		0.0482	0.0125	0.0839
间接效应	总间接效应	0.0178	0.0082	0.0275
	依存型自我建构	-0.0076	-0.0159	0.0003
	独立型自我建构	0.0254	0.0164	0.0350

（9）被动分享财经经历。将被动分享财经经历作为自变量，自我建构作为中介变量，财经态度作为因变量。被动分享财经经历影响财经态度的总效应置信区间 [0.0494，0.1212] 不包含 0，说明总效应在 $\alpha = 0.05$ 的水平上显著，效应大小为 0.0835；直接效应置信区间 [0.0310，0.1042] 不包含 0，说明直接效应显著，效应大小为 0.0676；总间接效应置信区间 [0.0078，0.0277] 不包含 0，说明自我建构的间接效应显著，故存在部分中介效应，效应大小为 0.0177，占总效应的 21.17%。其中，依存型自我建构和独立型自我建构的置信区间都不包含 0，说明两者都发挥了显著的中介效应，效应大小分别为 -0.0084、0.0262。具体的数据如表 4-368 所示。

表 4-368 自我建构在被动分享财经经历与财经态度之间的中介效应

效应		Effect	置信区间下限	置信区间上限
总效应		0.0835	0.0494	0.1212
直接效应		0.0676	0.0310	0.1042
间接效应	总间接效应	0.0177	0.0078	0.0277
	依存型自我建构	-0.0084	-0.0172	-0.0001
	独立型自我建构	0.0262	0.0165	0.0362

（10）主动请教财经决策。将主动请教财经决策作为自变量，自我建构作为中介变量，财经态度作为因变量。主动请教财经决策影响财经态度的总效应置信区间 [-0.0656，0.0010] 包含 0，说明总效应在 $\alpha = 0.05$ 的水平上不显著；直接效应置信区间 [-0.0815，-0.0140] 不包含 0，说明直接效应显著，效应大小为 -0.0478；总间接效应置信区间 [0.0072，0.0241] 不包含 0，说明自我建构

的间接效应显著，发挥的间接效应与直接效应的符号相反，故存在中介效应，效应大小为0.0154。其中，独立型自我建构的置信区间不包含0，说明其发挥了显著的中介效应，效应大小为0.0205；而依存型自我建构的置信区间包含0，说明其中介效应不显著。具体的数据如表4-369所示。

表4-369　自我建构在主动请教财经决策与财经态度之间的中介效应

效应		Effect	置信区间下限	置信区间上限
总效应		−0.0323	−0.0656	0.0010
直接效应		−0.0478	−0.0815	−0.0140
间接效应	总间接效应	0.0154	0.0072	0.0241
	依存型自我建构	−0.0051	−0.0129	0.0021
	独立型自我建构	0.0205	0.0134	0.0284

十五、自我建构在社会教育与财经满意感之间的中介效应

本书把社会教育作为自变量，包括主动获取财经讯息、财经讯息延展、自我警示、主动参与讲座、讲座收获、主动交流财经讯息、被动交流财经讯息、主动分享财经经历、被动分享财经经历、主动请教财经决策共十个变量，把依存型自我建构、独立型自我建构两个自我建构变量作为中介变量，财经满意感作为因变量，运用PROCESS分析工具进行多重中介效应分析，将样本数量设置为5000，置信区间的置信度设置为95%。以下为自我建构在社会教育和财经满意感之间的中介效应的检验结果：

（1）主动获取财经讯息。将主动获取财经讯息作为自变量，自我建构作为中介变量，财经满意感作为因变量。主动获取财经讯息影响财经满意感的总效应置信区间［0.0970，0.1808］不包含0，说明总效应在$\alpha=0.05$的水平上显著，效应大小为0.1389；直接效应置信区间［0.0470，0.1305］不包含0，说明直接效应显著，效应大小为0.0888；总间接效应置信区间［0.0385，0.0618］不包含0，说明自我建构的间接效应显著，故存在部分中介效应，效应大小为0.0501，占总效应的36.07%。其中，依存型自我建构和独立型自我建构的置信区间都不包含0，说明两者都发挥了显著的中介效应，效应大小分别为0.0095、0.0406。具体的数据如表4-370所示。

表4-370　自我建构在主动获取财经讯息与财经满意感之间的中介效应

效应	Effect	置信区间下限	置信区间上限
总效应	0.1389	0.0970	0.1808
直接效应	0.0888	0.0470	0.1305

效应		Effect	置信区间下限	置信区间上限
间接效应	总间接效应	0.0501	0.0385	0.0618
	依存型自我建构	0.0095	0.0030	0.0167
	独立型自我建构	0.0406	0.0302	0.0520

（2）财经讯息延展。将财经讯息延展作为自变量，自我建构作为中介变量，财经满意感作为因变量。财经讯息延展影响财经满意感的总效应置信区间［0.1223，0.2027］不包含 0，说明总效应在 $\alpha = 0.05$ 的水平上显著，效应大小为 0.1625；直接效应置信区间［0.0648，0.1456］不包含 0，说明直接效应显著，效应大小为 0.1052；总间接效应置信区间［0.0455，0.0698］不包含 0，说明自我建构的间接效应显著，故存在部分中介效应，效应大小为 0.0573，占总效应的 35.26%。其中，依存型自我建构和独立型自我建构的置信区间都不包含 0，说明两者都发挥了显著的中介效应，效应大小分别为 0.0109、0.0464。具体的数据如表 4-371 所示。

表 4-371　自我建构在财经讯息延展与财经满意感之间的中介效应

效应		Effect	置信区间下限	置信区间上限
总效应		0.1625	0.1223	0.2027
直接效应		0.1052	0.0648	0.1456
间接效应	总间接效应	0.0573	0.0455	0.0698
	依存型自我建构	0.0109	0.0032	0.0188
	独立型自我建构	0.0464	0.0351	0.0590

（3）自我警示。将自我警示作为自变量，自我建构作为中介变量，财经满意感作为因变量。自我警示影响财经满意感的总效应置信区间［0.0811，0.1533］不包含 0，说明总效应在 $\alpha = 0.05$ 的水平上显著，效应大小为 0.1172；直接效应置信区间［0.0342，0.1064］不包含 0，说明直接效应显著，效应大小为 0.0703；总间接效应置信区间［0.0368，0.0575］不包含 0，说明自我建构的间接效应显著，故存在部分中介效应，效应大小为 0.0469，占总效应的 40.02%。其中，依存型自我建构和独立型自我建构的置信区间都不包含 0，说明两者都发挥了显著的中介效应，效应大小分别为 0.0098、0.0372。具体的数据如表 4-372 所示。

表 4-372　自我建构在自我警示与财经满意感之间的中介效应

效应	Effect	置信区间下限	置信区间上限
总效应	0.1172	0.0811	0.1533
直接效应	0.0703	0.0342	0.1064

效应		Effect	置信区间下限	置信区间上限
间接效应	总间接效应	0.0469	0.0368	0.0575
	依存型自我建构	0.0098	0.0025	0.0168
	独立型自我建构	0.0372	0.0280	0.0477

（4）主动参与讲座。将主动参与讲座作为自变量，自我建构作为中介变量，财经满意感作为因变量。主动参与讲座影响财经满意的总效应置信区间［0.1320，0.2078］不包含 0，说明总效应在 α=0.05 的水平上显著，效应大小为 0.1699；直接效应置信区间［0.0847，0.1605］不包含 0，说明直接效应显著，效应大小为 0.1226；总间接效应置信区间［0.0366，0.0588］不包含 0，说明自我建构的间接效应显著，故存在部分中介效应，效应大小为 0.0473，占总效应的 27.84%。其中，依存型自我建构和独立型自我建构的置信区间都不包含 0，说明两者都发挥了显著的中介效应，效应大小分别为 0.0100、0.0373。具体的数据如表 4-373 所示。

表 4-373 自我建构在主动参与讲座与财经满意感之间的中介效应

效应		Effect	置信区间下限	置信区间上限
总效应		0.1699	0.1320	0.2078
直接效应		0.1226	0.0847	0.1605
间接效应	总间接效应	0.0473	0.0366	0.0588
	依存型自我建构	0.0100	0.0020	0.0185
	独立型自我建构	0.0373	0.0276	0.0479

（5）讲座收获。将讲座收获作为自变量，自我建构作为中介变量，财经满意感作为因变量。讲座收获影响财经满意感的总效应置信区间［0.0972，0.1761］不包含 0，说明总效应在 α=0.05 的水平上显著，效应大小为 0.1367；直接效应置信区间［0.0420，0.1213］不包含 0，说明直接效应显著，效应大小为 0.0817；总间接效应置信区间［0.0434，0.0676］不包含 0，说明自我建构的间接效应显著，故存在部分中介效应，效应大小为 0.0550，占总效应的 40.23%。其中，依存型自我建构和独立型自我建构的置信区间都不包含 0，说明两者都发挥了显著的中介效应，效应大小分别为 0.0124、0.0426。具体的数据如表 4-374 所示。

表 4-374 自我建构在讲座收获与财经满意感之间的中介效应

效应	Effect	置信区间下限	置信区间上限
总效应	0.1367	0.0972	0.1761
直接效应	0.0817	0.0420	0.1213

续表

效应		Effect	置信区间下限	置信区间上限
	总间接效应	0.0550	0.0434	0.0676
间接效应	依存型自我建构	0.0124	0.0029	0.0220
	独立型自我建构	0.0426	0.0321	0.0546

（6）主动交流财经讯息。将主动交流财经讯息作为自变量，自我建构作为中介变量，财经满意感作为因变量。主动交流财经讯息影响财经满意感的总效应置信区间 [0.1558，0.2356] 不包含 0，说明总效应在 $\alpha = 0.05$ 的水平上显著，效应大小为 0.1957；直接效应置信区间 [0.0982，0.1785] 不包含 0，说明直接效应显著，效应大小为 0.1384；总间接效应置信区间 [0.0456，0.0707] 不包含 0，说明自我建构的间接效应显著，故存在部分中介效应，效应大小为0.0574，占总效应的 29.33%。其中，依存型自我建构和独立型自我建构的置信区间都不包含 0，说明两者都发挥了显著的中介效应，效应大小分别为 0.0111、0.0462。具体的数据如表 4-375 所示。

表 4-375　自我建构在主动交流财经讯息与财经满意感之间的中介效应

效应		Effect	置信区间下限	置信区间上限
总效应		0.1957	0.1558	0.2356
直接效应		0.1384	0.0982	0.1785
	总间接效应	0.0574	0.0456	0.0707
间接效应	依存型自我建构	0.0111	0.0027	0.0201
	独立型自我建构	0.0462	0.0343	0.0588

（7）被动交流财经讯息。将被动交流财经讯息作为自变量，自我建构作为中介变量，财经满意感作为因变量。被动交流财经讯息影响财经满意感的总效应置信区间 [0.1585，0.2400] 不包含 0，说明总效应在 $\alpha = 0.05$ 的水平上显著，效应大小为 0.1993；直接效应置信区间 [0.1009，0.1829] 不包含 0，说明直接效应显著，效应大小为 0.1419；总间接效应置信区间 [0.0451，0.0706] 不包含 0，说明自我建构的间接效应显著，故存在部分中介效应，效应大小为0.0574，占总效应的 28.80%。其中，依存型自我建构和独立型自我建构的置信区间都不包含 0，说明两者都发挥了显著的中介效应，效应大小分别为 0.0116、0.0458。具体的数据如表 4-376 所示。

表 4-376　自我建构在被动交流财经讯息与财经满意感之间的中介效应

效应	Effect	置信区间下限	置信区间上限
总效应	0.1993	0.1585	0.2400

续表

效应		Effect	置信区间下限	置信区间上限
直接效应		0.1419	0.1009	0.1829
间接效应	总间接效应	0.0574	0.0451	0.0706
	依存型自我建构	0.0116	0.0025	0.0216
	独立型自我建构	0.0458	0.0346	0.0584

（8）主动分享财经经历。将主动分享财经经历作为自变量，自我建构作为中介变量，财经满意感作为因变量。主动分享财经经历影响财经满意感的总效应置信区间 [0.1288，0.2068] 不包含 0，说明总效应在 $\alpha = 0.05$ 的水平上显著，效应大小为 0.1678；直接效应置信区间 [0.0733，0.1517] 不包含 0，说明直接效应显著，效应大小为 0.1125；总间接效应置信区间 [0.0435，0.0680] 不包含 0，说明自我建构的间接效应显著，故存在部分中介效应，效应大小为 0.0553，占总效应的 32.96%。其中，依存型自我建构和独立型自我建构的置信区间都不包含 0，说明两者都发挥了显著的中介效应，效应大小分别为 0.0114、0.0439。具体的数据如表 4-377 所示。

表 4-377　自我建构在主动分享财经经历与财经满意感之间的中介效应

效应		Effect	置信区间下限	置信区间上限
总效应		0.1678	0.1288	0.2068
直接效应		0.1125	0.0733	0.1517
间接效应	总间接效应	0.0553	0.0435	0.0680
	依存型自我建构	0.0114	0.0026	0.0205
	独立型自我建构	0.0439	0.0330	0.0561

（9）被动分享财经经历。将被动分享财经经历作为自变量，自我建构作为中介变量，财经满意感作为因变量。被动分享财经经历影响财经满意感的总效应置信区间 [0.1336，0.2164] 不包含 0，说明总效应在 $\alpha = 0.05$ 的水平上显著，效应大小为 0.1765；直接效应置信区间 [0.0785，0.1590] 不包含 0，说明直接效应显著，效应大小为 0.1187；总间接效应置信区间 [0.0459，0.0713] 不包含 0，说明自我建构的间接效应显著，故存在部分中介效应，效应大小为 0.0578，占总效应的 32.75%。其中，依存型自我建构和独立型自我建构的置信区间都不包含 0，说明两者都发挥了显著的中介效应，效应大小分别为 0.0119、0.0459。具体的数据如表 4-378 所示。

表4-378　自我建构在被动分享财经经历与财经满意感之间的中介效应

效应		Effect	置信区间下限	置信区间上限
总效应		0.1765	0.1336	0.2164
直接效应		0.1187	0.0785	0.1590
间接效应	总间接效应	0.0578	0.0459	0.0713
	依存型自我建构	0.0119	0.0026	0.0216
	独立型自我建构	0.0459	0.0342	0.0587

（10）主动请教财经决策。将主动请教财经决策作为自变量，自我建构作为中介变量，财经满意感作为因变量。主动请教财经决策影响财经满意感的总效应置信区间 [0.0443，0.1186] 不包含0，说明总效应在 $\alpha = 0.05$ 的水平上显著，效应大小为0.0814；直接效应置信区间 [-0.0021，0.0722] 包含0，说明直接效应不显著；总间接效应置信区间 [0.0362，0.0573] 不包含0，说明自我建构间接效应显著，故存在完全中介效应，效应大小为0.0464。其中，依存型自我建构和独立型自我建构的置信区间都不包含0，说明两者都发挥了显著的中介效应，效应大小分别为0.0118、0.0346。具体的数据如表4-379所示。

表4-379　自我建构在主动请教财经决策与财经满意感之间的中介效应

效应		Effect	置信区间下限	置信区间上限
总效应		0.0814	0.0443	0.1186
直接效应		0.0351	-0.0021	0.0722
间接效应	总间接效应	0.0464	0.0362	0.0573
	依存型自我建构	0.0118	0.0035	0.0204
	独立型自我建构	0.0346	0.0256	0.0447

十六、自我建构在社会教育与财经行为合理性之间的中介效应

本书把社会教育作为自变量，包括主动获取财经讯息、财经讯息延展、自我警示、主动参与讲座、讲座收获、主动交流财经讯息、被动交流财经讯息、主动分享财经经历、被动分享财经经历、主动请教财经决策共十个变量，把依存型自我建构、独立型自我建构两个自我建构变量作为中介变量，财经行为合理性作为因变量，运用 PROCESS 分析工具进行多重中介效应分析，将样本数量设置为5000，置信区间的置信度设置为95%。以下为自我建构在社会教育和财经行为合理性之间的中介效应的检验结果：

（1）主动获取财经讯息。将主动获取财经讯息作为自变量，自我建构作为中介变量，财经行为合理性作为因变量。主动获取财经讯息影响财经行为合理性的总效应置信区间 [0.1385，0.1959] 不包含0，说明总效应在 $\alpha = 0.05$ 的水平

上显著，效应大小为 0.1672；直接效应置信区间［0.0816，0.1369］不包含 0，说明直接效应显著，效应大小为 0.1093；总间接效应置信区间［0.0464，0.0709］不包含 0，说明自我建构的间接效应显著，故存在部分中介效应，效应大小为 0.0579，占总效应的 34.63%。其中，依存型自我建构和独立型自我建构的置信区间都不包含 0，说明两者都发挥了显著的中介效应，效应大小分别为 0.0207、0.0373。具体的数据如表 4-380 所示。

表 4-380　自我建构在主动获取财经讯息与财经行为合理性之间的中介效应

效应		Effect	置信区间下限	置信区间上限
总效应		0.1672	0.1385	0.1959
直接效应		0.1093	0.0816	0.1369
间接效应	总间接效应	0.0579	0.0464	0.0709
	依存型自我建构	0.0207	0.0140	0.0283
	独立型自我建构	0.0373	0.0289	0.0466

（2）财经讯息延展。将财经讯息延展作为自变量，自我建构作为中介变量，财经行为合理性作为因变量。财经讯息延展影响财经行为合理性的总效应置信区间［0.1557，0.2106］不包含 0，说明总效应在 $\alpha = 0.05$ 的水平上显著，效应大小为 0.1831；直接效应置信区间［0.0896，0.1429］不包含 0，说明直接效应显著，效应大小为 0.1163；总间接效应置信区间［0.0554，0.0790］不包含 0，说明自我建构的间接效应显著，故存在部分中介效应，效应大小为 0.0669，占总效应的 36.54%。其中，依存型自我建构和独立型自我建构的置信区间都不包含 0，说明两者都发挥了显著的中介效应，效应大小分别为 0.0242、0.0427。具体的数据如表 4-381 所示。

表 4-381　自我建构在财经讯息延展与财经行为合理性之间的中介效应

效应		Effect	置信区间下限	置信区间上限
总效应		0.1831	0.1557	0.2106
直接效应		0.1163	0.0896	0.1429
间接效应	总间接效应	0.0669	0.0554	0.0790
	依存型自我建构	0.0242	0.0175	0.0318
	独立型自我建构	0.0427	0.0338	0.0523

（3）自我警示。将自我警示作为自变量，自我建构作为中介变量，财经行为合理性作为因变量。自我警示影响财经行为合理性的总效应置信区间［0.1770，0.2259］不包含 0，说明总效应在 $\alpha = 0.05$ 的水平上显著，效应大小为 0.2015；直接效应置信区间［0.1242，0.1715］不包含 0，说明直接效应显著，

效应大小为 0.1478；总间接效应置信区间［0.0437，0.0644］不包含 0，说明自我建构的间接效应显著，故存在部分中介效应，效应大小为 0.0536，占总效应的 26.60%。其中，依存型自我建构和独立型自我建构的置信区间都不包含 0，说明两者都发挥了显著的中介效应，效应大小分别为 0.0207、0.0330。具体的数据如表 4-382 所示。

表 4-382　自我建构在自我警示与财经行为合理性之间的中介效应

效应		Effect	置信区间下限	置信区间上限
总效应		0.2015	0.1770	0.2259
直接效应		0.1478	0.1242	0.1715
间接效应	总间接效应	0.0536	0.0437	0.0644
	依存型自我建构	0.0207	0.0147	0.0273
	独立型自我建构	0.0330	0.0257	0.0410

（4）主动参与讲座。将主动参与讲座作为自变量，自我建构作为中介变量，财经行为合理性作为因变量。主动参与讲座影响财经行为合理性的总效应置信区间［0.0764，0.1287］不包含 0，说明总效应在 $\alpha = 0.05$ 的水平上显著，效应大小为 0.1026；直接效应置信区间［0.0163，0.0668］不包含 0，说明直接效应显著，效应大小为 0.0416；总间接效应置信区间［0.0495，0.0726］不包含 0，说明自我建构的间接效应显著，故存在部分中介效应，效应大小为 0.0610，占总效应的 59.45%。其中，依存型自我建构和独立型自我建构的置信区间都不包含 0，说明两者都发挥了显著的中介效应，效应大小分别为 0.0251、0.0359。具体的数据如表 4-383 所示。

表 4-383　自我建构在主动参与讲座与财经行为合理性之间的中介效应

效应		Effect	置信区间下限	置信区间上限
总效应		0.1026	0.0764	0.1287
直接效应		0.0416	0.0163	0.0668
间接效应	总间接效应	0.0610	0.0495	0.0726
	依存型自我建构	0.0251	0.0180	0.0325
	独立型自我建构	0.0359	0.0278	0.0446

（5）讲座收获。将讲座收获作为自变量，自我建构作为中介变量，财经行为合理性作为因变量。讲座收获影响财经行为合理性的总效应置信区间［0.1404，0.1944］不包含 0，说明总效应在 $\alpha = 0.05$ 的水平上显著，效应大小为 0.1674；直接效应置信区间［0.0739，0.1263］不包含 0，说明直接效应显著，效应大小为 0.1001；总间接效应置信区间［0.0559，0.0797］不包含 0，说明自

我建构的间接效应显著，故存在部分中介效应，效应大小为 0.0673，占总效应的40.20%。其中，依存型自我建构和独立型自我建构的置信区间都不包含 0，说明两者都发挥了显著的中介效应，效应大小分别为 0.0281、0.0392。具体的数据如表 4-384 所示。

表 4-384　自我建构在讲座收获与财经行为合理性之间的中介效应

效应		Effect	置信区间下限	置信区间上限
总效应		0.1674	0.1404	0.1944
直接效应		0.1001	0.0739	0.1263
间接效应	总间接效应	0.0673	0.0559	0.0797
	依存型自我建构	0.0281	0.0205	0.0386
	独立型自我建构	0.0392	0.0307	0.0484

（6）主动交流财经讯息。将主动交流财经讯息作为自变量，自我建构作为中介变量，财经行为合理性作为因变量。主动交流财经讯息影响财经行为合理性的总效应置信区间 [0.0989, 0.1540] 不包含 0，说明总效应在 $\alpha = 0.05$ 的水平上显著，效应大小为 0.1264；直接效应置信区间 [0.0274, 0.0809] 不包含 0，说明直接效应显著，效应大小为 0.0542；总间接效应置信区间 [0.0609, 0.0850] 不包含 0，说明自我建构间接效应显著，故存在部分中介效应，效应大小为 0.0723，占总效应的 57.20%。其中，依存型自我建构和独立型自我建构的置信区间都不包含 0，说明两者都发挥了显著的中介效应，效应大小分别为 0.0270、0.0453。具体的数据如表 4-385 所示。

表 4-385　自我建构在主动交流财经讯息与财经行为合理性之间的中介效应

效应		Effect	置信区间下限	置信区间上限
总效应		0.1264	0.0989	0.1540
直接效应		0.0542	0.0274	0.0809
间接效应	总间接效应	0.0723	0.0609	0.0850
	依存型自我建构	0.0270	0.0197	0.0350
	独立型自我建构	0.0453	0.0362	0.0549

（7）被动交流财经讯息。将被动交流财经讯息作为自变量，自我建构作为中介变量，财经行为合理性作为因变量。被动交流财经讯息影响财经行为合理性的总效应置信区间 [0.0864, 0.1427] 不包含 0，说明总效应在 $\alpha = 0.05$ 的水平上显著，效应大小为 0.1145；直接效应置信区间 [0.0127, 0.0673] 不包含 0，说明直接效应显著，效应大小为 0.0400；总间接效应置信区间 [0.0623, 0.0880] 不包含 0，说明自我建构的间接效应显著，故存在部分中介效应，效应

大小为 0.0745，占总效应的 65.07%。其中，依存型自我建构和独立型自我建构的置信区间都不包含 0，说明两者都发挥了显著的中介效应，效应大小分别为 0.0297、0.0449。具体的数据如表 4-386 所示。

表 4-386　自我建构在被动交流财经讯息与财经行为合理性之间的中介效应

效应		Effect	置信区间下限	置信区间上限
总效应		0.1145	0.0864	0.1427
直接效应		0.0400	0.0127	0.0673
间接效应	总间接效应	0.0745	0.0623	0.0880
	依存型自我建构	0.0297	0.0221	0.0384
	独立型自我建构	0.0449	0.0359	0.0553

（8）主动分享财经经历。将主动分享财经经历作为自变量，自我建构作为中介变量，财经行为合理性作为因变量。主动分享财经经历影响财经行为合理性的总效应置信区间 [0.0948，0.1521] 不包含 0，说明总效应在 $\alpha = 0.05$ 的水平上显著，效应大小为 0.1253；直接效应置信区间 [0.0294，0.0815] 不包含 0，说明直接效应显著，效应大小为 0.0555；总间接效应置信区间 [0.0582，0.0821] 不包含 0，说明自我建构的间接效应显著，故存在部分中介效应，效应大小为 0.0698，占总效应的 55.71%。其中，依存型自我建构和独立型自我建构的置信区间都不包含 0，说明两者都发挥了显著的中介效应，效应大小分别为 0.0278、0.0420。具体的数据如表 4-387 所示。

表 4-387　自我建构在主动分享财经经历与财经行为合理性之间的中介效应

效应		Effect	置信区间下限	置信区间上限
总效应		0.1253	0.0948	0.1521
直接效应		0.0555	0.0294	0.0815
间接效应	总间接效应	0.0698	0.0582	0.0821
	依存型自我建构	0.0278	0.0202	0.0360
	独立型自我建构	0.0420	0.0333	0.0513

（9）被动分享财经经历。将被动分享财经经历作为自变量，自我建构作为中介变量，财经行为合理性作为因变量。被动分享财经经历影响财经行为合理性的总效应置信区间 [0.0812，0.1364] 不包含 0，说明总效应在 $\alpha = 0.05$ 的水平上显著，效应大小为 0.1088；直接效应置信区间 [0.0078，0.0613] 不包含 0，说明直接效应显著，效应大小为 0.0345；总间接效应置信区间 [0.0625，0.0869] 不包含 0，说明自我建构的间接效应显著，故存在部分中介效应，效应大小为 0.0743，占总效应的 68.29%。其中，依存型自我建构和独立型自我建构

的置信区间都不包含 0，说明两者都发挥了显著的中介效应，效应大小分别为0.0297、0.0446。具体的数据如表 4-388 所示。

表 4-388 自我建构在被动分享财经经历与财经行为合理性之间的中介效应

效应		Effect	置信区间下限	置信区间上限
总效应		0.1088	0.0812	0.1364
直接效应		0.0345	0.0078	0.0613
间接效应	总间接效应	0.0743	0.0625	0.0869
	依存型自我建构	0.0297	0.0220	0.0383
	独立型自我建构	0.0446	0.0355	0.0540

（10）主动请教财经决策。将主动请教财经决策作为自变量，自我建构作为中介变量，财经行为合理性作为因变量。主动请教财经决策影响财经行为合理性的总效应置信区间 [0.1404，0.1911] 不包含 0，说明总效应在 $\alpha = 0.05$ 的水平上显著，效应大小为 0.1657；直接效应置信区间 [0.0858，0.1348] 不包含 0，说明直接效应显著，效应大小为 0.1103；总间接效应置信区间 [0.0456，0.0665] 不包含 0，说明自我建构的间接效应显著，故存在部分中介效应，效应大小为 0.0555，占总效应的 33.49%。其中，依存型自我建构和独立型自我建构的置信区间都不包含 0，说明两者都发挥了显著的中介效应，效应大小分别为0.0241、0.0314。具体的数据如表 4-389 所示。

表 4-389 自我建构在主动请教财经决策与财经行为合理性之间的中介效应

效应		Effect	置信区间下限	置信区间上限
总效应		0.1657	0.1404	0.1911
直接效应		0.1103	0.0858	0.1348
间接效应	总间接效应	0.0555	0.0456	0.0665
	依存型自我建构	0.0241	0.0176	0.0316
	独立型自我建构	0.0314	0.0243	0.0392

十七、自我建构在社会教育与独立之间的中介效应

本书把社会教育作为自变量，包括主动获取财经讯息、财经讯息延展、自我警示、主动参与讲座、讲座收获、主动交流财经讯息、被动交流财经讯息、主动分享财经经历、被动分享财经经历、主动请教财经决策共十个变量，把依存型自我建构、独立型自我建构两个自我建构变量作为中介变量，独立作为因变量，运用 PROCESS 分析工具进行多重中介效应分析，将样本数量设置为 5000，置信区间的置信度设置为 95%。以下为自我建构在社会教育和独立之间的中介效应的检

验结果：

（1）主动获取财经讯息。将主动获取财经讯息作为自变量，自我建构作为中介变量，独立作为因变量。主动获取财经讯息影响独立的总效应置信区间 $[0.1746, 0.2291]$ 不包含 0，说明总效应在 $\alpha=0.05$ 的水平上显著，效应大小为 0.2018；直接效应置信区间 $[0.1035, 0.1537]$ 不包含 0，说明直接效应显著，效应大小为 0.1286；总间接效应置信区间 $[0.0594, 0.0881]$ 不包含 0，说明自我建构的间接效应显著，故存在部分中介效应，效应大小为 0.0733，占总效应的 36.32%。其中，依存型自我建构和独立型自我建构的置信区间都不包含 0，说明两者都发挥了显著的中介效应，效应大小分别为 0.0155、0.0577。具体的数据如表 4-390 所示。

表4-390　自我建构在主动获取财经讯息与独立之间的中介效应

效应		Effect	置信区间下限	置信区间上限
总效应		0.2018	0.1746	0.2291
直接效应		0.1286	0.1035	0.1537
间接效应	总间接效应	0.0733	0.0594	0.0881
	依存型自我建构	0.0155	0.0101	0.0221
	独立型自我建构	0.0577	0.0463	0.0701

（2）财经讯息延展。将财经讯息延展作为自变量，自我建构作为中介变量，独立作为因变量。财经讯息延展影响独立的总效应置信区间 $[0.1959, 0.2479]$ 不包含 0，说明总效应在 $\alpha=0.05$ 的水平上显著，效应大小为 0.2219；直接效应置信区间 $[0.1132, 0.1617]$ 不包含 0，说明直接效应显著，效应大小为 0.1375；总间接效应置信区间 $[0.0711, 0.0989]$ 不包含 0，说明自我建构的间接效应显著，故存在部分中介效应，效应大小为 0.0844，占总效应的 38.04%。其中，依存型自我建构和独立型自我建构的置信区间都不包含 0，说明两者都发挥了显著的中介效应，效应大小分别为 0.0181、0.0663。具体的数据如表 4-391 所示。

表4-391　自我建构在财经讯息延展与独立之间的中介效应

效应		Effect	置信区间下限	置信区间上限
总效应		0.2219	0.1959	0.2479
直接效应		0.1375	0.1132	0.1617
间接效应	总间接效应	0.0844	0.0711	0.0989
	依存型自我建构	0.0181	0.0122	0.0245
	独立型自我建构	0.0663	0.0549	0.0790

（3）自我警示。将自我警示作为自变量，自我建构作为中介变量，独立作为因变量。自我警示影响独立的总效应置信区间［0.1850，0.2315］不包含0，说明总效应在 $\alpha = 0.05$ 的水平上显著，效应大小为0.2083；直接效应置信区间［0.1192，0.1623］不包含0，说明直接效应显著，效应大小为0.1407；总间接效应置信区间［0.0557，0.0797］不包含0，说明自我建构的间接效应显著，故存在部分中介效应，效应大小为0.0676，占总效应的32.45%。其中，依存型自我建构和独立型自我建构的置信区间都不包含0，说明两者都发挥了显著的中介效应，效应大小分别为0.0115、0.0521。具体的数据如表4-392所示。

表4-392　自我建构在自我警示与独立之间的中介效应

效应		Effect	置信区间下限	置信区间上限
总效应		0.2083	0.1850	0.2315
直接效应		0.1407	0.1192	0.1623
间接效应	总间接效应	0.0676	0.0557	0.0797
	依存型自我建构	0.0115	0.0104	0.0216
	独立型自我建构	0.0521	0.0421	0.0621

（4）主动参与讲座。将主动参与讲座作为自变量，自我建构作为中介变量，独立作为因变量。主动参与讲座影响独立的总效应置信区间［0.1215，0.1712］不包含0，说明总效应在 $\alpha = 0.05$ 的水平上显著，效应大小为0.1463；直接效应置信区间［0.0502，0.0961］不包含0，说明直接效应显著，效应大小为0.0732；总间接效应置信区间［0.0601，0.0863］不包含0，说明自我建构的间接效应显著，故存在部分中介效应，效应大小为0.0732，占总效应的50.00%。其中，依存型自我建构和独立型自我建构的置信区间都不包含0，说明两者都发挥了显著的中介效应，效应大小分别为0.0185、0.0547。具体的数据如表4-393所示。

表4-393　自我建构在主动参与讲座与独立之间的中介效应

效应		Effect	置信区间下限	置信区间上限
总效应		0.1463	0.1215	0.1712
直接效应		0.0732	0.0502	0.0961
间接效应	总间接效应	0.0732	0.0601	0.0863
	依存型自我建构	0.0185	0.0125	0.0249
	独立型自我建构	0.0547	0.0443	0.0657

（5）讲座收获。将讲座收获作为自变量，自我建构作为中介变量，独立作为因变量。讲座收获影响独立的总效应置信区间［0.1658，0.2170］不包含0，

说明总效应在 $\alpha = 0.05$ 的水平上显著，效应大小为 0.1914；直接效应置信区间 [0.0861，0.1339] 不包含 0，说明直接效应显著，效应大小为 0.1100；总间接效应置信区间 [0.0681，0.0961] 不包含 0，说明自我建构的间接效应显著，故存在部分中介效应，效应大小为 0.0814，占总效应的 42.53%。其中，依存型自我建构和独立型自我建构的置信区间都不包含 0，说明两者都发挥了显著的中介效应，效应大小分别为 0.0207、0.0606。具体的数据如表 4-394 所示。

表 4-394　自我建构在讲座收获与独立之间的中介效应

效应		Effect	置信区间下限	置信区间上限
总效应		0.1914	0.1658	0.2170
直接效应		0.1100	0.0861	0.1339
间接效应	总间接效应	0.0814	0.0681	0.0961
	依存型自我建构	0.0207	0.0140	0.0281
	独立型自我建构	0.0606	0.0496	0.0726

（6）主动交流财经讯息。将主动交流财经讯息作为自变量，自我建构作为中介变量，独立作为因变量。主动交流财经讯息影响独立的总效应置信区间 [0.1504，0.2027] 不包含 0，说明总效应在 $\alpha = 0.05$ 的水平上显著，效应大小为 0.1765；直接效应置信区间 [0.0632，0.1118] 不包含 0，说明直接效应显著，效应大小为 0.0875；总间接效应置信区间 [0.0750，0.1037] 不包含 0，说明自我建构的间接效应显著，故存在部分中介效应，效应大小为 0.0890，占总效应的 49.58%。其中，依存型自我建构和独立型自我建构的置信区间都不包含 0，说明两者都发挥了显著的中介效应，效应大小分别为 0.0200、0.0690。具体的数据如表 4-395 所示。

表 4-395　自我建构在主动交流财经讯息与独立之间的中介效应

效应		Effect	置信区间下限	置信区间上限
总效应		0.1765	0.1504	0.2027
直接效应		0.0875	0.0632	0.1118
间接效应	总间接效应	0.0890	0.0750	0.1037
	依存型自我建构	0.0200	0.0136	0.0274
	独立型自我建构	0.0690	0.0576	0.0811

（7）被动交流财经讯息。将被动交流财经讯息作为自变量，自我建构作为中介变量，独立作为因变量。被动交流财经讯息影响独立的总效应置信区间 [0.1366，0.1900] 不包含 0，说明总效应在 $\alpha = 0.05$ 的水平上显著，效应大小为 0.1633；直接效应置信区间 [0.0483，0.0980] 不包含 0，说明直接效应显著，

效应大小为 0.0732；总间接效应置信区间［0.0759，0.1050］不包含 0，说明自我建构的间接效应显著，故存在部分中介效应，效应大小为 0.0901，占总效应的 55.17%。其中，依存型自我建构和独立型自我建构的置信区间都不包含 0，说明两者都发挥了显著的中介效应，效应大小分别为 0.0219、0.0682。具体的数据如表 4-396 所示。

表 4-396　自我建构在被动交流财经讯息与独立之间的中介效应

效应		Effect	置信区间下限	置信区间上限
总效应		0.1633	0.1366	0.1900
直接效应		0.0732	0.0483	0.0980
间接效应	总间接效应	0.0901	0.0759	0.1050
	依存型自我建构	0.0219	0.0150	0.0296
	独立型自我建构	0.0682	0.0563	0.0807

（8）主动分享财经经历。将主动分享财经经历作为自变量，自我建构作为中介变量，独立作为因变量。主动分享财经经历影响独立的总效应置信区间［0.1295，0.1806］不包含 0，说明总效应在 $\alpha = 0.05$ 的水平上显著，效应大小为 0.1551；直接效应置信区间［0.0460，0.0935］不包含 0，说明直接效应显著，效应大小为 0.0698；总间接效应置信区间［0.0720，0.0992］不包含 0，说明自我建构的间接效应显著，故存在部分中介效应，效应大小为 0.0853，占总效应的 55.00%。其中，依存型自我建构和独立型自我建构的置信区间都不包含 0，说明两者都发挥了显著的中介效应，效应大小分别为 0.0208、0.0645。具体的数据如表 4-397 所示。

表 4-397　自我建构在主动分享财经经历与独立之间的中介效应

效应		Effect	置信区间下限	置信区间上限
总效应		0.1551	0.1295	0.1806
直接效应		0.0698	0.0460	0.0935
间接效应	总间接效应	0.0853	0.0720	0.0992
	依存型自我建构	0.0208	0.0141	0.0283
	独立型自我建构	0.0645	0.0535	0.0761

（9）被动分享财经经历。将被动分享财经经历作为自变量，自我建构作为中介变量，独立作为因变量。被动分享财经经历影响独立的总效应置信区间［0.1249，0.1773］不包含 0，说明总效应在 $\alpha = 0.05$ 的水平上显著，效应大小为 0.1511；直接效应置信区间［0.0368，0.0856］不包含 0，说明直接效应显著，效应大小为 0.0612；总间接效应置信区间［0.0757，0.1042］不包含 0，说明自

我建构间接效应显著，故存在部分中介效应，效应大小为 0.0899，占总效应的 59.50%。其中，依存型自我建构和独立型自我建构的置信区间都不包含 0，说明两者都发挥了显著的中介效应，效应大小分别为 0.0221、0.0679。具体的数据如表 4-398 所示。

表 4-398　自我建构在被动分享财经经历与独立之间的中介效应

效应		Effect	置信区间下限	置信区间上限
总效应		0.1511	0.1249	0.1773
直接效应		0.0612	0.0368	0.0856
间接效应	总间接效应	0.0899	0.0757	0.1042
	依存型自我建构	0.0221	0.0150	0.0296
	独立型自我建构	0.0679	0.0560	0.0800

（10）主动请教财经决策。将主动请教财经决策作为自变量，自我建构作为中介变量，独立作为因变量。主动请教财经决策影响独立的总效应置信区间 [0.1433, 0.1916] 不包含 0，说明总效应在 $\alpha = 0.05$ 的水平上显著，效应大小为 0.1674；直接效应置信区间 [0.0783, 0.1230] 不包含 0，说明直接效应显著，效应大小为 0.1007；总间接效应置信区间 [0.0547, 0.0791] 不包含 0，说明自我建构间接效应显著，故存在部分中介效应，效应大小为 0.0668，占总效应的 39.90%。其中，依存型自我建构和独立型自我建构的置信区间都不包含 0，说明两者都发挥了显著的中介效应，效应大小分别为 0.0181、0.0487。具体的数据如表 4-399 所示。

表 4-399　自我建构在主动请教财经决策与独立之间的中介效应

效应		Effect	置信区间下限	置信区间上限
总效应		0.1674	0.1433	0.1916
直接效应		0.1007	0.0783	0.1230
间接效应	总间接效应	0.0668	0.0547	0.0791
	依存型自我建构	0.0181	0.0122	0.0246
	独立型自我建构	0.0487	0.0387	0.0589

十八、自我建构在社会教育与信用之间的中介效应

本书把社会教育作为自变量，包括主动获取财经讯息、财经讯息延展、自我警示、主动参与讲座、讲座收获、主动交流财经讯息、被动交流财经讯息、主动分享财经经历、被动分享财经经历、主动请教财经决策共十个变量，把依存型自我建构、独立型自我建构两个自我建构变量作为中介变量，信用作为因变量，运

用 PROCESS 分析工具进行多重中介效应分析，将样本数量设置为5000，置信区间的置信度设置为95%。以下为自我建构在社会教育和信用之间的中介效应的检验结果：

（1）主动获取财经讯息。将主动获取财经讯息作为自变量，自我建构作为中介变量，信用作为因变量。主动获取财经讯息影响信用的总效应置信区间 [0.1128，0.1680] 不包含0，说明总效应在 α=0.05 的水平上显著，效应大小为 0.1404；直接效应置信区间 [0.0471，0.0989] 不包含0，说明直接效应显著，效应大小为 0.0730；总间接效应置信区间 [0.0542，0.0811] 不包含0，说明自我建构的间接效应显著，故存在部分中介效应，效应大小为 0.0674，占总效应的48.01%。其中，依存型自我建构和独立型自我建构的置信区间都不包含0，说明两者都发挥了显著的中介效应，效应大小分别为 0.0245、0.0429。具体的数据如表 4-400 所示。

表 4-400　自我建构在主动获取财经讯息与信用之间的中介效应

效应		Effect	置信区间下限	置信区间上限
总效应		0.1404	0.1128	0.1680
直接效应		0.0730	0.0471	0.0989
间接效应	总间接效应	0.0674	0.0542	0.0811
	依存型自我建构	0.0245	0.0176	0.0324
	独立型自我建构	0.0429	0.0338	0.0526

（2）财经讯息延展。将财经讯息延展作为自变量，自我建构作为中介变量，信用作为因变量。财经讯息延展影响信用的总效应置信区间 [0.1209，0.1739] 不包含0，说明总效应在 α=0.05 的水平上显著，效应大小为 0.1474；直接效应置信区间 [0.0435，0.0937] 不包含0，说明直接效应显著，效应大小为 0.0686；总间接效应置信区间 [0.0658，0.0927] 不包含0，说明自我建构的间接效应显著，故存在部分中介效应，效应大小为 0.0778，占总效应的52.78%。其中，依存型自我建构和独立型自我建构的置信区间都不包含0，说明两者都发挥了显著的中介效应，效应大小分别为 0.0291、0.0498。具体的数据如表 4-401 所示。

表 4-401　自我建构在财经讯息延展与信用之间的中介效应

效应		Effect	置信区间下限	置信区间上限
总效应		0.1474	0.1209	0.1739
直接效应		0.0686	0.0435	0.0937
间接效应	总间接效应	0.0778	0.0658	0.0927
	依存型自我建构	0.0291	0.0220	0.0370
	独立型自我建构	0.0498	0.0404	0.0598

（3）自我警示。将自我警示作为自变量，自我建构作为中介变量，信用作为因变量。自我警示影响信用的总效应置信区间［0.1674，0.2144］不包含0，说明总效应在 α=0.05 的水平上显著，效应大小为 0.1909；直接效应置信区间［0.1062，0.1505］不包含0，说明直接效应显著，效应大小为 0.1284；总间接效应置信区间［0.0515，0.0742］不包含0，说明自我建构间接效应显著，故存在部分中介效应，效应大小为 0.0626，占总效应的 32.79%。其中，依存型自我建构和独立型自我建构的置信区间都不包含0，说明两者都发挥了显著的中介效应，效应大小分别为 0.0248、0.0378。具体的数据如表 4-402 所示。

表 4-402　自我建构在自我警示与信用之间的中介效应

效应		Effect	置信区间下限	置信区间上限
总效应		0.1909	0.1674	0.2144
直接效应		0.1284	0.1062	0.1505
间接效应	总间接效应	0.0626	0.0515	0.0742
	依存型自我建构	0.0248	0.0184	0.0318
	独立型自我建构	0.0378	0.0301	0.0461

（4）主动参与讲座。将主动参与讲座作为自变量，自我建构作为中介变量，信用作为因变量。主动参与讲座影响信用的总效应置信区间［0.0530，0.1033］不包含0，说明总效应在 α=0.05 的水平上显著，效应大小为 0.0781；直接效应置信区间［-0.0165，0.0307］包含0，说明直接效应不显著；总间接效应置信区间［0.0587，0.0840］不包含0，说明自我建构的间接效应显著，故存在完全中介效应，效应大小为 0.0711。其中，依存型自我建构和独立型自我建构的置信区间都不包含0，说明两者都发挥了显著的中介效应，效应大小分别为 0.0301、0.0410。具体的数据如表 4-403 所示。

表 4-403　自我建构在主动参与讲座与信用之间的中介效应

效应		Effect	置信区间下限	置信区间上限
总效应		0.0781	0.0530	0.1033
直接效应		0.0071	-0.0165	0.0307
间接效应	总间接效应	0.0711	0.0587	0.0840
	依存型自我建构	0.0301	0.0229	0.0379
	独立型自我建构	0.0410	0.0327	0.0498

（5）讲座收获。将讲座收获作为自变量，自我建构作为中介变量，信用作为因变量。讲座收获影响信用的总效应置信区间［0.1253，0.1772］不包含0，说明总效应在 α=0.05 的水平上显著，效应大小为 0.1513；直接效应置信区间

［0.0480，0.0971］不包含 0，说明直接效应显著，效应大小为 0.0725；总间接效应置信区间 ［0.0662，0.0928］不包含 0，说明自我建构的间接效应显著，故存在部分中介效应，效应大小为 0.0787，占总效应的 52.02%。其中，依存型自我建构和独立型自我建构的置信区间都不包含 0，说明两者都发挥了显著的中介效应，效应大小分别为 0.0340、0.0448。具体的数据如表 4-404 所示。

表 4-404　自我建构在讲座收获与信用之间的中介效应

效应		Effect	置信区间下限	置信区间上限
总效应		0.1513	0.1253	0.1772
直接效应		0.0725	0.0480	0.0971
间接效应	总间接效应	0.0787	0.0662	0.0928
	依存型自我建构	0.0340	0.0264	0.0424
	独立型自我建构	0.0448	0.0361	0.0540

（6）主动交流财经讯息。将主动交流财经讯息作为自变量，自我建构作为中介变量，信用作为因变量。主动交流财经讯息影响信用的总效应置信区间 ［0.0716，0.1247］不包含 0，说明总效应在 $\alpha = 0.05$ 的水平上显著，效应大小为 0.0981；直接效应置信区间 ［-0.0115，0.0386］包含 0，说明直接效应不显著；总间接效应置信区间 ［0.0716，0.0985］不包含 0，说明自我建构的间接效应显著，故存在完全中介效应，效应大小为 0.0846。其中，依存型自我建构和独立型自我建构的置信区间都不包含 0，说明两者都发挥了显著的中介效应，效应大小分别为 0.0323、0.0522。具体的数据如表 4-405 所示。

表 4-405　自我建构在主动交流财经讯息与信用之间的中介效应

效应		Effect	置信区间下限	置信区间上限
总效应		0.0981	0.0716	0.1247
直接效应		0.0136	-0.0115	0.0386
间接效应	总间接效应	0.0846	0.0716	0.0985
	依存型自我建构	0.0323	0.0250	0.0407
	独立型自我建构	0.0522	0.0426	0.0624

（7）被动交流财经讯息。将被动交流财经讯息作为自变量，自我建构作为中介变量，信用作为因变量。被动交流财经讯息影响信用的总效应置信区间 ［0.0707，0.1249］不包含 0，说明总效应在 $\alpha = 0.05$ 的水平上显著，效应大小为 0.0978；直接效应置信区间 ［-0.0144，0.0367］包含 0，说明直接效应不显著；总间接效应置信区间 ［0.0729，0.1007］不包含 0，说明自我建构的间接效应显著，故存在完全中介效应，效应大小为 0.0866。其中，依存型自我建构和独立型

自我建构的置信区间都不包含 0，说明两者都发挥了显著的中介效应，效应大小分别为 0.0354、0.0512。具体的数据如表 4-406 所示。

表 4-406 自我建构在被动交流财经讯息与信用之间的中介效应

效应		Effect	置信区间下限	置信区间上限
总效应		0.0978	0.0707	0.1249
直接效应		0.0112	-0.0144	0.0367
间接效应	总间接效应	0.0866	0.0729	0.1007
	依存型自我建构	0.0354	0.0275	0.0442
	独立型自我建构	0.0512	0.0413	0.0613

（8）主动分享财经经历。将主动分享财经经历作为自变量，自我建构作为中介变量，信用作为因变量。主动分享财经经历影响信用的总效应置信区间 $[0.0704, 0.1222]$ 不包含 0，说明总效应在 $\alpha=0.05$ 的水平上显著，效应大小为 0.0963；直接效应置信区间 $[-0.0099, 0.0390]$ 包含 0，说明直接效应不显著；总间接效应置信区间 $[0.0689, 0.0960]$ 不包含 0，说明自我建构的间接效应显著，故存在完全中介效应，效应大小为 0.0818。其中，依存型自我建构和独立型自我建构的置信区间都不包含 0，说明两者都发挥了显著的中介效应，效应大小分别为 0.0335、0.0483。具体的数据如表 4-407 所示。

表 4-407 自我建构在主动分享财经经历与信用之间的中介效应

效应		Effect	置信区间下限	置信区间上限
总效应		0.0963	0.0704	0.1222
直接效应		0.0145	-0.0099	0.0390
间接效应	总间接效应	0.0818	0.0689	0.0960
	依存型自我建构	0.0335	0.0259	0.0421
	独立型自我建构	0.0483	0.0394	0.0584

（9）被动分享财经经历。将被动分享财经经历作为自变量，自我建构作为中介变量，信用作为因变量。被动分享财经经历影响信用的总效应置信区间 $[0.0741, 0.1271]$ 不包含 0，说明总效应在 $\alpha=0.05$ 的水平上显著，效应大小为 0.1006；直接效应置信区间 $[-0.0104, 0.0397]$ 包含 0，说明直接效应不显著；总间接效应置信区间 $[0.0726, 0.1001]$ 不包含 0，说明自我建构的间接效应显著，故存在完全中介效应，效应大小为 0.0860。其中，依存型自我建构和独立型自我建构的置信区间都不包含 0，说明两者都发挥了显著的中介效应，效应大小分别为 0.0353、0.0506。具体的数据如表 4-408 所示。

表4-408　自我建构在被动分享财经经历与信用之间的中介效应

效应		Effect	置信区间下限	置信区间上限
总效应		0.1006	0.0741	0.1271
直接效应		0.0146	−0.0104	0.0397
间接效应	总间接效应	0.0860	0.0726	0.1001
	依存型自我建构	0.0353	0.0275	0.0438
	独立型自我建构	0.0506	0.0415	0.0610

（10）主动请教财经决策。将主动请教财经决策作为自变量，自我建构作为中介变量，信用作为因变量。主动请教财经决策影响信用的总效应置信区间 [0.1372，0.1858] 不包含0，说明总效应在 $\alpha = 0.05$ 的水平上显著，效应大小为 0.1615；直接效应置信区间 [0.0741，0.1200] 不包含0，说明直接效应显著，效应大小为 0.0970；总间接效应置信区间 [0.0532，0.0759] 不包含0，说明自我建构的间接效应显著，故存在部分中介效应，效应大小为 0.0645，占总效应的 39.94%。其中，依存型自我建构和独立型自我建构的置信区间都不包含0，说明两者都发挥了显著的中介效应，效应大小分别为 0.0289、0.0355。具体的数据如表4-409所示。

表4-409　自我建构在主动请教财经决策与信用之间的中介效应

效应		Effect	置信区间下限	置信区间上限
总效应		0.1615	0.1372	0.1858
直接效应		0.0970	0.0741	0.1200
间接效应	总间接效应	0.0645	0.0532	0.0759
	依存型自我建构	0.0289	0.0223	0.0361
	独立型自我建构	0.0355	0.0279	0.0437

十九、自我建构在社会教育与生涯适应能力之间的中介效应

本书把社会教育作为自变量，包括主动获取财经讯息、财经讯息延展、自我警示、主动参与讲座、讲座收获、主动交流财经讯息、被动交流财经讯息、主动分享财经经历、被动分享财经经历、主动请教财经决策共十个变量，把依存型自我建构、独立型自我建构两个自我建构变量作为中介变量，生涯适应能力作为因变量，运用 PROCESS 分析工具进行多重中介效应分析，将样本数量设置为 5000，置信区间的置信度设置为95%。以下为自我建构在社会教育和生涯适应能力之间的中介效应的检验结果：

（1）主动获取财经讯息。将主动获取财经讯息作为自变量，自我建构作为中介变量，生涯适应能力作为因变量。主动获取财经讯息影响生涯适应能力的总

效应置信区间 ［0.2123，0.2755］不包含 0，说明总效应在 $\alpha = 0.05$ 的水平上显著，效应大小为 0.2439；直接效应置信区间 ［0.1436，0.2038］不包含 0，说明直接效应显著，效应大小为 0.1737；总间接效应置信区间 ［0.0568，0.0843］不包含 0，说明自我建构的间接效应显著，故存在部分中介效应，效应大小为0.0702，占总效应的 28.78%。其中，依存型自我建构和独立型自我建构的置信区间都不包含 0，说明两者都发挥了显著的中介效应，效应大小分别为 0.0189、0.0512。具体的数据如表 4-410 所示。

表 4-410　自我建构在主动获取财经讯息与生涯适应能力之间的中介效应

效应		Effect	置信区间下限	置信区间上限
总效应		0.2439	0.2123	0.2755
直接效应		0.1737	0.1436	0.2038
间接效应	总间接效应	0.0702	0.0568	0.0843
	依存型自我建构	0.0189	0.0127	0.0260
	独立型自我建构	0.0512	0.0404	0.0625

　　（2）财经讯息延展。将财经讯息延展作为自变量，自我建构作为中介变量，生涯适应能力作为因变量。财经讯息延展影响生涯适应能力的总效应置信区间 ［0.2414，0.3017］不包含 0，说明总效应在 $\alpha = 0.05$ 的水平上显著，效应大小为 0.2716；直接效应置信区间 ［0.1624，0.2205］不包含 0，说明直接效应显著，效应大小为 0.1914；总间接效应置信区间 ［0.0672，0.0938］不包含 0，说明自我建构的间接效应显著，故存在部分中介效应，效应大小为 0.0801，占总效应的29.49%。其中，依存型自我建构和独立型自我建构的置信区间都不包含 0，说明两者都发挥了显著的中介效应，效应大小分别为 0.0219、0.0582。具体的数据如表 4-411 所示。

表 4-411　自我建构在财经讯息延展与生涯适应能力之间的中介效应

效应		Effect	置信区间下限	置信区间上限
总效应		0.2716	0.2414	0.3017
直接效应		0.1914	0.1624	0.2205
间接效应	总间接效应	0.0801	0.0672	0.0938
	依存型自我建构	0.0219	0.0151	0.0293
	独立型自我建构	0.0582	0.0471	0.0703

　　（3）自我警示。将自我警示作为自变量，自我建构作为中介变量，生涯适应能力作为因变量。自我警示影响生涯适应能力的总效应置信区间 ［0.1874，0.2418］不包含 0，说明总效应在 $\alpha = 0.05$ 的水平上显著，效应大小为 0.2146；

直接效应置信区间［0.1225，0.1745］不包含0，说明直接效应显著，效应大小为0.1485；总间接效应置信区间［0.0548，0.0782］不包含0，说明自我建构的间接效应显著，故存在部分中介效应，效应大小为0.0661，占总效应的30.80%。其中，依存型自我建构和独立型自我建构的置信区间都不包含0，说明两者都发挥了显著的中介效应，效应大小分别为0.0193、0.0468。具体的数据如表4-412所示。

表4-412 自我建构在自我警示与生涯适应能力之间的中介效应

效应		Effect	置信区间下限	置信区间上限
总效应		0.2146	0.1874	0.2418
直接效应		0.1485	0.1225	0.1745
间接效应	总间接效应	0.0661	0.0548	0.0782
	依存型自我建构	0.0193	0.0133	0.0261
	独立型自我建构	0.0468	0.0378	0.0570

（4）主动参与讲座。将主动参与讲座作为自变量，自我建构作为中介变量，生涯适应能力作为因变量。主动参与讲座影响生涯适应能力的总效应置信区间［0.2123，0.2693］不包含0，说明总效应在$\alpha = 0.05$的水平上显著，效应大小为0.2408；直接效应置信区间［0.1444，0.1990］不包含0，说明直接效应显著，效应大小为0.1717；总间接效应置信区间［0.0571，0.0822］不包含0，说明自我建构的间接效应显著，故存在部分中介效应，效应大小为0.0691，占总效应的28.70%。其中，依存型自我建构和独立型自我建构的置信区间都不包含0，说明两者都发挥了显著的中介效应，效应大小分别为0.0212、0.0479。具体的数据如表4-413所示。

表4-413 自我建构在主动参与讲座与生涯适应能力之间的中介效应

效应		Effect	置信区间下限	置信区间上限
总效应		0.2408	0.2123	0.2693
直接效应		0.1717	0.1444	0.1990
间接效应	总间接效应	0.0691	0.0571	0.0822
	依存型自我建构	0.0212	0.0145	0.0284
	独立型自我建构	0.0479	0.0378	0.0588

（5）讲座收获。将讲座收获作为自变量，自我建构作为中介变量，生涯适应能力作为因变量。讲座收获影响生涯适应能力的总效应置信区间［0.2010，0.2605］不包含0，说明总效应在$\alpha = 0.05$的水平上显著，效应大小为0.2307；直接效应置信区间［0.1230，0.1802］不包含0，说明直接效应显著，效应大小

为 0.1516；总间接效应置信区间［0.0653，0.0925］不包含 0，说明自我建构的间接效应显著，故存在部分中介效应，效应大小为 0.0791，占总效应的34.29%。其中，依存型自我建构和独立型自我建构的置信区间都不包含 0，说明两者都发挥了显著的中介效应，效应大小分别为 0.0250、0.0541。具体的数据如表 4-414 所示。

表 4-414　自我建构在讲座收获与生涯适应能力之间的中介效应

效应		Effect	置信区间下限	置信区间上限
总效应		0.2307	0.2010	0.2605
直接效应		0.1516	0.1230	0.1802
间接效应	总间接效应	0.0791	0.0653	0.0925
	依存型自我建构	0.0250	0.0174	0.0336
	独立型自我建构	0.0541	0.0431	0.0651

（6）主动交流财经讯息。将主动交流财经讯息作为自变量，自我建构作为中介变量，生涯适应能力作为因变量。主动交流财经讯息影响生涯适应能力的总效应置信区间［0.2471，0.3070］不包含 0，说明总效应在 $\alpha = 0.05$ 的水平上显著，效应大小为 0.2771；直接效应置信区间［0.1656，0.2234］不包含 0，说明直接效应显著，效应大小为 0.1945；总间接效应置信区间［0.0695，0.0964］不包含 0，说明自我建构的间接效应显著，故存在部分中介效应，效应大小为0.0826，占总效应的 29.81%。其中，依存型自我建构和独立型自我建构的置信区间都不包含 0，说明两者都发挥了显著的中介效应，效应大小分别为 0.0233、0.0592。具体的数据如表 4-415 所示。

表 4-415　自我建构在主动交流财经讯息与生涯适应能力之间的中介效应

效应		Effect	置信区间下限	置信区间上限
总效应		0.2771	0.2471	0.3070
直接效应		0.1945	0.1656	0.2234
间接效应	总间接效应	0.0826	0.0695	0.0964
	依存型自我建构	0.0233	0.0161	0.0310
	独立型自我建构	0.0592	0.0482	0.0713

（7）被动交流财经讯息。将被动交流财经讯息作为自变量，自我建构作为中介变量，生涯适应能力作为因变量。被动交流财经讯息影响生涯适应能力的总效应置信区间［0.2395，0.3009］不包含 0，说明总效应在 $\alpha = 0.05$ 的水平上显著，效应大小为 0.2702；直接效应置信区间［0.1567，0.2158］不包含 0，说明直接效应显著，效应大小为 0.1862；总间接效应置信区间［0.0705，0.0980］

不包含 0，说明自我建构的间接效应显著，故存在部分中介效应，效应大小为 0.0840，占总效应的 31.09%。其中，依存型自我建构和独立型自我建构的置信区间都不包含 0，说明两者都发挥了显著的中介效应，效应大小分别为 0.0249、0.0590。具体的数据如表 4-416 所示。

表 4-416 自我建构在被动交流财经讯息与生涯适应能力之间的中介效应

效应		Effect	置信区间下限	置信区间上限
总效应		0.2702	0.2395	0.3009
直接效应		0.1862	0.1567	0.2158
间接效应	总间接效应	0.0840	0.0705	0.0980
	依存型自我建构	0.0249	0.0172	0.0334
	独立型自我建构	0.0590	0.0483	0.0711

（8）主动分享财经经历。将主动分享财经经历作为自变量，自我建构作为中介变量，生涯适应能力作为因变量。主动分享财经经历影响生涯适应能力的总效应置信区间 [0.2361, 0.2947] 不包含 0，说明总效应在 $\alpha = 0.05$ 的水平上显著，效应大小为 0.2654；直接效应置信区间 [0.1850, 0.2144] 不包含 0，说明直接效应显著，效应大小为 0.1862；总间接效应置信区间 [0.0665, 0.0928] 不包含 0，说明自我建构的间接效应显著，故存在部分中介效应，效应大小为 0.0792，占总效应的 29.84%。其中，依存型自我建构和独立型自我建构的置信区间都不包含 0，说明两者都发挥了显著的中介效应，效应大小分别为 0.0235、0.0557。具体的数据如表 4-417 所示。

表 4-417 自我建构在主动分享财经经历与生涯适应能力之间的中介效应

效应		Effect	置信区间下限	置信区间上限
总效应		0.2654	0.2361	0.2947
直接效应		0.1862	0.1850	0.2144
间接效应	总间接效应	0.0792	0.0665	0.0928
	依存型自我建构	0.0235	0.0162	0.0318
	独立型自我建构	0.0557	0.0449	0.0669

（9）被动分享财经经历。将被动分享财经经历作为自变量，自我建构作为中介变量，生涯适应能力作为因变量。被动分享财经经历影响生涯适应能力的总效应置信区间 [0.2431, 0.3031] 不包含 0，说明总效应在 $\alpha = 0.05$ 的水平上显著，效应大小为 0.2731；直接效应置信区间 [0.1612, 0.2191] 不包含 0，说明直接效应显著，效应大小为 0.1901；总间接效应置信区间 [0.0692, 0.0971] 不包含 0，说明自我建构的间接效应显著，故存在部分中介效应，效应大小为

0.0830，占总效应的30.39%。其中，依存型自我建构和独立型自我建构的置信区间都不包含0，说明两者都发挥了显著的中介效应，效应大小分别为0.0246、0.0583。具体的数据如表4-418所示。

表4-418　自我建构在被动分享财经经历与生涯适应能力之间的中介效应

效应		Effect	置信区间下限	置信区间上限
总效应		0.2731	0.2431	0.3031
直接效应		0.1901	0.1612	0.2191
间接效应	总间接效应	0.0830	0.0692	0.0971
	依存型自我建构	0.0246	0.0167	0.0328
	独立型自我建构	0.0583	0.0469	0.0702

（10）主动请教财经决策。将主动请教财经决策作为自变量，自我建构作为中介变量，生涯适应能力作为因变量。主动请教财经决策影响生涯适应能力的总效应置信区间［0.1711，0.2272］不包含0，说明总效应在 $\alpha = 0.05$ 的水平上显著，效应大小为0.1991；直接效应置信区间［0.1067，0.1603］不包含0，说明直接效应显著，效应大小为0.1335；总间接效应置信区间［0.0539，0.0783］不包含0，说明自我建构的间接效应显著，故存在部分中介效应，效应大小为0.0656，占总效应的32.95%。其中，依存型自我建构和独立型自我建构的置信区间都不包含0，说明两者都发挥了显著的中介效应，效应大小分别为0.0219、0.0437。具体的数据如表4-419所示。

表4-419　自我建构在主动请教财经决策与生涯适应能力之间的中介效应

效应		Effect	置信区间下限	置信区间上限
总效应		0.1991	0.1711	0.2272
直接效应		0.1335	0.1067	0.1603
间接效应	总间接效应	0.0656	0.0539	0.0783
	依存型自我建构	0.0219	0.0150	0.0296
	独立型自我建构	0.0437	0.0345	0.0539

二十、自我建构在社会教育与未来承诺之间的中介效应

本书把社会教育作为自变量，包括主动获取财经讯息、财经讯息延展、自我警示、主动参与讲座、讲座收获、主动交流财经讯息、被动交流财经讯息、主动分享财经经历、被动分享财经经历、主动请教财经决策共十个变量，把依存型自我建构、独立型自我建构两个自我建构变量作为中介变量，未来承诺作为因变量，运用PROCESS分析工具进行多重中介效应分析，将样本数量设置为5000，

置信区间的置信度设置为95%。以下为自我建构在社会教育和未来承诺之间的中介效应的检验结果：

（1）主动获取财经讯息。将主动获取财经讯息作为自变量，自我建构作为中介变量，未来承诺作为因变量。主动获取财经讯息影响未来承诺的总效应置信区间［0.1840，0.2463］不包含0，说明总效应在 $\alpha = 0.05$ 的水平上显著，效应大小为0.2151；直接效应置信区间［0.1099，0.1684］不包含0，说明直接效应显著，效应大小为0.1391；总间接效应置信区间［0.0615，0.0911］不包含0，说明自我建构的间接效应显著，故存在部分中介效应，效应大小为0.0760，占总效应的35.33%。其中，依存型自我建构和独立型自我建构的置信区间都不包含0，说明两者都发挥了显著的中介效应，效应大小分别为0.0215、0.0545。具体的数据如表4-420所示。

表4-420　自我建构在主动获取财经讯息与未来承诺之间的中介效应

效应		Effect	置信区间下限	置信区间上限
总效应		0.2151	0.1840	0.2463
直接效应		0.1391	0.1099	0.1684
间接效应	总间接效应	0.0760	0.0615	0.0911
	依存型自我建构	0.0215	0.0148	0.0289
	独立型自我建构	0.0545	0.0430	0.0665

（2）财经讯息延展。将财经讯息延展作为自变量，自我建构作为中介变量，未来承诺作为因变量。财经讯息延展影响未来承诺的总效应置信区间［0.2055，0.2652］不包含0，说明总效应在 $\alpha = 0.05$ 的水平上显著，效应大小为0.2354；直接效应置信区间［0.1194，0.1760］不包含0，说明直接效应显著，效应大小为0.1477；总间接效应置信区间［0.0072，0.1023］不包含0，说明自我建构的间接效应显著，故存在部分中介效应，效应大小为0.0877，占总效应的37.26%。其中，依存型自我建构和独立型自我建构的置信区间都不包含0，说明两者都发挥了显著的中介效应，效应大小分别为0.0251、0.0625。具体的数据如表4-421所示。

表4-421　自我建构在财经讯息延展与未来承诺之间的中介效应

效应		Effect	置信区间下限	置信区间上限
总效应		0.2354	0.2055	0.2652
直接效应		0.1477	0.1194	0.1760
间接效应	总间接效应	0.0877	0.0072	0.1023
	依存型自我建构	0.0251	0.0181	0.0330
	独立型自我建构	0.0625	0.0511	0.0748

（3）自我警示。将自我警示作为自变量，自我建构作为中介变量，未来承诺作为因变量。自我警示影响未来承诺的总效应置信区间［0.1560，0.2097］不包含 0，说明总效应在 α=0.05 的水平上显著，效应大小为 0.1829；直接效应置信区间［0.0854，0.1360］不包含 0，说明直接效应显著，效应大小为 0.1107；总间接效应置信区间［0.0603，0.0847］不包含 0，说明自我建构间接效应显著，故存在部分中介效应，效应大小为 0.0722，占总效应的 39.48%。其中，依存型自我建构和独立型自我建构的置信区间都不包含 0，说明两者都发挥了显著的中介效应，效应大小分别为 0.0222、0.0499。具体的数据如表 4-422 所示。

表 4-422　自我建构在自我警示与未来承诺之间的中介效应

效应		Effect	置信区间下限	置信区间上限
总效应		0.1829	0.1560	0.2097
直接效应		0.1107	0.0854	0.1360
间接效应	总间接效应	0.0722	0.0603	0.0847
	依存型自我建构	0.0222	0.0158	0.0293
	独立型自我建构	0.0499	0.0404	0.0604

（4）主动参与讲座。将主动参与讲座作为自变量，自我建构作为中介变量，未来承诺作为因变量。主动参与讲座影响未来承诺的总效应置信区间［0.1763，0.2327］不包含 0，说明总效应在 α=0.05 的水平上显著，效应大小为 0.2045；直接效应置信区间［0.1021，0.1554］不包含 0，说明直接效应显著，效应大小为 0.1288；总间接效应置信区间［0.0626，0.0891］不包含 0，说明自我建构的间接效应显著，故存在部分中介效应，效应大小为 0.0757，占总效应的 37.02%。其中，依存型自我建构和独立型自我建构的置信区间都不包含 0，说明两者都发挥了显著的中介效应，效应大小分别为 0.0248、0.0510。具体的数据如表 4-423 所示。

表 4-423　自我建构在主动参与讲座与未来承诺之间的中介效应

效应		Effect	置信区间下限	置信区间上限
总效应		0.2045	0.1763	0.2327
直接效应		0.1288	0.1021	0.1554
间接效应	总间接效应	0.0757	0.0626	0.0891
	依存型自我建构	0.0248	0.0178	0.0323
	独立型自我建构	0.0510	0.0405	0.0615

（5）讲座收获。将讲座收获作为自变量，自我建构作为中介变量，未来承诺作为因变量。讲座收获影响未来承诺的总效应置信区间［0.2047，0.2631］不

包含 0，说明总效应在 α＝0.05 的水平上显著，效应大小为 0.2339；直接效应置信区间 ［0.1210，0.1764］ 不包含 0，说明直接效应显著，效应大小为 0.1487；总间接效应置信区间 ［0.0717，0.0997］ 不包含 0，说明自我建构的间接效应显著，故存在部分中介效应，效应大小为 0.0852，占总效应的 36.43%。其中，依存型自我建构和独立型自我建构的置信区间都不包含 0，说明两者都发挥了显著的中介效应，效应大小分别为 0.0284、0.0568。具体的数据如表 4-424 所示。

表 4-424　自我建构在讲座收获与未来承诺之间的中介效应

效应		Effect	置信区间下限	置信区间上限
总效应		0.2339	0.2047	0.2631
直接效应		0.1487	0.1210	0.1764
间接效应	总间接效应	0.0852	0.0717	0.0997
	依存型自我建构	0.0284	0.0202	0.0369
	独立型自我建构	0.0568	0.0459	0.0683

（6）主动交流财经讯息。将主动交流财经讯息作为自变量，自我建构作为中介变量，未来承诺作为因变量。主动交流财经讯息影响未来承诺的总效应置信区间 ［0.1994，0.2588］ 不包含 0，说明总效应在 α＝0.05 的水平上显著，效应大小为 0.2291；直接效应置信区间 ［0.1098，0.1662］ 不包含 0，说明直接效应显著，效应大小为 0.1380；总间接效应置信区间 ［0.0770，0.1058］ 不包含 0，说明自我建构的间接效应显著，故存在部分中介效应，效应大小为 0.0911，占总效应的 39.76%。其中，依存型自我建构和独立型自我建构的置信区间都不包含 0，说明两者都发挥了显著的中介效应，效应大小分别为 0.0272、0.0639。具体的数据如表 4-425 所示。

表 4-425　自我建构在主动交流财经讯息与未来承诺之间的中介效应

效应		Effect	置信区间下限	置信区间上限
总效应		0.2291	0.1994	0.2588
直接效应		0.1380	0.1098	0.1662
间接效应	总间接效应	0.0911	0.0770	0.1058
	依存型自我建构	0.0272	0.0199	0.0354
	独立型自我建构	0.0639	0.0524	0.0760

（7）被动交流财经讯息。将被动交流财经讯息作为自变量，自我建构作为中介变量，未来承诺作为因变量。被动交流财经讯息影响未来承诺的总效应置信区间 ［0.1986，0.2592］ 不包含 0，说明总效应在 α＝0.05 的水平上显著，效应大小为 0.2289；直接效应置信区间 ［0.1076，0.1653］ 不包含 0，说明直接效应

显著，效应大小为0.1364；总间接效应置信区间［0.0784，0.1074］不包含0，说明自我建构间接效应显著，故存在部分中介效应，效应大小为0.0924，占总效应的40.37%。其中，依存型自我建构和独立型自我建构的置信区间都不包含0，说明两者都发挥了显著的中介效应，效应大小分别为0.0292、0.0632。具体的数据如表4-426所示。

表4-426　自我建构在被动交流财经讯息与未来承诺之间的中介效应

效应		Effect	置信区间下限	置信区间上限
总效应		0.2289	0.1986	0.2592
直接效应		0.1364	0.1076	0.1653
间接效应	总间接效应	0.0924	0.0784	0.1074
	依存型自我建构	0.0292	0.0213	0.0381
	独立型自我建构	0.0632	0.0520	0.0756

（8）主动分享财经经历。将主动分享财经经历作为自变量，自我建构作为中介变量，未来承诺作为因变量。主动分享财经经历影响未来承诺的总效应置信区间［0.1872，0.2452］不包含0，说明总效应在$\alpha=0.05$的水平上显著，效应大小为0.2162；直接效应置信区间［0.1011，0.1562］不包含0，说明直接效应显著，效应大小为0.1286；总间接效应置信区间［0.0741，0.1022］不包含0，说明自我建构间接效应显著，故存在部分中介效应，效应大小为0.0876，占总效应的40.52%。其中，依存型自我建构和独立型自我建构的置信区间都不包含0，说明两者都发挥了显著的中介效应，效应大小分别为0.0277、0.0599。具体的数据如表4-427所示。

表4-427　自我建构在主动分享财经经历与未来承诺之间的中介效应

效应		Effect	置信区间下限	置信区间上限
总效应		0.2162	0.1872	0.2452
直接效应		0.1286	0.1011	0.1562
间接效应	总间接效应	0.0876	0.0741	0.1022
	依存型自我建构	0.0277	0.0202	0.0360
	独立型自我建构	0.0599	0.0489	0.0716

（9）被动分享财经经历。将被动分享财经经历作为自变量，自我建构作为中介变量，未来承诺作为因变量。被动分享财经经历影响未来承诺的总效应置信区间［0.1892，0.2487］不包含0，说明总效应在$\alpha=0.05$的水平上显著，效应大小为0.2189；直接效应置信区间［0.0986，0.1551］不包含0，说明直接效应显著，效应大小为0.1269；总间接效应置信区间［0.0778，0.1069］不包含0，

说明自我建构的间接效应显著，故存在部分中介效应，效应大小为0.0921，占总效应的40.08%。其中，依存型自我建构和独立型自我建构的置信区间都不包含0，说明两者都发挥了显著的中介效应，效应大小分别为0.0293、0.0628。具体的数据如表4-428所示。

表4-428　自我建构在被动分享财经经历与未来承诺之间的中介效应

效应		Effect	置信区间下限	置信区间上限
总效应		0.2189	0.1892	0.2487
直接效应		0.1269	0.0986	0.1551
间接效应	总间接效应	0.0921	0.0778	0.1069
	依存型自我建构	0.0293	0.0210	0.0385
	独立型自我建构	0.0628	0.0512	0.0752

（10）主动请教财经决策。将主动请教财经决策作为自变量，自我建构作为中介变量，未来承诺作为因变量。主动请教财经决策影响未来承诺的总效应置信区间 [0.1651，0.2202] 不包含0，说明总效应在 $\alpha = 0.05$ 的水平上显著，效应大小为0.1927；直接效应置信区间 [0.0956，0.1476] 不包含0，说明直接效应显著，效应大小为0.1216；总间接效应置信区间 [0.0590，0.0844] 不包含0，说明自我建构的间接效应显著，故存在部分中介效应，效应大小为0.0711，占总效应的36.90%。其中，依存型自我建构和独立型自我建构的置信区间都不包含0，说明两者都发挥了显著的中介效应，效应大小分别为0.0251、0.0460。具体的数据如表4-429所示。

表4-429　自我建构在主动请教财经决策与未来承诺之间的中介效应

效应		Effect	置信区间下限	置信区间上限
总效应		0.1927	0.1651	0.2202
直接效应		0.1216	0.0956	0.1476
间接效应	总间接效应	0.0711	0.0590	0.0844
	依存型自我建构	0.0251	0.0183	0.0329
	独立型自我建构	0.0460	0.0365	0.0565

本章小结

在本章中，第一节我们完成了对主体相关的29个变量的描述性统计，其结果基本符合大学生群体特征，样本具有代表性。第二节为了保持项目的连贯性，在原试题未作更改的情况下，进行了 2022 年、2023 年客观财经知识正确率对比，发现相较于 2022 年，2023 年的正确率趋于稳定，整体情况良好，原因可能是在受试者人数增加的情况下，其组成成分，如是不是经管类学生、年龄等相较于 2022 年并未出现较大变化，使结果趋于一致。第三节，通过运用 One-way ANO-VA 分析工具、PROCESS 分析工具探明了学校教育变量通过心理变量对大学生的财经素养产生影响。第四节，通过运用 One-way ANOVA 分析工具、PROCESS 分析工具，探析社会教育变量对心理变量及财经素养的影响，证实了社会教育对大学生财经素养形成的作用，而心理变量的培养是作用的路径之一。

第五章 结论与启示

第一节 结论

本书围绕描述大学生财经素养现状以及教育因素（包括学校教育和社会教育）对财经素养的影响效应两个研究目的，回顾了翔实的外文文献，根据本书先前积累的研究成果，设计了个人和学校教育、社会教育与财经素养之间关系的研究框架，在此基础上通过文献研究和小组访谈建立了变量的测量体系。借助四川省大学生财经素养大赛，把报名参赛学生作为样本框获取受访对象，取得的样本具有一定的代表性，取得的数据具有高质量的特性。运用可靠性分析、描述性统计分析、Cross Tabulation 分析、ANOVA 方差分析、多重对比分析、回归分析、相关分析、PROCESS 分析等定量分析工具对数据进行了规范的研究，形成如下主要结论。

一、大学生财经素养总体状况

本书从八个维度界定大学生财经素养的内涵：客观财经知识、主观财经知识、财经态度、财经满意感、财经行为合理性、独立、信用和未来规划（生涯适应能力和未来承诺）。

1. 客观财经知识

客观财经知识，是指由 23 道常识性的财经类知识问答组成，包括通货膨胀、单利计算、借钱中的利息计算、复利计算、投资的风险性、通货膨胀和生活成本的关系、股票的风险性、抵押贷款的利息成本、分散化投资和风险的关系、利率和债券价格的关系、美元的买入价识别、高回报金融产品的识别、收益波动资产的识别、债券和股票的风险比较、资产的时间价值、股票共同基金的含义、存款准备金率、股票持有人的性质、医疗保险、个人信用评级、不良信用记录、分期付款购买汽车、申请个人信用报告。数据分析结果显示，23 道常识性的客观财经知识问题都回答正确的人数为 0 人。回答正确 22 道题的人数为 6 人，占比

0.1%；12道题都回答正确，也就是50%的题都回答正确的人数累计为73.5%。换言之，另外50%的题都无法回答正确的人数的占比为26.5%。此外，单一问题正确的比例最高的为投资的风险性（高投资高风险的识别），正确率为92.1%；正确比例最低的为医疗保险，正确率仅为15.6%。每道题平均的正确率为58.1%。

值得注意的是，本书对在2022年、2023年客观财经知识测试中设置的相同题目进行对比分析。数据分析结果显示，2023年大学生的客观财经知识的正确率与2022年的正确率较为接近；相比2021年而言，2023年大学生的客观财经知识的正确率仍处于下降状态。2023年受试者正确率不足50%的项目为通货膨胀、借钱中的利息计算、利率和债券的关系、美元的买入价格、高回报金融产品的识别、股票持有人的性质、医疗保险，最低为医疗保险仅为15.3%；正确率超过80%的项目为单利计算、投资的风险性、申请个人信用报告，最高为投资的风险性92.9%。其中，通货膨胀、高回报金融资产的识别、存款准备金率、股票持有人的性质、医疗保险呈明显下降趋势，且医疗保险的正确率下降幅度最大。而单利计算、借钱中的利息计算、复利计算、投资的风险性、通货膨胀和生活成本的关系、股票的风险性、抵押贷款的利息成本、分散化投资和风险的关系、利率和债券价格的关系、美元的买入价识别、收益波动资产的识别、债券和股票的风险比较、资产的时间价值、股票共同基金、存款准备金率、个人信用评级、不良信用记录的影响、分期付款购买汽车并不存在显著性差异。申请个人信用报告则出现显著且较高的正确率增长率。

2. 主观财经知识

主观财经知识是指对财经知识的掌握和理解程度的自我评判。数据分析结果显示，自我评估财经知识低于中等水平的大学生累计达到54.3%；自我评估财经知识高于中等水平的大学生累计为16.9%。

3. 财经态度

财经态度，是指个体即时满足抑或延迟满足的愿望，以及能否正确处理储蓄和消费之间的关系。此变量的测量由两个题项构成，分别是"我倾向于今朝有酒今朝醉而不去考虑明天""相比存钱而言，我更愿意把这些钱花掉"。得分越高代表越不同意该测项的观点，财经态度则表现出正向积极的特性。数据分析结果显示，仅14.4%的受访者更赞同即时满足的财经态度，58.1%则不赞同这种观点，处于中立态度的受访者的比例达到27.5%；15.3%的受访者认为花钱比储蓄更重要；53.8%的受访者认为储蓄比花钱更重要；30.9%处于中立态度。由于"我倾向于今朝有酒今朝醉而不去考虑明天""我发现花钱比长期保存更令人满意"两个变量之间的Pearson相关系数为0.564，在$\alpha = 0.001$的水平上显著。因此，两个量表的测量结果共同说明，约 1/7 的受访者倾向于即时满足的财经态度，而一半以上的受访者倾向于延迟满足的财经态度。

4. 财经满意感

财经满意感，是指个体对目前财务状况的满意程度。此变量的测量由"我对目前的财务状况感到满意"来进行测量。数据分析结果显示，15.1% 的受访者对自己目前的财务状况不满意；23.2% 的受访者对自己的财经状况处于满意状态。财经满意感的均值为 2.78，小于中值 3，说明大学生普遍对当下的财经状况处于不满意状态。

5. 财经行为合理性

财经行为合理性，是指个人的财经行为是否符合正常的规范。此变量的测量由四个题项构成，包括"在我买东西之前，我仔细考虑一下我是否能负担得起""我会按时偿还借款""我会密切关注自己的财务事宜""我制定了长期财务目标并努力实现这些目标"。得分越高，说明受访者的财经行为合理性越高。数据分析结果显示，受访者量入为出、按时支付账单的均值都大于 4，仅关注自身财务状况的信念的均值为 3.53（总分为 5 分），说明受访者财经行为合理性较高；对这三个题项完全不同意的比例为 2.1%～3.4%，占比较低。然而，仅关注自身财务状况的信念的均值为 3.53（总分为 5 分），制定财务目标并努力实现它的均值小于 3.5，完全不同意的比例为 4.5%。总体来讲，受访者财经行为的合理性比较高，但是财经行为的目的性还不是很强。

6. 独立

独立，是指个体依靠自己的力量去做某事的心理变量，它通常包括人格独立、经济独立、思想独立、生活独立。此变量的测量由八个关联题项构成，如"我通常能根据自身的情况和外部环境变化制定下一步的行动方案""我有勇气面对自己曾经犯过的错误""我会为自己的行为负责"等。本书对独立的八个关联题项的描述性统计结果进行了分析。数据分析结果显示，受访者对于正向态度（比较同意和完全同意）均大于 50%，八个题项的均值均大于 3，也就是说，四成的大学生的独立性比较强。但是，八个题项的负向态度（完全不同意和比较不同意）合并的比例为 3.4%～11.2%，说明还有接近一成的大学生独立性比较弱。

7. 信用

信用，是指基于人们之间的互相信任，通过具有法律效力的契约或协议提供给自然人的信用。本书从道德层面和经济学层面界定信用的内涵。此变量的测量由六个题项构成，如"我会对我说出的话负责""我借用了他人的东西，我都会如期归还""我会尽最大努力履行我对他人的承诺""我认识的人都很信任我"等。数据分析结果显示，六个题项的正向态度（比较同意和完全同意）合并的比例均大于70%，六个题项的负向态度（比较不同意和完全不同意）合并的比例为3%~7%。这说明，绝大多数大学生遵循信用的规则，但仍有少量学生还未认识到信用的作用和意义。

8. 生涯适应能力

生涯适应能力，是指个人对获取更高学历、未来工作和未来家庭所作的思考和长远规划。此变量的测量由三个题项构成，分别是"您多久筹划一次您未来更高学历的教育""您多久筹划一次您未来的工作""您多久筹划一次您未来的家庭"。得分越高，说明生涯适应能力越强。数据分析结果显示，其中三个题项的均值均大于中值3，偶尔和经常两个选项合并的比例均大于30%，其中，对学历教育和工作的筹划均大于50%，说明大部分大学生均有较强的生涯适应能力，但是，尚有一成多的学生没有未来规划的意识。

9. 未来承诺

未来承诺，是指个体把未来规划付诸行动的决心。此变量的测量由三个题项构成，分别是"您大学毕业后实现更高学历教育计划的决心有多大""您大学毕业后实现未来工作计划的决心有多大""您大学毕业后实现未来家庭计划的决心有多大"。得分越高，说明未来承诺越强。数据分析结果显示，在这三个题项中，有决心实现继续教育和未来工作计划（决心较大和决心很大）的比例超过50%，有决心实现未来家庭计划的比例达到44.6%，但仍有3%左右的大学生对实现未来规划没有决心，特别是对实现家庭计划没有决心。

二、学校教育对大学生财经知识和财经素养的影响

本书构建的学校教育变量旨在反映大学生的学校教育背景，包含专业、是否学习财经课程、课程类型、授课方式、教学方式、教学模式、课程门数、课程课时共八个变量。本书将学校教育变量作为自变量，将财经知识和财经素养作为因变量，运用One-way ANOVA分析工具进行方差分析，探究学校教育变量对大学生财经知识和财经素养的影响。同时，探究了心理变量（包括依存型自我建构和独立型自我建构）在其中的中介作用。数据分析结论如下：

1. 学校教育对大学生客观财经知识的影响及心理变量的中介作用

（1）专业对大学生客观财经知识的影响及心理变量的中介作用。数据分析结果显示，经管类专业的大学生对客观财经知识的了解程度显著高于非经管类专业的大学生。将专业作为自变量，自我建构作为中介变量，客观财经知识作为因变量。结果显示，两个心理变量（依存型自我建构和独立型自我建构）在专业与客观财经知识之间没有发挥显著的中介效应。

（2）是否学习过财经课程对大学生客观财经知识的影响及心理变量的中介

作用。数据分析结果显示，学习过财经课程的大学生对客观财经知识的了解程度显著高于没有学习过财经课程的大学生。将是否学习过财经课程作为自变量，自我建构作为中介变量，客观财经知识得分作为因变量。结果显示，两个心理变量（依存型自我建构和独立型自我建构）在是否学习过财经课程与客观财经知识之间没有发挥显著的中介效应。

（3）课程类型对大学生客观财经知识的影响及心理变量的中介作用。数据分析结果显示，未学习过财经课程的大学生的客观财经知识得分显著低于课程类别为必修课、选修课的大学生的客观财经知识得分。课程类型为必修课的大学生客观财经知识得分显著高于课程类别为选修课的大学生的客观财经知识得分。将课程类型作为自变量，自我建构作为中介变量，客观财经知识得分作为因变量。结果显示，两个心理变量（依存型自我建构和独立型自我建构）在课程类型与客观财经知识之间发挥了显著的中介效应。

（4）授课方式对大学生客观财经知识的影响及心理变量的中介作用。数据分析结果显示，未学习过财经课程的大学生的客观财经知识得分显著低于授课方式为面授课、网络授课和面授课结合的大学生的客观财经知识得分。授课方式为网络授课的大学生客观财经知识得分显著低于授课方式为面授课及网络授课和面授课结合的大学生得分。面授课与网络授课和面授课相结合的大学生之间无显著差异。将授课方式作为自变量，自我建构作为中介变量，客观财经知识得分作为因变量。结果显示，两个心理变量（依存型自我建构和独立型自我建构）在授课方式与客观财经知识之间发挥了显著的中介效应。

（5）教学方式对大学生客观财经知识的影响及心理变量的中介作用。数据分析结果显示，教学方式为讲授式与互动式教学结合的大学生的客观财经知识得分显著高于未学习过及教学方式为讲授式教学、互动式教学的大学生的客观财经知识得分。教学方式为讲授式教学的大学生客观财经知识得分显著高于未学习过、教学方式为互动式教学的大学生的客观财经知识得分。将教学方式作为自变量，自我建构作为中介变量，客观财经知识得分作为因变量。结果显示，两个心理变量（依存型自我建构和独立型自我建构）在教学方式与客观财经知识之间没有发挥显著的中介效应。

（6）教学模式对大学生客观财经知识的影响及心理变量的中介作用。数据分析结果显示，教学模式为理论与案例教学结合的大学生的客观财经知识得分显著高于未学习过及教学模式为纯理论教学、案例教学的大学生的客观财经知识得分。未学习过财经课程的大学生与教学模式为纯理论教学、案例教学的大学生之间无显著差异。将教学模式作为自变量，自我建构作为中介变量，客观财经知识得分作为因变量。结果显示，两个心理变量（依存型自我建构和独立型自我建构）在教学模式与客观财经知识之间没有发挥显著的中介效应。

（7）课程门数对大学生客观财经知识的影响及心理变量的中介作用。数据分析结果显示，学习过 7 门及以上门课程的大学生的客观财经知识得分显著高于未学习过及学习过 1~2 门、3~4 门大学生的客观财经知识得分，与学习过 5~6 门的大学生的客观财经知识得分并未有显著差异。学习过 5~6 门课程的大学生的客观财经知识得分显著高于未学习过及学习过 1~2 门、3~4 门大学生的客观财经知识得分。学习过 3~4 门课程的大学生的客观财经知识得分显著高于未学习过的大学生客观财经知识得分，但与学习过 1~2 门的大学生并无显著差异。学习过 1~2 门课程的大学生的客观财经知识得分显著高于未学习过财经课程的大学生客观财经知识得分。将课程门数作为自变量，自我建构作为中介变量，客观财经知识得分作为因变量。结果显示，两个心理变量（依存型自我建构和独立型自我建构）在课程门数与客观财经知识之间没有发挥显著的中介效应。

（8）课程课时对大学生客观财经知识的影响及心理变量的中介作用。数据分析结果显示，课程课时太多的大学生的客观财经知识的得分显著高于未学习过财经课程的大学生得分。课程课时较多的大学生的客观财经知识的得分显著高于未学习过、课程课时较少的大学生得分。其余组别间无显著差别。课程课时刚好的大学生的客观财经知识的得分显著高于未学习过、课程课时较少的大学生得分。课程课时较少的大学生的客观财经知识的得分显著高于未学习过的大学生得分。其他组间无显著差异。将课程课时作为自变量，自我建构作为中介变量，客观财经知识得分作为因变量。结果显示，两个心理变量（依存型自我建构和独立型自我建构）在课程课时与客观财经知识之间没有发挥显著的中介效应。

2. 学校教育对大学生主观财经知识的影响及心理变量的中介作用

（1）专业对大学生主观财经知识的影响及心理变量的中介作用。数据分析结果显示，经管类专业的大学生对主观财经知识的了解程度显著高于非经管类专业的大学生。将专业作为自变量，自我建构作为中介变量，主观财经知识得分作为因变量。结果显示，独立型自我建构在专业与主观财经知识之间发挥显著的中介效应。

（2）是否学习过财经课程对大学生主观财经知识的影响及心理变量的中介作用。数据分析结果显示，学习过财经课程的大学生对主观财经知识的了解程度显著高于没有学习过财经课程的大学生。将是否学习过财经课程作为自变量，自我建构作为中介变量，主观财经知识得分作为因变量。结果显示，独立型自我建构在是否学习过财经知识与主观财经知识之间发挥显著的中介效应。

（3）课程类型对大学生主观财经知识的影响及心理变量的中介作用。数据分析结果显示，未学习过财经课程的大学生的主观财经知识得分显著低于课程类别为必修课、选修课的大学生的主观财经知识得分。课程类型为必修课的大学生主观财经知识得分显著高于课程类别为选修课的大学生的主观财经知识得分。将课程类型作为自变量，自我建构作为中介变量，主观财经知识得分作为因变量。结果显示，两个心理变量（依存型自我建构和独立型自我建构）在课程类型与主观财经知识之间发挥显著的中介效应。

（4）授课方式对大学生主观财经知识的影响及心理变量的中介作用。数据分析结果显示，未学习过财经课程的大学生的主观财经知识得分显著低于授课方式为面授课及网络授课和面授课结合的大学生的客观财经知识得分。授课方式为网络授课的大学生客观财经知识得分显著低于授课方式为面授课及网络授课和面授课结合的大学生得分。将授课方式作为自变量，自我建构作为中介变量，主观财经知识得分作为因变量。结果显示，两个心理变量（依存型自我建构和独立型自我建构）在授课方式与主观财经知识之间发挥显著的中介效应。

（5）教学方式对大学生主观财经知识的影响及心理变量的中介作用。数据分析结果显示，教学方式为讲授式与互动式教学结合的大学生的主观财经知识得分显著高于未学习过财经课程、教学方式为互动式教学的大学生的主观财经知识得分。教学方式为讲授式教学的大学生的主观财经知识得分显著高于未学习过财经课程的大学生的主观财经知识得分。将教学方式作为自变量，自我建构作为中介变量，主观财经知识得分作为因变量。结果显示，两个心理变量（依存型自我建构和独立型自我建构）在教学方式与主观财经知识之间发挥显著的中介效应。

（6）教学模式对大学生主观财经知识的影响及心理变量的中介作用。数据分析结果显示，教学模式为理论与案例教学结合的大学生的主观财经知识得分显著高于未学习过财经课程、教学模式为纯理论教学的大学生的主观财经知识得分。教学模式为案例教学的大学生的主观财经知识得分显著高于未学习过财经课程、教学模式为纯理论教学的大学生的主观财经知识得分。教学模式为纯理论的大学生的主观财经知识得分显著高于未学习过财经课程的大学生的主观财经知识得分。将教学模式作为自变量，自我建构作为中介变量，主观财经知识得分作为因变量。结果显示，两个心理变量（依存型自我建构和独立型自我建构）在教学模式与主观财经知识之间发挥显著的中介效应。

（7）课程门数对大学生主观财经知识的影响及心理变量的中介作用。数据分析结果显示，学习过3~4门课程的大学生的主观财经知识得分显著高于未学习过财经课程的大学生的主观财经知识得分，学习过1~2门课程的大学生的主观财经知识得分显著高于未学习过财经课程的大学生的主观财经知识得分。将课程门数作为自变量，自我建构作为中介变量，主观财经知识得分作为因变量。结果显示，两个心理变量（依存型自我建构和独立型自我建构）在课程门数与主观财经知识之间发挥显著的中介效应。

（8）课程课时对大学生主观财经知识的影响及心理变量的中介作用。数据分析结果显示，课程课时为刚好的大学生的主观财经知识的得分显著高于未学习过财经课程的大学生的主观财经知识得分。将课程课时作为自变量，自我建构作为中介变量，主观财经知识得分作为因变量。结果显示，两个心理变量（依存型自我建构和独立型自我建构）在课程课时与主观财经知识之间发挥显著的中介效应。

3. 学校教育对大学生财经态度的影响及心理变量的中介作用

（1）专业对大学生财经态度的影响及心理变量的中介作用。数据分析结果显示，大学生的专业对其财经态度不存在显著影响。将专业作为自变量，自我建构作为中介变量，财经态度作为因变量，自我建构在专业与财经态度之间没有发挥显著的中介效应。

（2）是否学习过财经课程对大学生财经态度的影响及心理变量的中介作用。数据分析结果显示，大学生是否学习过财经课程对其财经态度不存在显著影响。将是否学习过财经课程作为自变量，自我建构作为中介变量，财经态度作为因变量，自我建构在是否学习过财经课程与财经态度之间没有发挥显著的中介效应。

（3）课程类型对大学生财经态度的影响及心理变量的中介作用。数据分析结果显示，财经课程为选修课的大学生的财经态度显著高于课程类别为必修课和未学习过财经课程的大学生的财经态度。将课程类型作为自变量，自我建构作为中介变量，财经态度作为因变量。结果显示，两个心理变量（依存型自我建构和独立型自我建构）在课程类型与财经态度之间没有发挥显著的中介效应。

（4）授课方式对大学生财经态度的影响及心理变量的中介作用。数据分析结果显示，授课方式对其财经态度不存在显著影响。将授课方式作为自变量，自我建构作为中介变量，大学生财经态度作为因变量。结果显示，两个心理变量（依存型自我建构和独立型自我建构）在授课方式与大学生财经态度之间没有发挥显著的中介效应。

（5）教学方式对大学生财经态度的影响及心理变量的中介作用。数据分析结果显示，互动式教学的大学生财经态度显著高于未学习过财经课程及教学方式为讲授式教学、讲授式与互动式教学结合的大学生得分。未学习过财经课程、讲授式教学和讲授式与互动式教学结合之间无显著差异。将教学方式作为自变量，自我建构作为中介变量，大学生财经态度作为因变量。结果显示，两个心理变量（依存型自我建构和独立型自我建构）在教学方式与大学生财经态度之间没有发挥显著的中介效应。

（6）教学模式对大学生财经态度的影响及心理变量的中介作用。数据分析结果显示，教学模式为案例教学的大学生的财经态度显著高于未学习过财经课程、教学模式为理论与案例教学结合的大学生得分。未学习过财经课程与教学模式为纯理论教学和理论与案例教学结合的大学生财经态度之间没有显著差异。将教学模式作为自变量，自我建构作为中介变量，大学生财经态度作为因变量。结果显示，两个心理变量（依存型自我建构和独立型自我建构）在教学模式与大学生财经态度之间没有发挥显著的中介效应。

（7）课程门数对大学生财经态度的影响及心理变量的中介作用。数据分析结果显示，课程门数对大学生财经态度不存在显著影响。将教学方式作为自变量，自我建构作为中介变量，大学生财经态度作为因变量。结果显示，两个心理变量（依存型自我建构和独立型自我建构）在课程门数与大学生财经态度之间没有发挥显著的中介效应。

（8）课程课时对大学生财经态度的影响及心理变量的中介作用。数据分析结果显示，课程课时太多的大学生的财经态度显著高于未学习过、课程课时较少、刚好、较多的大学生的财经态度。将课程课时作为自变量，自我建构作为中介变量，大学生财经态度作为因变量。结果显示，两个心理变量（依存型自我建构和独立型自我建构）在课程课时与大学生财经态度之间没有发挥显著的中介效应。

4. 学校教育对大学生财经满意感的影响及心理变量的中介作用

（1）专业对大学生财经满意感的影响及心理变量的中介作用。数据分析结果显示，大学生的专业对其财经满意感不存在显著影响。将专业作为自变量，自我建构作为中介变量，财经满意感作为因变量。结果显示，自我建构在专业与财经满意感之间没有发挥显著的中介效应。

（2）是否学习过财经课程对大学生财经满意感的影响及心理变量的中介作用。数据分析结果显示，没有学习过财经课程的大学生的财经满意感更高。将是否学习过财经课程作为自变量，自我建构作为中介变量，财经满意感作为因变量。结果显示，依存型自我建构和独立型自我建构在是否学习过财经课程和财经满意感之间发挥显著的中介效应。

（3）课程类型对大学生财经满意感的影响及心理变量的中介作用。数据分析结果显示，未学习过财经课程的大学生的财经满意感显著高于课程类型为必修课和选修课的大学生。而对于财经课程是必修和选修课的大学生而言，其财经满意感无明显差异。将课程类型作为自变量，自我建构作为中介变量，财经满意感作为因变量。独立型自我建构在课程类型和大学生财经满意感之间发挥显著中介效应，而依存型自我建构没有发挥显著中介效应。

（4）授课方式对大学生财经满意感的影响及心理变量的中介作用。数据分析结果显示，大学生财经课程的授课方式对其财经满意感不存在显著影响。将授课方式作为自变量，自我建构作为中介变量，财经满意感作为因变量。独立型自我建构在授课方式和大学生财经满意感之间发挥显著中介效应，而依存型自我建构没有发挥显著中介效应。

（5）教学方式对大学生财经满意感的影响及心理变量的中介作用。数据分析结果显示，参与互动式教学的大学生的财经满意感显著高于未学习过财经课程、参与讲授式教学和讲授式与互动式教学结合的大学生财经满意感。而未学习过财经课程与参与讲授式教学、讲授式和互动式教学结合的大学生财经满意感无显著差异。将教学方式作为自变量，自我建构作为中介变量，财经满意感作为因变量。独立型自我建构在教学方式和大学生财经满意感之间发挥显著中介效应，而依存型自我建构没有发挥显著中介效应。

（6）教学模式对大学生财经满意感的影响及心理变量的中介作用。数据分析结果显示，参与财经课程为案例教学的大学生的财经满意感显著高于未学习过财经课程及纯理论教学和理论与案例教学结合的大学生财经满意感。而纯理论教学和理论与案例教学结合无显著差异。将教学模式作为自变量，自我建构作为中介变量，财经满意感作为因变量。独立型自我建构在教学模式和大学生财经满意感之间发挥显著中介效应，而依存型自我建构没有发挥显著中介效应。

（7）课程门数对大学生财经满意感的影响及心理变量的中介作用。数据分析结果显示，未学习过财经课程的大学生的财经满意感显著高于学习过1~2门、7门及以上财经课程的大学生。其余组间无显著差异。将课程门数作为自变量，自我建构作为中介变量，财经满意感作为因变量。结果显示，自我建构在课程门数与财经满意感之间没有发挥显著的中介效应。

（8）课程课时对大学生财经满意感的影响及心理变量的中介作用。数据分析结果显示，参与太多财经课程的大学生的财经满意感显著高于未学习过及课时较少、刚好、较多的大学生的财经满意感。课程课时较多的大学生的财经满意感显著高于课时刚好、较少的大学生的财经满意感。将课程课时作为自变量，自我建构作为中介变量，财经满意感作为因变量。独立型自我建构在课程课时和大学生财经满意感之间发挥显著中介效应，而依存型自我建构没有发挥显著中介效应。

5. 学校教育对大学生财经行为合理性的影响及心理变量的中介作用

（1）专业对大学生财经行为合理性的影响及心理变量的中介作用。数据分析结果显示，经管类专业的大学生的财经行为合理性显著高于非经管类专业的大学生。将专业作为自变量，自我建构作为中介变量，财经行为合理性作为因变量。结果显示，大学生专业通过提升独立型自我建构进而影响大学生财经行为合理性，而依存型自我建构在专业和财经行为合理性之间没有发挥显著中介效应。

（2）是否学习过财经课程对大学生财经行为合理性的影响及心理变量的中介作用。数据分析结果显示，大学生是否学习过财经课程对其财经行为合理性存在显著影响。将是否学习过财经课程作为自变量，自我建构作为中介变量，财经行为合理性作为因变量。结果显示，依存型自我建构和独立型自我建构在是否学习过财经课程和大学生财经行为合理性之间发挥显著的中介效应。

（3）课程类型对大学生财经行为合理性的影响及心理变量的中介作用。数据分析结果显示，课程类别为必修课的大学生的财经行为合理性显著高于课程类别为选修课、未学习过财经课程的大学生的财经行为合理性。但未学习过财经课程的大学生和课程类型为选修课的大学生之间无显著差异。将课程类型作为自变量，自我建构作为中介变量，财经行为合理性作为因变量。结果显示，依存型自我建构和独立型自我建构在课程类型和大学生财经行为合理性之间发挥显著的中介效应。

（4）授课方式对大学生财经行为合理性的影响及心理变量的中介作用。数据分析结果显示，授课方式为网络授课和面授课结合的大学生的财经行为合理性显著高于未学习过财经课程、授课方式为网络授课和面授课的大学生。但是未学习过财经课程的大学生和参加面授课的大学生的财经行为合理性无显著差异。将授课方式作为自变量，自我建构作为中介变量，财经行为合理性作为因变量。结果显示，依存型自我建构不能在授课方式和财经行为合理性之间发挥显著中介效应。而授课方式通过提高大学生独立型自我建构从而提升其财经行为合理性。

（5）教学方式对大学生财经行为合理性的影响及心理变量的中介作用。数据分析结果显示，教学方式为讲授式与互动式教学结合的大学生的财经合理性显著高于未学习过财经课程、教学方式为讲授式的大学生的财经合理性。其中，未学习过财经课程的大学生和参与讲授式教学课程的大学生的财经合理性之间无显著差异。将教学方式作为自变量，自我建构作为中介变量，财经行为合理性作为因变量。研究发现，财经课程教学方式通过提高大学生独立型自我建构从而提升其财经行为合理性。

（6）教学模式对大学生财经行为合理性的影响及心理变量的中介作用。数据分析结果显示，教学模式为理论与案例教学结合的大学生的财经行为合理性显著高于未学习过财经课程、教学模式为纯理论教学的大学生的财经行为合理性。将教学模式作为自变量，自我建构作为中介变量，财经行为合理性作为因变量。研究发现，财经课程教学模式通过提高大学生独立型自我建构从而提升其财经行为合理性。

（7）课程门数对大学生财经行为合理性的影响及心理变量的中介作用。数据分析结果显示，学习过 5~6 门财经课程的大学生的财经行为合理性显著高于未学习过财经课程的大学生的财经行为合理性。学习过 7 门及以上财经课程的大学生的财经行为合理性显著高于未学习过财经课程的大学生的财经行为合理性。学习过 1~2 门、3~4 门财经课程的大学生的财经行为合理性无显著差异。将课程门数作为自变量，自我建构作为中介变量，财经行为合理性作为因变量。结果显示，依存型自我建构和独立型自我建构在财经课程的课程门数和财经行为合理性之间没有发挥显著中介效应。

（8）课程课时对大学生财经行为合理性的影响及心理变量的中介作用。数据分析结果显示，财经课程课时非常多的大学生的财经行为合理性显著高于未学习过财经课程和课时参与较少的大学生财经行为合理性，课程课时为较多的大学生的财经行为合理性显著高于未学习过财经课程和参与较少财经课程课时的大学生财经行为合理性。将课程课时作为自变量，自我建构作为中介变量，财经行为合理性作为因变量。结果显示，大学生专业通过提高其两种自我建构进而影响大学生财经行为合理性。

6. 学校教育对大学生独立性的影响及心理变量的中介作用

（1）专业对大学生独立性的影响及心理变量的中介作用。数据分析结果显示，大学生的专业对其独立性不存在显著影响。将专业作为自变量，自我建构作为中介变量，独立作为因变量。结果显示，大学生专业通过提升其独立型自我建构进而提升其独立性。

（2）是否学习过财经课程对大学生独立性的影响及心理变量的中介作用。数据分析结果显示，大学生是否学习过财经课程对其独立性不存在显著影响。将是否学习过财经课程作为自变量，自我建构作为中介变量，独立作为因变量。结果显示，依存型自我建构和独立型自我建构两者都在是否学过财经课程和大学生独立性之间起到显著中介效应。

（3）课程类型对大学生独立性的影响及心理变量的中介作用。数据分析结果显示，大学生学习财经课程的课程类型对其独立性不存在显著影响。将课程类型作为自变量，自我建构作为中介变量，独立作为因变量。结果显示，独立型自我建构在大学生财经课程的类型与独立性之间起到显著中介效应。

（4）授课方式对大学生独立性的影响及心理变量的中介作用。数据分析结果显示，大学生参与财经课程的授课方式对其独立性不存在显著影响。将授课方式作为自变量，自我建构作为中介变量，独立作为因变量。结果显示，独立型自我建构在大学生财经课程的不同授课方式与独立性之间起到显著中介效应。

（5）教学方式对大学生独立性的影响及心理变量的中介作用。数据分析结果显示，财经课程教学方式为讲授式与互动式教学结合的大学生的独立性显著高于未学习过财经课程及教学方式为讲授式、互动式教学的大学生的独立性。而讲授式教学和互动式教学两种教学方式之间无显著差异。将教学方式作为自变量，自我建构作为中介变量，独立作为因变量。结果显示，独立型自我建构在大学生财经课程的不同教学方式与独立性之间起到显著中介效应。

（6）教学模式对大学生独立性的影响及心理变量的中介作用。数据分析结果显示，大学生财经课程教学为理论与案例教学结合模式的大学生独立性显著高于教学模式为纯理论教学和未学习过财经课程的大学生。将教学模式作为自变量，自我建构作为中介变量，独立作为因变量。结果显示，独立型自我建构在大学生财经课程的教学模式与独立性之间起到显著中介效应。

（7）课程门数对大学生独立性的影响及心理变量的中介作用。数据分析结果显示，大学生参与财经课程的门数为5门以上的大学生的独立性显著高于未学习过财经课程的大学生。将课程门数作为自变量，自我建构作为中介变量，独立作为因变量。结果显示，独立型自我建构在大学生财经课程门数与独立性之间起到显著中介效应。

（8）课程课时对大学生独立性的影响及心理变量的中介作用。数据分析结果显示，课程课时非常多的大学生的独立性显著高于未学习过财经课程和参与较少财经课程课时的大学生的独立性。而课程课时刚好和较多的大学生的独立性之间无显著差异。将课程课时作为自变量，自我建构作为中介变量，独立作为因变量。结果显示，依存型自我建构和独立型自我建构在大学生财经课程课时与独立性之间起到显著中介效应。

7. 学校教育对大学生信用的影响及心理变量的中介作用

（1）专业对大学生信用的影响及心理变量的中介作用。数据分析结果显示，大学生的专业对其信用不存在显著影响。将专业作为自变量，自我建构作为中介变量，信用作为因变量。结果显示，大学生专业通过提升大学生个人独立型自我建构进而增加其信用。

（2）是否学习过财经课程对大学生信用的影响及心理变量的中介作用。数据分析结果显示，学习过财经课程的大学生的信用度显著高于没有学习过财经课程的大学生。将是否学习过财经课程作为自变量，自我建构作为中介变量，信用作为因变量。结果显示，两个心理变量（依存型自我建构和独立型自我建构）在是否学习过财经课程和信用之间起到显著中介效应。

（3）课程类型对大学生信用的影响及心理变量的中介作用。数据分析结果显示，大学生学习财经课程的课程类型对其信用度不存在显著影响。将课程类型作为自变量，自我建构作为中介变量，信用作为因变量。结果显示，两个心理变量（依存型自我建构和独立型自我建构）在大学生财经课程的类型和信用之间起到显著中介效应。

（4）授课方式对大学生信用的影响及心理变量的中介作用。数据分析结果显示，授课方式为网络授课和面授课结合的大学生信用显著高于未学习过财经课程、授课方式为面授课的大学生的信用。授课方式为面授课的大学生信用显著高于未学习过财经课程的大学生的信用。将授课方式作为自变量，自我建构作为中介变量，信用作为因变量。结果显示，大学生在参与财经课程时，独立型自我建构在授课方式和信用之间起到显著中介效应。

（5）教学方式对大学生信用的影响及心理变量的中介作用。数据分析结果显示，财经课程教学方式为讲授式与互动式教学结合的大学生的信用度显著高于未学习过财经课程及教学方式为讲授式、互动式教学的大学生的独立性。教学方式为互动式教学的大学生信用显著高于未学习过财经课程和讲授式教学的大学生信用。将教学方式作为自变量，自我建构作为中介变量，信用作为因变量。结果显示，独立型自我建构在教学方式和信用之间起到显著中介效应。

（6）教学模式对大学生信用的影响及心理变量的中介作用。数据分析结果显示，大学生财经课程教学为理论与案例教学结合模式的大学生信用显著高于教学模式为纯理论教学、案例教学和未学习过财经课程的大学生。将教学模式作为自变量，自我建构作为中介变量，信用作为因变量。结果显示，两个心理变量（依存型自我建构和独立型自我建构）在教学模式和信用之间起到显著中介效应。

（7）课程门数对大学生信用的影响及心理变量的中介作用。数据分析结果显示，参与财经课程的门数为5~6门的大学生的信用显著高于未学习过财经课程及学习过1~2门、3~4门和7门及以上课程的大学生信用。其中，未学习过财经课程与学习过1~2门、3~4门财经课程的大学生的信用之间无显著差异。将课程门数作为自变量，自我建构作为中介变量，信用作为因变量。结果显示，依存型自我建构在课程门数和信用之间起到显著中介作用。

（8）课程课时对大学生信用的影响及心理变量的中介作用。数据分析结果显示，课程课时对大学生信用的影响不存在显著差异。课程课时作为自变量，自我建构作为中介变量，信用作为因变量。结果显示，两个心理变量（依存型自我建构和独立型自我建构）在课程课时和信用之间起到显著中介效应。

8. 学校教育对大学生生涯适应能力的影响及心理变量的中介作用

（1）专业对大学生生涯适应能力的影响及心理变量的中介作用。数据分析结果显示，非经管类专业的大学生的生涯适应能力显著高于经管类专业的学生。将专业作为自变量，自我建构作为中介变量，生涯适应能力作为因变量。结果显示，独立型自我建构在专业和大学生生涯适应能力之间发挥显著中介作用。

（2）是否学习过财经课程对大学生生涯适应能力的影响及心理变量的中介

作用。数据分析结果显示，大学生是否学习过财经课程对其生涯适应能力不存在显著影响。将是否学习过财经课程作为自变量，自我建构作为中介变量，生涯适应能力作为因变量。结果显示，两个心理变量（依存型自我建构和独立型自我建构）在是否学习过财经课程和大学生生涯适应能力之间起到显著中介效应。

（3）课程类型对大学生生涯适应能力的影响及心理变量的中介作用。数据分析结果显示，课程类型为选修课的大学生的生涯适应能力显著高于未学习过财经课程、课程类型为必修课的大学生的生涯适应能力。将财经课程类型作为自变量，自我建构作为中介变量，生涯适应能力作为因变量。结果显示，两个心理变量（依存型自我建构和独立型自我建构）在财经课程类型和大学生生涯适应能力之间起到显著中介效应。

（4）授课方式对大学生生涯适应能力的影响及心理变量的中介作用。数据分析结果显示，大学生参与财经课程的授课方式对其生涯适应能力不存在显著影响。将授课方式作为自变量，自我建构作为中介变量，生涯适应能力作为因变量。结果显示，大学生财经课程的授课方式通过提升独立型自我建构进而对生涯适应能力产生影响。

（5）教学方式对大学生生涯适应能力的影响及心理变量的中介作用。数据分析结果显示，财经课程教学方式为讲授式与互动式教学结合的大学生的独立性显著高于未学习过财经课程及教学方式为讲授式、互动式教学的大学生的独立性。而未学习过财经课程的大学生和参加互动式财经课程教学的大学生的生涯适应能力之间无显著差异。将教学方式作为自变量，自我建构作为中介变量，生涯适应能力作为因变量。结果显示，大学生财经课程教学方式通过提高独立型自我建构进而对大学生生涯适应能力产生影响。

（6）教学模式对大学生生涯适应能力的影响及心理变量的中介作用。数据分析结果显示，大学生财经课程教学为理论与案例教学结合模式的大学生生涯适应能力显著高于教学模式为纯理论教学和未学习过财经课程的大学生。将教学模式作为自变量，自我建构作为中介变量，生涯适应能力作为因变量。结果显示，大学生财经课程教学模式通过提高独立型自我建构进而对大学生生涯适应能力产生影响。

（7）课程门数对大学生生涯适应能力的影响及心理变量的中介作用。数据分析结果显示，大学生参与财经课程门数对其生涯适应能力无显著影响。将课程门数作为自变量，自我建构作为中介变量，生涯适应能力作为因变量。结果显示，大学生财经课程门数通过提高独立型自我建构进而对大学生生涯适应能力产生影响。

（8）课程课时对大学生生涯适应能力的影响及心理变量的中介作用。数据分析结果显示，课程课时为太多的大学生的生涯适应能力显著高于未学习过财经课程及课程课时为较少、刚好、较多的大学生的生涯适应能力。而课程课时为较少、刚好、较多的大学生生涯适应能力之间无显著差异。将课程课时作为自变量，自我建构作为中介变量，生涯适应能力作为因变量。结果显示，两个心理变量（依存型自我建构和独立型自我建构）在课程课时和大学生生涯适应能力之间起到显著中介效应。

9. 学校教育对大学生未来承诺的影响及心理变量的中介作用

（1）专业对大学生未来承诺的影响及心理变量的中介作用。数据分析结果显示，经管类专业的大学生的未来承诺显著高于非经管类专业大学生。将专业作为自变量，自我建构作为中介变量，未来承诺作为因变量。结果显示，独立型自我建构在专业和未来承诺之间起到显著中介效应。

（2）是否学习过财经课程对大学生未来承诺的影响及心理变量的中介作用。数据分析结果显示，大学生是否学习过财经课程对其未来承诺不存在显著影响。将是否学习过财经课程作为自变量，自我建构作为中介变量，未来承诺作为因变量。结果显示，两个心理变量（依存型自我建构和独立型自我建构）在是否学习过财经课程和大学生未来承诺之间未起到显著中介效应。

（3）课程类型对大学生未来承诺的影响及心理变量的中介作用。数据分析结果显示，大学生学习财经课程的课程类型对其未来承诺不存在显著影响。将课程类型作为自变量，自我建构作为中介变量，未来承诺作为因变量。结果显示，两个心理变量（依存型自我建构和独立型自我建构）在财经课程类型和大学生未来承诺之间未起到显著中介效应。

（4）授课方式对大学生未来承诺的影响及心理变量的中介作用。数据分析结果显示，大学生参与财经课程的授课方式对其未来承诺不存在显著影响。将授课方式作为自变量，自我建构作为中介变量，未来承诺作为因变量。结果显示，两个心理变量（依存型自我建构和独立型自我建构）在授课方式和大学生未来承诺之间未起到显著中介效应。

（5）教学方式对大学生未来承诺的影响及心理变量的中介作用。数据分析结果显示，财经课程教学方式为讲授式与互动式教学结合的大学生对未来的承诺显著高于未学习过财经课程及教学方式为讲授式、互动式教学的大学生的独立性。而讲授式教学和互动式教学两种教学方式之间无显著差异。将教学方式作为自变量，自我建构作为中介变量，未来承诺作为因变量。结果显示，两个心理变量（依存型自我建构和独立型自我建构）在教学方式和大学生未来承诺之间未起到显著中介效应。

（6）教学模式对大学生未来承诺的影响及心理变量的中介作用。数据分析结果显示，大学生财经课程教学为案例教学模式的大学生未来承诺显著高于教学模式为纯理论教学、理论与案例教学结合和未学习过财经课程的大学生。将教学模式作为自变量，自我建构作为中介变量，未来承诺作为因变量。结果显示，两个心理变量（依存型自我建构和独立型自我建构）在教学模式和大学生未来承诺之间未起到显著中介效应。

（7）课程门数对大学生未来承诺的影响及心理变量的中介作用。数据分析结果显示，大学生参与财经课程的门数对其未来承诺无显著影响。将课程门数作为自变量，自我建构作为中介变量，未来承诺作为因变量。结果显示，两个心理变量（依存型自我建构和独立型自我建构）在课程门数和大学生未来承诺之间未起到显著中介效应。

（8）课程课时对大学生未来承诺的影响及心理变量的中介作用。数据分析结果显示，课程课时非常多的大学生的未来承诺显著高于未学习过财经课程和参与较少、刚好、较多财经课程课时的大学生。而课程课时较少、刚好、较多的大学生的未来承诺之间无显著差异。将课程课时作为自变量，自我建构作为中介变量，未来承诺作为因变量。结果显示，两个心理变量（依存型自我建构和独立型自我建构）在课程课时和大学生未来承诺之间未起到显著中介效应。

三、社会教育对大学生财经知识和财经素养的影响

本书构建的社会教育变量旨在反映大学生的社会教育背景，涉及的相关变量包含主动获取财经讯息、财经讯息延展、自我警示、主动参与讲座、讲座收获、主动交流财经讯息、被动交流财经讯息、主动分享财经经历、被动分享财经经历、主动请教财经决策共十个变量。本书将社会教育变量作为自变量，将财经知识和财经素养作为因变量，运用 One-way ANOVA 分析工具进行方差分析，探究社会教育变量对大学生财经知识和财经素养的影响。同时，探究了心理变量（包括依存型自我建构和独立型自我建构）在其中的中介作用。数据分析结论如下：

1. 社会教育对大学生客观财经知识的影响及心理变量的中介作用

（1）主动获取财经讯息对大学生客观财经知识的影响及心理变量的中介作用。数据分析结果显示，经常主动获取财经讯息的大学生的客观财经知识得分显著高于很少、从来不主动获取财经讯息的大学生的客观财经知识得分，但和偶尔主动获取财经讯息的大学生的客观财经知识得分之间无显著差异。偶尔主动获取财经讯息的大学生的客观财经知识得分显著高于很少、从来不主动获取财经讯息的大学生的客观财经知识得分。很少主动获取财经讯息的大学生的客观财经知识得分显著高于从来不主动获取财经讯息的大学生的客观财经知识得分。将主动获取财经讯息作为自变量，自我建构（依存型自我建构、独立型自我建构）作为

中介变量，客观财经知识得分作为因变量。结果显示，两个心理变量（依存型自我建构、独立型自我建构）在主动获取财经讯息与客观财经知识之间未发挥显著的中介效应。

（2）财经讯息延展对大学生客观财经知识的影响及心理变量的中介作用。数据分析结果显示，经常进行财经讯息延展的大学生的客观财经知识得分显著高于很少、从来不财经讯息延展的大学生的客观财经知识得分，但和偶尔财经讯息延展的大学生的客观财经知识得分之间无显著差异。偶尔财经讯息延展的大学生的客观财经知识得分显著高于很少、从来不财经讯息延展的大学生的客观财经知识得分。很少财经讯息延展的大学生的客观财经知识得分显著高于从来不财经讯息延展的大学生的客观财经知识得分。将财经讯息延展作为自变量，自我建构（依存型自我建构、独立型自我建构）作为中介变量，客观财经知识得分作为因变量。结果显示，两个心理变量（依存型自我建构、独立型自我建构）在财经讯息延展与客观财经知识之间未发挥显著的中介效应。

（3）自我警示对大学生客观财经知识的影响及心理变量的中介作用。数据分析结果显示，经常自我警示的大学生的客观财经知识得分显著高于偶尔、很少、从来不自我警示的大学生的客观财经知识得分。偶尔自我警示的大学生的客观财经知识得分显著高于很少、从来不自我警示的大学生的客观财经知识得分。很少自我警示的大学生的客观财经知识得分显著高于从来不自我警示的大学生的客观财经知识得分。将自我警示作为自变量，自我建构（依存型自我建构、独立型自我建构）作为中介变量，客观财经知识得分作为因变量。结果显示，两个心理变量（依存型自我建构、独立型自我建构）在自我警示与客观财经知识之间未发挥显著的中介效应。

（4）主动参与讲座对大学生客观财经知识的影响及心理变量的中介作用。数据分析结果显示，偶尔主动参与讲座的大学生的客观财经知识得分显著高于从来不主动参与讲座的大学生的客观财经知识得分，但和经常、很少主动参与讲座的大学生的客观财经知识得分之间无显著差异。很少主动参与讲座的大学生的客观财经知识得分显著高于从来不主动参与讲座的大学生的客观财经知识得分，但和经常主动参与讲座的大学生的客观财经知识得分之间无显著差异。经常主动参与讲座的大学生的客观财经知识得分和从来不主动参与讲座的大学生的客观财经知识得分之间无显著差异。将主动参与讲座作为自变量，自我建构（依存型自我建构、独立型自我建构）作为中介变量，客观财经知识得分作为因变量。结果显示，两个心理变量（依存型自我建构、独立型自我建构）在主动参与讲座与客观财经知识之间未发挥显著的中介效应。

（5）讲座收获对大学生客观财经知识的影响及心理变量的中介作用。数据分析结果显示，有很多讲座收获的大学生的客观财经知识得分显著高于很少讲座收获的大学生的客观财经知识得分，但和有一些、一点都没有讲座收获的大学生的客观财经知识得分之间无显著差异。有一些讲座收获的大学生的客观财经知识得分显著高于很少讲座收获的大学生的客观财经知识得分，但和一点都没有讲座收获的大学生的客观财经知识得分之间无显著差异。很少讲座收获的大学生的客观财经知识得分和一点都没有讲座收获的大学生的客观财经知识得分之间无显著差异。将讲座收获作为自变量，自我建构（依存型自我建构、独立型自我建构）作为中介变量，客观财经知识得分作为因变量。结果显示，两个心理变量（依存型自我建构、独立型自我建构）在讲座收获与客观财经知识之间未发挥显著的中介效应。

（6）主动交流财经讯息对大学生客观财经知识的影响及心理变量的中介作用。数据分析结果显示，偶尔主动交流财经讯息的大学生的客观财经知识得分显著高于从来不主动交流财经讯息的大学生的客观财经知识得分，但和经常、很少主动交流财经讯息的大学生的客观财经知识得分之间无显著差异。偶尔主动交流财经讯息的大学生的客观财经知识得分显著高于很少、从来不主动交流财经讯息的大学生的客观财经知识得分。很少主动交流财经讯息的大学生的客观财经知识得分显著高于从来不主动交流财经讯息的大学生的客观财经知识得分。将主动交流财经讯息作为自变量，自我建构（依存型自我建构、独立型自我建构）作为中介变量，客观财经知识得分作为因变量。结果显示，两个心理变量（依存型自我建构、独立型自我建构）在主动交流财经讯息与客观财经知识之间未发挥显著的中介效应。

（7）被动交流财经讯息对大学生客观财经知识的影响及心理变量的中介作用。数据分析结果显示，经常被动交流财经讯息的大学生的客观财经知识得分显著高于从来不被动交流财经讯息的大学生的客观财经知识得分，但和偶尔、很少被动交流财经讯息的大学生的客观财经知识得分之间无显著差异。偶尔被动交流财经讯息的大学生的客观财经知识得分显著高于很少、从来不被动交流财经讯息的大学生的客观财经知识得分。很少被动交流财经讯息的大学生的客观财经知识得分显著高于从来不被动交流财经讯息的大学生的客观财经知识得分。将被动交流财经讯息作为自变量，自我建构（依存型自我建构、独立型自我建构）作为中介变量，客观财经知识得分作为因变量。结果显示，两个心理变量（依存型自我建构、独立型自我建构）在被动交流财经讯息与客观财经知识之间未发挥显著的中介效应。

（8）主动分享财经经历对大学生客观财经知识的影响及心理变量的中介作用。数据分析结果显示，经常主动分享财经经历的大学生的客观财经知识得分显著高于从来不主动分享财经经历的大学生的客观财经知识得分，但和偶尔、很少主动分享财经经历的大学生的客观财经知识得分之间无显著差异。偶尔主动分享财经经历的大学生的客观财经知识得分显著高于很少、从来不主动分享财经经历的大学生的客观财经知识得分。但很少主动分享财经经历的大学生的客观财经知识得分和从来不主动分享财经经历的大学生的客观财经知识得分之间无显著差异。将主动分享财经经历作为自变量，自我建构（依存型自我建构、独立型自我建构）作为中介变量，客观财经知识得分作为因变量。结果显示，两个心理变量（依存型自我建构、独立型自我建构）在主动分享财经经历与客观财经知识之间未发挥显著的中介效应。

（9）被动分享财经经历对大学生客观财经知识的影响及心理变量的中介作用。数据分析结果显示，经常被动分享财经经历的大学生的客观财经知识得分显著高于从来不被动分享财经经历的大学生的客观财经知识得分，但和偶尔、很少被动分享财经经历的大学生的客观财经知识得分之间无显著差异。偶尔被动分享财经经历的大学生的客观财经知识得分显著高于很少、从来不被动分享财经经历的大学生的客观财经知识得分。很少被动分享财经经历的大学生的客观财经知识得分显著高于从来不被动分享财经经历的大学生的客观财经知识得分。将被动分享财经经历作为自变量，自我建构（依存型自我建构、独立型自我建构）作为中介变量，客观财经知识得分作为因变量。结果显示，两个心理变量（依存型自我建构、独立型自我建构）在被动分享财经经历与客观财经知识之间未发挥显著的中介效应。

（10）主动请教财经决策对大学生客观财经知识的影响及心理变量的中介作用。数据分析结果显示，发现经常主动请教财经决策的大学生的客观财经知识得分显著高于偶尔、很少、从来不主动请教财经决策的大学生的客观财经知识得分。偶尔主动请教财经决策的大学生的客观财经知识得分显著高于很少、从来不主动请教财经决策的大学生的客观财经知识得分。很少主动请教财经决策的大学生的客观财经知识得分显著高于从来不主动请教财经决策的大学生的客观财经知识得分。将主动请教财经决策作为自变量，自我建构（依存型自我建构、独立型自我建构）作为中介变量，客观财经知识得分作为因变量。结果显示，两个心理变量（依存型自我建构、独立型自我建构）在主动请教财经决策与客观财经知识之间未发挥显著的中介效应。

2. 社会教育对大学生主观财经知识的影响及心理变量的中介作用

（1）主动获取财经讯息对大学生主观财经知识的影响及心理变量的中介作用。数据分析结果显示，经常主动获取财经讯息的大学生的主观财经知识评价显著高于偶尔、很少、从来不主动获取财经讯息的大学生的主观财经知识评价。偶尔主动获取财经讯息的大学生的主观财经知识评价显著高于很少、从来不主动获取财经讯息的大学生的主观财经知识评价。但很少主动获取财经讯息的大学生的主观财经知识评价和从来不主动获取财经讯息的大学生的主观财经知识评价之间无显著差异。将主动获取财经讯息作为自变量，自我建构（依存型自我建构、独立型自我建构）作为中介变量，主观财经知识得分作为因变量。结果显示，两个心理变量（依存型自我建构、独立型自我建构）在主动获取财经讯息与主观财经知识之间未发挥显著的中介效应。

（2）财经讯息延展对大学生主观财经知识的影响及心理变量的中介作用。数据分析结果显示，发现经常财经讯息延展的大学生的主观财经知识评价显著高于偶尔、很少、从来不财经讯息延展的大学生的主观财经知识评价。偶尔财经讯息延展的大学生的主观财经知识评价显著高于很少、从来不财经讯息延展的大学生的主观财经知识评价。很少财经讯息延展的大学生的主观财经知识评价显著高于从来不财经讯息延展的大学生的主观财经知识评价。将财经讯息延展作为自变量，自我建构（依存型自我建构、独立型自我建构）作为中介变量，主观财经知识得分作为因变量。结果显示，独立型自我建构在财经讯息延展与主观财经知识之间发挥显著的中介效应，而依存型自我建构在财经讯息延展与主观财经知识之间未发挥显著中介效应。

（3）自我警示对大学生主观财经知识的影响及心理变量的中介作用。数据分析结果显示，经常自我警示的大学生的主观财经知识评价显著高于偶尔、很少、从来不自我警示的大学生的主观财经知识评价。偶尔自我警示的大学生的主观财经知识评价显著高于很少、从来不自我警示的大学生的主观财经知识评价。很少自我警示的大学生的主观财经知识评价显著高于从来不自我警示的大学生的主观财经知识评价。将自我警示作为自变量，自我建构（依存型自我建构、独立型自我建构）作为中介变量，主观财经知识得分作为因变量。结果显示，独立型自我建构在自我警示与主观财经知识之间发挥显著的中介效应，而依存型自我建构在自我警示与主观财经知识之间未发挥显著中介效应。

（4）主动参与讲座对大学生主观财经知识的影响及心理变量的中介作用。数据分析结果显示，经常主动参与讲座的大学生的主观财经知识评价显著高于偶尔、很少、从来不主动参与讲座的大学生的主观财经知识评价。偶尔主动参与讲座的大学生的主观财经知识评价显著高于很少、从来不主动参与讲座的大学生的主观财经知识评价。很少主动参与讲座的大学生的主观财经知识评价显著高于从来不主动参与讲座的大学生的主观财经知识评价。将主动参与讲座作为自变量，自我建构（依存型自我建构、独立型自我建构）作为中介变量，主观财经知识得分作为因变量。结果显示，独立型自我建构在主动参与讲座与主观财经知识之间发挥显著的中介效应，而依存型自我建构在主动参与讲座与主观财经知识之间未发挥显著中介效应。

（5）讲座收获对大学生主观财经知识的影响及心理变量的中介作用。数据分析结果显示，有很多讲座收获的大学生的主观财经知识评价显著高于有一些、很少、一点都没有讲座收获的大学生的主观财经知识评价。有一些讲座收获的大学生的主观财经知识评价显著高于很少、一点都没有讲座收获的大学生的主观财经知识评价。很少讲座收获的大学生的主观财经知识评价显著高于一点都没有讲座收获的大学生的主观财经知识评价。将讲座收获作为自变量，自我建构（依存型自我建构、独立型自我建构）作为中介变量，主观财经知识得分作为因变量。结果显示，独立型自我建构在讲座收获与主观财经知识之间发挥显著的中介效应，而依存型自我建构在讲座收获与主观财经知识之间未发挥显著中介效应。

（6）主动交流财经讯息对大学生主观财经知识的影响及心理变量的中介作用。数据分析结果显示，经常主动交流财经讯息的大学生的主观财经知识评价显著高于偶尔、很少、从来不主动交流财经讯息的大学生的主观财经知识评价。偶尔主动交流财经讯息的大学生的主观财经知识评价显著高于很少、从来不主动交流财经讯息的大学生的主观财经知识评价。很少主动交流财经讯息的大学生的主观财经知识评价显著高于从来不主动交流财经讯息的大学生的主观财经知识评价。将主动交流财经讯息作为自变量，自我建构（依存型自我建构、独立型自我建构）作为中介变量，主观财经知识得分作为因变量。结果显示，独立型自我建构在主动交流财经讯息与主观财经知识之间发挥显著的中介效应，而依存型自我建构在主动交流财经讯息与主观财经知识之间未发挥显著中介效应。

（7）被动交流财经讯息对大学生主观财经知识的影响及心理变量的中介作用。数据分析结果显示，经常被动交流财经讯息的大学生的主观财经知识评价显著高于偶尔、很少、从来不被动交流财经讯息的大学生的主观财经知识评价。偶尔被动交流财经讯息的大学生的主观财经知识评价显著高于很少、从来不被动交流财经讯息的大学生的主观财经知识评价。很少被动交流财经讯息的大学生的主观财经知识评价显著高于从来不被动交流财经讯息的大学生的主观财经知识评价。将被动交流财经讯息作为自变量，自我建构（依存型自我建构、独立型自我建构）作为中介变量，主观财经知识得分作为因变量。结果显示，独立型自我建构在被动交流财经讯息与主观财经知识之间发挥显著的中介效应，而依存型自我建构在被动交流财经讯息与主观财经知识之间未发挥显著中介效应。

（8）主动分享财经经历对大学生主观财经知识的影响及心理变量的中介作用。数据分析结果显示，经常主动分享财经经历的大学生的主观财经知识评价显著高于偶尔、很少、从来不主动分享财经经历的大学生的主观财经知识评价。偶尔主动分享财经经历的大学生的主观财经知识评价显著高于很少、从来不主动分享财经经历的大学生的主观财经知识评价。很少主动分享财经经历的大学生的主观财经知识评价显著高于从来不主动分享财经经历的大学生的主观财经知识评价。将主动分享财经经历作为自变量，自我建构（依存型自我建构、独立型自我建构）作为中介变量，主观财经知识得分作为因变量。结果显示，独立型自我建构在主动分享财经经历与主观财经知识之间发挥显著的中介效应，而依存型自我建构在主动分享财经经历与主观财经知识之间未发挥显著中介效应。

（9）被动分享财经经历对大学生主观财经知识的影响及心理变量的中介作用。数据分析结果显示，经常被动分享财经经历的大学生的主观财经知识评价显著高于偶尔、很少、从来不被动分享财经经历的大学生的主观财经知识评价。偶尔被动分享财经经历的大学生的主观财经知识评价显著高于很少、从来不被动分享财经经历的大学生的主观财经知识评价。很少被动分享财经经历的大学生的主观财经知识评价显著高于从来不被动分享财经经历的大学生的主观财经知识评价。将被动分享财经经历作为自变量，自我建构（依存型自我建构、独立型自我建构）作为中介变量，主观财经知识得分作为因变量。结果显示，独立型自我建构在被动分享财经经历与主观财经知识之间发挥显著的中介效应，而依存型自我建构在被动分享财经经历与主观财经知识之间未发挥显著中介效应。

（10）主动请教财经决策对大学生主观财经知识的影响及心理变量的中介作用。数据分析结果显示，经常主动请教财经决策的大学生的主观财经知识评价显著高于偶尔、很少、从来不主动请教财经决策的大学生的主观财经知识评价。偶尔主动请教财经决策的大学生的主观财经知识评价显著高于很少、从来不主动请教财经决策的大学生的主观财经知识评价。很少主动请教财经决策的大学生的主观财经知识评价显著高于从来不主动请教财经决策的大学生的主观财经知识评价。将主动请教财经决策作为自变量，自我建构（依存型自我建构、独立型自我建构）作为中介变量，主观财经知识得分作为因变量。结果显示，独立型自我建构在主动请教财经决策与主观财经知识之间发挥显著的中介效应，而依存型自我建构在主动请教财经决策与主观财经知识之间未发挥显著中介效应。

3. 社会教育对大学生财经态度的影响及心理变量的中介作用

（1）主动获取财经讯息对大学生财经态度的影响及心理变量的中介作用。数据分析结果显示，经常主动获取财经讯息的大学生的财经态度显著高于偶尔主动获取财经讯息的大学生的财经态度，但和很少、从来不主动获取财经讯息的大学生的财经态度之间无显著差异。但偶尔主动获取财经讯息的大学生的财经态度和很少、从来不主动获取财经讯息的大学生的财经态度之间无显著差异。很少主动获取财经讯息的大学生的财经态度和从来不主动获取财经讯息的大学生的财经态度之间无显著差异。将主动获取财经讯息作为自变量，自我建构（依存型自我建构、独立型自我建构）作为中介变量，财经态度作为因变量。结果显示，独立型自我建构在主动获取财经讯息与大学生财经态度之间发挥显著的中介效应，依存型自我建构的中介效应不显著。

（2）财经讯息延展对大学生财经态度的影响及心理变量的中介作用。数据分析结果显示，财经讯息延展对大学生财经态度无显著影响。将财经讯息延展作为自变量，自我建构（依存型自我建构、独立型自我建构）作为中介变量，财经态度作为因变量。结果显示，独立型自我建构在财经讯息延展与大学生财经态度之间发挥显著的中介效应，依存型自我建构的中介效应不显著。

（3）自我警示对大学生财经态度的影响及心理变量的中介作用。数据分析结果显示，经常自我警示的大学生的财经态度显著高于偶尔、很少自我警示的大学生的财经态度，但和从来不自我警示的大学生的财经态度之间无显著差异。但偶尔自我警示的大学生的财经态度和很少、从来不自我警示的大学生的财经态度之间无显著差异。很少自我警示的大学生的财经态度和从来不自我警示的大学生的财经态度之间无显著差异。将自我警示作为自变量，自我建构（依存型自我建构、独立型自我建构）作为中介变量，财经态度作为因变量。结果显示，独立型自我建构在自我警示与大学生财经态度之间发挥显著的中介效应，依存型自我建构的中介效应不显著。

（4）主动参与讲座对大学生财经态度的影响及心理变量的中介作用。数据分析结果显示，经常主动参与讲座的大学生的财经态度显著高于偶尔、很少、从来不主动参与讲座的大学生的财经态度。但偶尔主动参与讲座的大学生的财经态度和很少、从来不主动参与讲座的大学生的财经态度之间无显著差异。很少主动参与讲座的大学生的财经态度和从来不主动参与讲座的大学生的财经态度之间无显著差异。将主动参与讲座作为自变量，自我建构（依存型自我建构、独立型自我建构）作为中介变量，财经态度作为因变量。结果显示，独立型自我建构在主动参与讲座与大学生财经态度之间发挥显著的中介效应，依存型自我建构的中介效应不显著。

（5）讲座收获对大学生财经态度的影响及心理变量的中介作用。数据分析结果显示，讲座收获对大学生的财经态度无显著影响。将讲座收获作为自变量，自我建构（依存型自我建构、独立型自我建构）作为中介变量，财经态度作为因变量。结果显示，独立型自我建构在讲座收获与大学生财经态度之间发挥显著的中介效应，依存型自我建构的中介效应不显著。

（6）主动交流财经讯息对大学生财经态度的影响及心理变量的中介作用。数据分析结果显示，经常主动交流财经讯息的大学生的财经态度显著高于偶尔、很少主动交流财经讯息的大学生的财经态度，但和从来不主动交流财经讯息的大学生的财经态度之间无显著差异。偶尔主动交流财经讯息的大学生的财经态度和很少、从来不主动交流财经讯息的大学生的财经态度之间无显著差异。很少主动交流财经讯息的大学生的财经态度和从来不主动交流财经讯息的大学生的财经态度之间无显著差异。将主动交流财经讯息作为自变量，自我建构（依存型自我建构、独立型自我建构）作为中介变量，财经态度作为因变量。结果显示，独立型自我建构在主动交流财经讯息与大学生财经态度之间发挥显著的中介效应，依存型自我建构的中介效应不显著。

（7）被动交流财经讯息对大学生财经态度的影响及心理变量的中介作用。数据分析结果显示，经常被动交流财经讯息的大学生的财经态度显著高于偶尔、很少、从来不被动交流财经讯息的大学生的财经态度。但偶尔被动交流财经讯息的大学生的财经态度和很少、从来不被动交流财经讯息的大学生的财经态度之间无显著差异。很少被动交流财经讯息的大学生的财经态度和从来不被动交流财经讯息的大学生的财经态度之间无显著差异。将被动交流财经讯息作为自变量，自我建构（依存型自我建构、独立型自我建构）作为中介变量，财经态度作为因变量。结果显示，独立型自我建构在被动交流财经讯息与大学生财经态度之间发挥显著的中介效应，依存型自我建构的中介效应不显著。

（8）主动分享财经经历对大学生财经态度的影响及心理变量的中介作用。数据分析结果显示，经常主动分享财经经历的大学生的财经态度显著高于偶尔、很少、从来不主动分享财经经历的大学生的财经态度。但偶尔主动分享财经经历的大学生的财经态度和很少、从来不主动分享财经经历的大学生的财经态度之间无显著差异。很少主动分享财经经历的大学生的财经态度和从来不主动分享财经经历的大学生的财经态度之间无显著差异。将主动分享财经经历作为自变量，自我建构（依存型自我建构、独立型自我建构）作为中介变量，财经态度作为因变量。结果显示，独立型自我建构在主动分享财经经历与大学生财经态度之间发挥显著的中介效应，依存型自我建构的中介效应不显著。

（9）被动分享财经经历对大学生财经态度的影响及心理变量的中介作用。数据分析结果显示，经常被动分享财经经历的大学生的财经态度显著高于偶尔、很少、从来不被动分享财经经历的大学生的财经态度。但偶尔被动分享财经经历的大学生的财经态度和很少、从来不被动分享财经经历的大学生的财经态度之间无显著差异。很少被动分享财经经历的大学生的财经态度和从来不被动分享财经经历的大学生的财经态度之间无显著差异。将被动分享财经经历作为自变量，自我建构（依存型自我建构、独立型自我建构）作为中介变量，财经态度作为因变量。结果显示，依存型自我建构和独立型自我建构在被动分享财经经历与大学生财经态度之间均发挥显著的中介效应。

（10）主动请教财经决策对大学生财经态度的影响及心理变量的中介作用。数据分析结果显示，主动请教财经决策对大学生的财经态度无显著影响。将主动请教财经决策作为自变量，自我建构（依存型自我建构、独立型自我建构）作为中介变量，财经态度作为因变量。结果显示，独立型自我建构在主动请教财经决策与大学生财经态度之间发挥显著的中介效应，依存型自我建构的中介效应不显著。

4. 社会教育对大学生财经满意感的影响及心理变量的中介作用

（1）主动获取财经讯息对大学生财经满意感的影响及心理变量的中介作用。数据分析结果显示，经常主动获取财经讯息的大学生的财经满意感显著高于偶尔、很少、从来不主动获取财经讯息的大学生的财经满意感。但偶尔主动获取财经讯息的大学生的财经满意感和很少、从来不主动获取财经讯息的大学生的财经满意感之间无显著差异。很少主动获取财经讯息的大学生的财经满意感和从来不主动获取财经讯息的大学生的财经满意感之间无显著差异。将主动获取财经讯息作为自变量，自我建构（依存型自我建构、独立型自我建构）作为中介变量，财经满意感作为因变量。结果显示，依存型自我建构和独立型自我建构在主动获取财经讯息与大学生财经满意感之间均发挥显著的中介效应。

（2）财经讯息延展对大学生财经满意感的影响及心理变量的中介作用。数据分析结果显示，经常财经讯息延展的大学生的财经满意感显著高于偶尔、很少、从来不财经讯息延展的大学生的财经满意感。偶尔财经讯息延展的大学生的财经满意感显著高于很少、从来不主动获取财经讯息的大学生的财经满意感。很少财经讯息延展的大学生的财经满意感显著高于从来不主动获取财经讯息的大学生的财经满意感。将财经讯息延展作为自变量，自我建构（依存型自我建构、独立型自我建构）作为中介变量，财经满意感作为因变量。结果显示，依存型自我建构和独立型自我建构在财经讯息延展与大学生财经满意感之间均发挥显著的中介效应。

（3）自我警示对大学生财经满意感的影响及心理变量的中介作用。数据分析结果显示，经常自我警示的大学生的财经满意感显著高于偶尔、很少、从来不自我警示的大学生的财经满意感。偶尔自我警示的大学生的财经满意感显著高于从来不自我警示的大学生的财经满意感，但和很少自我警示的大学生的财经满意感之间无显著差异。很少自我警示的大学生的财经满意感显著高于从来不自我警示的大学生的财经满意感。将自我警示作为自变量，自我建构（依存型自我建构、独立型自我建构）作为中介变量，财经满意感作为因变量。结果显示，依存型自我建构和独立型自我建构在自我警示与大学生财经满意感之间均发挥显著的中介效应。

（4）主动参与讲座对大学生财经满意感的影响及心理变量的中介作用。数据分析结果显示，经常主动参与讲座的大学生的财经满意感显著高于偶尔、很少、从来不主动参与讲座的大学生的财经满意感。偶尔主动参与讲座的大学生的财经满意感显著高于很少、从来不主动参与讲座的大学生的财经满意感。但很少主动参与讲座的大学生的财经满意感和从来不主动参与讲座的大学生的财经满意感之间无显著差异。将主动参与讲座作为自变量，自我建构（依存型自我建构、独立型自我建构）作为中介变量，财经满意感作为因变量。结果显示，依存型自我建构和独立型自我建构在主动参与讲座与大学生财经满意感之间均发挥显著的中介效应。

（5）讲座收获对大学生财经满意感的影响及心理变量的中介作用。数据分析结果显示，有很多讲座收获的大学生的财经满意感显著高于有一些、很少、一点都没有讲座收获的大学生的财经满意感。但有一些讲座收获的大学生的财经满意感和很少、一点都没有讲座收获的大学生的财经满意感之间无显著差异。很少讲座收获的大学生的财经满意感和一点都没有讲座收获的大学生的财经满意感之间无显著差异。将讲座收获作为自变量，自我建构（依存型自我建构、独立型自我建构）作为中介变量，财经满意感作为因变量。结果显示，依存型自我建构和独立型自我建构在讲座收获与大学生财经满意感之间均发挥显著的中介效应。

（6）主动交流财经讯息对大学生财经满意感的影响及心理变量的中介作用。数据分析结果显示，经常主动交流财经讯息的大学生的财经满意感显著高于偶尔、很少、从来不主动交流财经讯息的大学生的财经满意感。偶尔主动交流财经讯息的大学生的财经满意感显著高于很少、从来不主动交流财经讯息的大学生的财经满意感。但很少主动交流财经讯息的大学生的财经满意感和从来不主动交流财经讯息的大学生的财经满意感之间无显著差异。将主动交流财经讯息作为自变量，自我建构（依存型自我建构、独立型自我建构）作为中介变量，财经满意感作为因变量。结果显示，依存型自我建构和独立型自我建构在主动交流财经讯息与大学生财经满意感之间均发挥显著的中介效应。

（7）被动交流财经讯息对大学生财经满意感的影响及心理变量的中介作用。数据分析结果显示，经常被动交流财经讯息的大学生的财经满意感显著高于偶尔、很少、从来不被动交流财经讯息的大学生的财经满意感。偶尔被动交流财经讯息的大学生的财经满意感显著高于很少、从来不被动交流财经讯息的大学生的财经满意感。但很少被动交流财经讯息的大学生的财经满意感和从来不被动交流财经讯息的大学生的财经满意感之间无显著差异。将被动交流财经讯息作为自变量，自我建构（依存型自我建构、独立型自我建构）作为中介变量，财经满意感感作为因变量。结果显示，依存型自我建构和独立型自我建构在被动交流财经讯息与大学生财经满意感之间均发挥显著的中介效应。

（8）主动分享财经经历对大学生财经满意感的影响及心理变量的中介作用。数据分析结果显示，经常主动分享财经经历的大学生的财经满意感显著高于偶尔、很少、从来不主动分享财经经历的大学生的财经满意感。偶尔主动分享财经经历的大学生的财经满意感显著高于很少、从来不主动分享财经经历的大学生的财经满意感。但很少主动分享财经经历的大学生的财经满意感和从来不主动分享财经经历的大学生的财经满意感之间无显著差异。将主动分享财经经历作为自变量，自我建构（依存型自我建构、独立型自我建构）作为中介变量，财经满意感作为因变量。结果显示，依存型自我建构和独立型自我建构在主动分享财经经历与大学生财经满意感之间均发挥显著的中介效应。

（9）被动分享财经经历对大学生财经满意感的影响及心理变量的中介作用。数据分析结果显示，经常被动分享财经经历的大学生的财经满意感显著高于偶尔、很少、从来不被动分享财经经历的大学生的财经满意感。偶尔被动分享财经经历的大学生的财经满意感显著高于很少、从来不被动分享财经经历的大学生的财经满意感。但很少被动分享财经经历的大学生的财经满意感和从来不被动分享财经经历的大学生的财经满意感之间无显著差异。将被动分享财经经历作为自变量，自我建构（依存型自我建构、独立型自我建构）作为中介变量，财经满意感作为因变量。结果显示，依存型自我建构和独立型自我建构在被动分享财经经历与大学生财经满意感之间均发挥显著的中介效应。

（10）主动请教财经决策对大学生财经满意感的影响及心理变量的中介作用。数据分析结果显示，经常主动请教财经决策的大学生的财经满意感显著高于很少主动请教财经决策的大学生的财经满意感，但和偶尔、从来不主动请教财经决策的大学生的财经满意感之间无显著差异。偶尔主动请教财经决策的大学生的财经满意感显著高于从来不主动请教财经决策的大学生的财经满意感，但和很少主动请教财经决策的大学生的财经满意感之间无显著差异。很少主动请教财经决策的大学生的财经满意感和从来不主动请教财经决策的大学生的财经满意感之间无显著差异。将主动请教财经决策作为自变量，自我建构（依存型自我建构、独立型自我建构）作为中介变量，财经满意感作为因变量。结果显示，依存型自我建构和独立型自我建构在主动请教财经决策与大学生财经满意感之间均发挥显著的中介效应。

5. 社会教育对大学生财经行为合理性的影响及心理变量的中介作用

（1）主动获取财经讯息对大学生财经行为合理性的影响及心理变量的中介作用。数据分析结果显示，经常主动获取财经讯息的大学生的财经行为合理性显著高于偶尔、很少、从来不主动获取财经讯息的大学生的财经行为合理性。偶尔主动获取财经讯息的大学生的财经行为合理性显著高于很少、从来不主动获取财经讯息的大学生的财经行为合理性。很少主动获取财经讯息的大学生的财经行为合理性显著高于从来不主动获取财经讯息的大学生的财经行为合理性。将主动获取财经讯息作为自变量，自我建构（依存型自我建构、独立型自我建构）作为中介变量，财经行为合理性作为因变量。结果显示，依存型自我建构和独立型自我建构在主动获取财经讯息与大学生财经行为合理性之间均发挥显著的中介效应。

（2）财经讯息延展对大学生财经行为合理性的影响及心理变量的中介作用。数据分析结果显示，经常财经讯息延展的大学生的财经行为合理性显著高于偶尔、很少、从来不财经讯息延展的大学生的财经行为合理性。偶尔财经讯息延展的大学生的财经行为合理性显著高于很少、从来不主动获取财经讯息的大学生的财经行为合理性。很少财经讯息延展的大学生的财经行为合理性显著高于从来不主动获取财经讯息的大学生的财经行为合理性。将财经讯息延展作为自变量，自我建构（依存型自我建构、独立型自我建构）作为中介变量，财经行为合理性作为因变量。结果显示，依存型自我建构和独立型自我建构在财经讯息延展与大学生财经行为合理性之间均发挥显著的中介效应。

（3）自我警示对大学生财经行为合理性的影响及心理变量的中介作用。数据分析结果显示，经常自我警示的大学生的财经行为合理性显著高于偶尔、很少、从来不自我警示的大学生的财经行为合理性。偶尔自我警示的大学生的财经行为合理性显著高于很少、从来不自我警示的大学生的财经行为合理性。但很少自我警示的大学生的财经行为合理性和从来不自我警示的大学生的财经行为合理性之间无显著差异。将自我警示作为自变量，自我建构（依存型自我建构、独立型自我建构）作为中介变量，财经行为合理性作为因变量。结果显示，依存型自我建构和独立型自我建构在自我警示与大学生财经行为合理性之间均发挥显著的中介效应。

（4）主动参与讲座对大学生财经行为合理性的影响及心理变量的中介作用。数据分析结果显示，经常主动参与讲座的大学生的财经行为合理性显著高于很少、从来不主动参与讲座的大学生的财经行为合理性，但和偶尔主动参与讲座的大学生的财经行为合理性之间无显著差异。偶尔主动参与讲座的大学生的财经行为合理性显著高于很少、从来不主动参与讲座的大学生的财经行为合理性。很少主动参与讲座的大学生的财经行为合理性显著高于从来不主动参与讲座的大学生的财经行为合理性。将主动参与讲座作为自变量，自我建构（依存型自我建构、独立型自我建构）作为中介变量，财经行为合理性作为因变量。结果显示，依存型自我建构和独立型自我建构在主动参与讲座与大学生财经行为合理性之间均发挥显著的中介效应。

（5）讲座收获对大学生财经行为合理性的影响及心理变量的中介作用。数据分析结果显示，有很多讲座收获的大学生的财经行为合理性显著高于有一些、很少、一点都没有讲座收获的大学生的财经行为合理性。有一些讲座收获的大学生的财经行为合理性显著高于很少、一点都没有讲座收获的大学生的财经行为合理性。但很少讲座收获的大学生的财经行为合理性和一点都没有讲座收获的大学生的财经行为合理性之间无显著差异。将讲座收获作为自变量，自我建构（依存型自我建构、独立型自我建构）作为中介变量，财经行为合理性作为因变量。结果显示，依存型自我建构和独立型自我建构在讲座收获与大学生财经行为合理性之间均发挥显著的中介效应。

（6）主动交流财经讯息对大学生财经行为合理性的影响及心理变量的中介作用。数据分析结果显示，经常主动交流财经讯息的大学生的财经行为合理性显著高于偶尔、很少、从来不主动交流财经讯息的大学生的财经行为合理性。偶尔主动交流财经讯息的大学生的财经行为合理性显著高于很少、从来不主动交流财经讯息的大学生的财经行为合理性。很少主动交流财经讯息的大学生的财经行为合理性显著高于从来不主动交流财经讯息的大学生的财经行为合理性。将主动交流财经讯息作为自变量，自我建构（依存型自我建构、独立型自我建构）作为中介变量，财经行为合理性作为因变量。结果显示，依存型自我建构和独立型自我建构在主动交流财经讯息与大学生财经行为合理性之间均发挥显著的中介效应。

（7）被动交流财经讯息对大学生财经行为合理性的影响及心理变量的中介作用。数据分析结果显示，经常被动交流财经讯息的大学生的财经行为合理性显著高于偶尔、很少、从来不被动交流财经讯息的大学生的财经行为合理性。偶尔被动交流财经讯息的大学生的财经行为合理性显著高于很少、从来不被动交流财经讯息的大学生的财经行为合理性。很少被动交流财经讯息的大学生的财经行为合理性显著高于从来不被动交流财经讯息的大学生的财经行为合理性。将被动交流财经讯息作为自变量，自我建构（依存型自我建构、独立型自我建构）作为中介变量，财经行为合理性作为因变量。结果显示，依存型自我建构和独立型自我建构在被动交流财经讯息与大学生财经行为合理性之间均发挥显著的中介效应。

（8）主动分享财经经历对大学生财经行为合理性的影响及心理变量的中介作用。数据分析结果显示，经常主动分享财经经历的大学生的财经行为合理性显著高于偶尔、很少、从来不主动分享财经经历的大学生的财经行为合理性。偶尔主动分享财经经历的大学生的财经行为合理性显著高于很少、从来不主动分享财经经历的大学生的财经行为合理性。很少主动分享财经经历的大学生的财经行为合理性显著高于从来不主动分享财经经历的大学生的财经行为合理性。将主动分享财经经历作为自变量，自我建构（依存型自我建构、独立型自我建构）作为中介变量，财经行为合理性作为因变量。结果显示，依存型自我建构和独立型自我建构在主动分享财经经历与大学生财经行为合理性之间均发挥显著的中介效应。

（9）被动分享财经经历对大学生财经行为合理性的影响及心理变量的中介作用。数据分析结果显示，经常被动分享财经经历的大学生的财经行为合理性显著高于偶尔、很少、从来不被动分享财经经历的大学生的财经行为合理性。偶尔被动分享财经经历的大学生的财经行为合理性显著高于很少、从来不被动分享财经经历的大学生的财经行为合理性。很少被动分享财经经历的大学生的财经行为合理性显著高于从来不被动分享财经经历的大学生的财经行为合理性。将被动分享财经经历作为自变量，自我建构（依存型自我建构、独立型自我建构）作为中介变量，财经行为合理性作为因变量。结果显示，依存型自我建构和独立型自我建构在被动分享财经经历与大学生财经行为合理性之间均发挥显著的中介效应。

（10）主动请教财经决策对大学生财经行为合理性的影响及心理变量的中介作用。数据分析结果显示，经常主动请教财经决策的大学生的财经行为合理性显著高于偶尔、很少、从来不主动请教财经决策的大学生的财经行为合理性。偶尔主动请教财经决策的大学生的财经行为合理性显著高于很少、从来不主动请教财经决策的大学生的财经行为合理性。很少主动请教财经决策的大学生的财经行为合理性显著高于从来不主动请教财经决策的大学生的财经行为合理性。将主动请教财经决策作为自变量，自我建构（依存型自我建构、独立型自我建构）作为中介变量，财经行为合理性作为因变量。结果显示，依存型自我建构和独立型自我建构在主动请教财经决策与大学生财经行为合理性之间均发挥显著的中介效应。

6. 社会教育对大学生独立性的影响及心理变量的中介作用

（1）主动获取财经讯息对大学生独立性的影响及心理变量的中介作用。数据分析结果显示，经常主动获取财经讯息的大学生的独立性显著高于偶尔、很少、从来不主动获取财经讯息的大学生的独立性。偶尔主动获取财经讯息的大学生的独立性显著高于很少、从来不主动获取财经讯息的大学生的独立性。很少主动获取财经讯息的大学生的独立性显著高于从来不主动获取财经讯息的大学生的独立性。将主动获取财经讯息作为自变量，自我建构（依存型自我建构、独立型自我建构）作为中介变量，独立作为因变量。结果显示，依存型自我建构和独立型自我建构在主动获取财经讯息与大学生独立性之间均发挥显著的中介效应。

（2）财经讯息延展对大学生独立性的影响及心理变量的中介作用。数据分析结果显示，经常财经讯息延展的大学生的独立性显著高于偶尔、很少、从来不财经讯息延展的大学生的独立性。偶尔财经讯息延展的大学生的独立性显著高于很少、从来不主动获取财经讯息的大学生的独立性。很少财经讯息延展的大学生的独立性显著高于从来不主动获取财经讯息的大学生的独立性。将财经讯息延展作为自变量，自我建构（依存型自我建构、独立型自我建构）作为中介变量，独立作为因变量。结果显示，依存型自我建构和独立型自我建构在财经讯息延展与大学生独立之间均发挥显著的中介效应。

（3）自我警示对大学生独立性的影响及心理变量的中介作用。数据分析结果显示，经常自我警示的大学生的独立性显著高于偶尔、很少、从来不自我警示的大学生的独立性。偶尔自我警示的大学生的独立性显著高于很少、从来不自我警示的大学生的独立性。很少自我警示的大学生的独立性显著高于从来不自我警示的大学生的独立性。将自我警示作为自变量，自我建构（依存型自我建构、独立型自我建构）作为中介变量，独立作为因变量。结果显示，依存型自我建构和独立型自我建构在自我警示与大学生独立性之间均发挥显著的中介效应。

（4）主动参与讲座对大学生独立性的影响及心理变量的中介作用。数据分析结果显示，经常主动参与讲座的大学生的独立性显著高于偶尔、很少、从来不主动参与讲座的大学生的独立性。偶尔主动参与讲座的大学生的独立性显著高于很少、从来不主动参与讲座的大学生的独立性。很少主动参与讲座的大学生的独立性显著高于从来不主动参与讲座的大学生的独立性。将主动参与讲座作为自变量，自我建构（依存型自我建构、独立型自我建构）作为中介变量，独立作为因变量。结果显示，依存型自我建构和独立型自我建构在主动参与讲座与大学生独立性之间均发挥显著的中介效应。

（5）讲座收获对大学生独立性的影响及心理变量的中介作用。数据分析结果显示，有很多讲座收获的大学生的独立性显著高于有一些、很少、一点都没有讲座收获的大学生的独立性。有一些讲座收获的大学生的独立性显著高于很少、一点都没有讲座收获的大学生的独立性。但很少讲座收获的大学生的独立性和一点都没有讲座收获的大学生的独立性之间无显著差异。将讲座收获作为自变量，自我建构（依存型自我建构、独立型自我建构）作为中介变量，独立作为因变量。结果显示，依存型自我建构和独立型自我建构在讲座收获与大学生独立性之间均发挥显著的中介效应。

（6）主动交流财经讯息对大学生独立性的影响及心理变量的中介作用。数据分析结果显示，经常主动交流财经讯息的大学生的独立性显著高于偶尔、很少、从来不主动交流财经讯息的大学生的独立性。偶尔主动交流财经讯息的大学生的独立性显著高于很少、从来不主动交流财经讯息的大学生的独立性。很少主动交流财经讯息的大学生的独立性显著高于从来不主动交流财经讯息的大学生的独立性。将主动交流财经讯息作为自变量，自我建构（依存型自我建构、独立型自我建构）作为中介变量，独立作为因变量。结果显示，依存型自我建构和独立型自我建构在主动交流财经讯息与大学生独立性之间均发挥显著的中介效应。

（7）被动交流财经讯息对大学生独立性的影响及心理变量的中介作用。数据分析结果显示，经常被动交流财经讯息的大学生的独立性显著高于偶尔、很少、从来不被动交流财经讯息的大学生的独立性。偶尔被动交流财经讯息的大学生的独立性显著高于很少、从来不被动交流财经讯息的大学生的独立性。很少被动交流财经讯息的大学生的独立性显著高于从来不被动交流财经讯息的大学生的独立性。将被动交流财经讯息作为自变量，自我建构（依存型自我建构、独立型自我建构）作为中介变量，独立作为因变量。结果显示，依存型自我建构和独立型自我建构在被动交流财经讯息与大学生独立性之间均发挥显著的中介效应。

（8）主动分享财经经历对大学生独立性的影响及心理变量的中介作用。数据分析结果显示，经常主动分享财经经历的大学生的独立性显著高于偶尔、很少、从来不主动分享财经经历的大学生的独立性。偶尔主动分享财经经历的大学生的独立性显著高于很少、从来不主动分享财经经历的大学生的独立性。但很少主动分享财经经历的大学生的独立性和从来不主动分享财经经历的大学生的独立性之间无显著差异。将主动分享财经经历作为自变量，自我建构（依存型自我建构、独立型自我建构）作为中介变量，独立作为因变量。结果显示，依存型自我建构和独立型自我建构在主动分享财经经历与大学生独立性之间均发挥显著的中介效应。

（9）被动分享财经经历对大学生独立性的影响及心理变量的中介作用。数据分析结果显示，经常被动分享财经经历的大学生的独立性显著高于偶尔、很少、从来不被动分享财经经历的大学生的独立性。偶尔被动分享财经经历的大学生的独立性显著高于很少、从来不被动分享财经经历的大学生的独立性。但很少被动分享财经经历的大学生的独立性和从来不被动分享财经经历的大学生的独立性之间无显著差异。将被动分享财经经历作为自变量，自我建构（依存型自我建构、独立型自我建构）作为中介变量，独立作为因变量。结果显示，依存型自我建构和独立型自我建构在被动分享财经经历与大学生独立性之间均发挥显著的中介效应。

（10）主动请教财经决策对大学生独立性的影响及心理变量的中介作用。数据分析结果显示，经常主动请教财经决策的大学生的独立性显著高于偶尔、很少、从来不主动请教财经决策的大学生的独立性。偶尔主动请教财经决策的大学生的独立性显著高于很少、从来不主动请教财经决策的大学生的独立性。但很少主动请教财经决策的大学生的独立性和从来不主动请教财经决策的大学生的独立性之间无显著差异。将主动请教财经决策作为自变量，自我建构（依存型自我建构、独立型自我建构）作为中介变量，独立作为因变量。结果显示，依存型自我建构和独立型自我建构在主动请教财经决策与大学生独立性之间均发挥显著的中介效应。

7. 社会教育对大学生信用的影响及心理变量的中介作用

（1）主动获取财经讯息对大学生信用的影响及心理变量的中介作用。数据分析结果显示，经常主动获取财经讯息的大学生的信用显著高于偶尔、很少、从来不主动获取财经讯息的大学生的信用。偶尔主动获取财经讯息的大学生的信用显著高于很少、从来不主动获取财经讯息的大学生的信用。很少主动获取财经讯息的大学生的信用显著高于从来不主动获取财经讯息的大学生的信用。将主动获取财经讯息作为自变量，自我建构（依存型自我建构、独立型自我建构）作为中介变量，信用作为因变量。结果显示，依存型自我建构和独立型自我建构在主动获取财经讯息与大学生信用之间均发挥显著的中介效应。

（2）财经讯息延展对大学生信用的影响及心理变量的中介作用。数据分析结果显示，经常财经讯息延展的大学生的信用显著高于偶尔、很少、从来不财经讯息延展的大学生的信用。偶尔财经讯息延展的大学生的信用显著高于很少、从来不主动获取财经讯息的大学生的信用。很少财经讯息延展的大学生的信用显著高于从来不主动获取财经讯息的大学生的信用。将财经讯息延展作为自变量，自我建构（依存型自我建构、独立型自我建构）作为中介变量，信用作为因变量。结果显示，依存型自我建构和独立型自我建构在财经讯息延展与大学生信用之间均发挥显著的中介效应。

（3）自我警示对大学生信用的影响及心理变量的中介作用。数据分析结果显示，经常自我警示的大学生的信用显著高于偶尔、很少、从来不自我警示的大学生的信用。偶尔自我警示的大学生的信用显著高于很少、从来不自我警示的大学生的信用。但很少自我警示的大学生的信用和从来不自我警示的大学生的信用之间无显著差异。将自我警示作为自变量，自我建构（依存型自我建构、独立型自我建构）作为中介变量，信用作为因变量。结果显示，依存型自我建构和独立型自我建构在自我警示与大学生信用之间均发挥显著的中介效应。

（4）主动参与讲座对大学生信用的影响及心理变量的中介作用。数据分析结果显示，经常主动参与讲座的大学生的信用显著高于从来不主动参与讲座的大学生的信用，但和偶尔、很少主动参与讲座的大学生的信用之间无显著差异。偶尔主动参与讲座的大学生的信用显著高于很少、从来不主动参与讲座的大学生的信用。但很少主动参与讲座的大学生的信用和从来不主动参与讲座的大学生的信用之间无显著差异。将主动参与讲座作为自变量，自我建构（依存型自我建构、独立型自我建构）作为中介变量，信用作为因变量。结果显示，依存型自我建构和独立型自我建构在主动参与讲座与大学生信用之间均发挥显著的中介效应。

（5）讲座收获对大学生信用的影响及心理变量的中介作用。数据分析结果显示，有很多讲座收获的大学生的信用显著高于有一些、很少、一点都没有讲座收获的大学生的信用。有一些讲座收获的大学生的信用显著高于很少讲座收获的大学生的信用，但和一点都没有讲座收获的大学生的信用之间无显著差异。很少讲座收获的大学生的信用和一点都没有讲座收获的大学生的信用之间无显著差异。将讲座收获作为自变量，自我建构（依存型自我建构、独立型自我建构）作为中介变量，信用作为因变量。结果显示，依存型自我建构和独立型自我建构在讲座收获与大学生信用之间均发挥显著的中介效应。

（6）主动交流财经讯息对大学生信用的影响及心理变量的中介作用。数据分析结果显示，经常主动交流财经讯息的大学生的信用显著高于偶尔、很少、从来不主动交流财经讯息的大学生的信用。偶尔主动交流财经讯息的大学生的信用显著高于很少、从来不主动交流财经讯息的大学生的信用。但很少主动交流财经讯息的大学生的信用和从来不主动交流财经讯息的大学生的信用之间无显著差异。将主动交流财经讯息作为自变量，自我建构（依存型自我建构、独立型自我建构）作为中介变量，信用作为因变量。结果显示，依存型自我建构和独立型自我建构在主动交流财经讯息与大学生信用之间均发挥显著的中介效应。

（7）被动交流财经讯息对大学生信用的影响及心理变量的中介作用。数据分析结果显示，经常被动交流财经讯息的大学生的信用显著高于偶尔、很少、从来不被动交流财经讯息的大学生的信用。偶尔被动交流财经讯息的大学生的信用显著高于很少、从来不被动交流财经讯息的大学生的信用。很少被动交流财经讯息的大学生的信用显著高于从来不被动交流财经讯息的大学生的信用。将被动交流财经讯息作为自变量，自我建构（依存型自我建构、独立型自我建构）作为中介变量，信用作为因变量。结果显示，依存型自我建构和独立型自我建构在被动交流财经讯息与大学生信用之间均发挥显著的中介效应。

（8）主动分享财经经历对大学生信用的影响及心理变量的中介作用。数据分析结果显示，经常主动分享财经经历的大学生的信用显著高于偶尔、很少、从来不主动分享财经经历的大学生的信用。偶尔主动分享财经经历的大学生的信用显著高于很少主动分享财经经历的大学生的信用，但和从来不主动分享财经经历的大学生的信用之间无显著差异。很少主动分享财经经历的大学生的信用和从来不主动分享财经经历的大学生的信用之间无显著差异。将主动分享财经经历作为自变量，自我建构（依存型自我建构、独立型自我建构）作为中介变量，信用作为因变量。结果显示，依存型自我建构和独立型自我建构在主动分享财经经历与大学生信用之间均发挥显著的中介效应。

（9）被动分享财经经历对大学生信用的影响及心理变量的中介作用。数据分析结果显示，经常被动分享财经经历的大学生的信用显著高于偶尔、很少、从来不被动分享财经经历的大学生的信用。偶尔被动分享财经经历的大学生的信用显著高于很少、从来不被动分享财经经历的大学生的信用。但很少被动分享财经经历的大学生的信用和从来不被动分享财经经历的大学生的信用之间无显著差异。将被动分享财经经历作为自变量，自我建构（依存型自我建构、独立型自我建构）作为中介变量，信用作为因变量。结果显示，依存型自我建构和独立型自我建构在被动分享财经经历与大学生信用之间均发挥显著的中介效应。

（10）主动请教财经决策对大学生信用的影响及心理变量的中介作用。数据分析结果显示，经常主动请教财经决策的大学生的信用显著高于偶尔、很少、从来不主动请教财经决策的大学生的信用。偶尔主动请教财经决策的大学生的信用显著高于很少、从来不主动请教财经决策的大学生的信用。但很少主动请教财经决策的大学生的信用和从来不主动请教财经决策的大学生的信用之间无显著差异。将主动请教财经决策作为自变量，自我建构（依存型自我建构、独立型自我建构）作为中介变量，信用作为因变量。结果显示，依存型自我建构和独立型自我建构在主动请教财经决策与大学生信用之间均发挥显著的中介效应。

8. 社会教育对大学生生涯适应能力的影响及心理变量的中介作用

（1）主动获取财经讯息对大学生生涯适应能力的影响及心理变量的中介作用。数据分析结果显示，经常主动获取财经讯息的大学生的生涯适应能力显著高于偶尔、很少、从来不主动获取财经讯息的大学生的生涯适应能力。偶尔主动获取财经讯息的大学生的生涯适应能力显著高于很少、从来不主动获取财经讯息的大学生的生涯适应能力。但很少主动获取财经讯息的大学生的生涯适应能力和从来不主动获取财经讯息的大学生的生涯适应能力之间无显著差异。将主动获取财经讯息作为自变量，自我建构（依存型自我建构、独立型自我建构）作为中介变量，生涯适应能力作为因变量。结果显示，依存型自我建构和独立型自我建构在主动获取财经讯息与大学生生涯适应能力之间均发挥显著的中介效应。

（2）财经讯息延展对大学生生涯适应能力的影响及心理变量的中介作用。数据分析结果显示，经常财经讯息延展的大学生的生涯适应能力显著高于偶尔、很少、从来不财经讯息延展的大学生的生涯适应能力。偶尔财经讯息延展的大学生的生涯适应能力显著高于很少、从来不财经讯息延展的大学生的生涯适应能力。很少财经讯息延展的大学生的生涯适应能力显著高于从来不财经讯息延展的大学生的生涯适应能力。将财经讯息延展作为自变量，自我建构（依存型自我建构、独立型自我建构）作为中介变量，生涯适应能力作为因变量。结果显示，依存型自我建构和独立型自我建构在财经讯息延展与大学生生涯适应能力之间均发挥显著的中介效应。

（3）自我警示对大学生生涯适应能力的影响及心理变量的中介作用。数据分析结果显示，经常自我警示的大学生的生涯适应能力显著高于偶尔、很少、从来不自我警示的大学生的生涯适应能力。偶尔自我警示的大学生的生涯适应能力显著高于很少、从来不自我警示的大学生的生涯适应能力。但很少自我警示的大学生的生涯适应能力和从来不自我警示的大学生的生涯适应能力之间无显著差异。将自我警示作为自变量，自我建构（依存型自我建构、独立型自我建构）作为中介变量，生涯适应能力作为因变量。结果显示，依存型自我建构和独立型自我建构在自我警示与大学生生涯适应能力之间均发挥显著的中介效应。

（4）主动参与讲座对大学生生涯适应能力的影响及心理变量的中介作用。数据分析结果显示，经常主动参与讲座的大学生的生涯适应能力显著高于偶尔、很少、从来不主动参与讲座的大学生的生涯适应能力。偶尔主动参与讲座的大学生的生涯适应能力显著高于很少、从来不主动参与讲座的大学生的生涯适应能力。很少主动参与讲座的大学生的生涯适应能力显著高于从来不主动参与讲座的大学生的生涯适应能力。将主动参与讲座作为自变量，自我建构（依存型自我建构、独立型自我建构）作为中介变量，生涯适应能力作为因变量。结果显示，依存型自我建构和独立型自我建构在主动参与讲座与大学生生涯适应能力之间均发挥显著的中介效应。

（5）讲座收获对大学生生涯适应能力的影响及心理变量的中介作用。数据分析结果显示，有很多讲座收获的大学生的生涯适应能力显著高于有一些、很少、一点都没有讲座收获的大学生的生涯适应能力。有一些讲座收获的大学生的生涯适应能力显著高于很少、一点都没有讲座收获的大学生的生涯适应能力。很少讲座收获的大学生的生涯适应能力显著高于一点都没有讲座收获的大学生的生涯适应能力。将讲座收获作为自变量，自我建构（依存型自我建构、独立型自我建构）作为中介变量，生涯适应能力作为因变量。结果显示，依存型自我建构和独立型自我建构在讲座收获与大学生生涯适应能力之间均发挥显著的中介效应。

（6）主动交流财经讯息对大学生生涯适应能力的影响及心理变量的中介作用。数据分析结果显示，经常主动交流财经讯息的大学生的生涯适应能力显著高于偶尔、很少、从来不主动交流财经讯息的大学生的生涯适应能力。偶尔主动交流财经讯息的大学生的生涯适应能力显著高于很少、从来不主动交流财经讯息的大学生的生涯适应能力。很少主动交流财经讯息的大学生的生涯适应能力显著高于从来不主动交流财经讯息的大学生的生涯适应能力。将主动交流财经讯息作为自变量，自我建构（依存型自我建构、独立型自我建构）作为中介变量，生涯适应能力作为因变量。结果显示，依存型自我建构和独立型自我建构在主动交流财经讯息与大学生生涯适应能力之间均发挥显著的中介效应。

（7）被动交流财经讯息对大学生生涯适应能力的影响及心理变量的中介作用。数据分析结果显示，经常被动交流财经讯息的大学生的生涯适应能力显著高于偶尔、很少、从来不被动交流财经讯息的大学生的生涯适应能力。偶尔被动交流财经讯息的大学生的生涯适应能力显著高于很少、从来不被动交流财经讯息的大学生的生涯适应能力。很少被动交流财经讯息的大学生的生涯适应能力显著高于从来不被动交流财经讯息的大学生的生涯适应能力。将被动交流财经讯息作为自变量，自我建构（依存型自我建构、独立型自我建构）作为中介变量，生涯适应能力作为因变量。结果显示，依存型自我建构和独立型自我建构在被动交流财经讯息与大学生生涯适应能力之间均发挥显著的中介效应。

（8）主动分享财经经历对大学生生涯适应能力的影响及心理变量的中介作用。数据分析结果显示，经常主动分享财经经历的大学生的生涯适应能力显著高于偶尔、很少、从来不主动分享财经经历的大学生的生涯适应能力。偶尔主动分享财经经历的大学生的生涯适应能力显著高于很少、从来不主动分享财经经历的大学生的生涯适应能力。很少主动分享财经经历的大学生的生涯适应能力显著高于从来不主动分享财经经历的大学生的生涯适应能力。将主动分享财经经历作为自变量，自我建构（依存型自我建构、独立型自我建构）作为中介变量，生涯适应能力作为因变量。结果显示，依存型自我建构和独立型自我建构在主动分享财经经历与大学生生涯适应能力之间均发挥显著的中介效应。

（9）被动分享财经经历对大学生生涯适应能力的影响及心理变量的中介作用。数据分析结果显示，经常被动分享财经经历的大学生的生涯适应能力显著高于偶尔、很少、从来不被动分享财经经历的大学生的生涯适应能力。偶尔被动分享财经经历的大学生的生涯适应能力显著高于很少、从来不被动分享财经经历的大学生的生涯适应能力。很少被动分享财经经历的大学生的生涯适应能力显著高于从来不被动分享财经经历的大学生的生涯适应能力。将被动分享财经经历作为自变量，自我建构（依存型自我建构、独立型自我建构）作为中介变量，生涯适应能力作为因变量。结果显示，依存型自我建构和独立型自我建构在被动分享财经经历与大学生生涯适应能力之间均发挥显著的中介效应。

（10）主动请教财经决策对大学生生涯适应能力的影响及心理变量的中介作用。数据分析结果显示，经常主动请教财经决策的大学生的生涯适应能力显著高于偶尔、很少、从来不主动请教财经决策的大学生的生涯适应能力。偶尔主动请教财经决策的大学生的生涯适应能力显著高于很少、从来不主动请教财经决策的大学生的生涯适应能力。很少主动请教财经决策的大学生的生涯适应能力显著高于从来不主动请教财经决策的大学生的生涯适应能力。将主动请教财经决策作为自变量，自我建构（依存型自我建构、独立型自我建构）作为中介变量，生涯适应能力作为因变量。结果显示，依存型自我建构和独立型自我建构在主动请教财经决策与大学生生涯适应能力之间均发挥显著的中介效应。

9. 社会教育对大学生未来承诺的影响及心理变量的中介作用

（1）主动获取财经讯息对大学生未来承诺的影响及心理变量的中介作用。数据分析结果显示，经常主动获取财经讯息的大学生的未来承诺显著高于偶尔、很少、从来不主动获取财经讯息的大学生的未来承诺。偶尔主动获取财经讯息的大学生的未来承诺显著高于很少、从来不主动获取财经讯息的大学生的未来承诺。但很少主动获取财经讯息的大学生的未来承诺和从来不主动获取财经讯息的大学生的未来承诺之间无显著差异。将主动获取财经讯息作为自变量，自我建构（依存型自我建构、独立型自我建构）作为中介变量，未来承诺作为因变量。结果显示，依存型自我建构和独立型自我建构在主动获取财经讯息与大学生未来承诺之间均发挥显著的中介效应。

（2）财经讯息延展对大学生未来承诺的影响及心理变量的中介作用。数据分析结果显示，经常财经讯息延展的大学生的未来承诺显著高于偶尔、很少、从来不财经讯息延展的大学生的未来承诺。偶尔财经讯息延展的大学生的未来承诺显著高于很少、从来不财经讯息延展的大学生的未来承诺。很少财经讯息延展的大学生的未来承诺显著高于从来不财经讯息延展的大学生的未来承诺。将财经讯息延展作为自变量，自我建构（依存型自我建构、独立型自我建构）作为中介变量，未来承诺作为因变量。结果显示，依存型自我建构和独立型自我建构在财经讯息延展与大学生未来承诺之间均发挥显著的中介效应。

（3）自我警示对大学生未来承诺的影响及心理变量的中介作用。数据分析结果显示，经常自我警示的大学生的未来承诺显著高于偶尔、很少、从来不自我警示的大学生的未来承诺。偶尔自我警示的大学生的未来承诺显著高于很少、从来不自我警示的大学生的未来承诺。但很少自我警示的大学生的未来承诺和从来不自我警示的大学生的未来承诺之间无显著差异。将自我警示作为自变量，自我建构（依存型自我建构、独立型自我建构）作为中介变量，未来承诺作为因变量。结果显示，依存型自我建构和独立型自我建构在自我警示与大学生未来承诺之间均发挥显著的中介效应。

（4）主动参与讲座对大学生未来承诺的影响及心理变量的中介作用。数据分析结果显示，经常主动参与讲座的大学生的未来承诺显著高于偶尔、很少、从来不主动参与讲座的大学生的未来承诺。偶尔主动参与讲座的大学生的未来承诺显著高于很少、从来不主动参与讲座的大学生的未来承诺。很少主动参与讲座的大学生的未来承诺显著高于从来不主动参与讲座的大学生的未来承诺。将主动参与讲座作为自变量，自我建构（依存型自我建构、独立型自我建构）作为中介变量，未来承诺作为因变量。结果显示，依存型自我建构和独立型自我建构在主动参与讲座与大学生未来承诺之间均发挥显著的中介效应。

（5）讲座收获对大学生未来承诺的影响及心理变量的中介作用。数据分析结果显示，有很多讲座收获的大学生的未来承诺显著高于有一些、很少、一点都没有讲座收获的大学生的未来承诺。有一些讲座收获的大学生的未来承诺显著高于很少、一点都没有讲座收获的大学生的未来承诺。但很少讲座收获的大学生的未来承诺和一点都没有讲座收获的大学生的未来承诺之间无显著差异。将讲座收获作为自变量，自我建构（依存型自我建构、独立型自我建构）作为中介变量，未来承诺作为因变量。结果显示，依存型自我建构和独立型自我建构在讲座收获与大学生未来承诺之间均发挥显著的中介效应。

（6）主动交流财经讯息对大学生未来承诺的影响及心理变量的中介作用。数据分析结果显示，经常主动交流财经讯息的大学生的未来承诺显著高于偶尔、很少、从来不主动交流财经讯息的大学生的未来承诺。偶尔主动交流财经讯息的大学生的未来承诺显著高于很少、从来不主动交流财经讯息的大学生的未来承诺。很少主动交流财经讯息的大学生的未来承诺显著高于从来不主动交流财经讯息的大学生的未来承诺。将主动交流财经讯息作为自变量，自我建构（依存型自我建构、独立型自我建构）作为中介变量，未来承诺作为因变量。结果显示，依存型自我建构和独立型自我建构在主动交流财经讯息与大学生未来承诺之间均发挥显著的中介效应。

（7）被动交流财经讯息对大学生未来承诺的影响及心理变量的中介作用。数据分析结果显示，经常被动交流财经讯息的大学生的未来承诺显著高于偶尔、很少、从来不被动交流财经讯息的大学生的未来承诺。偶尔被动交流财经讯息的大学生的未来承诺显著高于很少、从来不被动交流财经讯息的大学生的未来承诺。很少被动交流财经讯息的大学生的未来承诺显著高于从来不被动交流财经讯息的大学生的未来承诺。将被动交流财经讯息作为自变量，自我建构（依存型自我建构、独立型自我建构）作为中介变量，未来承诺作为因变量。结果显示，依存型自我建构和独立型自我建构在被动交流财经讯息与大学生未来承诺之间均发挥显著的中介效应。

（8）主动分享财经经历对大学生未来承诺的影响及心理变量的中介作用。

数据分析结果显示，经常主动分享财经经历的大学生的未来承诺显著高于偶尔、很少、从来不主动分享财经经历的大学生的未来承诺。偶尔主动分享财经经历的大学生的未来承诺显著高于很少、从来不主动分享财经经历的大学生的未来承诺。很少主动分享财经经历的大学生的未来承诺显著高于从来不主动分享财经经历的大学生的未来承诺。将主动分享财经经历作为自变量，自我建构（依存型自我建构、独立型自我建构）作为中介变量，未来承诺作为因变量。结果显示，依存型自我建构和独立型自我建构在主动分享财经经历与大学生未来承诺之间均发挥显著的中介效应。

（9）被动分享财经经历对大学生未来承诺的影响及心理变量的中介作用。数据分析结果显示，经常被动分享财经经历的大学生的未来承诺显著高于偶尔、很少、从来不被动分享财经经历的大学生的未来承诺。偶尔被动分享财经经历的大学生的未来承诺显著高于很少、从来不被动分享财经经历的大学生的未来承诺。很少被动分享财经经历的大学生的未来承诺显著高于从来不被动分享财经经历的大学生的未来承诺。将被动分享财经经历作为自变量，自我建构（依存型自我建构、独立型自我建构）作为中介变量，未来承诺作为因变量。结果显示，依存型自我建构和独立型自我建构在被动分享财经经历与大学生未来承诺之间均发挥显著的中介效应。

（10）主动请教财经决策对大学生未来承诺的影响及心理变量的中介作用。数据分析结果显示，经常主动请教财经决策的大学生的未来承诺显著高于偶尔、很少、从来不主动请教财经决策的大学生的未来承诺。偶尔主动请教财经决策的大学生的未来承诺显著高于很少、从来不主动请教财经决策的大学生的未来承诺。但很少主动请教财经决策的大学生的未来承诺和从来不主动请教财经决策的大学生的未来承诺之间无显著差异。将主动请教财经决策作为自变量，自我建构（依存型自我建构、独立型自我建构）作为中介变量，未来承诺作为因变量。结果显示，依存型自我建构和独立型自我建构在主动请教财经决策与大学生未来承诺之间均发挥显著的中介效应。

第二节 管理启示

一、继续丰富大学生的财经知识

2023 年蓝皮书调查显示，大学生客观财经知识依然不容乐观，丰富大学生主客观财经知识是财经素养教育的重点工作之一。第一，需继续推进《大学生财经素养教育》通识课的课程建设，将其列入大学的课程体系建设当中，重点对非经济学和非管理学专业的大学生进行普及性授课，通过规范的课堂教育传授财经知识。第二，通过校园微信公众号、学生在线社区、报刊栏、宣传栏等线上线下媒介定期宣传财经小常识、财经小故事和预防财经骗局案例。第三，由各个高校的相关学院负责建立大学师生财经素养咨询中心，中心在保护学生隐私的前提下向学生提供财经咨询免费服务。第四，建立朋辈辅导中心。可以在学生会机构下建立大学生财经素养朋辈辅导中心，成员由商学院学习财经类专业的高年级学生和对金融产品具有丰富且成功的操作经验的学生组成，免费向前来咨询的学生提供信息服务。第五，定期举办大学生财经素养大赛。通过大赛活跃财经素养校园文化，让学生认识到财经知识对自己的现在和未来都有重要的帮助。

二、强化学校教育对大学生财经素养的影响

鉴于财经素养的重要性，要让财经素养教育框架落到实处，高校应致力于有效而全面地开展财经素养教育，通过学校教育提升大学生财经素养。

1. 开展财经相关课程

学校可通过为大学生提供财经类课程，提升其财经素养。首先，学校可以将财经素养教育内容有选择性地融入大学生的课程当中，形成学科间课程融合。目前，经管类专业的大学生的课程科目会接触到经济学、管理学、会计学等科目，在这些科目的学习中，学生会对经济生活中的风险与规划有一定了解。而非经管类学生虽然不会要求必修财经课程，系统学习有关科目知识，但是可以通过学校提供的教育环境参加选修课程。例如，在公共课程中加入财经素养的相关内容，让学生能够在不同的学科中接触到财经素养的知识。这样不仅能够提高学生的财经素养，也能够提高他们的综合素养。根据本书的结论，学生参与选修财经课程可以有效提高大学生的财经态度。其次，学校可以积极探索财经校本课程，结合大学生的实际情况，开发符合本阶段教学的财经素养教育校本课程。可以在部分学院进行试点，以选修课的形式开设，对财经素养教育课程实施的有效性进行过程性评估和结果性评估，根据评估结果进行完善后再将财经素养教育课程进行推广，以通识课的形式开设，让各个年级和学院的大学生都能根据自身的需要，获取学习财经素养知识和技能的机会。

2. 优化授课教学方式

学校可通过探索适合当下的综合授课与教学方式，提升大学生财经素养。在提供财经课程教学环境时，学校应该注意授课方式、教学方式、教学模式、课程门数与课程课时的确定，以达到最佳的教学效果。首先，学校可以选择网络授课与面授课结合的授课方式。这样可以让学生在自己的时间和空间上更加灵活地学习财经知识和技能，同时也可以提高学生的学习积极性和主动性。此外，在面授课程中，学生可以与老师进行面对面的沟通和交流，更好地理解财经知识并解决疑惑。其次，学校可以采用讲授式与互动式教学结合的教学方式。在讲授式教学中，老师可以针对财经知识的基础概念进行详细讲解，让学生更好地掌握理论知识。在互动式教学中，学生可以与老师和同学进行交流和讨论，提高他们的思维能力和创新能力，同时也可以更好地了解财经市场的动态。最后，学校可以采用理论与案例教学结合的教学模式。在理论教学中，老师可以讲解财经知识的基本概念和理论原理，让学生掌握财经知识的基本框架。在案例教学中，老师可以通过实际案例来让学生更好地理解财经知识，并将理论知识转化为实践能力。综上所述，高校可以探索适合当下的综合授课与教学方式来提高大学生的学习积极性和主动性，帮助他们更好地掌握财经知识和技能，进而有助于个人和社会的经济发展。

3. 丰富财经实践活动

学校可通过开展丰富的财经实践活动，提升大学生财经素养。财经实践活动不仅能够帮助学生更好地掌握财经知识和技能，还能提高他们的实践能力和综合素质，进而为未来的职业生涯做好充分准备。首先，学校可以开展财经实践项目，如股票投资研究、期货交易研究等，让学生在实践中学习和掌握财经素养知识和技能，同时也可以提高学生的财经素养水平和应用能力；让学生在实践中亲身体验财经市场和财经运作规律，从而更好地了解财经素养的应用和重要性。其次，学校可以开展财经讲座和研讨会，邀请行业专家和企业代表来校与学生分享财经实践经验和财经知识，帮助学生更好地了解金融、财管行业的发展趋势和市场需求。再次，学校可以开展财经社团活动和校园活动，组织学生参与各种财经相关的活动和竞赛。比如，开设"学校 E 银行"、组织学生参加财经素养大赛、开设金融理财"百家讲坛"等活动，邀请银行工作者等金融行业人员志愿进校园提供专业指导，帮助学生掌握金融市场的基本知识和实践技能；举办财经竞赛，如股票模拟交易大赛、创业比赛、投资策略比赛等，这些活动和竞赛可以提高学生的财经素养和实践能力，同时也可以增强学生的合作精神和团队意识。最后，学校可以建设实践基地或创客空间，提供给学生一个实践的平台。在这些平台上，学生可以进行模拟投资、证券交易等活动，帮助他们更好地理解财经市场的规律和运作方式。学校开展丰富的财经实践活动，可以提高学生的财经实践能力和综合素质，帮助他们更好地适应未来的经济发展趋势和市场需求。

4. 加强师资队伍建设

学校可通过加强财经素养师资队伍建设，提升大学生财经素养。加强财经素养师资队伍建设，提高教师的财经素养水平和教学能力，对于大学生财经素养教育的提升和发展至关重要。首先，高校应加强财经素养教师的专业培训。高校可以邀请业内专家、企业财经人才等为财经素养教师提供专业培训，让教师深入了解财经市场的发展动态和市场需求，提升其专业水平和教学能力。同时，高校可以建立财经素养教师培训机制，对参加培训的教师进行考核和评价，以保证培训效果。其次，高校应加强财经素养教师的教学实践。高校可以鼓励财经素养教师积极参与实践教学，组织学生实践课程、模拟投资等活动，让教师可以将财经素养知识真正地应用到实践中。同时，高校可以建立财经素养教师教学实践评价机制，对参与实践教学的教师进行评价和表彰，以激励教师积极参与教学实践。再次，高校应加强财经素养教师的交流合作。高校可以建立财经素养教师交流平台，促进各学科领域的教师之间的交流和合作，让教师可以共享各自的教学经验和教学资源。同时，高校可以引进国内外先进的财经素养教育理念和实践经验，让教师可以更好地了解国内外财经素养教育的最新动态和发展趋势。最后，高校应加强财经素养教师的个人发展，为财经素养教师提供晋升机制和职业发展规划，让教师在教学实践中不断提高自己的教学能力和教学水平。同时，高校可以建立奖励制度，对表现优秀的财经素养教师进行表彰和奖励，激发教师的积极性和创造性。总之，加强财经素养师资队伍建设是提升大学生财经素养的重要保障。高校应该通过多种方式和途径，为教师提供财经素养教育的培训和学习机会，丰富财经素养教育的内容和形式，加强交流与合作，形成合力，提高财经素养教育的影响力和效果，从而将财经素养教育落到实处，为提升大学生财经素养做出贡献。

三、重视社会教育对大学生财经素养的影响

社会教育在大学生社会生活中通过耳濡目染、潜移默化的方式，使大学生获得财经相关知识、技能和启示。因此，应当重视社会教育对大学生财经素养的影响。

1. 获取和延展知识，积累财经知识

获取和延展财经知识，有助于提升大学生财经素养。在当今复杂多变的经济环境中，大学生只有不断地学习和了解最新的财经知识，才能更好地适应社会的需求和挑战，提高自身的财经素养水平。首先，获取财经知识可以帮助大学生更好地了解财经市场和财经运作规律。大学生可以通过阅读财经媒体、参加财经讲座、关注财经网站和社交媒体等方式获取财经信息。通过这些途径，大学生可以了解当前的财经形势、市场变化和投资机会等。这些信息可以帮助大学生更好地把握投资机会，从而提高自身的财经素养。其次，延展财经知识可以帮助大学生将财经知识应用于更广泛的领域。当财经知识能够应用于不同的领域时，大学生

就能够更好地理解财经市场的运作规律。例如，了解政策法规对财经市场的影响，或者将财经知识应用于不同的行业和领域等。这些延展财经知识的应用可以帮助大学生更好地把握机会、避免风险，提高自身的财经素养。此外，获取和延展财经知识也可以协助大学生更好地实现自我提升。随着经济的发展，财经知识已经成为职业和生活的必备技能之一。大学生通过获取和延展财经知识，可以增强自身的职业竞争力和应对压力的能力，从而实现职业发展和生活提升的目标。总之，通过获取和延展财经知识，大学生可以更好地了解财经市场和财经运作规律，提高自身的财经素养水平，更好地适应社会的需求和挑战。

2. 自我警示和请教，优化财经决策

自我警示和主动请教，优化财经决策，有助于提升大学生财经素养。在当今日益复杂的经济环境中，大学生需要掌握正确的财经知识和技能，以避免财经损失和风险，提高自身的财经素养水平。自我警示是指在做出财经决策之前进行自我评估和审查。大学生应该充分考虑各种可能的风险和机遇，仔细分析财经情况，从而避免因决策不当而遭受财经损失。自我警示还包括了对过去的决策进行审查，以便从中吸取教训，避免再次犯同样的错误。主动请教是指寻求专家或经验人士的帮助和建议。在做出财经决策之前，大学生可以咨询财经顾问、投资顾问、经纪人等专业人士，获取他们的意见和建议，以更好地了解财经决策，提高决策的准确性和可靠性。通过自我警示和主动请教，大学生可以提高财经决策的准确性和可靠性，避免财经损失和风险。此外，大学生还应该优化财经决策方法与过程。首先，大学生应该了解不同的财经决策方式和方法。财经决策方法包括技术分析、基本面分析、市场心理学分析等。大学生应该根据自身的情况和需求，选择合适的财经决策方法，以最大限度地提高决策的准确性和可靠性。其次，大学生应该学会如何评估风险和机遇。在财经决策时，大学生需要全面考虑各种可能的风险和机遇，以避免财经损失和风险。大学生可以通过学习多种风险评估和机遇评估的方法，如 SWOT 分析、PEST 分析、五力模型等，来评估风险和机遇，从而更好地做出财经决策。最后，大学生还应该学会如何掌握财经信息和数据。在财经决策时，大学生需要根据各种财经信息和数据做出决策。大学生可以通过学习各种财经信息和数据的来源和分析方法，如理财书籍、财经杂志、新闻报道、财经研究报告等，来掌握财经信息和数据，更好地做出财经决策。总之，大学生应该充分认识到自我警示和主动请教的重要性，学会如何做出正确的财经决策，提高自身的财经素养水平，更好地适应社会的需求和挑战。

3. 参与财经类讲座，获得财经启示

参与财经类讲座，有助于提升大学生财经素养。积极参与财经类讲座，可以帮助大学生掌握最新的财经知识和技能，了解财经市场的情况和发展趋势。首先，参与财经类讲座可以让大学生了解最新的财经知识和市场变化。讲座嘉宾通常是企业家、专家学者等，他们可以分享自己的财经经验和见解，让大学生更好地了解财经市场的情况和发展趋势，从而更好地把握机会和避免风险。其次，参与财经类讲座可以提高大学生的财经素养水平。通过参与讲座，大学生可以学习到更丰富的财经知识和技能，如理财知识、投资技巧、财经分析方法等。最后，参与财经类讲座还可以扩展大学生的社交圈和人脉。在讲座中，大学生可以与来自不同领域和不同行业的人们交流和互动，了解不同的财经经验和观点。这些人脉和社交资源可以帮助大学生更好地了解财经市场和行业趋势。总之，参与财经类讲座可以提高大学生的财经素养和投资技能水平，金融素养和金融知识水平；大学生应该积极参与各种财经类讲座，了解最新的财经知识和技能，从而提升财经素养。

4. 交流经历和讯息，拓展财经视野

积极交流，分享财经经历和讯息，拓展财经视野，有助于提高大学生财经素养。通过交流和分享，大学生可以了解他人的财经经验和见解，从而扩展自己的视野，提高自身的财经素养水平。首先，积极交流和分享可以帮助大学生了解不同的财经观点和经验。通过与他人交流和分享，大学生可以了解不同行业、不同领域的人们是如何管理和投资财务的，不同的观点和思路有助于大学生更全面地了解财经市场的运转规律。其次，积极交流和分享可以帮助大学生学习最新的财经知识和技能。例如，在一个财经交流会上，一些专业人士或从业者可能会分享最新的投资策略、理财技巧和金融管理知识等，这些知识对于大学生的财经素养提高非常有帮助。此外，积极交流和分享还可以帮助大学生建立自己的人脉和社交圈。在交流和分享中，大学生可以结识到来自不同领域和不同行业的人们，这些人脉和社交资源对于大学生的职业发展和未来的创业计划很有帮助。可知，大学生应该积极参与各种社交活动，包括财经交流会、社交聚会等，与他人分享自己的财经经历和讯息，拓展财经视野，同时也要积极倾听他人的经验和建议，从而不断提高自己的财经素养水平。

第三节 研究局限和未来的研究方向

一、样本框的合理性

本书把积极报名参与四川省大学生财经素养大赛的在校大学生作为样本框，严肃了受访者填写问卷的态度，强化了受访者的认真和负责的精神，在一定程度上保证了数量和质量，但是，这种样本框只能局限于那些对大学生财经素养大赛感兴趣的大学生，没有囊括对财经素养大赛不感兴趣的同学，这样获得的受访者可能高估了大学生的财经素养。未来的研究可以从各个院校的教务处获得学生的花名册，将其作为样本框获得样本单位，降低遗漏程度。

二、样本的代表性

虽然获得的样本单位有一定的代表性，获得的数据具有较高的质量，但是个体人文统计特征与总体之间还存在一定的偏颇，这样在一定程度上影响了我们对中国大学生总体的财经素养的推断和理解。因此，未来的研究须从全国高等院校在校大学生总体中按照分层抽样的原则，如研究者可以从高等院校的类型、性别、年级、专业、籍贯等变量出发对样本总体进行分层，确保每一个群体抽选出来的样本单位都和总体的比例相一致，由此提升样本的代表性。

三、各个变量之间的关系及可能的作用边界

本书从财经素养的内涵出发，围绕财经素养、学校教育、社会教育和自我建构四个方面，构建了 29 个主体变量。由于研究目的使然，本书没有按照各个变量之间的理论关系推导和发展关联的理论假设。虽然通过数据分析，探讨了部分变量之间的主效应和简单中介效应，但并未进行更进一步的调节效应检验以及更复杂的理论模型构建。未来的研究可以遵从实证研究规范，发展理论假设，构建更加严谨的理论模型，运用数据检验这些假设是否得到支持。

参考文献

［1］Aaker, J. L. & Lee, A. Y. "I" seek pleasures and "we" avoid pains: The role of self-regulatory goals in information processing and persuasion ［J］. Journal of Consumer Research, 2001, 28 (1): 33-49.

［2］Agarwal, S., Driscoll, J. C., Gabaix, X. & Laibson, D. The age of reason: Financial decisions over the life cycle and implications for regulation ［J］. Brookings Papers on Economic Activity, 2009 (2): 51-117.

［3］Agnew, S. & Harrison, N. Financial literacy and student attitudes to debt: A cross national study examining the influence of gender on personal finance concepts ［J］. Journal of Retailing and Consumer Services, 2015 (25): 122-129.

［4］Alba, J. W. & Hutchinson, J. W. Dimensions of consumer expertise ［J］. Journal of Consumer Research, 1987, 13 (4): 411-454.

［5］Al-Bahrani, A. B. W. P. Does math confidence matter? How student perceptions create barriers to success in economic courses ［J］. Journal of Economics and Finance Education, 2018, 17 (1): 61-77.

［6］Al-Bahrani, A., Buser, W. & Patel, D. Early causes of financial disquiet and the gender gap in financial literacy: Evidence from college students in the Southeastern United States ［J］. Journal of Family and Economic Issues, 2020, 41 (3): 558-571.

［7］Alhabeeb, M. J. On the development of consumer socialization of children ［J］. Academy of Marketing Studies Journal, 2002, 6 (1): 9-14.

［8］Ali, A., Rahman, M. S. A. & Bakar, A. Financial satisfaction and the influence of financial literacy in Malaysia ［J］. Social Indicators Research, 2015, 120 (1): 137-156.

［9］Amagir, A., Groot, W., van den Brink, H. M. & Wilschut, A. Financial literacy of high school students in the Netherlands: Knowledge, attitudes, self-efficacy, and behavior ［J］. International Review of Economics Education, 2020 (34): 100-185.

［10］Artavanis, N. & Karra, S. Financial literacy and student debt ［J］. The

European Journal of Finance, 2020, 26 (4-5): 382-401.

［11］Atkinson, A. & Messy, F. A. Assessing financial literacy in 12 countries: An OECD/INFE international pilot exercise ［J］. Journal of Pension Economics & Finance, 2011, 10 (4): 657-665.

［12］Baas, M., De Dreu, C. K. & Nijstad, B. A. A meta-analysis of 25 years of mood-creativity research: Hedonic tone, activation, or regulatory focus? ［J］. Psychological Bulletin, 2008, 134 (6): 779.

［13］Bandura, A. Social foundations of thought and action: A social cognitive theory ［M］. Englewood Cliffs, NJ: Prentice-Hall, 1986.

［14］Bandura, A. Health promotion from the perspective of social cognitive theory ［J］. Psychology and Health, 1998, 13 (4): 623-649.

［15］Bandura, A. & Locke, E. A. Negative self-efficacy and goal effects revisited ［J］. Journal of Applied Psychology, 2003, 88 (1): 87.

［16］Bandura, A. & Walters, R. H. Social learning theory ［M］. Prentice Hall: Englewood Cliffs, 1977.

［17］Bannier, C. E. & Schwarz, M. Gender-and education-related effects of financial literacy and confidence on financial wealth ［J］. Journal of Economic Psychology, 2018 (67): 66-86.

［18］Bearden, W. O., Hardesty, D. M. & Rose, R. L. Consumer self-confidence: Refinements in conceptualization and measurement ［J］. Journal of Consumer Research, 2001, 28 (1): 121-134.

［19］Beutler, I. & Dickson, L. Handbook of consumer finance research ［J］. Journal of Applied Psychology, 2008 (1): 7-14.

［20］Boisclair, D., Lusardi, A. & Michaud, P. C. Financial literacy and retirement planning in Canada ［J］. Journal of Pension Economics & Finance, 2017, 16 (3): 277-296.

［21］Borodich, S., Deplazes, S., Kardash, N. & Kovzik, A. Comparative analysis of the levels of financial literacy among students in the US, Belarus, and Japan ［J］. Journal of Economics & Economic Education Research, 2010, 11 (3): 7-14.

［22］Boss, P., Doherty, W. J., LaRossa, R., Schumm, W. R. & Steinmetz, S. K., et al. Sourcebook of family theories and methods: A contextual approach ［J］. Springer Science & Business Media, 1993 (1): 7-14.

［23］Bottazzi, L. & Lusardi, A. Stereotypes in financial literacy: Evidence from PISA ［J］. Journal of Corporate Finance, 2021 (71): 7-14.

［24］Britto, P. R., Lye, S. J., Proulx, K., Yousafzai, A. K., Matthews, S. G., Vaivada, T. & Bhutta, Z. A. The early childhood development interventions review group〔D〕. Nurturing Care: Promoting Early Childhood Development, 2017.

〔25〕Bruhn, M., Leão, L. D. S., Legovini, A., Marchetti, R. & Zia, B. The impact of high school financial education: Evidence from a large-scale evaluation in Brazil〔J〕. American Economic Journal: Applied Economics, 2016, 8 (4): 256-295.

〔26〕Bucciol, A. & Veronesi, M. Teaching children to save and lifetime savings: What is the best strategy〔J〕. Journal of Economics Psychology, 2014 (45): 1-17.

〔27〕Bufford, R. K. Social foundations of thought and action - a social cognitive theory - bandura〔J〕. Journal of Psychology and Theology, 1986 (4): 341-342.

〔28〕Bureau, C. F. P. Financial well-being: The goal of financial education〔R〕. 2015.

〔29〕Byrne, L. K., Cook, K. E., Skouteris, H. & Do, M. Parental status and childhood obesity in Australia〔J〕. International Journal of Pediatric Obesity, 2011, 6 (5-6): 415-418.

〔30〕Cain, D. S. & Combs-Orme, T. Family structure effects on parenting stress and practices in the African American family〔J〕. J. Soc. & Soc. Welfare, 2005 (32): 19-20.

〔31〕Cameron, S. V. & Heckman, J. J. The dynamics of educational attainment for black, hispanic, and white males〔J〕. Journal of Political Economy, 2001, 109 (3): 455-499.

〔32〕Carneiro, P., Meghir, C. & Parey, M. Maternal education, home environments, and the development of children and adolescents〔J〕. Journal of the European Economic Association, 2013, 11 (1): 123-160.

〔33〕Casper, M. A definition of "social environment"〔J〕. American Journal of Public Health, 2001, 91 (3): 465-470.

〔34〕Chen, A. Y. & Escarce, J. J. Peer reviewed: Family structure and childhood obesity, early childhood longitudinal study—kindergarten cohort〔J〕. Preventing Chronic Disease, 2010, 7 (3): 7-14.

〔35〕Chen, H. & Volpe, R. P. An analysis of personal financial literacy among college students〔J〕. Financial Services Review, 1998, 7 (2): 107-128.

〔36〕Chen-Yu, J. H. A., Hong, K. H. B. & Seock, Y. K. C. Adolescents' clothing motives and store selection criteria: A comparison between South Korea and The United States〔J〕. Journal of Fashion Marketing & Management, 2010 (1): 127-144.

〔37〕Chijwani, M. M. & Vidyapeeth, D. Y. P. A study of financial literacy among working women in Pune［J］. International Journal for Scientific Research & Development，2014，1（11）：2456-2458.

［38］Christelis，D.，Georgarakos，D. & Lusardi，A. The impact of bank account ownership on adolescents' financial literacy［D］. Global Financial Literacy Excellence Center，Washington，DC.，2015.

［39］Chu，Z.，Wang，Z.，Xiao，J. J. & Zhang，W. Financial literacy，portfolio choice and financial well-being［J］. Social Indicators Research，2017，132（2）：799-820.

［40］Clarke，A. T.，Marshall，S. A.，Mautone，J. A.，Soffer，S. L.，Jones，H. A.，Costigan，T. E. & Power，T. J. Parent attendance and homework adherence predict response to a family-school intervention for children with ADHD［J］. Journal of Clinical Child & Adolescent Psychology，2015，44（1）：58-67.

［41］Clinton，G.，Lee，E. & Logan，R. Connectivism as a framework for creative productivity in instructional technology［D］. In 2011 IEEE 11th International Conference on Advanced Learning Technologies，2011.

［42］Cocco，J. F.，Gomes，F. J. & Maenhout，P. J. Consumption and portfolio choice over the life cycle［J］. The Review of Financial Studies，2005，18（2）：491-533.

［43］Cohen，M. & Nelson，C. Financial literacy：A step for clients towards financial inclusion［J］. Global Microcredit Summit，2011（1）：14-17.

［44］Cole，C. A. Consumer socialization：A Life-Cycle perspective（Book review）［J］. Journal of Consumer Affairs，1988（1）：174.

［45］Cole，S.，Paulson，A. & Shastry，G. K. High school curriculum and financial outcomes：The impact of mandated personal finance and mathematics courses［J］. Journal of Human Resources，2016，51（3）：656-698.

［46］Conklin，J. A taxonomy for learning，teaching，and assessing：A revision of bloom's taxonomy of educational objectives［J］. Educational Horizons，2005（83）：154-159.

［47］Cordero，J. M.，Gil-Izquierdo，M. & Pedraja-Chaparro，F. Financial education and student financial literacy：A cross-country analysis using PISA 2012 data［J］. The Social Science Journal，2022，59（1）：15-33.

［48］Covington，O. Financial literacy bill advances：Aim is to educate college students about credit cards，debt［J］. Messenger-Inquirer，2008（1）：7-14.

［49］Crowe，E. & Higgins，E. T. Regulatory focus and strategic inclinations：Promotion and prevention in decision-making［J］. Organizational Behavior and Human Decision Processes，1997，69（2）：117-132.

［50］Cunha, F. & Heckman, J. The technology of skill formation ［J］. American economic review, 2007, 97 (2): 31-47.

［51］Cyberpsychology, behavior, and social networking ［R］. 2014.

［52］Danns, D. E. Financial education in US state colleges and universities: Establishing and building programs ［M］. Springer, 2015.

［53］De Vet, E., De Ridder, D. T. D. & De Wit, J. B. F. Environmental correlates of physical activity and dietary behaviours among young people: A systematic review of reviews ［J］. Obesity Reviews, 2011, 12 (5): 130-142.

［54］Deacon, R. E. & Firebaugh, F. M. Family resource management principles and aplications ［J］. Atlantic Avenue. Boston, 1981 (420): 7-14.

［55］Demo, D. H., Aquilino, W. S. & Fine, M. A. Family composition and family transitions ［J］. Sourcebook of Family Theory and Research, 2005 (1): 119-142.

［56］Disney, R. & Gathergood, J. Financial literacy and consumer credit portfolios ［J］. Journal of Banking & Finance, 2013, 37 (7): 2246-2254.

［57］Douissa, I. B. Factors affecting College students' multidimensional financial literacy in the Middle East ［J］. International Review of Economics Education, 2020 (1): 7-14.

［58］Downey, D. B. When bigger is not better: Family size, parental resources, and children's educational performance ［J］. American Sociological Review, 1995 (1): 746-761.

［59］Dube, D. & Shivam, V. Financial literacy: An overview of current literature and future opportunities ［J］. EPRA International Journal of Economic and Business Review, 2018, 6 (1): 43-47.

［60］Duffield, J. Financial literacy: Implications for retirement security and the financial marketplace ［J］. Journal of Pension Economics & Finance, 2013, 12 (1): 139-141.

［61］Dufur, M. J., Hoffmann, J. P., Braudt, D. B., Parcel, T. L. & Spence, K. R. Examining the effects of family and school social capital on delinquent behavior ［J］. Deviant Behavior, 2015, 36 (7): 511-526.

［62］El Nokali, N. E. Bachman, H. J. & Votruba-Drzal, E. Parent involvement and children's academic and social development in elementary school ［J］. Child Development, 2010, 81 (3): 988-1005.

［63］Ergün, K. Financial behaviour and financial literacy among university students ［J］. Research in Economics and Business: Central and Eastern Europe, 2017, 9 (2): 7-14.

［64］Ergün，K. Financial literacy among university students： A study in eight European countries ［J］. International Journal of Consumer Studies，2018，42（1）：2-15.

［65］Erner，C.，Goedde-Menke，M. & Oberste，M. Financial literacy of high school students： Evidence from germany ［J］. The Journal of Economic Education，2016，47（2）：95-105.

［66］Fernandes，D.，Lynch Jr，J. G. & Netemeyer，R. G. Financial literacy，financial education，and downstream financial behaviors ［J］. Management Science，2014，60（8）：1861-1883.

［67］Firmansyah，D. The influence of family backgrounds toward student saving behavior： A survey of college students in Jabodetabek ［J］. International Journal of Scientific and Research Publication，2014，4（1）：1-6.

［68］Florack，A.，Keller，J. & Palcu，J. Regulatory focus in economic contexts ［J］. Journal of Economic Psychology，2013（38）：127-137.

［69］Fonseca，R. M. K. Z. The financial literacy of young American adults Washingtong ［J］. National Institute of Public Health，2012（1）：7-14.

［70］Förster，J. & Higgins，E. T. How global versus local perception fits regulatory focus ［J］. Psychological Science，2005，16（8）：631-636.

［71］Fosco，G. M. & Grych，J. H. Capturing the family context of emotion regulation： A family systems model comparison approach ［J］. Journal of Family Issues，2013，34（4）：557-578.

［72］Friedline，T. L.，Elliott，W. & Nam，I. Predicting savings from adolescence to young adulthood： A propensity score approach ［J］. Journal of the Society for Social Work and Research，2011，2（1）：1-21.

［73］Garg，N. & Singh，S. Financial literacy among youth ［J］. International Journal of Social Economics，2018（1）：7-14.

［74］Gerardi，K. Financial literacy and subprime mortgage delinquency： Evidence from a survey matched to administrative data ［M］. Diane Publishing，2010.

［75］Gerrans，P. & Heaney，R. The impact of undergraduate personal finance education on individual financial literacy，attitudes and intentions ［J］. Accounting & Finance，2019，59（1）：177-217.

［76］Gilenko，E. & Chernova，A. Saving behavior and financial literacy of Russian high school students： An application of a copula-based bivariate probit-regression approach ［J］. Children and Youth Services Review，2021（127）：106-122.

［77］Gill，A. & Bhattacharya，R. The effects of a financial literacy intervention on the financial and economic knowledge of high school students ［J］. The Journal of

Economic Education, 2019, 50（3）: 215-229.

［78］Gill, D. & Prowse, V. Cognitive ability, character skills, and learning to play equilibrium: A level-k analysis［J］. Journal of Political Economy, 2016, 124（6）: 1619-1676.

［79］Godfrey, N. S. Making our students smart about money-giving them financial literacy before they find themselves mired in credit-card debt［J］. Education Digest, 2006（7）: 21-26.

［80］Grinstein-Weiss, M., Spader, J., Yeo, Y. H., Taylor, A. & Freeze, E. B. Parental transfer of financial knowledge and later credit outcomes among low-and moderate-income homeowners［J］. Children and Youth Services Review, 2011, 33（1）: 78-85.

［81］Griskevicius, V., Ackerman, J. M., Cantú, S. M., Delton, A. W., Robertson, T. E., Simpson, J. A. & Tybur, J. M. When the economy falters, do people spend or save? Responses to resource scarcity depend on childhood environments［J］. Psychological Science, 2013, 24（2）: 197-205.

［82］Grusec, J. E. & Davidov, M. Analyzing socialization from a domain-specific perspective［R］. 2015.

［83］Gutter, M. S., Garrison, S. & Copur, Z. Social learning opportunities and the financial behaviors of college students［J］. Family and Consumer Sciences Research Journal, 2010, 38（4）: 387-404.

［84］Haliassos, M., Jansson, T. & Karabulut, Y. Financial literacy externalities［J］. The Review of Financial Studies, 2020, 33（2）: 950-989.

［85］Haliassos, M., PARDO, H. F. C., Giannitsarou, C. & Arrondel, L. Informative social interactions［N］. Meeting Papers. Society for Economic Dynamics, 2016-01-10（6）.

［86］Harrison, N., Chudry, F., Waller, R. & Hatt, S. Towards a typology of debt attitudes among contemporary young UK undergraduates［J］. Journal of Further and Higher Education, 2015, 39（1）: 85-107.

［87］Hastings, J. S., Madrian, B. C. & Skimmyhorn, W. L. Financial literacy, financial education, and economic outcomes［J］. Annu. Rev. Econ., 2013, 5（1）: 347-373.

［88］Heckman, J. J. Skill formation and the economics of investing in disadvantaged children［J］. Science, 2006, 312（5782）: 1900-1902.

［89］Higgins, E. T. Beyond pleasure and pain［J］. American Psychologist, 1997, 52（12）: 1280.

［90］Hilgert, M. A., Hogarth, J. M. & Beverly, S. G. Household financial management: The connection between knowledge and behavior [J]. Fed. Res. Bull. , 2003 (89): 309.

［91］ Hira, T. K. Financial attitudes, beliefs and behaviours: Differences by age [J]. Journal of Consumer Studies & Home Economics, 1997, 21 (3): 271-290.

［92］ Hira, T. K. , Sabri, M. F. & Loibl, C. Financial socialization's impact on investment orientation and household net worth [J]. International Journal of Consumer Studies, 2013, 37 (1): 29-35.

［93］ Hirst, D. E. , Koonce, L. & Venkataraman, S. Management earnings forecasts: A review and framework [J]. Accounting Horizons, 2008, 22 (3): 315-338.

［94］ Hizgilov, A. & Silber, J. On multidimensional approaches to financial literacy measurement [J]. Social Indicators Research, 2020, 148 (3): 787-830.

［95］ Ho, M. C. S. & Lee, D. H. L. School banding effects on student financial literacy acquisition in a standardised financial literacy curriculum [J]. The Asia-Pacific Education Researcher, 2010, 29 (4): 377-391.

［96］ Hung, A. , Parker, A. M. & Yoong, J. Defining and measuring financial literacy [R]. 2009.

［97］ Huston, S. J. Measuring financial literacy [J]. Journal of Consumer Affairs, 2010, 44 (2): 296-316.

［98］ Jang, K. , Hahn, J. & Park, H. J. Comparison of financial literacy between Korean and US high school students [J]. International Review of Economics Education, 2014 (16): 22-38.

［99］ Jarrett, R. L. , Hamilton, M. B. & Coba-Rodriguez, S. "So we would all help pitch in" The family literacy practices of low-income African American mothers of preschoolers [J]. Journal of Communication Disorders, 2015 (57): 81-93.

［100］ Johnson, E. & Sherraden, M. S. From financial literacy to financial capability smong youth [J]. J. Soc. & Soc. Welfare, 2007 (34): 119.

［101］ Jorgensen, B. L. Financial literacy of college students: Parental and peer influences (Doctoral dissertation, Virginia Tech) [R]. 2007.

［102］ Jorgensen, B. L. & Savla, J. Financial literacy of young adults: The importance of parental socialization [J]. Family Relations, 2010, 59 (4): 465-478.

［103］ Kadoya, Y. What makes people anxious about life after the age of 65? Evidence from international survey research in Japan, the United States, China, and India [J] . Review of Economics of the Household, 2016, 14 (2): 443-461.

［104］ Kahneman, D. & Tversky, A. On the interpretation of intuitive probability: A reply to Jonathan Cohen [R]. 1979.

[105] Kawamura, T., Mori, T., Motonishi, T. & Ogawa, K. Is financial literacy dangerous? Financial literacy, behavioral factors, and financial choices of households [J]. Journal of the Japanese and International Economies, 2021 (60): 101-131.

[106] Kim, C., Yang, Z. & Lee, H. Parental style, parental practices, and socialization outcomes: An investigation of their linkages in the consumer socialization context [J]. Journal of Economic Psychology, 2015 (49): 15-33.

[107] Kim, D. & Jang, S. Motivational drivers for status consumption: A study of Generation Y consumers [J]. International Journal of Hospitality Management, 2014 (38): 39-47.

[108] Kimball, M. & Shumway, T. Investor sophistication, and the participation, home bias, diversification, and employer stock puzzles [M]. Unpublished Manuscript, University of Michigan, 2006.

[109] Krische, S. D. Investment experience, financial literacy, and investment – related judgments [J]. Contemporary Accounting Research, 2019, 36 (3): 1634-1668.

[110] Krische, S. & Mislin, A. The impact of financial literacy on negotiation behavior [J]. Journal of Behavioral and Experimental Economics, 2020 (87), 101-131.

[111] Kuczynski, L. & Parkin, C. M. Agency and bidirectionality in socialization: Interactions, transactions, and relational dialectics [R]. 2007.

[112] Kuntze, R., Wu, C. K., Wooldridge, B. R. & Whang, Y. O. Improving financial literacy in college of business students: Modernizing delivery tools [J]. International Journal of Bank Marketing, 2019 (4): 976-990.

[113] Lachance, M. J. & Choquette-Bernier, N. College students' consumer competence: A qualitative exploration [J]. International Journal of Consumer Studies, 2004, 28 (5): 433-442.

[114] Lantara, I. W. N. & Kartini, N. K. R. Financial literacy among university students: Empirical evidence from Indonesia [J]. Journal of Indonesian Economy and Business, 2015, 30 (3): 247-256.

[115] Li, A. Y. L., Lo, B. C. Y. & Cheng, C. It is the family context that matters: Concurrent and predictive effects of aspects of parent-child interaction on video gaming-related problems [J]. Cyberpsychology, Behavior, and Social Networking, 2018, 21 (6): 374-380.

[116] Li, R. & Qian, Y. Entrepreneurial participation and performance: The

role of financial literacy ［J］. Management Decision, 2019（1）：7-14.

［117］Lunt, P. & Furnham, A. Economic socialization ［M］. Edward Elgar Publishing, 1996.

［118］Lusardi, A. & Mitchell, O. S. Baby boomer retirement security: The roles of planning, financial literacy, and housing wealth ［J］. Journal of Monetary Economics, 2007, 54（1）：205-224.

［119］Lusardi, A. & Mitchell, O. S. Financial literacy and retirement planning in the United States ［J］. Journal of Pension Economics and Finance, 2011（4）：509-525.

［120］Lusardi, A. & Mitchell, O. S. Financial literacy and planning: Implications for retirement wellbeing ［J］. National Bureau of Economic Research, 2011（1）：7-14.

［121］Lusardi, A. & Mitchell, O. S. The economic importance of financial literacy: Theory and evidence ［J］. Journal of Economic Literature, 2014, 52（1）：5-44.

［122］Lusardi, A. & Mitchell, O. S. Financial literacy and retirement preparedness: Evidence and implications for financial education ［J］. Business Economics, 2007, 42（1）：35-44.

［123］Lusardi, A. & Tufano, P. Debt literacy, financial experiences, and over-indebtedness ［J］. Journal of Pension Economics & Finance, 2015, 14（4）：332-368.

［124］Lusardi, A., Mitchell, O. S. & Curto, V. Financial literacy among the young ［J］. Journal of Consumer Affairs, 2010, 44（2）：358-380.

［125］Madrian, B. C. & Shea, D. F. The power of suggestion: Inertia in participation and savings behavior ［J］. Quarterly Journal of Economics, 2001（4）：1149-1187.

［126］Marcolin, S. & Abraham, A. Financial literacy research: Current literature and future opportunities ［R］. 2006.

［127］Martin, C. A. & Bush, A. J. Do role models influence teenagers' purchase intentions and behavior? ［J］ Journal of Consumer Marketing, 2000（4-5）：441.

［128］Meelissen, M. & Luyten, H. The Dutch gender gap in mathematics: Small for achievement, substantial for beliefs and attitudes ［J］. Studies in Educational Evaluation, 2008, 34（2）：82-93.

［129］Montalto, C. P., Phillips, E. L., McDaniel, A. & Baker, A. R. College student financial wellness: Student loans and beyond ［J］. Journal of Family and Economic Issues, 2019, 40（1）：3-21.

［130］Moreno-Herrero, D. , Salas-Velasco, M. & Sánchez-Campillo, J. Factors that influence the level of financial literacy among young people: The role of parental engagement and students' experiences with money matters ［J］. Children and Youth Services Review, 2018（95）: 334-351.

［131］Moschis, G. P. & Churchill Jr, G. A. Consumer socialization: A theoretical and empirical analysis ［J］. Journal of Marketing Research, 1978, 15（4）: 599-609.

［132］Moschis, G. P. , Cox, D. S. & Kellaris, J. J. An exploratory study of adolescent shoplifting behavior ［J］. ACR North American Advances, 1987（1）: 7-14.

［133］Mottola, G. R. In our best interest: Women, financial literacy, and credit card behavior ［J］. Numeracy, 2013, 6（2）: 4.

［134］Mudzingiri, C. The impact of financial literacy on risk seeking and patient attitudes of university students ［J］. Development Southern Africa, 2021, 38（5）: 845-861.

［135］Mueller, H. M. & Yannelis, C. The rise in student loan defaults ［J］. Journal of Financial Economics, 2019, 131（1）: 1-19.

［136］Mugenda, O. M. , Hira, T. K. & Fanslow, A. M. Assessing the causal relationship among communication, money management practices, satisfaction with financial status, and satisfaction with quality of life ［J］. Lifestyles, 1990, 11（4）: 343-360.

［137］Muñoz-Murillo, M. , álvarez-Franco, P. B. & Restrepo-Tobón, D. A. The role of cognitive abilities on financial literacy: New experimental evidence ［J］. Journal of Behavioral and Experimental Economics , 2020（1）: 7-14.

［138］Nayyar, S. Level of financial literacy among youth ［J］. International Journal of Business Management and Scientific Research, 2016（1）: 7-14.

［139］Newswire, C. Brandes Scholarship Program encourages financial literacy among Canadian youth ［J］. Canada Newswire, 2012（1）: 7-14.

［140］Newswire, C. Canada ranks among top three countries worldwide for youth financial literacy ［J］. Canada Newswire, 2012（1）: 7-14.

［141］OECD. PISA 2009 assessment framework: Key competencies in reading, mathematics and science ［M］. M2PressWIRE, 2010.

［142］OECD. Improving financial literacy: Analysis of issues and policies ［J］. Financial Market Trends, 2005（2）: 11.

［143］OECD . Science, problem solving and financial literacy ［R］. Paris: OECD, 2013.

［144］Ohno, K. Avoiding the middle-income trap: Renovating industrial policy formulation in Vietnam ［J］. ASEAN Economic Bulletin, 2009（1）: 25-43.

［145］Ono, S., Yuktadatta, P., Taniguchi, T., Iitsuka, T., Noguchi, M., Tanaka, S. & Kadoya, Y. Financial literacy and exercise behavior: Evidence from Japan ［J］. Sustainability, 2021, 13（8）: 41-89.

［146］Otto, A. Saving in childhood and adolescence: Insights from developmental psychology ［J］. Economics of Education Review, 2013（33）: 8-18.

［147］Padilla-Walker, L. M., Nelson, L. J. & Carroll, J. S. Affording emerging adulthood: Parental financial assistance of their college-aged children ［J］. Journal of Adult Development, 2012, 19（1）: 50-58.

［148］Paraboni, A. L. & da Costa Jr, N. Improving the level of financial literacy and the influence of the cognitive ability in this process ［J］. Journal of Behavioral and Experimental Economics, 2021（90）: 7-14.

［149］Pearson, N., MacFarlane, A., Crawford, D. & Biddle, S. J. Family circumstance and adolescent dietary behaviours ［J］. Appetite, 2009, 52（3）: 668-674.

［150］Pedersen, S., Grønhøj, A. & Thøgersen, J. Following family or friends, social norms in adolescent healthy eating ［J］. Appetite, 2015（86）: 54-60.

［151］Peña-López, I. Pisa 2012 assessment and analytical framework ［J］. Mathematics, Reading, Science, Problem Solving and Financial Literacy, 2012（1）: 7-14.

［152］Pham, M. T. & Higgins, E. T. Promotion and prevention in consumer decision-making ［J］. Inside Consumption: Consumer Motives, Goals, and Desires, 2005（1）: 8-43.

［153］Putthinun, P., Watanapongvanich, S., Khan, M. S. R. & Kadoya, Y. Financial literacy and Alcohol drinking behavior: Evidence from Japan ［J］. Sustainability, 2021, 13（16）: 7-14.

［154］Razen, M., Huber, J., Hueber, L., Kirchler, M. & Stefan, M. Financial literacy, economic preferences, and adolescents' field behavior ［J］. Finance Research Letters, 2021（40）: 7-14.

［155］Remund, D. L. Financial literacy explicated: The case for a clearer definition in an increasingly complex economy ［J］. Journal of Consumer Affairs, 2010, 44（2）: 276-295.

［156］Rhee, K. Childhood overweight and the relationship between parent behaviors, parenting style, and family functioning ［J］. The Annals of the American Academy of Political and Social Science, 2008, 615（1）: 11-37.

［157］Ryan, R. M., Claessens, A. & Markowitz, A. J. Associations between family structure change and child behavior problems: The moderating effect of family income ［J］. Child Development, 2015, 86（1）: 112-127.

［158］Sadowski, C. J. & Cogburn, H. E. Need for cognition in the big-five factor structure ［J］. The Journal of Psychology, 1997, 131（3）: 307-312.

［159］Santini, F. D. O., Ladeira, W. J., Mette, F. M. B. & Ponchio, M. C. The antecedents and consequences of financial literacy: A meta-analysis ［J］. International Journal of Bank Marketing, 2019（1）: 7-14.

［160］Schmeiser, M. D. & Seligman, J. S. Using the right yardstick: Assessing financial literacy measures by way of financial well-being ［J］. Journal of Consumer Affairs, 2013, 47（2）: 243-262.

［161］Sherraden, M. S., Johnson, L., Guo, B. & Elliott, W. Financial capability in children: Effects of participation in a school-based financial education and savings program ［J］. Journal of Family and Economic Issues, 2011, 32（3）: 385-399.

［162］Shim, S., Barber, B. L., Card, N. A., Xiao, J. J. & Serido, J. Financial socialization of first-year college students: The roles of parents, work, and education ［J］. Journal of Youth and Adolescence, 2010, 39（12）: 1457-1470.

［163］Shim, S., Serido, J., Tang, C. & Card, N. Socialization processes and pathways to healthy financial development for emerging young adults ［J］. Journal of Applied Developmental Psychology, 2015（38）: 29-38.

［164］Skagerlund, K., Lind, T., Strömbäck, C., Tinghög, G. & Västfjäll, D. Financial literacy and the role of numeracy-How individuals' attitude and affinity with numbers influence financial literacy ［J］. Journal of Behavioral and Experimental economics, 2018（74）: 18-25.

［165］Sohn, S. H., Joo, S. H., Grable, J. E., Lee, S. & Kim, M. Adolescents' financial literacy: The role of financial socialization agents, financial experiences, and money attitudes in shaping financial literacy among South Korean youth ［J］. Journal of Adolescence, 2012, 35（4）: 969-980.

［166］Strömbäck, C., Lind, T., Skagerlund, K., Västfjäll, D. & Tinghög, G. Does self-control predict financial behavior and financial well-being? ［J］. Journal of Behavioral and Experimental Finance, 2017（14）: 30-38.

［167］Taylor, J. Y., Washington, O. G., Artinian, N. T. & Lichtenberg, P. Parental stress among African American parents and grandparents ［J］. Issues in Mental Health Nursing, 2007, 28（4）: 373-387.

［168］Tennyson, S. & Nguyen, C. State curriculum mandates and student

knowledge of personal finance [J]. Journal of Consumer Affairs, 2001, 35 (2):
241-262.

[169] Thakur, S. & Mago, M. Measuring the financial literacy level among work-
ing youth in punjab [J]. Research Review International Journal of Multidisciplinary,
2018 (5): 7-14.

[170] Tian, G., Zhou, S. & Hsu, S. Executive financial literacy and firm in-
novation in China [J]. Pacific-Basin Finance Journal, 2020 (62): 7-14.

[171] Van Rooij, M. C., Lusardi, A. & Alessie, R. J. Financial literacy and
retirement planning in the Netherlands [J]. Journal of Economic Ppsychology, 2011,
32 (4): 593-608.

[172] Van Rooij, M. C., Lusardi, A. & Alessie, R. J. Financial literacy, re-
tirement planning and household wealth [J]. The Economic Journal, 2012, 122
(560): 449-478.

[173] Van Rooij, M., Lusardi, A. & Alessie, R. Financial literacy and stock
market participation [J]. Journal of Financial Economics, 2011, 101 (2):
449-472.

[174] Viner, R. M., Ozer, E. M., Denny, S., Marmot, M., Resnick,
M., Fatusi, A. & Currie, C. Adolescence and the social determinants of health [J].
The Lancet, 2012, 379 (98): 1641-1652.

[175] Walstad, W. B., Rebeck, K. & MacDonald, R. A. The effects of fi-
nancial education on the financial knowledge of high school students [J]. Journal of
Consumer Affairs, 2010, 44 (2): 336-357.

[176] Ward, S. Consumer socialization [J]. Journal of Consumer Research,
1974, 1 (2): 1-14.

[177] Watanapongvanich, S., Binnagan, P., Putthinun, P., Khan, M. S.
R. & Kadoya, Y. Financial literacy and gambling behavior: Evidence from Japan [J].
Journal of Gambling Studies, 2021, 37 (2): 445-465.

[178] Watanapongvanich, S., Khan, M. S. R., Putthinun, P., Ono, S. &
Kadoya, Y. Financial literacy, financial education, and smoking behavior: Evidence
from Japan [J]. Frontiers in Public Health, 2021 (1): 7-14.

[179] Webley, P. & Nyhus, E. K. Parents' influence on children's future ori-
entation and saving [J]. Journal of Economic Psychology, 2006, 27 (1): 140
-164.

[180] Webley, P. & Nyhus, E. K. Economic socialization, saving and assets in
European young adults [J]. Economics of Education Review, 2013 (33): 19-30.

[181] Wei, L., Peng, M. & Wu, W. Financial literacy and fraud detection—

Evidence from China [J]. International Review of Economics & Finance, 2021 (76): 478-494.

[182] Whitchurch, G. G. & Constantine, L. L. Systems theory. In Sourcebook of family theories and methods [M] . Springer, Boston, MA, 2009.

[183] Widdowson, D. & Hailwood, K. Financial literacy and its role in promoting a sound financial system [J] . Reserve Bank of New Zealand Bulletin, 2007, 70 (2): 7-14.

[184] Willis, L. E. The financial education fallacy [J]. American Economic Review, 2011, 101 (3): 429-434.

[185] Worthington, A. C. Predicting financial literacy in Australia [R]. 2006.

[186] Xue, R., Gepp, A., O' Neill, T. J., Stern, S. & Vanstone, B. J. Financial literacy and financial strategies: The mediating role of financial concerns [J]. Australian Journal of Management, 2021, 46 (3): 437-465.

[187] Ye, J. & Kulathunga, K. M. M. C. B. How does financial literacy promote sustainability in SMEs? A developing country perspective [J]. Sustainability, 2019, 11 (10): 7-14.

[188] Yoong, J. Financial illiteracy and stock market participation: Evidence from the RAND American Life Panel [J]. Financial Literacy: Implications for Retirement Security and the Financial Marketplace, 2011, 76 (1): 7-14.

[189] Yuktadatta, P., Khan, M. S. R. & Kadoya, Y. Financial literacy and exercise behavior in the United States [J]. Sustainability, 2021, 13 (16): 7-14.